T0182403

12 REGLAS PARA VIVIR

UN ANTÍDOTO AL CAOS

JORDAN B. PETERSON

12 REGLAS PARA VIVIR

UN ANTÍDOTO AL CAOS

Traducción de Juan Ruiz Herrero

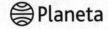

Obra editada en colaboración con Editorial Planeta – España

Título original: *12 Rules for Life: An Antidote to Chaos*

© Dr. Jordan B. Peterson, 2018
Derechos cedidos por acuerdo con CookeMcDermid Agency, The Cooke
International e International Editors Co'.
Publicado originalmente en inglés por Random House Canada.

© de la traducción, Juan Ruiz Herrero, 2018
© de las ilustraciones del interior, © 2018 Luminate Psychological
Services, Ltd.
Fotografía del autor: © Daniel Ehrenworth

Adaptación de portada: © Genoveva Saavedra / aciditadiseño
Créditos de portada: © Lisa Jager

© 2018, Editorial Planeta, S. A.- Barcelona, España

Derechos reservados

© 2024, Editorial Planeta Mexicana, S.A. de C.V.
Bajo el sello editorial BOOKET M.R.
Avenida Presidente Masarik núm. 111,
Piso 2, Polanco V Sección, Miguel Hidalgo
C.P. 11560, Ciudad de México
www.planetadelibros.com.mx

Primera edición en España: septiembre de 2020
ISBN: 978-84-08-23311-4

Primera edición en esta presentación: abril de 2024
Primera reimpresión en esta presentación: mayo de 2024
ISBN: 978-607-39-0999-0

Impreso en los talleres de Bertelsmann Printing Group USA
25 Jack Enders Boulevard, Berryville, Virginia 22611, USA.
Impreso en U.S.A - *Printed in U.S.A*

ÍNDICE

NOTA PRELIMINAR

Este libro tiene una historia corta y otra larga. Empezaremos con la corta.

En 2012 empecé a participar en un sitio web llamado Quora. En Quora cualquiera puede hacer una pregunta, del tipo que sea, y cualquiera puede responder. Los lectores, con sus votos, hacen que suban las respuestas que más gustan y que bajen las que no. De esta forma, las respuestas más útiles aparecen en la parte superior de la página mientras que las demás caen en el olvido. El sitio me suscitó curiosidad. Me gustaba su carácter abierto e indiscriminado. A menudo los debates resultaban apasionantes y era interesante ver el amplio abanico de opiniones que una misma pregunta suscitaba.

Cuando me tomaba un descanso (o escapaba de mi trabajo), a menudo abría la página de Quora, buscando preguntas en las que pudiera contribuir. Así, sopesé y finalmente contesté a algunas como «¿Cuál es la diferencia entre estar feliz y estar satisfecho?», «¿Qué cosas mejoran cuando te haces mayor?» y «¿Qué da más sentido a la vida?».

Quora te señala cuántas personas han visto tu respuesta y cuántos votos positivos has recibido. Así, puedes tener noción de hasta dónde llegas y de lo que la gente piensa de tus ideas. Solo una pequeña parte de los que ven una respuesta dan su voto positivo. Y hasta hoy, julio de 2017, cuando escribo estas líneas —

cinco años después de haber contribuido a «¿Qué da más sentido a la vida?»—, mi respuesta a esa pregunta ha conseguido una audiencia relativamente pequeña (vista 14 000 veces y con 133 votos positivos), mientras que la que di a la cuestión de hacerse mayor la han visto 7 200 personas y ha conseguido 36 votos positivos. No es que sean precisamente victorias por goleada. De todas formas, es algo que cabe esperar. En páginas de este tipo, la mayor parte de las respuestas reciben poca atención y solo una pequeña minoría resulta desproporcionadamente popular.

Poco después respondí a otra pregunta: «¿Cuáles son las cosas más valiosas que todo el mundo debería conocer?». Escribí una lista de reglas o máximas, algunas de ellas completamente en serio, otras en plan de broma: «Da las gracias aunque sufras», «No hagas cosas que detestas», «No escondas cosas en la niebla», etcétera. A los usuarios de Quora les gustó la lista. Escribieron comentarios y la compartieron. Dijeron cosas como «Voy a imprimir esta lista de inmediato y utilizarla como referencia. Simplemente genial» o «Eres el ganador de Quora, ya podemos cerrar la web». En la Universidad de Toronto, donde enseño, hubo estudiantes que me vinieron a ver para decirme cuánto les había gustado. Hasta ahora mi respuesta a esa pregunta ha sido vista por 120 000 personas y ha recibido 2 300 votos positivos. Tan solo un centenar de las 600 000 preguntas formuladas en Quora ha superado la barrera de los 2 000 votos. Así pues, las reflexiones a las que me entregaba cuando no quería trabajar habían dejado una huella. Había escrito una respuesta que entraba en el 99.9%.

Cuando escribí la lista de reglas para vivir, no era consciente de que tendría tanto éxito. Había dedicado cierta atención a cada una de las sesenta y pico respuestas que había mandado en los meses anteriores y posteriores a esa publicación. No obstante, Quora es un ejemplo insuperable de estudio de mercado. Quienes responden lo hacen de forma anónima. Son totalmente desinteresados, en el mejor sentido, y sus opiniones, espontáneas e imparciales. Así pues, presté atención a los resultados y pensé en las razones que justificaban el desmesurado éxito de esa pregunta. Quizá había conseguido el exacto equilibrio entre lo común y lo extraño al formular las reglas. Quizá la gente se sentía atraída por la estructura que las reglas apuntaban. Quizá es simplemente que a la gente le gustan las listas.

Unos meses antes, en marzo de 2012, recibí un correo electrónico de una agente literaria. Me escuchó hablar en la emisora canadiense CBC durante un programa llamado *Simplemente di no a la felicidad*, donde critiqué la idea de que la felicidad fuera el verdadero objetivo de la vida. Durante las últimas décadas leí una buena cantidad de libros sórdidos sobre el siglo XX, sobre todo acerca de la Alemania nazi y de la Unión Soviética. Alexandr Solzhenitsyn, que documentó con todo detalle los horrores de los campos de trabajo forzado de esta última, escribió en una ocasión que la «lamentable ideología» que sostiene que «los seres humanos son creados para ser felices [...] se derrumba con el primer golpe de garrote del capataz».[1] Durante una crisis, el sufrimiento inevitable que supone el hecho de vivir puede pulverizar en cuestión de segundos la idea de que la felicidad es el objetivo natural del individuo. En la emisión de radio sugerí, por el contrario, que hacía falta algún tipo de significado más profundo. Señalé que el carácter de tal significado aparecía constantemente representado en las grandes historias del pasado y que tenía más que ver con el desarrollo personal ante el sufrimiento que con la felicidad. Eso es parte de la historia larga de este libro.

Entre 1985 y 1999 trabajé unas tres horas al día en el único libro que hasta ahora había publicado, *Maps of Meaning: The Architecture of Belief* («Mapas de significado: la arquitectura de la creencia»). En esa época y durante los siguientes años, también impartía un curso sobre el contenido de ese libro, primero en Harvard y ahora en la Universidad de Toronto. En 2013, ante el auge de YouTube y a causa de la popularidad de algunas colaboraciones mías en la cadena de televisión pública canadiense TVO, decidí grabar mis clases universitarias y mis conferencias y subirlas a la red. Atrajeron a una audiencia cada vez mayor, más de un millón de visitas en abril de 2016. Esta cifra se ha incrementado de forma exponencial desde entonces (hasta 18 millones cuando escribo estas líneas), aunque en parte se debe a que me vi envuelto en una controversia política que suscitó una atención desmesurada.

Esa es otra historia. Puede que incluso otro libro.

En *Maps of Meaning* sugería que los grandes mitos e historias religiosas del pasado, en particular los que se basan en una tradición oral anterior, poseían una intención moral más que descriptiva. Así pues, no trataban de lo que era el mundo, como podría haberse escrito desde la ciencia, sino de cómo debería actuar el ser humano. Planteé, así, que nuestros antepasados representaban el mundo como un escenario —una obra de teatro— y no como un lugar con objetos. Describí cómo había llegado a la conclusión de que los elementos que constituían el mundo como una obra de teatro eran el orden y el caos, y no elementos materiales.

El Orden es allí donde las personas de tu alrededor actúan, de acuerdo con unas normas sociales asumidas, de tal forma que todo resulta predecible y cooperativo. Es el mundo de la estructura social, el territorio explorado y la familiaridad. El estado de Orden se suele representar de forma simbólica, y creativa, como algo masculino. Es el rey sabio y el tirano, en perpetua unión, ya que la sociedad es simultáneamente estructura y opresión.

El Caos, por el contrario, es allí donde —o cuando— ocurre algo inesperado. El Caos se manifiesta de forma banal cuando cuentas un chiste en una fiesta con gente que crees conocer y se produce el más embarazoso silencio. A un nivel más catastrófico, el Caos aparece cuando de repente te encuentras sin trabajo o cuando sufres un desengaño amoroso. Como la antítesis del Orden simbólicamente masculino, suele representarse de forma creativa como algo femenino. Es todo aquello que resulta nuevo e impredecible y que irrumpe en la familiaridad de los lugares comunes. Es la creación y la destrucción, el origen de lo nuevo y el destino de lo que muere (ya que la naturaleza, por contraposición a la cultura, es al mismo tiempo nacimiento y muerte).

El orden y el caos son el yang y el ying del famoso símbolo taoísta, dos serpientes, de la cabeza a la cola.* El Orden es una serpiente blanca, masculina; el Caos es su equivalente negra y femenina. El punto negro en la parte blanca y el blanco en la parte negra indican la posibilidad de transformación: solo cuando todo parece seguro puede irrumpir lo desconocido de forma brutal e inesperada. Del mismo modo, es precisamente cuando todo parece perdido que un nuevo orden puede surgir de la catástrofe y el caos.

En el taoísmo, se encuentra sentido en la línea que separa estos eternos opuestos. Recorrerla es mantenerse en la senda de la vida, el Camino divino.

Y eso es mucho mejor que la felicidad.

La agente literaria a la que antes me referí escuchó el programa de radio en el que hablaba de estos temas. Quedó sumida en profundas reflexiones y me escribió para preguntarme si había sopesado la posibilidad de escribir un libro dirigido al gran público. Ya había intentado crear una versión más accesible de *Maps of Meaning*, que es un libro muy denso, pero ni mi disposición mientras lo hacía ni el resultado final me resultaron convincentes. Creo que esto se debía a que me estaba imitando, a mí y a mi anterior libro, en vez de lanzarme al espacio entre el orden y el caos para crear algo nuevo. Le propuse que viera en mi canal de YouTube cuatro de las conferencias que había realizado para un programa de televisión llamado *Big Ideas*. Pensé que, si lo hacía, estaríamos en condiciones de mantener una conversación más concienzuda sobre la clase de temas que podría abordar en un libro de carácter más de divulgación.

Volvió a escribirme unas semanas más tarde, después de ver las cuatro conferencias y analizarlas con otra persona. Ahora su

---

* El símbolo del ying y el yang es la segunda parte de un diagrama más complejo de cinco partes, el *tajitu*, que representa tanto la unidad absoluta original como su división en la multiplicidad del mundo observado. Se hablará con más detalle de esto en la segunda regla, así como en otros puntos del libro.

interés era mayor, así como su compromiso con el proyecto, lo que me resultó prometedor e inesperado. Siempre me sorprende que la gente responda de forma positiva a lo que digo, teniendo en cuenta su carácter serio y singular. Me maravilla que se me haya permitido (que se me haya incluso animado a ello) enseñar lo que enseñé primero en Boston y ahora en Toronto. Siempre he pensado que, si la gente se diera cuenta de lo que estoy enseñando, habría problemas. Y una vez que hayas terminado este libro, podrás decidir hasta qué punto ese temor está fundado. :)

La agente me propuso que escribiera un repertorio de lo que una persona necesita «para vivir bien», fuera eso lo que fuese. Inmediatamente pensé en la lista que había elaborado para Quora. Ya había desarrollado algunas ideas sobre dicha lista y, de nuevo, la gente respondió favorablemente a esas nuevas ideas. Así pues, me parecía que podía cuajar bien con las ideas de mi nueva agente, de modo que se la envié y le gustó.

Más o menos por aquella época, un amigo y antiguo alumno, el novelista y guionista Gregg Hurwitz, estaba dándole vueltas a un nuevo libro, que acabaría convirtiéndose en el *thriller* y éxito de ventas: *Huérfano X*. A él también le gustaron las reglas e hizo que Mia, el principal personaje femenino del libro, fuera anotando una selección de ellas en su refrigerador en determinados momentos de la historia en los que venían a cuento. Otra prueba que confirmaba mis intuiciones acerca del interés que podían generar. Así, le propuse a mi agente escribir un breve capítulo sobre cada una de las reglas. Le pareció bien, con lo que redacté la correspondiente propuesta. Sin embargo, cuando empecé a escribir los capítulos, no me salieron precisamente breves. Tenía mucho más que decir sobre cada una de las reglas de lo que me había parecido en un principio.

Esto se debía, en parte, a que investigué mucho tiempo para mi primer libro: estudié historia, mitología, neurociencia, psicoanálisis, poesía y amplios pasajes de la Biblia. Leí, y creo que incluso llegué a entender, una gran parte de *El paraíso perdido* de Milton, *Fausto* de Goethe y *El infierno* de Dante. Mal que bien lo integré todo en mi intento por abordar una cuestión compleja: la razón o las razones del pulso nuclear durante la Guerra Fría. No podía comprender cómo los sistemas de creencias podían ser tan importantes para la gente, hasta el punto de estar dispuesta a exponerse a la destrucción del mundo con tal de protegerlos. Me di cuenta de que los sistemas de creencias compartidas sirven para que las personas se entiendan mutuamente y también de que esos sistemas no solo se componen de creencias.

Las personas que viven bajo el mismo código se predicen mutuamente. Actúan de tal forma que reproducen los deseos y expectativas de los demás. Pueden cooperar e incluso competir de forma pacífica, porque todos saben a qué atenerse. Un sistema de creencias compartidas, en parte psicológico y en parte representado, lo simplifica todo, a los ojos de esas mismas personas y de las demás. Asimismo, las creencias compartidas simplifican el mundo porque las personas que saben qué esperar de las demás pueden cooperar para domesticarlo. Tal vez no haya nada más importante que el mantenimiento de esta organización, de esta simplificación. Cuando se ve amenazada, el gran navío del Estado zozobra.

No es exactamente que la gente vaya a luchar por lo que cree. En realidad luchan para mantener el punto de coincidencia entre lo que creen, lo que esperan y lo que desean. Lucharán para mantener el punto de coincidencia entre lo que esperan y cómo actúa todo el mundo. Y es precisamente la conservación de este punto lo que permite que todas las personas vivan juntas de forma pacífica, predecible y productiva, ya que reduce la incertidumbre y la caótica mezcla de emociones intolerables que esta conlleva.

Imaginemos a alguien que descubre una traición sentimental. Se transgredió el sagrado contrato social que unía a ambas personas. Las acciones pesan más que las palabras, de forma que una traición perturba la frágil y delicadamente establecida paz de una relación íntima. Tras una infidelidad, la gente se ve asediada por emociones terribles: asco, desprecio (hacia sí mismo y hacia la otra persona), culpa, ansiedad, rabia y temor. El conflicto resulta inevitable, en ocasiones con resultados fatales. Los sistemas de creencias compartidas, sistemas que comparten conductas aprobadas y expectativas, regulan y controlan todas esas fuerzas poderosas. No es de extrañar, pues, que la gente luche para proteger algo que le evita verse poseída por emociones de caos y terror (y acto seguido, arrastrada al conflicto y al combate).

Pero hay algo más. Un sistema cultural compartido estabiliza la interacción humana, pero también es un sistema de valores, una jerarquía de valores, en la que se otorga prioridad e importancia a unas cosas y a otras no. A falta de un sistema de valores de este tipo, la gente simplemente no puede actuar. De hecho, ni siquiera puede percibir, porque tanto la acción como la percepción requieren un objetivo, y un objetivo válido es por definición algo a lo que se le otorga valor. Una gran parte de las emociones positivas que sentimos está relacionada con objetivos. Técnicamente hablando, no somos felices si no nos vemos progresar, y la mera idea de progreso implica un valor. Todavía peor es el hecho de que el significado de la vida sin un valor positivo no es simplemente neutral. Puesto que somos vulnerables y mortales, el dolor y la ansiedad forman parte integral de la existencia humana. Así, tenemos que poder contraponer algo al sufrimiento intrínseco al Ser.* El sentido tiene que ser inherente a un profundo

---

* Uso el término «Ser» (con «S» mayúscula) en parte por mi propia exposición a las ideas del filósofo alemán del siglo xx Martin Heidegger. Heidegger intentó diferenciar entre la realidad, tal y como la concebimos objetivamente, y la totalidad de la experiencia humana, que corresponde con su «Ser». Ser (con «S» mayúscula) es lo que cada uno experimenta, subjetiva, personal e individualmente, así como lo que cada quien experimenta junto a los demás. Así pues, incluye las emociones, los impulsos, los sueños, las visiones y las revelaciones, así como nuestros pensamientos íntimos y nuestras percepciones. El Ser es también, por último, algo que se crea como resultado de la acción, con lo que su naturaleza es hasta cierto punto indeterminado una consecuencia de nuestras decisiones y elecciones, algo a lo que damos forma con nuestro hipotético libre albedrío. Construido de esta forma, el Ser es 1) algo que no se puede reducir fácil y simplemente a lo material y lo objetivo, y 2) algo que con toda

sistema de valores o, de lo contrario, el horror de la existencia se vuelve rápidamente incontrolable. Y acto seguido entra en escena el nihilismo con su angustia y desesperanza.

Así que, si no hay valores, no hay significado. No obstante, entre los sistemas de valores existe la posibilidad del conflicto. Estamos, por tanto, eternamente atrapados entre la espada y la pared: la desaparición de las creencias colectivas de un grupo hace que la vida sea caótica, miserable e intolerable, pero su existencia lleva de forma inexorable al conflicto con otros grupos. En Occidente nos hemos ido alejando de las culturas centradas en la tradición, la religión e incluso la nación, en parte para reducir el peligro de confrontación colectiva. Pero, cada vez más, somos víctimas de la desesperación que supone la falta de significado, lo cual no es precisamente un progreso.

Mientras escribía *Maps of Meaning*, partía (también) del principio de que ya no podemos permitirnos más conflictos; desde luego, no de la misma escala que las conflagraciones mundiales del siglo XX. Nuestras tecnologías de destrucción se han vuelto demasiado poderosas. Las consecuencias potenciales de una guerra son literalmente apocalípticas. Pero tampoco podemos abandonar sin más nuestros sistemas de valores, nuestras creencias, nuestras culturas. Este problema en apariencia inextricable me atormentó durante meses. ¿Acaso existía una tercera posibilidad que se me escapaba? Entonces una noche soñé que estaba suspendido en el aire, colgado de un candelabro a muchos pisos del suelo, justo debajo de la cúpula de una inmensa catedral. A lo lejos, al nivel del suelo, se veía diminuta a la gente. Cualquier pared quedaba muy lejos, e incluso la propia cúpula.

He aprendido a prestar atención a los sueños, no solo por mi formación como psicólogo clínico. Los sueños consiguen iluminar las zonas oscuras donde la razón todavía tiene que llegar. También he estudiado bastante el cristianismo (más que otras tradiciones re-

---

certeza requiere otro término, como Heidegger se esforzó por demostrar durante décadas.

ligiosas, pero me esfuerzo por hacer lo posible para compensar este desequilibrio). Como los demás, pues, me tengo que apoyar —y de hecho me apoyo más— en lo que sé que en lo que no sé. Sabía que las catedrales se construían con la forma de una cruz y que el punto bajo de la cúpula marcaba el centro de la cruz. Sabía que la cruz era al mismo tiempo el punto de mayor sufrimiento, el de la muerte y la transformación, y el centro simbólico del mundo. No era un lugar en el que quisiera estar. Conseguí bajarme de las alturas —fuera del cielo simbólico— y regresar al nivel del suelo seguro, familiar y anónimo. No sé cómo lo hice. Y entonces, todavía soñando, regresé a mi dormitorio y a mi cama e intenté volver a dormirme en la calma del inconsciente. Sin embargo, mientras me relajaba, podía sentir que mi cuerpo se transportaba. Un vendaval me estaba disolviendo, preparándose para proyectarme de vuelta hacia la catedral y colocarme de nuevo en ese punto central. No había escapatoria, era una auténtica pesadilla. Intenté despertarme. Las cortinas detrás de mí se agitaban por encima de mi almohada. Medio dormido, miré al pie de la cama y vi las grandes puertas de la catedral. Conseguí despertarme del todo y entonces desaparecieron.

Mi sueño me llevó al mismo centro del Ser y no había escapatoria. Me costó meses entender lo que significaba. En ese periodo alcancé una comprensión más completa y personal de aquello en lo que insisten continuamente las grandes historias del pasado: el centro lo ocupa el individuo. El centro lo marca la cruz, de la misma forma que una «X» marca un punto determinado. La existencia en esa cruz es sufrimiento y transformación, y esto es algo que, por encima de todo, se tiene que aceptar voluntariamente. Es posible trascender la adhesión ciega al grupo y sus doctrinas y, al mismo tiempo, evitar los peligros de su extremo opuesto, el nihilismo. Es posible, sin embargo, hallar suficiente significado en la consciencia individual y la experiencia.

¿Cómo podría liberarse el mundo del terrible dilema del conflicto, por un lado, y la disolución psicológica y social, por otro? Esta fue la respuesta: mediante la elevación y el desarrollo del individuo, así como por la voluntad generalizada de asumir la carga que es el Ser y elegir el camino heroico. Todos tenemos que asumir la máxima responsabilidad posible a nivel individual, de la sociedad y del mundo. Todos tenemos que decir la verdad, arreglar lo que está deteriorado y destruir y recrear lo que se quedó desfasado. Es así como podemos y debemos reducir el sufrimiento que envenena el mundo. Eso es pedir mucho. Es pedirlo todo. Pero la alternativa —el horror de la creencia autoritaria, el caos del Estado en ruinas, la trágica catástrofe de un mundo natural desenfrenado, la angustia existencial y la debilidad del individuo desorientado— es claramente peor.

Durante décadas he estado pensando y enseñando acerca de estas ideas. He acumulado un buen repertorio de historias y conceptos relacionados. Sin embargo, no sugiero ni por asomo que lo que planteo sea totalmente cierto o definitivo. El Ser es mucho más complicado de lo que nadie puede saber y no conozco toda la historia. Tan solo propongo lo mejor de lo que soy capaz.

Sea como sea, la consecuencia de todo ese trabajo previo de investigación y reflexión fueron nuevos ensayos que acabaron transformándose en este libro. Mi idea inicial era escribir un pequeño texto para cada una de las cuarenta respuestas que había publicado en Quora. Esa propuesta fue aceptada por Penguin Random House Canadá. Sin embargo, mientras escribía, reduje el número de textos a veinticinco, luego a dieciséis y finalmente a los doce definitivos. Durante los últimos tres años edité lo que quedó con la atenta ayuda de mi editora oficial (y con las despiadadas y profundamente certeras críticas de Hurwitz, al que ya he mencionado).

Me costó mucho tiempo decidir el título, *12 reglas para vivir: un antídoto al caos*. ¿Por qué se acabó imponiendo este? Sobre todo por su simplicidad. Indica claramente que la gente necesita principios rectores y que, de lo contrario, el caos se impone. Necesitamos reglas, patrones y valores, tanto en soledad como en compañía. Somos animales de carga y tenemos que aguantar lo que nos ponen encima para justificar nuestra miserable existencia. Necesitamos rutina y tradición. Eso es orden. El orden puede acabar resultando excesivo, y eso no es bueno, pero el caos puede anegarlo todo y ahogarnos, lo que tampoco es bueno. Tenemos que mantenernos en el buen camino. Así pues, cada una de las doce reglas de este libro con sus correspondientes comentarios proporciona una guía para estar ahí. «Ahí» es la línea divisoria entre el orden y el caos. Ese es el lugar en el que se da el equilibrio exacto entre estabilidad, exploración, transformación, reparación y cooperación. Es donde encontramos el significado que justifica la vida y su inevitable sufrimiento. Quizá, si viviéramos como habría que vivir, podríamos tolerar el peso que supone ser conscientes de nuestra propia existencia. Quizá, si viviéramos como habría que vivir, no tendríamos problemas en reconocer nuestro carácter frágil y mortal, sin caer en el victimismo ofuscado que genera primero resentimiento, luego envidia y, finalmente, deseo de venganza y destrucción. Quizá, si viviéramos como habría que vivir, no tendríamos que buscar refugio en la certidumbre totalitaria para protegernos de la consciencia de nuestra propia mediocridad e ignorancia. Quizá podríamos evitar todos esos caminos que dirigen al infierno (y en el terrible siglo XX ya hemos podido comprobar lo real que puede ser el infierno).

Espero que estas reglas y las explicaciones que las acompañan ayuden a la gente a entender lo que ya sabe: que el alma de cualquier individuo ansía de forma eterna el heroísmo del auténtico Ser y que la voluntad de asumir esa responsabilidad equivale a la decisión de vivir una vida llena de significado.

Si cada uno vive como habría que vivir, prosperaremos colectivamente.

Te deseo lo mejor ahora que te vas a adentrar en estas páginas.

DR. JORDAN B. PETERSON
Psicólogo clínico y profesor de Psicología

ENDERÉZATE Y MANTÉN
LOS HOMBROS HACIA ATRÁS

LAS LANGOSTAS Y EL TERRITORIO

Si eres como casi todo el mundo, seguro que no sueles pensar en las langostas... a menos que te estés comiendo una.[1] Sin embargo, estos interesantes y deliciosos crustáceos merecen toda nuestra atención. Sus sistemas nerviosos resultan comparativamente simples, con neuronas —las células mágicas del cerebro— grandes y fácilmente observables. Es por eso que la ciencia ha conseguido trazar con gran exactitud el mapa de sus circuitos neuronales, lo que ha servido para comprender la estructura y la función del cerebro y el comportamiento de animales más complejos, incluido el ser humano. En efecto, las langostas tienen mucho más en común contigo de lo que piensas (sobre todo cuando te enojas y tu cara está tan roja como una de ellas después de cocerla, ja, ja).

Las langostas viven en el fondo marino. Necesitan contar con una base propia allí, un espacio en el que cazan sus presas y rastrean cualquier resto comestible que haya podido caer como consecuencia del continuo frenesí de masacres que tiene lugar más arriba. Quieren un sitio seguro, donde la caza y la cosecha sean buenas. Un hogar.

Esto puede suponer un problema, ya que hay muchas langostas. ¿Qué pasa si dos de ellas ocupan al mismo tiempo el mismo territorio en lo más profundo del océano y las dos quieren vivir allí? ¿Qué pasa si hay cientos de langostas que quieren establecerse y criar a una familia precisamente en la misma parcela abarrotada de arena y desechos?

Otras criaturas tienen el mismo problema. Por ejemplo, cuando los pájaros cantores migran hacia el norte en primavera, se enfrascan en feroces luchas territoriales. Sus cantos, que tan pacíficos y hermosos resultan al oído humano, son en realidad señales de alarma y gritos de dominación. Un pajarito con grandes aptitudes musicales no es sino un pequeño guerrero que proclama su soberanía. Es el caso del chochín común, un diminuto y enérgico pájaro cantor insectívoro común en Norteamérica. Cuando llega a un lugar, busca un sitio protegido para construir un nido, a resguardo del viento y la lluvia. Quiere poder encontrar comida en las cercanías y que el emplazamiento resulte atractivo a sus posibles parejas. Y también quiere convencer a otros pájaros que quieran competir por ese espacio de que es mejor que no se acerquen.

LOS PÁJAROS Y EL TERRITORIO

Cuando tenía diez años, mi padre y yo construimos una casita para una familia de chochines. Parecía un viejo vagón de tráiler y tenía una entrada frontal del tamaño de una moneda, lo que hacía de ella una buena casa para los chochines, que son diminutos, pero no tan buena para otro tipo de pájaros que no podrían entrar. Mi vecina, una anciana, también tenía una casa para pájaros, que le habíamos construido justo por aquel entonces con una vieja bota de goma. Esta otra tenía una entrada lo suficientemente amplia como para que entrara un pájaro del tamaño de un petirrojo, y la señora esperaba con impaciencia el día en el que estuviera habitada.

Un chochín no tardó en descubrir nuestra casita y se instaló. A lo largo de las primeras semanas de la primavera podíamos escucharlo trinar de forma sostenida, repitiendo su canto una y otra vez. Sin embargo, después de haber construido su nido en la caravana cubierta, el pequeño inquilino empezó a llevar trozos de ramas a la bota de nuestra vecina y consiguió llenarla de tal forma que ningún otro pájaro, grande o pequeño, podía entrar. A nuestra vecina no le hizo mucha gracia este ataque preventivo, pero tampoco se podía hacer gran cosa. «Si quitamos todo, limpiamos la bota y volvemos a colocarla en el árbol —decía mi padre—, seguro que vuelve a llenarla de palitos». Los chochines son pequeños y muy monos, pero no tienen compasión.

El invierno anterior me había roto la pierna esquiando —mi primera caída cuesta abajo— y me pagaron cierta cantidad de un seguro escolar creado para premiar a los niños más torpes y desgraciados. Con ese dinero me compré una grabadora de casetes, que para la época era un prodigio tecnológico. Mi padre me sugirió que saliera al jardín, grabara el canto del chochín y que luego lo reprodujera para ver qué pasaba. Así que salí bajo el brillante sol de primavera y grabé unos cuantos minutos al chochín mientras escenificaba musicalmente su furiosa reivindicación territorial. Después le hice escuchar su propio canto. Entonces ese pajarito, que es como la tercera parte de un gorrión, se lanzó en picado sobre mí y mi casete, abalanzándose una y otra vez a escasos milímetros del altavoz. Fue algo que veríamos muy a menudo, incluso sin la grabadora. Si un pájaro más grande se atrevía a posarse y descansar en cualquiera de los árboles que quedaban cerca de la casita, muy probablemente acabaría desalojado por un pequeño kamikaze.

Ahora bien, las langostas y los chochines son muy diferentes. Las langostas no vuelan, ni cantan, ni se posan en los árboles. Los chochines tienen plumas, no caparazones rígidos. Los chochines no pueden respirar debajo del agua y no se suelen servir con un poco de mantequilla. Sin embargo, también comparten aspectos importantes. Por ejemplo, ambos están obsesionados con el estatus y la posición, como otras muchas criaturas. El zoólogo y psicólogo comparativo noruego Thorleif Schjelderup-Ebbe observó en 1921 que hasta los más comunes pollos de corral establecen «un orden a la hora de picotear la comida».[2]

Determinar el «quién es quién» en el mundo del pollo tiene importantes implicaciones para la supervivencia de cada uno de ellos, sobre todo en tiempos de carestía. Los pájaros que gozan de la prioridad para acceder a cualquier comida son las estrellas del corral. Después vienen los segundones, los secuaces parásitos y los imitadores. Por último les toca a los pollos de tercera fila, y así hasta que llega el turno de los pobres zarrapastrosos, medio desplumados y picoteados por los otros, que ocupan el estrato más bajo, los intocables de la jerarquía aviar.

Los pollos, como en las afueras de las grandes ciudades, viven de forma comunal. No así los pájaros cantores, como los chochines, que, sin embargo, sí reproducen una jerarquía de dominación, en su caso más extendida sobre el territorio. Los pájaros más astutos, fuertes, sanos y afortunados ocupan el mejor terreno y lo defienden. Por eso, son los que tienen mayores probabilidades de atraer a las mejores parejas y de engendrar crías que sobrevivan y prosperen. La protección contra el viento, la lluvia y los depredadores, así como el fácil acceso a la mejor comida, dan lugar a una existencia menos estresante. El territorio cuenta y hay poca diferencia entre los derechos territoriales y el estatus social. Es, a menudo, una cuestión de vida o muerte.

Si una enfermedad aviar se propaga por una comunidad de pájaros cantores bien estratificada, serán los especímenes menos dominantes y más sometidos a presión, esto es, aquellos que ocupan los peldaños inferiores del mundo de las aves, los que tengan más probabilidades de caer enfermos y morir.[3] Es lo mismo que sucede en las comunidades humanas, cuando los virus como la gripe aviar se expanden por el planeta. Los pobres y vulnerables siempre son los primeros en morir, y en mayores cantidades. Son también mucho más propensos a contraer enfermedades no contagiosas, como el cáncer, la diabetes o las cardiopatías. Cuando la aristocracia se resfría, como suele decirse, las clases trabajadoras mueren de neumonía.

Como el territorio cuenta, y los mejores sitios siempre son escasos, su búsqueda es una fuente de conflictos en el mundo animal. El conflicto, por su parte, produce otro problema: cómo ganar o perder sin que las partes en discordia asuman un costo demasiado elevado. Esta cuestión resulta de particular importancia. Imagina que dos pájaros se lanzan a una riña a causa de una zona particularmente deseable para anidar. La interacción puede degenerar con gran facilidad en un combate físico abierto. En tales circunstancias, uno de los pájaros, por lo general el más grande, terminará ganando, pero incluso este puede acabar herido. Eso significa que un tercer pájaro totalmente ileso, un astuto observador, puede aparecer como buen oportunista y vencer al ganador que ahora está lisiado. Un resultado así no es nada bueno para ninguno de los dos pájaros del principio.

EL CONFLICTO Y EL TERRITORIO

A lo largo de milenios, los animales que tienen que cohabitar con otros en los mismos territorios han ido aprendiendo numerosos ardides para conseguir dominar y, al mismo tiempo, exponerse lo mínimo posible a cualquier daño. Un lobo derrotado, por ejemplo, se tumba boca arriba exponiendo su garganta al vencedor, que no se dignará a seccionarla. Puede que este lobo ahora victorioso precise en el futuro a un compañero de caza, incluso uno tan patético como el enemigo que ahora yace a sus pies. Los dragones barbudos, unos lagartos particularmente sociables, mueven sus patas delanteras en círculos con delicadeza para indicarle a otro individuo su deseo de mantener una armonía social. Los delfines generan vibraciones sonoras especiales mientras cazan y en otros momentos de particular intensidad, para evitar potenciales conflictos entre grupos dominantes y subordinados. Los comportamientos de esta naturaleza son, por tanto, endémicos en la comunidad de los seres vivos.

Las langostas, con sus idas y venidas rastreando el fondo submarino, no son ninguna excepción.[4] Si cazas una docena y las transportas a una ubicación diferente, podrás observar los rituales y técnicas que llevan a cabo para formar su estatus. Cada langosta empezará por explorar el nuevo territorio, en parte para ir tomando nota de sus detalles y en parte para encontrar un buen refugio. Las langostas tienen una gran capacidad para asimilar información sobre los lugares donde viven y recordarla. Si asustas a una cuando está cerca de su nido, volverá en un santiamén para esconderse. Sin embargo, si haces lo mismo cuando se encuentra a cierta distancia, saldrá inmediatamente disparada al refugio más cercano, que previamente habrá identificado y que recordará a la perfección.

Una langosta necesita contar con un escondite seguro para descansar, lejos de los depredadores y las fuerzas de la naturaleza. Además, las langostas mudan de caparazón cuando crecen, lo que significa que durante determinados periodos son blandas y vulnerables. Una madriguera debajo de una roca es un buen hogar para una langosta, sobre todo si a su alrededor se encuentran conchas y otros detritus que puedan arrastrarse para cubrir la entrada una vez que el crustáceo se ha puesto cómodo en el interior. No obstante, puede que solo haya un número muy restringido de refugios o escondites de primera clase en cada nuevo territorio. Son escasos y valiosos, así que las restantes langostas siguen explorando en su búsqueda.

De modo que es bastante frecuente que una langosta tope con otra cuando está explorando y, como han demostrado algunos investigadores, incluso un ejemplar criado en aislamiento sabe qué hacer cuando esta situación se presenta.[5] Lo cierto es que el crustáceo cuenta en su sistema nervioso con complejas conductas de defensa y agresión: empieza a moverse en círculos, como un boxeador, abriendo y cerrando sus pinzas, dando pasos hacia delante, atrás y a los lados que reproducen los de su oponente mientras agita una y otra vez las pinzas abiertas. Al mismo tiempo, utiliza unos propulsores especiales que tiene bajo los ojos para disparar a su rival chorros de líquido. Este contiene una mezcla de sustancias químicas que informan a la otra langosta de su tamaño, sexo, condición física y su disposición en ese momento.

En ocasiones, a una langosta le basta con ver el tamaño de la pinza para entender que su oponente la supera en talla y en ese caso se retirará sin pelear. La información química intercambiada mediante ese líquido puede conseguir el mismo efecto y convencer a un individuo en peor estado físico o menos agresivo de que desista. Este es el nivel 1 de resolución de conflictos.[6] No obstante, si las dos langostas tienen tamaños y habilidades en principio semejantes o si el intercambio de líquido no ha transmitido información suficientemente esclarecedora, pasarán al nivel 2. Entonces, sacudiendo frenéticamente las antenas y con las pinzas dobladas hacia abajo, una de las dos avanza y otra retrocede. A continuación la otra avanza y la primera retrocede. Después de unas cuantas rondas de esta dinámica, la langosta que se sienta más nerviosa puede llegar a la conclusión de que no tiene gran cosa que ganar si insiste. En ese caso retirará la cola instintivamente, huirá hacia atrás hasta desaparecer y seguirá buscando por otro lado. No obstante, si ninguna se inmuta, pasarán al nivel 3, que sí supone un verdadero combate.

Las langostas, que a estas alturas están rabiosas, se lanzan agresivamente a la pelea con las pinzas extendidas. Cada una intenta volcar a la otra boca arriba. Cuando una lo consigue, la otra entiende que su rival está en condiciones de causarle verdadero daño. Por lo general se rinde y se va (aunque no sin un enorme resentimiento que la hará chismorrear sin parar sobre la vencedora a sus espaldas). Si ninguna lo consigue —o si una no se rinde después de ser volteada—, entonces pasan al nivel 4. Esto supone un riesgo extremo y por eso no es un paso que se dé sin previa consideración, pues una de las dos langostas terminará la disputa herida, quizá de muerte.

Ahora los animales avanzan el uno hacia el otro con una velocidad cada vez mayor. Tienen las pinzas abiertas para poder agarrar una pata, una antena, un ojo o cualquier otra cosa que quede al descubierto. Cuando consiga atrapar una parte del cuerpo, la atacante intentará arrancarla, y para ello sacudirá la cola hacia atrás con brusquedad mientras mantiene la pinza firmemente cerrada. Cuando una pelea llega a este punto, suele terminar con una langosta claramente vencedora y otra derrotada. Esta última difícilmente sobrevivirá, sobre todo si se mantiene en el territorio ocupado por la otra, que ahora es una enemiga mortal.

Tras perder una batalla, independientemente de lo agresivo que haya sido el combate, la langosta se muestra incapaz de volver a luchar, incluso contra otra a la que haya derrotado en una ocasión anterior. Una combatiente vencida pierde la confianza, en ocasiones durante días. Pero a veces la derrota tiene consecuencias todavía más graves. Si una langosta dominante pierde el combate de forma lacerante, su cerebro básicamente se disuelve y acto seguido se desarrolla otro nuevo, un cerebro de individuo subordinado más apropiado para la posición inferior que ahora ocupa.[7] En efecto, su cerebro original no es lo suficientemente complejo para gestionar la transformación de monarca en último peón sin desintegrarse por completo y volver a desarrollarse. Cualquiera que haya sentido una dolorosa transformación tras sufrir un duro revés amoroso o profesional puede sentirse hasta cierto punto identificado con ese crustáceo que una vez lo dominaba todo.

LA NEUROQUÍMICA DE LA DERROTA Y LA VICTORIA

El cerebro de una langosta derrotada es muy distinto del de una ganadora, lo que se refleja en sus correspondientes posturas. Es la proporción de dos sustancias químicas, la serotonina y la octopamina, lo que determina si una langosta rebosa confianza o se arrastra desmoralizada. La victoria aumenta la proporción de la primera respecto a la segunda.

Una langosta con niveles elevados de serotonina y bajos de octopamina es un marisco petulante y presumido, con poca predisposición a retirarse frente a un desafío. La razón es que la serotonina contribuye a regular la flexión corporal. Una langosta en flexión extiende sus apéndices para parecer grande y peligrosa, como Clint Eastwood en un *spaghetti western*. Cuando se aplica serotonina a una langosta que acaba de perder un duelo, se estira, provoca incluso a quien le ha hecho morder el polvo y pelea más fuerte y durante más tiempo.[8] Los fármacos que se prescriben a las personas que atraviesan una depresión, los cuales inhiben de forma selectiva la recaptación de serotonina, vienen a tener el mismo efecto químico y la mismas consecuencias en la conducta. En lo que resulta una de las más asombrosas demostraciones de la continuidad evolutiva de la vida terrestre, el Prozac consigue alegrar incluso a las langostas.[9]

La combinación de alta serotonina y baja octopamina caracteriza entonces a las vencedoras. La configuración neuroquímica opuesta, con una proporción elevada de octopamina respecto a la serotonina, produce langostas con pinta de perdedoras, contraídas, inhibidas, melancólicas y escurridizas, de las que andarían merodeando en un cruce callejero y se esfumarían en cuanto se anunciara una pelea. La serotonina y la octopamina también regulan el reflejo de retirar la cola, que le sirve a la langosta para propulsarse rápidamente hacia atrás cuando necesita escapar. Se requiere un menor nivel de provocación para obtener esa reacción en una langosta derrotada, algo similar a la reacción de alarma que se da en soldados o niños maltratados con estrés postraumático.

EL PRINCIPIO DE LA DISTRIBUCIÓN DESIGUAL

Cuando una langosta derrotada recupera la moral y se atreve a volver a pelear, sus probabilidades de perder son mayores de lo que cabría esperar teniendo en cuenta su historial de batallas acumuladas. Por el contrario, la que obtuvo la victoria tiene más probabilidades de ganar. En el mundo de las langostas se juega al doble o nada a favor del ganador, al igual que en las sociedades humanas, donde el uno por ciento más rico cuenta con las mismas riquezas que el cincuenta por ciento de más abajo[10] y las ochenta y cinco personas más ricas tienen lo mismo que los 3500 millones que ocupan la parte inferior.

Ese mismo principio brutal de distribución desigual se produce fuera del ámbito financiero; de hecho, en cualquier parte donde se requiera una producción creativa. Así, por ejemplo, la mayor parte de los artículos científicos los publica un grupo muy reducido de investigadores. Tan solo una minúscula proporción de músicos produce la totalidad de la música comercial que llega a grabarse. Apenas un puñado de autores vende todos sus libros. En Estados Unidos se venden anualmente hasta un millón y medio de títulos distintos, pero solo quinientos de esos libros superan las cien mil copias.[11] Del mismo modo, solo cuatro compositores clásicos (Bach, Beethoven, Mozart y Tchaikovsky) escribieron casi toda la música que hoy tocan las orquestas modernas. Por su parte, Bach fue un autor tan prolífico que harían falta décadas de trabajo tan solo para copiar a mano todas sus partituras, si bien solo una pequeña porción de tan prodigiosa producción se interpreta habitualmente. Algo similar ocurre con la producción de los otros tres miembros del equipo de los compositores acaparadores: solo una parte minúscula de su legado se sigue ejecutando. Así pues, una pequeña parte de la música compuesta por una pequeña parte de todos los compositores clásicos de toda la historia viene a constituir la totalidad de la música clásica que el mundo conoce y aprecia.

A este principio se le suele llamar «la ley de Price», en honor a Derek J. de Solla Price,[12] el investigador que descubrió su aplicación científica en 1963. Puede representarse con un diagrama con forma aproximada de «L», con el número de personas en el eje vertical y la productividad o los recursos en el horizontal. En realidad, el principio básico se había descubierto mucho antes. El polímata italiano Vilfredo Pareto (1848-1923) advirtió su aplicabilidad a la distribución de la riqueza a principios del siglo XX, una posibilidad que parece funcionar de forma apropiada para cualquier sociedad posible, al margen de su forma de gobierno. Se aplica también a la población de ciudades (tan solo unas cuantas concentran a casi todos los habitantes del mundo), la masa de los cuerpos celestes (unos pocos la acaparan) y la frecuencia de palabras de una lengua (el noventa por ciento de la comunicación se produce utilizando solo quinientas palabras), entre otras muchas cosas. También se le conoce en ocasiones como «el principio de Mateo» (Mateo 25:29), en alusión a la que quizá sea la máxima más contundente de las atribuidas a Jesucristo: «Porque al que tiene se le dará y le sobrará, pero al que no tiene se le quitará hasta lo que tiene».*

Sabes que eres el Hijo de Dios cuando tus máximas afectan incluso a los crustáceos.

Volviendo a nuestro irascible marisco, a las langostas no les hace falta recorrer mucho para saber con quién pueden meterse y a quién es mejor evitar. Y una vez que lo saben, la jerarquía resultante es extremadamente estable. Todo lo que la vencedora tiene que hacer después de ganar es sacudir sus antenas amenazantemente y la antigua rival se esfumará dejando tras de sí una nube de arena. Una langosta debilitada no se rebelará, aceptará su estatus inferior y mantendrá las patas pegadas al cuerpo. Por el contrario, la langosta que ocupa la posición superior —por lo que cuenta con el mejor refugio y puede descansar plácidamente tras una buena comida— se jactará de su dominación sobre el territorio sacando a las langostas subordinadas de sus refugios durante la noche tan solo para recordarles quién es la que manda.

TODAS LAS CHICAS

Las langostas hembras (que también luchan a conciencia por el territorio durante las fases de su vida relacionadas con la maternidad)[13] identifican al macho dominante con rapidez y, acto seguido, pasan a sentir por él una irresistible atracción. Es, en mi opinión, una estrategia brillante que otras hembras de diferentes especies también utilizan, incluidas las humanas. En vez de llevar a cabo la ardua labor computacional de identificar al mejor hombre, las mujeres dejan la tarea en manos de cálculos automáticos de la jerarquía dominante. Así, dejan que los hombres se peleen

---

* La traducción de este pasaje bíblico y de todos los que aparecen a lo largo del libro proviene de la Sagrada Biblia, versión oficial *(Maior)* de la Conferencia Episcopal Española (Madrid, Biblioteca de Autores Cristianos, 2010). *(N. del T.)*

y eligen a sus favoritos entre los que quedan más arriba. Viene a ser lo mismo que sucede con el mercado bursátil, donde el valor de cualquier empresa se estima en función de la competencia.

Cuando las hembras se disponen a cambiar de caparazón y a ablandarse un poco, empiezan a interesarse por el apareamiento. Primero rondan por la zona del macho dominante, emanando fragancias afrodisiacas en un intento por seducirlo. Puesto que la agresividad es la base de su éxito, tenderá a reaccionar de una forma dominante e irascible. Además, es bien grande, está sano y tiene poder, con lo que no es labor fácil conseguir que deje las peleas y se interese por la búsqueda de pareja. (No obstante, si la seducción triunfa, cambiará su comportamiento con la hembra. Es como el equivalente en versión langosta de *Cincuenta sombras de Grey*, uno de los libros más vendidos de la historia, y el enésimo ejemplo de romance estereotípico a lo *Bella y la Bestia*. Este es el patrón de conducta continuamente representado en las fantasías literarias sexualmente explícitas que son tan populares entre las mujeres como las sugerentes imágenes de desnudos lo son entre los hombres).

Habría que señalar, aun así, que la mera fuerza física constituye una base inestable para construir un dominio duradero, tal y como el primatólogo holandés Frans de Waal se ha esforzado en demostrar.[14] Entre los grupos de chimpancés que estudió, los machos que conseguían dominar a largo término eran los que conseguían complementar su superioridad física con atributos más sofisticados. Al fin y al cabo, hasta el déspota chimpancé más brutal puede ser derrocado por dos oponentes que sean, cada uno, un setenta y cinco por ciento tan crueles como él. Así pues, los machos que permanecen en lo más alto son los que forman coaliciones recíprocas con sus subordinados y los que prestan particular atención a las hembras y las crías del grupo. El truco político de ir besando a bebés tiene millones de años. Pero las langostas todavía se encuentran en un estado primitivo en comparación con ellos, de modo que el argumento de *La Bella y la Bestia* les basta.

Así, una vez que la Bestia ha sido convenientemente seducida, la (langosta) hembra que lo ha conseguido se desviste, se desprende de su caparazón y queda peligrosamente blanda, vulnerable y lista para aparearse. En el momento adecuado el macho, que ahora se ha vuelto un amante atento, deposita una bolsa de esperma en el receptáculo correspondiente. Durante las dos o tres semanas siguientes, la hembra se queda rondando cerca mientras su cubierta va endureciéndose (otro fenómeno que no es del todo desconocido en el mundo de los humanos). Cuando le dan ganas, vuelve a su propio refugio, que está lleno de huevos fecundados, y es entonces cuando otra hembra intenta hacer lo mismo, y así una y otra vez. El macho dominante, con su postura erguida y confiada, no solo consigue la casa envidiada y el mejor acceso al terreno de caza, también se queda con las chicas. Realmente el éxito vale mucho más la pena cuando eres una langosta macho.

¿Por qué todo esto resulta relevante? Por un número increíble de razones, al margen de las que resultan cómicamente obvias. En primer lugar, sabemos que las langostas llevan aquí, de una forma u otra, más de 350 millones de años,[15] lo que verdaderamente es mucho tiempo. Hace 65 millones de años todavía había dinosaurios, algo que se nos antoja extremadamente remoto. Sin embargo, para las langostas, los dinosaurios eran una especie de nuevos advenedizos, que aparecieron y desaparecieron en el flujo de un tiempo casi eterno. Esto nos indica que las jerarquías de dominio han constituido un elemento permanente del ambiente al que cualquier forma de vida compleja se ha adaptado. Hace unos 300 millones de años, los cerebros y los sistemas nerviosos eran comparativamente simples. No obstante, ya poseían la estructura y la neuroquímica necesarias para procesar información sobre el estatus y la sociedad. Difícilmente se puede exagerar la importancia de este hecho.

LA NATURALEZA DE LA NATURALEZA

En biología, decir que la evolución es conservadora resulta una perogrullada. Cuando algo evoluciona, tiene que partir de aquello que la naturaleza ya ha producido. Puede que se añadan nuevos elementos y algunos de los antiguos quizá sufran alguna alteración, pero la mayor parte de las cosas se quedan igual. Es por ello que las alas de los murciélagos, las manos de los seres humanos y las aletas de las ballenas resultan extraordinariamente similares en su forma esquelética. Tienen incluso el mismo número de huesos. Y es que la evolución estableció las bases de la fisiología hace mucho tiempo.

Así, la evolución funciona en gran medida mediante la variación y la selección natural. La variación existe por muchos motivos, como la mezcla de genes (por decirlo de forma simple) o la mutación aleatoria, y es por esa variación que los individuos de una misma especie son diferentes. La naturaleza los va eligiendo a lo largo del tiempo. Esta teoría, como se ha señalado, parece explicar la continua alteración de las formas de vida a lo largo de eones. Pero hay una cuestión adicional menos evidente: ¿de qué «naturaleza» se habla cuando se habla de «selección natural»? ¿Cuál es exactamente «el ambiente» al cual se adaptan los animales? Asumimos muchas cosas acerca de la naturaleza, lo que tiene sus consecuencias. Mark Twain dijo en una ocasión: «Lo que nos mete en problemas no es lo que no sabemos, sino lo que creemos que sabemos, pero no sabemos».

Para empezar, es fácil dar por sentado que «la naturaleza» posee una naturaleza propia, algo estático. Pero no es el caso, o al menos no en un sentido simple. Es estática y dinámica al mismo tiempo. El propio ambiente —la naturaleza que elige— se transforma. El conocido símbolo del ying y el yang de los taoístas lo plasma a la perfección. El Ser de los taoístas, la propia realidad, se compone de dos principios opuestos, a veces traducidos como el femenino y el masculino, o más exactamente, la hembra y el macho. Sin embargo, el ying y el yang se interpretan de forma más exacta como el caos y el orden. El símbolo taoísta es un círculo que rodea a dos serpientes, de la cabeza a la cola. La serpiente negra, el caos, tiene un punto blanco en la cabeza mientras que la serpiente blanca, el orden, tiene un punto negro en la suya. Eso se debe a que el caos y el orden son intercambiables y, al mismo tiempo, eternamente yuxtapuestos. No hay nada tan absolutamente cierto que no pueda variar. Incluso el sol tiene ciclos de inestabilidad. De la misma forma, no hay nada tan susceptible al cambio que no pueda estabilizarse. Toda revolución engendra un nuevo orden y toda muerte es, al mismo tiempo, una metamorfosis.

De este modo, considerar la naturaleza como algo puramente estático conduce a importantes errores de comprensión. La naturaleza «selecciona». La idea de *selección* contiene implícitamente la de *idoneidad*. Y es la «idoneidad» lo que se «selecciona». La idoneidad, por decirlo de alguna forma, es la probabilidad de que un organismo determinado engendre descendencia, perpetuando así sus genes. Lo «idóneo» de la «idoneidad» es, pues, la correspondencia que se establece entre los atributos del organismo y lo que exige el ambiente. Si se conceptualiza esa exigencia como algo estático —es decir, si se considera la naturaleza como algo eterno e inmutable—, entonces la evolución resulta ser una serie interminable de mejoras lineales, y la idoneidad, algo a lo que los seres vivos van acercándose gradualmente a través de las épocas. La aún poderosa idea victoriana del progreso evolutivo, que tiene al ser humano en su cúspide, es una consecuencia parcial de este modelo de naturaleza. Genera la noción errónea de que la selección natural tiene un destino (una idoneidad cada vez mayor respecto al ambiente) y que se puede concebir como un punto fijo.

Pero la naturaleza, el agente que elige, no es un elector estático (no en un sentido simple). La naturaleza se viste de forma diferente para cada ocasión y varía como una partitura musical, algo que, en parte, explica la honda capacidad para transmitir significado que posee la música. A medida que el ambiente que acoge a una especie se transforma y cambia, los atributos que hacen que un individuo consiga sobrevivir y reproducirse también se transforman y cambian. Así pues, la teoría de la selección natural no postula que las criaturas vayan adaptándose de forma cada vez más precisa a un patrón especificado por el mundo. Más bien las criaturas mantienen un baile con la naturaleza, aunque, eso sí, uno mortal. «En mi reino —dice la Reina de Corazones en *Alicia a través del espejo*— necesitas correr con todas tus fuerzas si pretendes permanecer en el mismo lugar». Nadie triunfa quedándose quieto, por muy bien pertrechado que esté.

La naturaleza tampoco es simplemente dinámica. Algunos de sus elementos cambian rápido, pero se encuentran inmersos en otras estructuras que se transforman con más lentitud, algo que también suele suceder con la música. Las hojas cambian más rápido que los árboles, los árboles más rápido que los bosques y el tiempo cambia más rápido que el clima. Si no fuera así, la moderación evolutiva no funcionaría, puesto que la morfología básica de los brazos y las manos tendría que cambiar tan rápido como el tamaño de los huesos o la función de los dedos. Es el caos dentro de un orden, a su vez dentro de otro caos que se encuentra inscrito en un orden superior. El orden que resulta más real es el que cambia menos, pero no es necesariamente el que se ve con mayor facilidad. Cuando el observador se fija en la hoja, pierde la perspectiva del árbol, y cuando repara en este, deja de percibir el bosque. Así, algunas de las cosas que resultan más reales, como la perpetua jerarquía de dominación, no pueden «verse» de forma alguna.

También es un error conceptualizar la naturaleza de forma romántica. Los urbanitas ricos y modernos, sumidos en su universo de cemento abrasador, recrean el ambiente natural como algo inmaculado y paradisiaco, como un paisaje del impresionismo francés. El activismo ecologista, aún más idealista en sus planteamientos, concibe la naturaleza como algo perfecto y armónicamente equilibrado, exento de las perturbaciones y depredaciones propias de la humanidad. Lamentablemente, «el ambiente» también lo componen la elefantiasis o la lombriz de Guinea (mejor no hablar de ella), los mosquitos anófeles y la malaria, las sequías mortíferas, el sida y la peste negra. No fantaseamos sobre la belleza de estos aspectos de la naturaleza aunque son igual de reales que los elementos asociados a nuestra visión del Edén. De hecho, es precisamente a causa de la existencia de estas cosas que intentamos cambiar lo que nos rodea, proteger a nuestros hijos, construir ciudades y sistemas de transporte, cultivar comida y generar electricidad. Si la Madre Naturaleza no se mostrara tan dedicada a acabar con nosotros, nos resultaría mucho más fácil vivir en total armonía con lo que dispone.

Y esto nos conduce al tercer concepto erróneo: que la naturaleza es algo completamente segregado de los constructos culturales que han surgido en ella. El orden dentro del caos y el orden del Ser resulta más natural cuanto más se prolonga, puesto que la «naturaleza» es «lo que selecciona», y cuanto más larga sea la existencia de un atributo determinado, más tiempo ha tenido para ser seleccionado y para afectar a la vida. No importa si se trata de un aspecto físico y biológico o bien social y cultural. Lo único que cuenta desde una perspectiva darwinista es la permanencia, y lo cierto es que las jerarquías de dominación, por muy sociales o culturales que puedan parecer, llevan presentes quinientos millones de años. Es algo permanente, es real. Esta jerarquía no es el capitalismo, ni tampoco el comunismo. No es el complejo militar industrial ni el patriarcado, ese artefacto cultural desechable, maleable y arbitrario. No es ni siquiera una creación humana, o no lo es en el sentido más profundo. Es, por el contrario, un atributo casi eterno del ambiente y gran parte de lo que se denuncia en esas otras manifestaciones más efímeras no es sino un resultado de su existencia inalterable. Todos nosotros (el «nosotros» soberano, el que está presente desde el principio de la vida) hemos vivido en una jerarquía de dominación durante mucho mucho tiempo. Ya estábamos compitiendo por una posición antes de tener piel, manos, pulmones o huesos. Así, hay pocas cosas más naturales que la cultura. Las jerarquías de dominación son más antiguas que los árboles.

La parte de nuestro cerebro que registra nuestra posición en la jerarquía de dominación es por eso fundamental y excepcionalmente antigua.[16] Es un sistema de control esencial que modela nuestras percepciones, valores, emociones, pensamientos y acciones. Afecta de forma directa a todos los aspectos de nuestro Ser, conscientes e inconscientes. De ahí que, cuando sufrimos una derrota, nos comportemos de forma muy parecida a las langostas que han perdido una pelea. Nuestra postura se encoge, miramos al suelo, nos sentimos amenazados, heridos, ansiosos y débiles. Si las cosas no mejoran, caemos en una depresión crónica. En tales circunstancias no resulta fácil hacer frente al combate que exige la vida, con lo que acabamos siendo víctimas idóneas de los matones de caparazón fuerte. Y no solo resultan llamativas las similitudes relacionadas con el comportamiento y la experiencia, pues gran parte de la neuroquímica subyacente es la misma.

Pongamos como ejemplo la serotonina, la sustancia química que controla la postura y las retiradas de las langostas. Aquellas que se encuentran en posiciones inferiores producen comparativamente bajos niveles de serotonina, al igual que ocurre con los seres humanos que ocupan posiciones análogas, y estos bajos niveles disminuyen aún más con cada derrota. Una baja serotonina significa menos confianza en uno mismo. Significa una mayor respuesta al estrés y mayores dificultades para reaccionar ante una emergencia. Y en el punto inferior de la jerarquía de dominación, en cualquier momento puede ocurrir cualquier cosa, nada bueno por lo general. Significa menos felicidad, más dolor y ansiedad, más enfermedad y una esperanza de vida menor, tanto en los humanos como en los crustáceos. Los puestos superiores en la jerarquía de dominación y los altos niveles de serotonina que suelen ir parejos se caracterizan por menos enfermedades, miseria y muerte, incluso cuando se mantienen constantes factores como los ingresos totales (o bien el número de restos comestibles en descomposición que puedes conseguir). Difícilmente se puede exagerar la importancia de este hecho.

ARRIBA Y ABAJO

Hay una calculadora espantosamente instintiva en lo más profundo de tu interior, en la base misma de tu cerebro, muy por debajo de tus pensamientos y sentimientos. Controla con toda exactitud dónde te sitúas en la sociedad, pongamos, por ejemplo, en una escala de uno a diez. Si estás en el número uno, en el nivel más elevado del estatus, eres un triunfador absoluto. Si eres macho, tienes acceso preferente a los mejores lugares para vivir y a la comida de mejor calidad. Cuentas con infinitas oportunidades para el contacto romántico y sexual. Eres una langosta de éxito y las hembras más atractivas se pelean para conseguir tu atención.[17]

Si eres una hembra, tienes acceso a muchos pretendientes de gran calidad: altos, fuertes y simétricos; creativos, de confianza, honestos y generosos. Y, como tu compañero macho dominante, competirás de forma feroz, incluso despiadada, para mantener o mejorar tu posición en la igualmente competitiva jerarquía de las hembras para aparearse. Aunque resulta mucho menos probable que para ello recurras a la agresión física, hay muchos recursos verbales y estrategias a tu disposición, como por ejemplo la denigración de las oponentes, y puedes muy bien convertirte en una experta en su uso.

Si por el contrario te encuentras en lo más bajo de la escala, en el diez, independientemente de tu sexo, no tienes ningún lugar donde vivir (o ninguno bueno). Tu comida es horrible, y eso cuando consigues comer. Tu estado físico y mental es malo y no suscitas el menor interés romántico a nadie, a no ser que compartan tu nivel de desesperación. Tienes más probabilidades de contraer una enfermedad, envejecer con rapidez y morir joven, y pocos, en el mejor de los casos, llorarán tu desaparición.[18] Puede que ni siquiera el dinero te resulte útil. No sabrás cómo utilizarlo, porque es complicado hacerlo de forma apropiada, sobre todo cuando no se está familiarizado con su uso. El dinero te expondrá a tentaciones peligrosas como drogas y alcohol, que resultan mucho más gratificantes cuando uno se ha visto privado de placeres durante mucho tiempo. El dinero también te convertirá en presa de depredadores y psicópatas, que prosperan explotando a quien se encuentra en los estratos más bajos de la sociedad. El fondo de la jerarquía de dominación es en verdad un lugar horrible y peligroso.

La parte prehistórica de tu cerebro especializada en evaluar la dominación presta atención a cómo te tratan las otras personas. A partir de esos indicios, emite una estimación de tu valor y te asigna un estatus. Si tus colegas te consideran de poco valor, este dispositivo reduce la serotonina disponible y así te vuelves un individuo mucho más reactivo física y psicológicamente a cualquier circunstancia o acontecimiento que pueda suscitar emoción, sobre todo si es negativa. Y lo cierto es que necesitas esa reactividad, ya que los imprevistos son mucho más comunes cuando te encuentras abajo del todo y lo fundamental es sobrevivir.

Desgraciadamente, esta sobreexcitación, esta alerta constante, consume mucha energía valiosa y muchos recursos físicos. Este tipo de respuesta no es otra cosa que lo que todo el mundo conoce como «estrés», y no se trata en absoluto de algo que sea exclusiva o incluso principalmente psicológico. Es más bien un reflejo de las auténticas limitaciones que imponen unas circunstancias desafortunadas. Cuando se vive en lo más bajo de la escala, el viejo dispositivo del cerebro asume que incluso el menor contratiempo imprevisto puede desencadenar una sucesión incontrolable de acontecimientos negativos que habrá que afrontar a solas, ya que en los márgenes de la sociedad es difícil contar con amistades que resulten útiles. Así pues, físicamente tendrás que sacrificar una y otra vez lo que en otras circunstancias podrías reservar para el futuro. En cambio, lo invertirás en un estado de alarma y en la posibilidad de reaccionar de forma inmediata en el presente. Cuando no sabes qué hacer, hay que estar preparado para cualquier cosa, por si acaso. Es como sentarse en el coche y pisar con toda la fuerza al mismo tiempo el acelerador y el freno. Si algo así se lleva demasiado lejos, todo se viene abajo. El viejo dispositivo incluso cerrará tu sistema inmunitario agotando ahora mismo, en las crisis actuales, toda la energía y los recursos necesarios para tu salud futura. Algo así hace que una persona sea impulsiva,[19] de modo que te abalanzarás sobre cualquier oportunidad pasajera que surja de emparejarte o cualquier posible fuente de placer, por mucho que resulte mediocre, lamentable o ilegal. Será mucho más probable que vivas en el filo de la navaja cada vez que se intuya alguna oportunidad de gozar. Las exigencias físicas de esa alerta permanente te desgastarán en todos los sentidos posibles.[20]

Si, por el contrario, disfrutas de un estatus elevado, los mecanismos fríos y antediluvianos del dispositivo entienden que te encuentras en un nicho estable, productivo y seguro y cuentas con un sólido respaldo social. Considera que no resulta muy probable que algo te pueda perjudicar, e incluso lo descarta. El cambio puede plantear una oportunidad en vez de un desastre. Así, la serotonina fluye a raudales, lo cual refuerza tu confianza y tu tranquilidad, te hace erguirte y te aleja de la alarma constante. Puesto que tu posición es segura, es probable que el futuro te sonría, con lo que vale la pena pensar a largo plazo y considerar proyectos para un mañana mejor. No tienes que asirte de forma desesperada a cualquier migaja que te lance la fortuna, porque puedes esperar de forma realista que te sigan llegando oportunidades positivas. Puedes postergar la satisfacción sin tener que renunciar a ella de forma permanente. Te puedes permitir ser un ciudadano que reflexiona y que despierta confianza.

ERROR

Sin embargo, en ocasiones el mecanismo del dispositivo falla. Su funcionamiento puede verse alterado, por ejemplo, por hábitos alimenticios o de sueño erráticos o quizá la incertidumbre lo sorprenda. El cuerpo, con sus diversos organismos, tiene que funcionar como una orquesta bien entrenada. Cada sistema tiene que desempeñar su papel de forma correcta y exactamente cuando le corresponde, de lo contrario se produce el caos. Por eso las rutinas resultan tan necesarias. Las acciones que repetimos cotidianamente tienen que estar automatizadas, tienen que convertirse en hábitos sólidos y estables, de tal forma que pierdan su complejidad y resulten simples y predecibles. Es algo que se puede percibir con particular claridad en el caso de los niños pequeños, que son juguetones y encantadores cuando mantienen ritmos de descanso y comida estables, pero que se vuelven criaturas llorosas e insufribles cuando no lo hacen.

Por eso lo primero que siempre pregunto a mis clientes clínicos es cómo duermen. ¿Se levantan por la mañana aproximadamente a la misma hora a la que se levanta la mayoría de la gente y lo hacen cada día? Si responden que no, eso es lo primero que propongo solucionar. No importa tanto si siempre se acuestan a la misma hora, pero sí es necesario mantener hábitos constantes para levantarse. No se puede tratar la ansiedad o la depresión si el paciente mantiene rutinas imprevisibles. Los sistemas que median las emociones negativas están estrechamente relacionados con los ritmos circadianos, que son rigurosamente cíclicos.

En segundo lugar, pregunto por el desayuno. Recomiendo a mis clientes que tomen un desayuno bien cargado de grasa y proteínas tan pronto como puedan por la mañana, sin simples carbohidratos ni azúcares, ya que se digieren demasiado rápido y producen un pico de glucosa seguido de un rápido descenso. Es por eso que las personas que sufren ansiedad o depresión siempre se encuentran agobiadas, sobre todo si hace tiempo que sus vidas están descontroladas. Sus cuerpos están preparados para segregar insulina en cantidades elevadas si realizan cualquier actividad de una cierta complejidad o esfuerzo. Si lo hacen después de una noche en ayunas o antes de comer, el exceso de insulina en la sangre absorberá toda la glucosa. Entonces ataca la hipoglucemia y se vuelven psicológicamente inestables.[21] Y siguen así el resto del día, ya que sus sistemas no se pueden reiniciar hasta que han dormido. He tenido muchos clientes cuya ansiedad acababa reduciéndose a niveles subclínicos simplemente porque habían empezado a dormir respetando un horario establecido y a desayunar.

Otras malas costumbres también pueden interferir con el funcionamiento apropiado del dispositivo. Unas veces, ocurre simplemente por motivos biológicos que no se entienden con exactitud; otras, sucede porque esos hábitos inician un complejo bucle de retroalimentación positiva. Un bucle de retroalimentación positiva requiere un detector de entrada, un amplificador y algún tipo de salida. Imagina una señal recibida por el detector de entrada, amplificada y después emitida mucho más fuerte. Hasta ahora, todo bien. Los problemas se presentan cuando el detector de entrada también recibe la emisión producida y la vuelve a introducir en el sistema, amplificándola y emitiéndola de nuevo. Tras unas cuantas rondas de intensificación, las cosas se descontrolan de forma peligrosa.

Casi todos hemos tenido que soportar el ensordecedor chillido generado por un bucle durante un concierto, cuando el sistema de sonido se pone a chirriar. El micrófono envía una señal a los altavoces, que la emiten. El micrófono puede captar dicha señal y hacer que el sistema vuelva a procesarla si el sonido está demasiado alto o si se encuentra muy cerca de los altavoces. Rápidamente el sonido se amplifica hasta niveles insoportables, suficientes para destruir los altavoces si continúa.

El mismo bucle destructivo sucede en la vida de las personas. En la mayoría de los casos lo catalogamos como enfermedad mental cuando sucede, incluso si no ocurre exclusivamente, o en absoluto, en la mente de las personas. La adicción al alcohol o a cualquier otro tipo de sustancia que altere el estado de ánimo es un ejemplo frecuente de proceso de retroalimentación positiva. Imaginemos a una persona a la que le gusta beber, quizá un poco más de lo que debería. Se bebe enseguida tres o cuatro copas y su glucosa se dispara. Esta situación puede resultar extremadamente estimulante, sobre todo si se trata de alguien con una predisposición genética al alcohol.[22] Pero solo sucede cuando los niveles de glucosa suben de forma sostenida, lo cual solo ocurre si el bebedor sigue bebiendo. Cuando cesa, la glucosa no solo se estanca y luego empieza a caer en picado, sino que su cuerpo comienza a producir una variedad de toxinas a medida que metaboliza el etanol consumido. También empieza a notar los efectos de la abstinencia a medida que los sistemas de ansiedad que la ingesta había bloqueado comienzan a responder de forma amplificada. La resaca no es más que la abstinencia producida por el alcohol (que a menudo acaba con los alcohólicos que la sufren), y en este caso empieza en cuanto se deja de beber. Para conservar esa cálida intensidad y mantener a raya las desagradables secuelas, el bebedor puede simplemente seguir bebiendo, hasta consumir todo el licor que tiene en casa o hasta que los bares cierren y se quede sin dinero.

Al día siguiente se levanta con una tremenda resaca. Hasta ahora, no es más que una situación desagradable. El problema verdadero comienza cuando descubre que su resaca se puede «curar» con unas cuantas copas más por la mañana. Una cura así es obviamente temporal; no hace más que aplazar ligeramente los síntomas de la abstinencia. Pero puede que eso sea lo que se busca, a corto plazo, si la miseria que se sufre es lo suficientemente cruda. Así que ahora el bebedor ha aprendido a curarse de su resaca. Y cuando la medicina es lo que causa la enfermedad, se ha creado un bucle de retroalimentación positiva. El alcoholismo es una consecuencia frecuente en tales condiciones.

Algo parecido suele ocurrirles a las personas que desarrollan un trastorno de ansiedad como la agorafobia. Quienes la padecen pueden llegar a sufrir tal angustia a causa del miedo, hasta el punto de no volver a salir de casa. La agorafobia es la consecuencia de un bucle de retroalimentación positiva. A menudo, el primer capítulo que desencadena el trastorno es un ataque de pánico. El paciente suele ser una mujer de mediana edad que ha sido demasiado dependiente de otras personas. Quizá pasó de estar excesivamente protegida por su padre a una relación con un novio o un marido mayor y considerablemente dominante, con lo que tuvo poco o ningún margen para vivir cierta independencia.

En las semanas previas al desarrollo de la agorafobia, a la mujer en cuestión le suele ocurrir algo inesperado y anómalo. Puede ser algo fisiológico, como palpitaciones en el corazón, que son comunes en estos casos y que resultan más probables durante la menopausia, cuando los procesos hormonales que regulan la experiencia psicológica de una mujer fluctúan de forma impredecible. Cualquier alteración perceptible de la frecuencia cardíaca puede hacer pensar tanto en un infarto como en todo el vergonzoso repertorio de angustias y sufrimientos vinculados con una convalecencia, ya que la muerte y la humillación social suelen constituir los temores más comunes. El suceso inesperado puede ser también un conflicto conyugal, la muerte de la pareja o el divorcio u hospitalización de alguien cercano. Así pues, es un acontecimiento real lo que suele precipitar esta intensificación del miedo a la muerte y al juicio social.[23]

Tras la conmoción, puede que esta mujer salga de casa y se dirija a un centro comercial. Hay mucha gente y es complicado estacionarse, lo que supone una tensión añadida. Los pensamientos acerca de su vulnerabilidad que la rondan tras la reciente experiencia desagradable resurgen con fuerza y desencadenan ansiedad. Su frecuencia cardíaca aumenta y empieza a respirar de forma rápida y superficial. Siente cómo sus latidos se aceleran y comienza a preguntarse si está sufriendo un infarto. Este pensamiento genera todavía más ansiedad, así que respira de forma más entrecortada, lo que aumenta su nivel de dióxido de carbono en sangre. Su ritmo cardíaco vuelve a acelerarse a causa del miedo creciente. Se da cuenta y su ritmo cardíaco aumenta de nuevo.

¡Y pum! Aquí está el bucle de retroalimentación positiva. Enseguida la ansiedad se transforma en pánico, sentimiento que regula un sistema cerebral diferente que está diseñado para las amenazas más serias y que puede activarse por un exceso de miedo. Entonces la mujer se ve superada por sus síntomas y se dirige a urgencias, donde tras una espera llena de angustia se le examina la función cardíaca. No hay nada fuera de lo normal, pero ella no se queda más tranquila.

Aunque todavía hace falta otro bucle de retroalimentación positiva para transformar esa desagradable experiencia en una verdadera agorafobia. La siguiente vez que tiene que ir al centro comercial, siente angustia recordando lo que ocurrió en su anterior visita. Pero va de todas formas. En el camino siente su corazón latir y así se desata otro ciclo de ansiedad y preocupación. Para anticiparse al pánico, evita el agobio del centro comercial y vuelve a casa. Pero ahora los sistemas de ansiedad de su cerebro registran que ha huido del centro comercial y llegan a la conclusión de que ese tipo de desplazamiento resulta verdaderamente peligroso. Nuestros sistemas de ansiedad son sumamente prácticos y asumen que cualquier cosa de la que huyes es peligrosa. Prueba de ello es, evidentemente, que has salido huyendo.

Así que a partir de ahora el centro comercial queda marcado como «lugar demasiado peligroso», o bien la nueva agorafóbica se etiqueta a sí misma como «demasiado frágil para acercarse al centro comercial». Quizá no ha llegado todavía a un nivel que le suponga verdaderos problemas. No en vano, hay otros lugares donde comprar. Pero quizá el supermercado del vecindario se parezca lo suficientemente al centro comercial para generar una respuesta similar cuando vaya, y en ese caso se volverá a retirar. A partir de este momento el supermercado ocupa la misma categoría, y después le toca a la tienda de la esquina. Después son los autobuses, los taxis y el metro. Y, en poco tiempo, cualquier lugar. La agorafóbica puede llegar a sentir miedo de su propia casa, de la que huiría si pudiera. Enseguida queda enclaustrada entre sus cuatro paredes. Cualquier huida motivada por la ansiedad hace que todo aquello de lo que el individuo ha salido huyendo genere más ansiedad. Una huida motivada por ansiedad empequeñece a la persona al tiempo que agranda un mundo lleno de peligros.

Existen numerosos sistemas de interacción entre el cerebro, el cuerpo y el mundo social que pueden quedar atrapados en bucles de retroalimentación positiva. Las personas que sufren depresión, por ejemplo, pueden empezar a sentirse inútiles, verdaderas cargas para los demás, al mismo tiempo que están desgarradas por el dolor. Así pues, se distancian de la familia y las amistades, un alejamiento que aumenta su soledad y su aislamiento y la probabilidad de sentirse cargas inútiles. Entonces se alejan más. De este modo la depresión entra en una espiral creciente.

Si alguien sufre en algún momento de su vida un duro golpe, un trauma, el dispositivo de dominación puede transformarse de tal forma que probablemente acabe generando más dolor. Es algo que les ocurre a menudo a los adultos que fueron víctimas de *bullying* durante su infancia o adolescencia. Se vuelven personas ansiosas que se enfadan con facilidad. Se protegen a sí mismas poniéndose a la defensiva y evitando el contacto visual directo, que puede interpretarse como un desafío de dominación.

Algo así significa que el daño causado por el *bullying* juvenil sufrido (la merma de estatus y confianza) puede continuar incluso después de que dicho abuso haya terminado.[24] En los casos más simples, quienes eran objeto de intimidaciones maduran y consiguen ocupar posiciones de éxito y reconocimiento. Ahora bien, no son enteramente conscientes de ello, puesto que mantienen sus adaptaciones psicológicas a la realidad anterior, que ahora resultan contraproducentes y les hacen sentir más estrés e incertidumbre de lo necesario. Pero en casos más complejos, la asunción de subordinación no solo lleva a la persona a sentir más estrés e incertidumbre de lo necesario, sino que además, al mantenerse una posición de sumisión, se sigue estando sujeto al mismo tipo de acoso por parte de los abusivos que subsisten en el mundo adulto, por mucho que sean muy pocos y no suelan salirse con la suya. En este tipo de situaciones, la consecuencia psicológica del *bullying* pasado aumenta la probabilidad de que se mantenga en el presente, si bien, objetivamente, no tendría que ser así teniendo en cuenta la madurez, la reubicación geográfica, la formación recibida o la mejora en el estatus más objetivo.

CRECER

A veces la gente es víctima de diferentes tipos de abuso porque no es capaz de responder a la agresión, algo que suele sucederles a las personas que físicamente son más débiles que sus oponentes. Durante la infancia supone una de las causas más comunes de *bullying*. Un niño de seis años, por más duro que sea, no tiene nada que hacer frente a otro de nueve. Sin embargo, en la etapa adulta, una gran parte de ese poder diferencial desaparece a medida que se estabiliza un tamaño físico medio similar (más allá de la dualidad entre hombres y mujeres, puesto que ellos tienden a ser más altos y fuertes, sobre todo en la parte superior del cuerpo). Además, en el mundo adulto la intimidación física generalmente se sanciona de forma más sistemática y severa.

Pero, a pesar de ello, algunas personas siguen siendo objeto de abusos porque no responden a la agresión. Es algo que suele ocurrirles a personas con tendencia a la compasión y el sacrificio, sobre todo si son dadas a las emociones negativas y si emiten numerosos gemidos de sufrimiento cuando algún sádico se enfrenta a ellos. De hecho, los niños que lloran con mayor facilidad son más frecuentemente objeto de *bullying*.[25] También les sucede a personas que por un motivo u otro han decidido que cualquier tipo de comportamiento hostil, incluso el enojo, es moralmente condenable. He visto a gente dotada de una fina sensibilidad para detectar los pequeños actos de tiranía y la competitividad agresiva reprimir en su foro interno todo tipo de emociones que puedan generar comportamientos de ese tipo. A menudo se trata de personas cuyos padres eran particularmente coléricos y controladores. Pero hay que tener en cuenta que las fuerzas psicológicas nunca son unidimensionales en su significado, de tal modo que un potencial verdaderamente formidable para la rabia y la agresividad más despiadadas puede equilibrarse redirigiendo esas fuerzas primordiales para alzarse contra la opresión, manifestar la verdad e impulsar el avance en tiempos de lucha, incertidumbre y peligros.

Reprimiendo su capacidad agresiva con una camisa de fuerza embebida de la moral más rígida, las personas piadosas y sacrificadas (además de ingenuas y fáciles de explotar) no pueden recurrir a la rabia legítima y apropiada que necesitan para defenderse. Cuando puedes morder, normalmente no tienes que hacerlo. Si se ha integrado de forma conveniente, la capacidad de responder a la agresión en realidad reduce la probabilidad de tener que recurrir a la violencia. Si cuando empieza el ciclo de opresión puedes decir no y hacerlo de forma convincente —es decir, expresando la negativa con claridad y contundencia—, el margen de acción que le queda al opresor está claramente acotado. Las fuerzas de la tiranía se expanden de forma inexorable para ocupar el espacio que se les deja. Quien se niega a ejecutar las acciones apropiadas para proteger su territorio queda expuesto al abuso de la misma forma que los que realmente no pueden defender sus derechos a causa de una verdadera incapacidad o de un desequilibrio objetivo de fuerzas.

Las personas ingenuas e indefensas tienden a enfocar sus percepciones y acciones a partir de axiomas simples: la gente es por lo general buena, nadie quiere hacer daño a nadie, la amenaza (y desde luego el uso de la fuerza), física o no, está mal. Pero estos axiomas se derrumban, o algo peor, cuando aparece alguien realmente malintencionado.[26] «Algo peor» significa que los pensamientos ingenuos pueden convertirse en una invitación abierta al abuso, porque quien tiene la intención de hacer daño se ha especializado en identificar a quien piensa de esta manera. En tales condiciones es necesario volver a calibrar estos axiomas. En mi práctica clínica, a estos pacientes convencidos de que las buenas personas nunca se enojan, a menudo les hago pensar acerca de las realidades objetivas de sus propios resentimientos.

A nadie le gusta que lo ataquen, pero hay gente que lo aguanta durante demasiado tiempo. Así que le hago ver su resentimiento, en primer lugar, como rabia, y acto seguido como una indicación de que hay que decir o hacer algo (un tema que, para empezar, es una cuestión de honestidad). Después, presento esa acción como parte de una fuerza que mantiene a raya la tiranía, tanto a nivel social como individual. Muchos aparatos burocráticos cuentan con sus pequeños déspotas que generan reglas y procedimientos innecesarios tan solo para demostrar y afianzar su poder. Son personas que suscitan a su alrededor ondas de resentimiento que, de verbalizarse, limitarían este tipo de expresiones patológicas de poder. De este modo, la voluntad del individuo de defenderse protege a todo el mundo de la corrupción social.

Cuando las personas ingenuas descubren la capacidad de enojo que poseen en su interior, sufren una conmoción, en ocasiones considerable. Un ejemplo similar es la susceptibilidad que presentan los nuevos soldados al trastorno de estrés postraumático, a menudo como consecuencia de algo que se han visto hacer a sí mismos y no de algo que les ha ocurrido. Así, de repente, se comportan como los monstruos que pueden llegar a ser en condiciones de batalla y la revelación de tal capacidad acaba con su mundo. No es de extrañarse. Quizá daban por hecho que los autores de las mayores atrocidades de la historia eran personas que no tenían nada que ver con ellos. Quizá nunca habían identificado en su interior la capacidad de oprimir y abusar (quizá tampoco la de afirmarse y triunfar). Por mis manos han pasado pacientes que, tan solo con ver la crueldad reflejada en la cara de sus agresores, se veían arrastrados por el pánico a años enteros de convulsiones histéricas cotidianas. Esta clase de personas suele proceder de familias en las que han estado exageradamente protegidas, donde se niega la existencia de cualquier cosa terrible y donde todo es como un cuento de fantasía.

Cuando esa revelación sucede —es decir, cuando estas personas ingenuas reconocen dentro de sí mismas las semillas del mal y la monstruosidad y se ven como potencialmente peligrosas—, el miedo que sienten disminuye. Desarrollan un mayor amor propio y puede que comiencen a resistirse a la opresión. Comprueban que poseen la capacidad de rebelarse porque en el fondo también son terribles. Descubren que pueden y deben alzarse porque empiezan a comprender lo verdaderamente monstruosas que se volverán si no lo hacen, convirtiendo su resentimiento en el apetito más vorazmente destructivo. Digámoslo con claridad: hay una diferencia muy sutil entre una capacidad integrada para la absoluta destrucción y la fuerza de carácter. Y saberlo constituye una de las lecciones más difíciles de la vida.

Puede que seas un perdedor nato, o puede que no, pero, si lo eres, no tienes que seguir siéndolo. Quizá solo hayas desarrollado una mala costumbre. Quizá no seas más que un cúmulo de malas costumbres. En cualquier caso, incluso si originalmente esa postura retraída te la impusieron las circunstancias —porque no eras popular o sufriste *bullying* en casa o en el colegio—,[27] ya no tiene por qué ser adecuada. Las circunstancias cambian. Si vas arrastrándote con las mismas posturas que caracterizan a una langosta derrotada, la gente te asignará un estatus inferior y ese antiguo dispositivo del fondo de tu cerebro que compartes con los crustáceos te atribuirá un número bajo de dominación. Y entonces tu cerebro producirá poca serotonina, lo que te hará menos feliz, más ansioso y triste, con más tendencia a bajar la cabeza cuando tendrías que levantarte y defenderte. También reducirá tus probabilidades de encontrar un buen lugar para vivir, de tener acceso a los mejores recursos y de encontrar una pareja sana y atractiva. Te hará más propenso a abusar de la cocaína o el alcohol al estar viviendo en un mundo presente lleno de futuros inciertos. Te hará más vulnerable a las enfermedades cardíacas, al cáncer y a la demencia. En resumidas cuentas, no es bueno.

Las circunstancias cambian y tú también puedes hacerlo. Los bucles de retroalimentación positiva que multiplican un efecto pueden lanzarte a una espiral contraproducente, pero también funcionar en sentido inverso a tu favor. Esa es la otra lección, mucho más optimista, de la ley de Price y la distribución de Pareto: aquellos que empiezan a tener probablemente conseguirán más. Algunos de estos bucles que propulsan hacia arriba pueden ocurrir en tu propio espacio privado y subjetivo. Las alteraciones del lenguaje corporal constituyen un buen ejemplo. Si un científico te pide que muevas los músculos faciales uno a uno para formar un gesto que transmita tristeza, notarás que te sientes más triste. Si por el contrario se te pide que los muevas para conformar un gesto de felicidad, notarás que te sientes más feliz. La emoción es en parte una expresión corporal y puede amplificarse o atenuarse mediante esa expresión.[28]

Algunos de los bucles de retroalimentación positiva ilustrados por el lenguaje corporal pueden suceder más allá de los límites personales de la experiencia subjetiva, en el espacio social que compartes con otras personas. Si, por ejemplo, adoptas una mala postura —si te desplomas al sentarte, con los hombros arqueados hacia delante, el pecho encogido, transmitiendo la sensación de alguien insignificante, derrotado e inútil que en teoría se protege de un ataque por la espalda—, entonces te sentirás insignificante, derrotado e inútil. Y las reacciones de los demás amplificarán esa sensación. Las personas, como las langostas, se evalúan entre sí en parte fijándose en sus posturas. Si te presentas como alguien derrotado, la gente se comportará contigo como con alguien que está perdiendo. Si comienzas a erguirte, la gente te mirará y te tratará de forma distinta.

Puedes objetar que el fondo es algo real y que tocar fondo también lo es. Y no basta con cambiar de postura para alterar algo así. Si te encuentras en la posición número diez, enderezándote y proyectando una imagen dominante puede que tan solo llames la atención de quien quiere volver a hundirte. Y no te falta razón. Pero mantenerse erguido con los hombros hacia atrás no es algo exclusivamente físico, porque no solo eres un cuerpo. También eres un espíritu, una psique. Erguirse físicamente también implica, invoca y supone erguirse metafísicamente. Erguirse significa aceptar voluntariamente la carga del Ser. Tu sistema nervioso responde de una forma totalmente distinta cuando afrontas las dificultades vitales de manera voluntaria porque, en vez de prepararte para una catástrofe, lo que haces es asumir un desafío. Ves el tesoro que esconde el dragón, en vez de derrumbarte aterrado cuando el dragón se manifiesta frente a ti. Das un paso hacia delante para ocupar una posición en la jerarquía de dominación y ocupas tu territorio manifestando tu disposición de defenderlo, expandirlo y transformarlo. Todo eso puede ocurrir de forma efectiva o simbólica, como una reestructuración física o conceptual.

Mantenerse erguido con los hombros hacia atrás es aceptar con los ojos bien abiertos la terrible responsabilidad que supone vivir. Significa que decides voluntariamente transformar el caos de lo potencial en las realidades de un orden habitable. Significa que asumes la carga de la vulnerabilidad consciente y que aceptas el final del paraíso inconsciente de la infancia, desde donde apenas se comprende qué significa ser mortal. Significa que te comprometes por propia voluntad con los sacrificios necesarios para generar una realidad productiva y significativa. Significa, como se decía antiguamente, comportarse para satisfacer a Dios.

Mantenerse erguido con los hombros hacia atrás significa construir el arca que protege al mundo del diluvio, guiar a tu pueblo a través del desierto después de haber escapado de la tiranía, abandonar la comodidad del hogar y divulgar el mensaje profético entre quienes ignoran a las viudas y a los niños. Significa cargar con la cruz que marca la «X», ese lugar donde tú y el Ser se cruzan de forma estremecedora. Significa derribar un régimen muerto, rígido y demasiado tiránico y lanzarlo de vuelta al caos en el que se generó. Significa encarar la incertidumbre resultante y establecer a continuación un orden mejor, dotado de más significado y más productivo.

Así que presta atención a tu postura. Deja de arquearte, enderézate. Di lo que piensas. Deja claro lo que quieres, como si tuvieras derecho a conseguirlo (al menos el mismo que los demás). Camina con la cabeza bien alta y mira al frente con franqueza. Atrévete a ser un peligro. Haz que la serotonina fluya a raudales a través de las vías neuronales que arden a la espera de su efecto tranquilizante.

La gente, y tú también, empezará a asumir que eres una persona capaz y competente, o por lo menos no sacarán inmediatamente la conclusión inversa. Y esas nuevas respuestas positivas te darán ánimo y empezarás a sentir menos angustia. Te resultará entonces más fácil prestar atención a las sutiles claves que se intercambian en la comunicación social. Tus conversaciones fluirán de forma más natural, con menos pausas embarazosas. Y así te será más fácil conocer a gente, interactuar e impresionar. Todo esto no solo aumentará notablemente la probabilidad de que te pasen cosas buenas, sino que conseguirá que esas cosas buenas te hagan sentir aún mejor cuando sucedan.

Con nuevos ánimos, con más fuerza puede que decidas abrazar el Ser y hacer lo posible para que se desarrolle y mejore. Con más fuerza puede que seas capaz de aguantar de pie, incluso durante la enfermedad de un ser querido, incluso tras la muerte de un familiar, y dejar que los demás se apoyen en tu fuerza cuando de lo contrario se hundirían en la desesperación. Con nuevos ánimos, te embarcarás en el viaje de tu vida, brillarás como desde una colina celestial e irás tras el destino que te corresponde. Puede que entonces el significado que posea tu vida baste para mantener a raya la peligrosa influencia de la desesperación existencial.

Y puede que entonces aceptes la terrible carga del mundo y que sientas alegría.

Inspírate en la langosta victoriosa, con sus 350 millones de años de sabiduría práctica acumulados. Enderézate con los hombros hacia atrás.

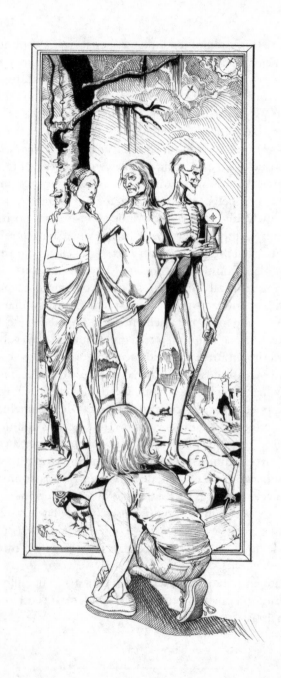

TRÁTATE COMO SI FUERAS
ALGUIEN QUE DEPENDE DE TI

¿POR QUÉ DEMONIOS NO TE TOMAS LAS PASTILLAS?

Imagínate que prescriben un fármaco a cien personas. Pues esto es lo que pasa después. Una tercera parte ni siquiera llevará la receta a la farmacia.[1] Otra tercera parte sí lo hará, pero no se tomará la medicina como se le indica. Se saltará dosis, dejará de tomarla antes de tiempo o puede que ni siquiera empiece a hacerlo.

Los médicos y los farmacéuticos suelen reprochar a estos pacientes su desobediencia, su apatía y su desidia. Alegan que no hay más sordo que el que no quiere oír. Los psicólogos no solemos ver esos juicios con buenos ojos. Se nos prepara para dar por sentado que, cuando los pacientes no siguen los consejos de un profesional, es culpa de este y no de los pacientes. Creemos que el personal sanitario tiene la responsabilidad de dar consejos que vayan a seguirse, hacer intervenciones que vayan a respetarse, planear con el paciente o cliente los pasos que seguir hasta alcanzar el resultado deseado y hacer un seguimiento para asegurarse de que todo va bien. Esta es solo una de las muchas cosas que hacen tan geniales a los psicólogos. :) Porque nosotros tenemos el lujo de pasar tiempo con nuestros clientes, no como otros profesionales más atribulados que se preguntan por qué sus pacientes no se toman las medicinas. ¿Qué les pasa? ¿No quieren curarse?

Y todavía hay cosas peores. Supongamos que alguien recibe un trasplante. Supongamos que es un riñón. Los trasplantes suelen tener lugar después de largas esperas llenas de angustia por parte de la persona receptora. Muy poca gente dona sus órganos al morir, y aún son menos quienes lo hacen cuando todavía están en vida. Pero además solo una pequeña parte de los órganos donados resultan compatibles con el receptor. Así, normalmente quien está a la espera de un trasplante de riñón suele pasarse años recibiendo diálisis, que es la única alternativa. La diálisis consiste en procesar toda la sangre del paciente a través de una máquina, que la extrae y la vuelve a introducir en el cuerpo. Es un tratamiento verdaderamente milagroso, lo que está muy bien, pero no es precisamente agradable. Tiene que realizarse entre cinco y siete veces a la semana, durante ocho horas por sesión, y debería efectuarse cada vez que el paciente está dormido. Es demasiado duro. Nadie quiere estar en diálisis.

Ahora bien, una de las complicaciones de los trasplantes es la posibilidad de rechazo. A tu cuerpo no le gusta que le cosan partes del cuerpo de otra persona, así que tu sistema inmunitario ataca y destruye estos elementos extraños aunque resulten fundamentales para que sigas viviendo. Para evitarlo tienes que tomar medicinas inmunodepresoras que debilitan el sistema de protección y aumentan tu vulnerabilidad ante cualquier infección. La mayoría de las personas acepta este intercambio. No obstante, los receptores suelen sufrir de todas formas los efectos del rechazo, a pesar de la existencia de este tipo de fármacos y su eficiencia. Y no es porque las medicinas fallen (aunque a veces sí ocurre), sino más frecuentemente porque las personas a quienes se les ha prescrito no se las toman. Resulta difícil de creer, porque el hecho de que tus riñones dejen de funcionar no es un problema menor. La diálisis no es cualquier cosa y los trasplantes tienen lugar tras largas esperas, presentan considerables riesgos y suponen un gasto importante. ¿Y perderlo todo simplemente porque no te tomas las medicinas? ¿Cómo pueden hacerse esto a sí mismos? ¿Cómo es posible?

La verdad es que es complicado. Muchas personas que reciben un órgano trasplantado están aisladas o bien arrastran numerosos problemas de salud (sin hablar ya de los relacionados con el desempleo o con crisis familiares). Puede que sufran trastornos cognitivos o depresión y también puede que no confíen plenamente en el médico o que no entiendan la necesidad de la medicina en cuestión. O quizá es que a duras penas pueden permitirse pagarla y tienen que racionarla de forma desesperada, invalidando su efecto.

Pero —y esto es lo más sorprendente— imagina que no eres tú la persona enferma. Es tu perro, así que tienes que llevarlo al veterinario. Este te da una receta, y ¿qué ocurre entonces? Tienes los mismos motivos para desconfiar de un veterinario que de un médico. Es más, si te importara tan poco tu mascota que no te preocuparas lo más mínimo por la receta inadecuada, insuficiente o llena de errores que quizá te ha dado, ni siquiera la habrías llevado al veterinario, para empezar. De modo que sí te importa, y tus acciones lo demuestran. De hecho, por lo general, te importa incluso más que tú mismo. Las personas suelen obedecer más las recetas médicas de sus mascotas que las suyas propias, lo que no es fácil de entender. Ni siquiera si adoptamos la perspectiva de tu mascota, ya que el animal (probablemente) te quiere y estaría más contento si te tomaras la medicina.

Es difícil llegar a ningún tipo de conclusión a partir de esta serie de hechos más allá de que parece que la gente quiere más a sus perros, gatos, hurones y pájaros (incluso quizá también a sus lagartos) que a sí misma. ¿No es algo espantoso? ¿Cuánto dolor es necesario para que algo así sea cierto? ¿Qué le puede pasar a la gente para preferir antes a sus animales de compañía que a sí misma?

Fue gracias a una antigua historia del Génesis, el primer libro del Antiguo Testamento, que conseguí encontrar respuesta a una pregunta tan desconcertante.

LA HISTORIA MÁS ANTIGUA Y LA NATURALEZA DEL MUNDO

Al parecer, en el relato del Génesis aparecen entrelazadas dos historias acerca de la creación llegadas de dos fuentes distintas desde Oriente Próximo. En la primera por orden cronológico pero históricamente más reciente, conocida como tradición sacerdotal, Dios creó el cosmos utilizando su palabra divina, creando la luz, el agua y la tierra al nombrarlas, y después las plantas y los cuerpos celestes. Entonces creó los pájaros, los animales y los peces (de nuevo, hablando) y terminó con los humanos, hombre y mujer, ambos en cierto modo según su propia imagen y semejanza. Todo eso ocurre en el primer capítulo del Génesis. En la segunda y más antigua versión, de la tradición yahvista, encontramos otro relato, en el que aparecen Adán y Eva (los detalles de la creación difieren en algunos aspectos) y las historias de Abel y Caín, Noé y la torre de Babel. Todo esto ocupa los capítulos 2 al 11 del Génesis. Para entender el primer capítulo del Génesis, el de la tradición sacerdotal, con su insistencia en la palabra como fuerza creativa fundamental, en primer lugar hay que recordar algunos supuestos esenciales de la Antigüedad, que resultan notablemente distintos tanto en su carácter como en su intención de los supuestos científicos, muy recientes históricamente.

Las verdades científicas se explicitaron hace apenas quinientos años con las obras de Francis Bacon, René Descartes e Isaac Newton. Haya sido como haya sido que nuestros antecesores contemplaban el mundo hasta entonces, no era a través del prisma de la ciencia, igual que hasta entonces no habían podido observar el cielo a través de la lente de un telescopio. Puesto que ahora somos tan científicos (y tan determinadamente materialistas), nos cuesta mucho incluso comprender que puedan existir otras formas de ver el mundo, que, de hecho, existen. Pero la gente que vivía en el tiempo remoto en el que surgieron los relatos épicos fundacionales de nuestra cultura se preocupaba mucho más por las acciones que la supervivencia imponía (y por interpretar el mundo en consecuencia) que por nada que se acercara mínimamente a lo que hoy consideramos la verdad objetiva.

Antes de que emergiera la visión científica del mundo, la realidad estaba construida de una forma distinta. El Ser se comprendía como un lugar de acción, no como un lugar de cosas.[2] Se concebía como un espacio más proclive a la narración, al drama. Esa narración o ese drama se vivía, era una experiencia subjetiva, ya que se manifestaba en cada momento en la consciencia de todas las personas vivas. Era algo así como las anécdotas que nos contamos de nuestras vidas y su importancia personal, o como los sucesos que se describen en las novelas cuando se consigue captar la existencia en unas páginas. Una experiencia subjetiva, que incluye objetos familiares como los árboles o las nubes, fundamentalmente objetivos, pero que también (y sobre todo) contiene cosas como emociones y sueños, así como hambre, sed o dolor. Son estas cosas, experimentadas personalmente, las que constituyen los elementos fundamentales de la vida humana desde la perspectiva arcaica y dramática. Se trata, pues, de elementos que ni siquiera la mente moderna, con su reduccionismo materialista, es capaz de reducir fácilmente a algo imparcial y objetivo. Pongamos como ejemplo el dolor, el dolor subjetivo. Es algo tan real que ningún argumento puede cuestionarlo. Todo el mundo se comporta como si su dolor fuera real, básica y fundamentalmente real. El dolor cuenta más que la materia y es por eso, en mi opinión, que tantas tradiciones del mundo consideran que el dolor consustancial a la existencia es la verdad irreducible del Ser.

En cualquier caso, aquello que vivimos de forma subjetiva se parece mucho más a una novela o una película que a una descripción científica de la realidad física. Es el drama de la experiencia vivida: la única, trágica y personal muerte de tu padre, comparada con la muerte objetiva que aparece enumerada en los registros de los hospitales; el dolor de tu primer amor, la desesperación de las esperanzas frustradas; la alegría que estalla cuando un niño consigue algo.

EL DOMINIO NO DE LA MATERIA, SINO DE LO QUE ES IMPORTANTE

El mundo científico de la materia puede reducirse en cierto modo a sus elementos constitutivos fundamentales, es decir, moléculas, átomos, incluso quarks. Sin embargo, el mundo de la experiencia también parte de elementos primarios. Estos son los componentes necesarios cuyas interacciones definen el drama y la ficción. Uno de ellos es el caos, otro es el orden. El tercero (puesto que son tres) es el proceso que media entre ambos, que resulta idéntico a lo que la gente hoy en día llama «consciencia». Es nuestra eterna subyugación a los dos primeros lo que nos lleva a dudar acerca de la validez de la existencia, lo que nos hace tirar la toalla desesperados y dejar de preocuparnos por nosotros mismos. Tan solo entendiendo a fondo el tercer elemento podemos salir de ahí.

El caos es el dominio de la ignorancia. Es territorio no explorado. Es lo que se extiende eternamente y sin límite, más allá de las fronteras de todos los Estados, de todas las ideas y disciplinas. Es el forastero, el extraño, el miembro de otra banda, el crujido que se oye entre los arbustos por la noche, el monstruo que vive debajo de la cama, la furia contenida de tu madre y la enfermedad de tu hijo. El caos es la desesperación y el horror que sientes cuando te han traicionado. Es el lugar donde acabas cuando las cosas se derrumban, cuando tus sueños se extinguen, tu carrera se viene abajo o tu matrimonio termina. Es el inframundo de los cuentos de hadas y los mitos, donde el dragón y el oro que protege coexisten eternamente. El caos es donde estamos cuando no sabemos dónde estamos y lo que hacemos cuando no sabemos qué estamos haciendo. Es, en pocas palabras, todas aquellas cosas y situaciones que ni conocemos ni comprendemos.

El caos es también el potencial sin forma a partir del cual el Dios del primer capítulo del Génesis causó el orden mediante la palabra. Es el mismo potencial a partir del cual nosotros, hechos a su imagen y semejanza, provocamos todos los momentos nuevos y llenos de cambio en nuestras vidas. Y el caos es libertad; una libertad espantosa, es cierto.

El orden, por el contrario, es territorio explorado. Es la jerarquía de lugar, posición y autoridad con cientos de millones de años de historia a sus espaldas, es la estructura de la sociedad. Es también la estructura en el sentido biológico, sobre todo en la medida en la que te hayas adaptado, como lo estás, a la estructura de la sociedad. El orden es la tribu, la religión, la casa, el hogar y el país. Es el salón cálido y seguro donde brilla la lumbre en la chimenea y hay niños jugando. Es la bandera del país, la cotización de la moneda. El orden es el suelo que pisas y el plan que tienes para hoy. Es la grandeza de la tradición, las filas de pupitres en las aulas de las escuelas, los trenes que salen a su hora, el calendario y el reloj. El orden es la fachada pública que se pide que respetemos, la cortesía de una reunión entre desconocidos civilizados, y la fina capa de hielo sobre la que patinamos. El orden es el lugar donde el mundo se comporta tal y como esperamos y deseamos que lo haga, allí donde todo sale tal y como queremos. Pero el orden también es a veces tiranía y desgaste, cuando esta pretensión de certidumbre, uniformidad y pureza acaba resultando demasiado unilateral.

Cuando todo es seguro, estamos dentro del orden. Ahí estamos cuando todo sigue el plan establecido, sin novedades ni perturbaciones. En el ámbito del orden todo se comporta siguiendo los designios de Dios. Es un sitio donde nos gusta quedarnos, ya que los ambientes familiares resultan gratos. Dentro del orden podemos pensar a largo plazo, ya que las cosas funcionan y nos sentimos estables, tranquilos y competentes. Por eso no solemos irnos de los lugares que comprendemos, ya sean lugares geográficos o conceptuales, y evidentemente no nos hace ninguna gracia que se nos obligue a abandonarlos o tener que hacerlo de forma accidental.

Estás dentro del orden cuando cuentas con un amigo fiel, un aliado en el que depositas tu confianza. Cuando esa misma persona te traiciona, pasas del mundo luminoso de la claridad al oscuro inframundo del caos, la confusión y la desesperación. Es el mismo movimiento que realizas y el mismo lugar que visitas cuando la empresa en la que trabajas comienza a quebrar y tu puesto de trabajo está en riesgo. Orden es cuando entregas la declaración de la renta y caos cuando te hacen una inspección de

Hacienda. La mayoría de las personas preferirían ser asaltadas por la calle a sufrir una inspección. El orden era lo que había antes de que se derrumbaran las Torres Gemelas, y el caos, lo que se manifestó a continuación. Todo el mundo lo pudo sentir, hasta el mismo aire se volvió incierto. Pero la pregunta adecuada no es «¿Qué se derrumbó exactamente?». Lo verdaderamente importante es preguntarse qué quedó en pie.

Patinar sobre una superficie sólida de hielo, eso es orden. Cuando la placa empieza a deshacerse, todo se resquebraja y acabas sumergiéndote en el agua helada, eso es caos. El orden es la Comarca de los hobbits de Tolkien: un espacio pacífico y productivo donde incluso los más ingenuos pueden instalarse con total seguridad. El caos es el reino subterráneo de los enanos, expulsados de sus tierras por el dragón Smaug, la enorme serpiente que custodia un tesoro. El caos es el recóndito fondo oceánico al que Pinocho viajó para rescatar a su padre de Monstruo, la ballena que escupía fuego. Ese viaje hacia la oscuridad es una de las pruebas más difíciles que un muñeco tiene que superar si quiere ser real, si quiere arrancarse de las tentaciones del engaño, el fingimiento, la victimización, el placer impulsivo y la subyugación totalitaria, es decir, si quiere ocupar un puesto como verdadero Ser en el mundo.

El orden es la estabilidad de tu matrimonio, apuntalada por las tradiciones y tus expectativas (que a menudo se apoyan invisiblemente en esas mismas tradiciones). El caos es el desmoronamiento repentino de esa estabilidad cuando descubres que tu pareja te ha sido infiel. El caos es sentir que gravitas sin rumbo ni apoyo a través del espacio una vez que las tradiciones y las rutinas que te servían de referencia se han desplomado.

El orden es el espacio y el tiempo en el que los axiomas normalmente invisibles con los que te guías organizan tu experiencia y tus acciones, de tal modo que todo lo que tiene que suceder sucede. El caos es el nuevo espacio y el nuevo tiempo que aparecen cuando ocurre una tragedia repentina, cuando el mal te paraliza mostrándote su rostro, incluso dentro de tu propia casa. Cuando se traza un plan siempre puede ocurrir algo inesperado, algo que no deseas, por muy conocidas que resulten las circunstancias. Cuando algo así sucede, el panorama cambia por completo. Pero no te equivoques: el espacio, aquello que ves, sigue siendo el mismo. Lo que pasa es que no solo vivimos en el espacio, también vivimos en el tiempo. Por eso hasta el lugar más familiar y transitado conserva una capacidad inagotable para sorprenderte. Puedes estar circulando tan tranquilamente con el coche que conoces y adoras desde hace años, pero el tiempo pasa y los frenos podrían fallar. O puede que vayas andando por la calle en el cuerpo en el que siempre has confiado, pero si tu corazón sufre un fallo, aunque sea momentáneo, todo cambia. Un viejo perro manso puede morder, las más íntimas amistades pueden traicionar y las nuevas ideas pueden destruir antiguas convicciones que resultaban cómodas. Este tipo de cosas importan. Son reales.

Nuestros cerebros responden de forma inmediata cuando el caos irrumpe, mediante circuitos simples y extremadamente rápidos que funcionan desde la remota Antigüedad, cuando nuestros ancestros vivían en árboles y las serpientes podían atacar en un abrir y cerrar de ojos.[3] Después de esta respuesta casi instantánea, equivalente a un reflejo corporal, aparecen otras respuestas fruto de una evolución posterior: las respuestas emocionales, más complejas pero más lentas. Y después, viene el pensamiento, que pertenece al rango más elevado y que puede dilatarse durante segundos, minutos o años. Todas estas respuestas son de alguna forma instintivas, pero cuanto más rápida sea la respuesta, más instintiva es.

EL CAOS Y EL ORDEN: LA PERSONALIDAD FEMENINA Y MASCULINA

El caos y el orden son dos de los elementos fundamentales de la experiencia vital, dos de las divisiones básicas del propio Ser. Pero no son cosas u objetos ni se viven como tales. Las

cosas o los objetos forman parte del mundo objetivo. Son in-
animadas y no tienen espíritu. Están muertas. Pero ese no es
el caso del caos y del orden, que se perciben, se sienten y se
entienden (en la medida que pueden entenderse) como personalidades, algo que vale igualmente para las percepciones,
las experiencias y la comprensión de las personas, tanto en la
actualidad como antaño. Lo que sucede es que la gente de ahora no se da cuenta.

El orden y el caos no se entienden en un primer momento de
forma objetiva (como cosas u objetos) y luego se personifican.
Algo así tan solo ocurriría si percibiéramos primero la realidad
objetiva y después dedujéramos su intención y propósito. Pero la
percepción no funciona de esta forma, a pesar de lo que podamos
pensar. La percepción de las cosas como herramientas, por ejemplo, ocurre antes o justo al mismo tiempo que las percibimos como objetos. Vemos lo que las cosas significan tan rápido o incluso más de lo que tardamos en ver lo que son.[4] También percibimos
las cosas como entidades dotadas de una personalidad antes de
percibirlas como cosas. Esto resulta particularmente válido cuando se trata de los actos de otras personas,[5] es decir, de otros seres
vivos, pero también vemos el «mundo objetivo» de las cosas inertes como algo animado, con propósito e intención. Esto se debe
a la operación que en psicología se denomina «mecanismo hipe-
ractivo de detección de agentes», que se activa en nuestro interior.[6] Durante milenios evolucionamos en el marco de circunstancias intensamente sociales, lo que significa que los elementos
más significativos de nuestro ambiente original eran personalidades y no cosas, objetos o situaciones.

Las personalidades que percibimos gracias a la evolución
siempre han estado presentes, bajo una forma previsible y dentro
de configuraciones típicamente jerárquicas para cualquier tipo de
intención y propósito. Han sido masculinas o femeninas, por
ejemplo, durante mil millones de años, es decir, mucho tiempo.
La división de la vida en sus sexos gemelos ocurrió antes de la
evolución de los animales multicelulares. Fue en una nada des-

deñable quinta parte de ese periodo cuando aparecieron los mamíferos, que se caracterizan por preocuparse de forma minuciosa por sus crías. Así, la categoría de «padre» y la de «hijo» existen desde hace doscientos millones de años, un periodo más largo que el de la existencia de los pájaros o de las flores. No son mil millones de años, pero sigue siendo mucho tiempo, el suficiente para que lo masculino y lo femenino, así como el padre y el hijo, constituyan elementos vitales y fundamentales del ambiente al que nos hemos adaptado. Esto significa que masculino, femenino, padre e hijo son para nosotros categorías, categorías naturales, profundamente ancladas en nuestras estructuras perceptivas, emotivas y motivacionales.

Nuestros cerebros son profundamente sociales. Otras criaturas (en particular, otros seres humanos) fueron de crucial importancia a medida que vivíamos, nos reproducíamos y evolucionábamos. Aquellas criaturas constituían literalmente nuestro hábitat natural, nuestro ambiente. Desde una perspectiva darwiniana, la naturaleza —la realidad en sí misma, el ambiente en sí mismo— es lo que selecciona. No puede definirse el ambiente de ninguna forma más fundamental. No se trata de simple materia inerte, sino que es la propia realidad aquello a lo que nos enfrentamos cuando luchamos por sobrevivir y reproducirnos. Y una gran parte de esa realidad la componen otros seres vivos, sus opiniones de nosotros y sus comunidades. Así es.

Durante milenios, a medida que nuestra capacidad cerebral aumentaba y desarrollábamos una curiosidad sin límites, éramos cada vez más conscientes y teníamos más curiosidad por la naturaleza del mundo —lo que terminamos conceptualizando como el mundo objetivo— más allá de las personalidades de la familia y el grupo. Y «más allá» no se refiere simplemente al territorio físico sin explorar. «Más allá» significa más allá de lo que entendemos hoy por hoy, puesto que entender implica asumir y afrontar, no simplemente representar objetivamente. Pero nuestros cerebros se habían estado centrando en otras personas durante mucho tiempo, por lo que resulta que comenzamos a percibir el desconocido y caótico mundo no humano mediante las categorías innatas de nuestro cerebro social.[7] Y esto aún se queda corto, ya que cuando empezamos a percibir el desconocido y caótico mundo no humano utilizábamos categorías que originalmente habían evolucionado para representar el mundo social animal anterior al ser humano. En otras palabras, nuestras mentes son mucho más antiguas que la humanidad. Nuestras categorías son mucho más antiguas que nuestra especie. Nuestra categoría más básica, tan antigua en cierto modo como el propio acto sexual, es la del sexo, masculino y femenino. Al parecer, una vez que interiorizamos este conocimiento primordial de una oposición estructurada y creativa, comenzamos a interpretar todo a través de esa perspectiva.[8]

El orden, lo conocido, aparece simbólicamente asociado con la masculinidad (tal y como se ilustra en el ya mencionado yang del símbolo taoísta del ying-yang). Esto quizá se deba a que la estructura jerárquica primaria en la sociedad humana es masculina, como sucede en el caso de la mayor parte de los animales, incluidos los chimpancés que son los que más se nos parecen a nivel genético y probablemente de comportamiento. También se debe a que los hombres, a lo largo de la historia, han sido los constructores de pueblos y ciudades, los ingenieros, los canteros, los albañiles, los leñadores, los operadores de maquinaria pesada.[9] El orden es Dios Padre, el eterno juez, el que lleva el libro de cuentas y el que otorga las recompensas y los castigos. El orden es el ejército de policías y soldados de los tiempos de paz. Es la cultura política, el entorno empresarial y el sistema. Es el «ellos» implícito en «ya sabes lo que dicen». Son las tarjetas de crédito, las aulas, las colas para pagar en los supermercados, el reparto de turnos, los semáforos y los trayectos de los trabajadores que viajan cada día de su casa al trabajo. El orden, cuando se lleva demasiado lejos, cae en el desequilibrio y puede también manifestarse de una forma destructiva y terrible. Es el caso de una migración forzosa, de un campo de concentración y de la uniformidad enajenante de una marcha militar.

El caos, lo desconocido, se asocia simbólicamente con lo femenino. Eso se debe en parte a que todas las cosas que hemos ido conociendo nacieron en un primer momento de lo desconocido, de la misma forma que todos los seres con los que nos hemos encontrado nacieron de madres. El caos es *mater*, origen, fuente, madre; *materia*, la sustancia de la que están hechas las cosas. Es también lo que importa o lo que hay, el último objeto de pensamiento y comunicación. En su versión positiva, el caos encarna la posibilidad, el origen de las ideas, el ámbito misterioso de la gestación y el nacimiento. Como fuerza negativa, es la procelosa oscuridad de una caverna, el accidente en la cuneta de una carretera. Es la madre osa que, desviviéndose por sus crías, te identifica como potencial depredador y te desmiembra.

El caos, el eterno femenino, es también la fuerza devastadora de la selección sexual. Las mujeres son muy exigentes a la hora de emparejarse (contrariamente a las chimpancés hembras, sus referentes más cercanos en el mundo animal).[10] La mayoría de los hombres no está a la altura de sus criterios. Por eso en las páginas web de citas las mujeres reprueban al ochenta y cinco por ciento de los hombres en lo que se refiere a atractivo.[11] También es por ese motivo que todos nosotros tenemos el doble de antepasados femeninos que masculinos. (Imagina que todas las mujeres de toda la historia han tenido en promedio un hijo. Y ahora imagina que la mitad de los hombres de toda la historia han sido padres en al menos dos ocasiones, si lo han sido, mientras que la otra mitad no lo ha sido nunca).[12] Es la Mujer, en el papel de la Naturaleza, la que mira a la mitad de los hombres y les dice: «¡No!». Para los hombres, se trata de un encuentro directo con el caos, algo que sucede con una fuerza devastadora cada vez que no consiguen una cita. Esta selección por parte de las mujeres también explica por qué somos tan diferentes del antepasado común que compartimos con nuestros primos chimpancés, mientras a estos se les siguen pareciendo mucho. Es la tendencia femenina a decir que no, más que ninguna otra fuerza, lo que ha dirigido nuestra evolución de tal forma que nos hemos convertido en las criaturas creativas, trabajadoras, erguidas y de gran capacidad cerebral (competitivas, agresivas, dominantes) que somos.[13] Es la naturaleza, en el papel de mujer, la que dice, «Mira, chico, eres buen amigo, pero nuestra experiencia compartida hasta el momento no me ha indicado que tu material genético sea apropiado para que se continúe propagando».

Los símbolos religiosos más profundos sacan su fuerza, en gran medida, de esta subdivisión conceptual subyacente y fundamentalmente bipartida. La estrella de David, por ejemplo, se compone del triángulo que apunta hacia abajo, el de la feminidad, y del que apunta hacia arriba, el masculino.[*] Lo mismo ocurre con el *yoni* y el *lingam* del hinduismo, que aparecen cubiertos por serpientes, nuestras adversarias agitadoras ancestrales. Así, el *lingam* de Shiva se representa con deidades en forma de serpiente llamadas «nagas». En el Antiguo Egipto se representaba a Osiris, dios de la tierra, y a Isis, diosa del inframundo, como dos cobras idénticas con sus colas entrelazadas. El mismo símbolo se usaba en China para retratar a Fuxi y Nuwa, creadores de la humanidad y de la escritura. Las representaciones en el cristianismo son menos abstractas, poseen rasgos personales: las dos imágenes occidentales más conocidas —la Virgen

---

[*] Resulta de gran interés a este propósito que el *tajitu* de cinco partes (al que me referí en el capítulo 1 como antecesor del símbolo más simple del ying y el yang) expresa el origen del cosmos como algo que se crea en primer lugar, a partir de un absoluto no diferenciado, y que después se divide en el ying y el yang (caos-orden, femenino-masculino), a continuación en los cinco elementos (madera, fuego, tierra, metal y agua) y luego, dicho sencillamente, en «las diez mil cosas». La estrella de David (caos-orden, femenino-masculino) da lugar de la misma forma a los cuatro elementos básicos: fuego, aire, agua y tierra (a partir de los cuales se construye todo lo demás). Los hindúes utilizan un hexagrama similar. El triángulo que apunta hacia abajo simboliza a Shakti, lo femenino, mientras que el que se dirige hacia arriba simboliza a Shiva, lo masculino. Los dos componentes se conocen como «om» y «hrim» en sánscrito. Son ejemplos notables de paralelismo conceptual.

María con el Niño Jesús y la *Pietà*— representan la unidad dual mujer-hombre, igual que la tradicional insistencia en la androginia de Jesucristo.[14]

Por último, habría que anotar también que la propia estructura del cerebro a nivel morfológico parece reflejar esta misma dualidad. En mi opinión, hay que entenderlo como una indicación de la realidad fundamental, más allá de la metáfora, de la división simbólica femenino-masculino, ya que el cerebro se adapta por definición a la realidad (es decir, a la realidad conceptualizada de esta forma cuasi darwiniana). Elkhonon Goldberg, discípulo del gran neuropsicólogo ruso Alexander Luria, ha propuesto sin ambages y con gran lucidez que hasta la estructura hemisférica del córtex refleja la división fundamental entre novedad (lo desconocido o el caos) y rutina (lo conocido, el orden).[15] Es cierto, no alude a los símbolos que representan la estructura del mundo para referirse a esta teoría, pero mejor así: una idea resulta más creíble cuando aparece como consecuencia de investigaciones propuestas en diferentes ámbitos.[16]

Ya sabemos todo esto, pero no sabemos que lo sabemos. Sin embargo, lo entendemos inmediatamente cuando se expone de una forma similar. Todo el mundo entiende el orden y el caos, el mundo y el inframundo, cuando se explica en estos términos. Todos sentimos el caos que se esconde detrás de todo lo que nos resulta familiar. Por eso entendemos las historias extrañas y surrealistas de *Pinocho*, *La bella durmiente*, *El rey león*, *La sirenita* y *La Bella y la Bestia*, con sus incursiones eternas en lo conocido y lo desconocido, el mundo y el inframundo. Todos hemos estado en repetidas ocasiones en ambos lugares, a veces por casualidad, a veces por decisión propia.

Muchas cosas comienzan a encajar cuando empiezas a entender conscientemente el mundo de esta forma. Es como si lo que sabes de tu cuerpo y de tu alma se correspondiera con lo que sabes de tu intelecto. Pero hay algo más: este tipo de conocimiento prescribe a la vez que describe. El conocimiento del *qué* te ayuda a saber el *cómo*. El *es* a partir del cual obtienes el *debería*. La yuxtaposición taoísta del ying y el yang, por ejemplo, no se limita a representar el caos y el orden como los elementos fundamentales del Ser, sino que también te dice cómo comportarte. El camino, la senda de vida taoísta, se representa con (o existe en) el límite entre las dos serpientes idénticas. El camino es la senda del buen Ser. Es el mismo camino al que se refiere Jesucristo en los Evangelios: «Yo soy el camino y la verdad y la vida» (Juan 14:6), «¡Qué estrecha es la puerta y qué angosto el camino que lleva a la vida! Y pocos dan con ellos» (Mateo 7:14).

Habitamos eternamente el orden, que está rodeado por el caos. Eternamente ocupamos territorio conocido, rodeado por lo desconocido. Cuando conseguimos conciliar ambas cosas de forma adecuada, sentimos que nuestra implicación tiene un valor. Estamos adaptados, en el sentido más profundamente darwinista, no al mundo de los objetos, sino a las metarrealidades del orden y el caos, el yang y el ying. El caos y el orden dan forma al eterno y trascendente entorno de la vida.

Abarcar esa dualidad fundamental significa estar en equilibrio, teniendo un pie plantado firmemente en el orden y la seguridad y el otro en el caos, la posibilidad, el crecimiento y la aventura. Cuando la vida se revela de forma súbita como algo intenso, fascinante y cargado de significado, cuando el tiempo pasa y estás tan absorto en lo que haces que ni siquiera te das cuenta, es allí y entonces cuando te encuentras precisamente en la frontera entre el orden y el caos. El significado subjetivo que encontramos allí es la reacción a nuestro ser más profundo, nuestro yo instintivo fundamentado en la neurología y la evolución, que indica que estamos garantizando la estabilidad y al mismo tiempo la expansión del territorio habitable productivo, del espacio personal, social y natural. Es donde hay que estar, en todos los sentidos. Es donde estás cuando —y donde— las cosas cuentan. Es asimismo lo que la música te dice cuando la escuchas —más incluso, probablemente, cuando bailas—, cuando sus múltiples y armónicas ondas que navegan entre lo previsible y lo imprevisible hacen que el sentido emerja desde lo más profundo de tu Ser.

El caos y el orden son elementos fundamentales porque todas las situaciones que vivimos (e incluso cualquiera que se pueda vivir) se forman a partir de ambos. No importa dónde estemos, hay cosas que podemos identificar, utilizar y predecir frente a otras que ni conocemos ni entendemos. No importa quién seamos —un nómada del desierto del Kalahari o un banquero de Wall Street—, hay cosas que están bajo nuestro control y otras que no. Y es por eso que ambos pueden entender las mismas historias y existir dentro de los confines de las mismas verdades eternas. Por último, la realidad fundamental del caos y el orden es cierta para todos los seres vivos, no solo para nosotros. Los seres vivos siempre se encuentran en lugares que pueden dominar, lugares que están rodeados de cosas y situaciones que los hacen vulnerables.

El orden no es suficiente. El individuo no puede mantenerse estable, seguro e inalterado, porque siempre hay cosas nuevas de gran importancia que quedan por aprender. No obstante, el caos puede llegar a ser demasiado. Nadie puede soportar durante mucho tiempo verse superado por las circunstancias mientras aprende lo que aún le falta por aprender. Así pues, tienes que tener un pie plantado en lo que ya dominas y entiendes, y el otro en lo que estás descubriendo y aprendiendo a dominar ahora mismo. De esta forma, como individuo, te habrás situado en el lugar donde el terror existencial está bajo control y te encuentras seguro, aunque también estás alerta y ocupado. Es en este punto donde puedes encontrar algo nuevo que dominar y donde puedes mejorar. Es aquí donde se encuentra el significado.

EL JARDÍN DEL EDÉN

Recuerda que, como decía antes, las historias del Génesis provienen de fuentes diversas. Después de la tradición sacerdotal más reciente (capítulo 1 del Génesis), que cuenta la creación del orden a partir del caos, viene la segunda y más antigua, la de la tradición yahvista, que comienza en el capítulo 2. La narración yahvista, que emplea el nombre YHWH o Yahvé para representar a Dios, contiene la historia de Adán y Eva, así como una explicación mucho más extensa de los acontecimientos del sexto día, que ya aparecen mencionados en la historia previa de la tradición sacerdotal. La continuidad entre las historias parece ser el resultado de una esmerada edición por parte de la persona o las personas que los estudiosos de la Biblia llaman «el redactor», en singular, que las fusionó. Puede que esto sucediera cuando se unieron, por una razón u otra, pueblos que poseían tradiciones diferentes. Así, la mezcla de ambas provocó problemas lógicos que con el paso del tiempo iban resultando más abultados, hasta que un valiente obsesionado con la coherencia decidió remediarlo.

De acuerdo con la narración yahvista de la creación, Dios creó en primer lugar un espacio delimitado conocido como el Edén (en arameo, que se supone que era la lengua de Jesús, significa «lugar bien irrigado») o el paraíso (*pairidaeza*, en antiguo persa o avéstico, «recinto o jardín protegido o cercado»). Dios colocó allí a Adán, rodeado de todo tipo de árboles frutales, dos de los cuales destacaban. Uno era el árbol de la vida; el otro, el árbol del conocimiento del bien y del mal. Dios le dijo a Adán que podía comer toda la fruta que quisiera en la cantidad que deseara, pero le señaló que la del árbol del conocimiento del bien y del mal le estaba prohibida. Y más tarde creó a Eva como compañera de Adán.[*]

Adán y Eva no parecen al principio, cuando los depositan en el paraíso, demasiado conscientes (y desde luego nada cohibidos). Tal y como se insiste en la historia, nuestros padres originales iban desnudos pero no sentían vergüenza alguna. Con este planteamiento, se da a entender en primer lugar que es to-

---

[*] O, tal como aparece en otra interpretación, Dios dividió al ser andrógino original en dos partes, una masculina y otra femenina. De acuerdo con esta versión, Cristo, «el segundo Adán», es también el Hombre original, es decir, anterior a la subdivisión sexual. El significado simbólico debería resultar claro a quien ha seguido hasta ahora el razonamiento.

talmente natural y normal que la gente se avergüence de su desnudez —de lo contrario, nada habría que decir acerca de su ausencia— y, en segundo, que algo extraño le pasaba a esta primera pareja. Aunque hay excepciones, las únicas personas a nuestro alrededor que no sentirían vergüenza alguna si las dejaran repentinamente desnudas en un lugar público serían los menores de tres años (si exceptuamos a algún posible exhibicionista). De hecho, verse de forma repentina desnudo encima de un escenario y enfrente de una multitud resulta una pesadilla recurrente.

En el tercer capítulo del Génesis aparece una serpiente: al principio, por lo visto, con patas. Solo Dios sabe por qué dejó entrar o puso él mismo una criatura semejante en el jardín. Durante mucho tiempo le he dado vueltas a su posible significado. Parece en parte un reflejo de la dicotomía orden-caos que caracteriza cualquier experiencia, con el paraíso cumpliendo la función de orden habitable y la serpiente interpretando el papel de caos. Así pues, la serpiente del Edén posee el mismo significado que el punto negro en el lado del ying dentro del símbolo taoísta del ying-yang de la totalidad, esto es, la posibilidad de que lo desconocido y revolucionario se manifieste de forma repentina cuando todo parece estar en calma.

Así pues, no parece posible, ni siquiera para el propio Dios, crear un espacio acotado que quede totalmente protegido del exterior; no en el mundo real, con sus necesarias limitaciones y rodeado de lo trascendental. Lo exterior, el caos, siempre consigue colarse porque nada puede estar totalmente confinado del resto de la realidad. Así pues, hasta el lugar más seguro posible alberga de forma irremediable una serpiente. Siempre ha habido serpientes de las auténticas, reptiles, en la hierba y los árboles de nuestro paraíso original africano.[17] Incluso si se hubiera expulsado a todas (de alguna forma inconcebible, por parte de un hipotético san Jorge primitivo), las serpientes se habrían perpetuado adoptando la forma de nuestros antiguos rivales humanos (al menos cuando actuaban como nuestros enemigos, desde nuestras limitadas perspectivas de grupo y linaje). Después de todo, si algo no faltaba entre nuestros antepasados, tribales o no, era el conflicto y la guerra.[18]

E incluso si hubiéramos vencido a todas las serpientes que nos cercan desde fuera, tanto las reptiles como las humanas, no estaríamos seguros. Tampoco lo estamos ahora. Después de todo, ya hemos visto al enemigo y no es otro que nosotros mismos. La serpiente habita en el interior de cada una de nuestras almas. En mi opinión, este es el motivo de la extraña insistencia del cristianismo, que John Milton explicitó de forma paradigmática, a propósito de que la serpiente del jardín del Edén era Satán, el mismo espíritu del mal. Difícilmente puede exagerarse la importancia de esta identificación simbólica, así como su asombrosa genialidad. Precisamente mediante este ejercicio de la imaginación, practicado a lo largo de los milenios, se desarrolló la idea de unos conceptos morales aislados, con todo lo que conllevan. Hay un trabajo hercúleo, imposible de imaginar, detrás de la idea del bien y del mal y su correspondiente metáfora onírica. La peor serpiente posible es la eterna tendencia humana al mal. La peor serpiente posible es psicológica, espiritual, personal, interna. Y no hay muros, por grandes que sean, que puedan mantenerla fuera. Incluso si la fortaleza fuera en principio lo suficientemente sólida como para dejar fuera todas las cosas malas, volverían a aparecer inmediatamente desde el interior. Tal y como repetía el gran escritor ruso Alexandr Solzhenitsyn, la línea que separa el bien del mal atraviesa el corazón de todo ser humano.[19]

Básicamente no hay forma alguna de enclaustrar un espacio, aislarlo de la enorme realidad que nos rodea y conseguir que todo en su interior sea seguro y previsible. Parte de aquello que se ha dejado fuera tan cuidadosamente terminará por volver a colarse. Alguna serpiente, en términos metafóricos, acabará por aparecer. Incluso los padres más diligentes no pueden proteger completamente a sus hijos, ni siquiera encerrándolos en un sótano, totalmente alejados de las drogas, el alcohol y el porno. En ese caso extremo, los padres demasiado precavidos y solícitos aca-

que nos proporcionó la vista de Dios (además de presentarse como el enemigo eterno y primordial de la humanidad). También es posiblemente una de las razones por las que María, la madre eterna y arquetípica —Eva perfeccionada—, se representa tan a menudo en la iconografía medieval y renacentista levantando al Niño Jesús del suelo, alejándolo de un reptil depredador que tiene firmemente atrapado bajo el pie.[24] Pero aún hay más. Lo que ofrece la serpiente es fruta, y esta última también se asocia con una transformación de la vista, en el sentido de que nuestra habilidad para ver los colores es una adaptación que nos permite reconocer con rapidez qué parte del botín que guardan los árboles ha madurado y, por consiguiente, es comestible.[25]

Nuestros padres primordiales escucharon a la serpiente y se comieron la fruta. Se les abrieron los ojos. Ambos despertaron. Puede que pienses, como Eva hizo en un primer momento, que eso tenía que ser bueno. En ocasiones, sin embargo, medio regalo es peor que nada en absoluto. Adán y Eva se despiertan, de acuerdo, pero solo lo suficiente para descubrir algunas cosas horribles. Y lo primero de lo que se dan cuenta es de que están desnudos.

EL MONO DESNUDO

Mi hijo se enteró de que estaba desnudo bastante antes de cumplir los tres años. Insistía en vestirse él mismo y para eso cerraba bien la puerta del cuarto de baño. Nunca aparecía delante de los demás sin ropa, y yo me veía incapaz de entender qué relación tenía eso con la educación que había recibido. Él solo lo descubrió, él solo se dio cuenta y él solo decidió reaccionar así. A mí me parecía algo innato.

¿Qué significa saber que estás desnudo o, peor aún, que tú y tu pareja lo están? Toda una serie de cosas terribles que pueden, por ejemplo, expresarse de forma bastante horripilante, como hizo el pintor renacentista Hans Baldung Grien, una de cuyas pinturas inspiró la ilustración que abre este capítulo. Estar desnudo significa ser vulnerable, significa que se te puede dañar con facilidad. Estar desnudo significa quedar expuesto al juicio, tanto de la estética como de la salud. Estar desnudo significa estar desprotegido, inerme en la selva de la naturaleza y los seres humanos. Por eso Adán y Eva sintieron vergüenza en cuanto abrieron los ojos. Ahora podían ver, y lo primero que vieron fue a sí mismos. Sus defectos quedaban a la vista y su vulnerabilidad aparecía expuesta. Contrariamente a otros mamíferos, cuyos delicados abdómenes están protegidos por amplias espaldas que parecen corazas, ellos eran criaturas erguidas, que revelaban al mundo las partes más vulnerables de sus cuerpos. Y lo peor aún estaba por venir. Adán y Eva se confeccionaron inmediatamente unos delantales para cubrir sus frágiles cuerpos y proteger sus egos. Acto seguido, se escabulleron para esconderse. En su vulnerabilidad, de la que ahora eran conscientes, se sentían indignos de presentarse ante Dios.

Si no te puedes identificar con tal sentimiento es que no lo has pensado lo suficiente. La belleza avergüenza a los feos. La fuerza avergüenza a los débiles. La muerte avergüenza a los vivos y el Ideal nos avergüenza a todos. Así pues, lo tememos, lo miramos con recelo e incluso lo odiamos, lo que, por supuesto, es el siguiente tema explorado en el Génesis, en la historia de Caín y Abel. ¿Y qué podemos hacer? ¿Abandonar todos los ideales de belleza, salud, excelencia y fuerza? No es una buena solución. Lo único que conseguiríamos sería asegurarnos de sentirnos avergonzados todo el tiempo y, además, de forma totalmente merecida. No me gustaría que las mujeres capaces de deslumbrar con su simple presencia desaparecieran solo para que los demás no tuviéramos que sentirnos inseguros. Tampoco quiero que desaparezcan intelectos como el de John von Neumann, simplemente porque tengo la misma competencia en matemáticas que un adolescente. Él, a los diecinueve años, ya había redefinido los números.[26] ¡Los números! ¡Alabado sea Dios por John von Neumann! ¡Alabado sea por Grace Kelly, Anita Ekberg y Monica Bellucci! Me enorgullezco de sentirme insignificante en presencia de gente así. Es el precio que se paga por la ambición y los logros. Pero tampoco es de extrañar que Adán y Eva se cubrieran.

La siguiente parte de la historia es totalmente absurda en mi opinión, si bien al mismo tiempo resulta también trágica y terrible. Esa tarde, cuando empieza a refrescar en el Edén, Dios sale a dar su paseo nocturno. Pero Adán no está por ningún lado. Dios se extraña, porque suele pasear con él, y lo llama: «¿Dónde estás?», olvidando aparentemente que puede ver a través de los arbustos. Adán aparece enseguida, pero no de la forma más acertada: primero como un neurótico y luego como un soplón. El creador de todo el universo llama y Adán responde: «Oí tu ruido en el jardín, me dio miedo, porque estaba desnudo, y me escondí». ¿Qué significa? Significa que la gente, perturbada por su vulnerabilidad, tiene siempre miedo a decir la verdad, a mediar entre el caos y el orden y a manifestar su destino. En otras palabras, tienen miedo de caminar junto a Dios. Algo así quizá no resulte particularmente admirable, pero sí es comprensible. Dios es un padre moralista con expectativas altas. Es difícil complacerlo.

Dios dice: «¿Quién te informó de que estabas desnudo?, ¿comiste del árbol del que te prohibí comer?». Y Adán, en su desdicha, señala directamente a Eva, su amor, su compañera, su alma gemela, y la delata. Y después culpa a Dios. Le dice: «La mujer que me diste como compañera me ofreció del fruto y comí». Qué patético y qué exacto. La primera mujer llenó al primer hombre de inseguridad y resentimiento. Entonces el primer hombre culpó a la mujer y después a Dios. Y así es exactamente cómo se siente hasta el día de hoy todo hombre rechazado. Primero se siente pequeño delante del objeto potencial de su amor, después de que ella haya denigrado su idoneidad reproductiva. Entonces maldice a Dios por haberla hecho tan perversa, a él tan inútil (si es que tiene un poco de sentido común) y al propio Ser tan profundamente defectuoso. Y entonces se entrega a maquinar una venganza. Una actitud profundamente despreciable... y absolutamente comprensible. La mujer al menos podía culpar a la serpiente, que además luego resulta ser el propio Satán, por extraño que parezca. Así pues, podemos entender el error de Eva, que fue engañada por el mejor de los embusteros. Pero ¿y Adán? Nadie lo obligaba a abrir la boca.

Pero lamentablemente lo peor todavía no ha pasado, ni para el Hombre ni para la Bestia. Primero, Dios lanza una maldición a la serpiente, diciéndole que a partir de ese momento tendrá que arrastrarse, sin piernas, expuesta siempre al peligro de que cualquier humano enfadado la pise. Después, le dice a la mujer que en adelante sufrirá trayendo al mundo a sus hijos y deseará a un hombre indigno, a menudo lleno de rencor, que por consiguiente dominará de forma permanente su destino biológico. ¿Y esto qué puede significar? Podría significar simplemente que Dios es un tirano patriarcal, tal y como insisten las interpretaciones politizadas de esta historia antigua. Yo pienso que se trata simplemente de una historia descriptiva. Nada más. Y he aquí el porqué: a medida que los seres humanos evolucionaban, los cerebros que terminaron dando lugar a la consciencia de uno mismo se expandieron enormemente. Esto condujo a una competencia evolutiva feroz entre la cabeza del feto y la pelvis femenina.[27] Las mujeres ensancharon generosamente sus caderas, casi hasta tal punto que correr ya no habría sido posible. El bebé, por su parte, se permitió nacer más de un año antes, en comparación con otros mamíferos de su tamaño, y obtuvo una cabeza casi plegable.[28] Algo así era un cambio doloroso para ambos. Por ello, el bebé, esencialmente fetal, es casi totalmente dependiente de su madre para cualquier cosa durante el primer año. Su enorme cerebro es programable, lo que significa que hay que ir educándolo hasta que llegue a los dieciocho años (o los treinta) para poder echarlo del nido. Por no mencionar el consiguiente dolor de la mujer durante el parto y el alto riesgo de muerte que afecta a ambos. Todo esto significa que las mujeres pagan un precio elevado por el embarazo y la crianza de los hijos, sobre todo en las primeras etapas, y que una de las consecuencias inevitables es una mayor dependencia de las bondades, a veces poco fiables y siempre problemáticas, de los hombres.

Y una vez que Dios le dice a Eva lo que le va a pasar ahora que está despierta, se dirige a Adán que, junto a sus descendientes masculinos, tampoco se va a ir sin castigo. Dios le espeta algo así como: «Hombre, puesto que escuchaste a la mujer, tus ojos se han abierto. La visión divina que te han otorgado la serpiente, la fruta y tu amante te permite ver lejos, incluso en el futuro. Pero los que son capaces de ver en el futuro también pueden ver venir las dificultades enormemente, y así se tienen que preparar para todas las contingencias y posibilidades. Para hacerlo, tendrás que sacrificar eternamente tu presente por el futuro. Tendrás que dejar a un lado el placer por la seguridad. Dicho en otras palabras: tendrás que trabajar. Y va a ser difícil. Espero que te gusten las espinas y los cardos, porque la tierra te los va a dar a montones».

Y entonces Dios expulsa al primer hombre y a la primera mujer del paraíso, arrancándolos de la infancia y del inconsciente mundo animal, y los adentra en los horrores de la historia. Y después coloca a un querubín y una espada flamígera en las puertas del Edén tan solo para evitar que coman la fruta del árbol de la vida, algo que resulta particularmente malintencionado. ¿Por qué no podía dar la inmortalidad a los pobres humanos desde el principio? ¿Sobre todo si, siguiendo la historia, ese es el plan que tenía a largo plazo? Pero a ver quién se atreve a cuestionar a Dios.

Así, quizá el cielo sea algo que tienes que construir, y la inmortalidad, algo que tienes que ganarte.

Volvamos ahora a nuestra pregunta original: ¿por qué una persona compraría una medicina para su perro y se la suministraría con todo cuidado pero no haría lo mismo por ella misma? Ahora ya tienes la respuesta, gracias a uno de los textos fundacionales de la humanidad. ¿Por qué nadie tendría que querer ocuparse de algo tan desnudo, feo, avergonzado, asustado, insignificante, cobarde, resentido, soplón y a la defensiva como un descendiente de Adán? ¿Incluso si esa cosa, si ese ser, es uno mismo? Y aunque lo diga en estos términos, no es mi intención excluir a las mujeres.

Todas las razones expuestas hasta ahora para tener una imagen negativa de la humanidad se aplican tanto a los demás como a nosotros mismos. Son generalizaciones sobre la naturaleza humana, nada más específico. Pero tú te conoces mejor que nadie. Eres una persona bastante mala y otras saben que es así. Pero solo tú conoces el repertorio completo de tus faltas secretas, tus carencias y tus ineptitudes. Nadie se sabe mejor que tú todos los defectos que acumulan tu mente y tu cuerpo. Nadie cuenta con más razones para despreciarte, para conocer tu patetismo, así que confiscándote algo que puede hacerte bien te puedes castigar por todos tus fracasos. Un perro, un inocente e inofensivo perro carente de cualquier consciencia de sí mismo, es con toda seguridad más digno de atenciones.

Pero si todavía no te has convencido, consideremos otro asunto vital. El orden, el caos, la vida, la muerte, el pecado, la vista, el trabajo y el sufrimiento: todo esto no les basta a los autores del Génesis ni tampoco a la propia humanidad. La historia continúa, con toda su catástrofe y tragedia, y sus protagonistas (es decir, nosotros) tienen que asumir otro doloroso despertar. Se nos condena ahora a contemplar la propia moralidad.

EL BIEN Y EL MAL

Una vez que tienen los ojos abiertos, Adán y Eva no solo advierten su desnudez y la necesidad de trabajar. También descubren el bien y el mal. La serpiente dice, al respecto del árbol: «[...] Dios sabe que el día en que comas de él, se te abrirán los ojos, y serás como Dios en el conocimiento del bien y el mal». ¿Qué querría decir? ¿Qué puede haber quedado por explorar y entender después de la inmensidad del terreno recorrido? Bueno, el mero contexto nos indica que algo tiene que ver con jardines, serpientes, desobediencia, fruta, sexualidad y desnudez. Y fue esta última cosa, la desnudez, la que acabó dándome la pista. Pero me costó años.

Los perros son depredadores, al igual que los gatos. Matan criaturas y se las comen. No es algo particularmente bonito, pero los adoptamos igual como mascotas, nos ocupamos de ellos y les damos sus medicinas cuando están enfermos. ¿Por qué? Son depredadores, pero es su naturaleza. No se trata de algo de lo que sean responsables. Tienen hambre, no es que sean malos. No poseen la lucidez, la creatividad y, sobre todo, la consciencia de uno mismo necesarias para la refinada crueldad humana.

¿Por qué no? Es sencillo. Contrariamente a nosotros, los depredadores no tienen comprensión alguna de su debilidad fundamental, de su vulnerabilidad fundamental, de su subyugación al dolor y la muerte. Pero nosotros sí sabemos con toda exactitud cómo y dónde se nos puede hacer daño, y por qué. Esa es una buena definición de la consciencia de uno mismo. Somos conscientes de nuestra indefensión, de nuestra finitud y de nuestra mortalidad. Podemos sentir dolor, desprecio por nosotros mismos, vergüenza, terror, y lo sabemos. Sabemos lo que nos hace sufrir. Sabemos cómo se nos puede infligir dolor y sufrimiento, lo que implica que también sabemos infligírselo a otros. Sabemos cómo somos cuando estamos desnudos y cómo se puede explotar esta desnudez, lo que implica que sabemos cómo son los otros cuando están desnudos y cómo se puede explotar su desnudez.

Podemos aterrar a otras personas de forma consciente. Podemos hacerles daño y humillarlas por defectos que entendemos perfectamente. Podemos torturarlas —literalmente— despacio, de forma creativa y terrible. Esto va mucho más allá de la depredación. Es un salto cualitativo en comprensión. Es un cataclismo tan grande como el desarrollo de la consciencia de uno mismo. Es la entrada al conocimiento del bien y del mal en el mundo, es una segunda herida que sigue sangrando en la estructura de la Existencia. Es la transformación del propio Ser en una empresa moral, la consecuencia del desarrollo de la sofisticada consciencia de nosotros mismos.

Tan solo el ser humano podía concebir el potro de torturas, la doncella de hierro y el aplastapulgares. Tan solo el ser humano hará sufrir únicamente por el gusto de hacer sufrir. Esta es la mejor definición del mal que he sido capaz de formular. Los animales son incapaces de hacer algo así, pero los humanos, con sus atroces capacidades de semidioses, sí pueden. Y al saberlo tenemos una legitimación casi total de la idea del pecado original, tan poco popular en los círculos intelectuales modernos. ¿Y quién se atrevería a decir que no hubo un elemento de elección voluntaria en nuestra transformación evolutiva, individual y teológica? ¿Nuestros antepasados eligieron a sus parejas sexuales y lo hicieron en función de la consciencia? ¿Por la consciencia de sí mismos? ¿Y por el conocimiento moral? ¿Y quién puede negar el sentido de culpa existencial que impregna la experiencia humana? ¿Y quién podría dejar de advertir que sin esa culpa —ese sentido de la corrupción y de la capacidad para hacer el mal, ambas innatas— el hombre está a un solo paso de la psicopatía?

Los seres humanos poseen una enorme capacidad para hacer el mal. Se trata de un atributo único en el mundo de los seres vivos. Podemos empeorar las cosas, y de hecho lo hacemos, de forma voluntaria, con plena consciencia de lo que estamos haciendo (además de hacerlo accidentalmente, por descuido y por ceguera deliberada). Teniendo en cuenta esa terrible capacidad, esa tendencia a las acciones malévolas, ¿realmente es de extrañar que nos cueste tanto cuidar de nosotros mismos, o de otros, o incluso que lleguemos a dudar del valor que posee todo el proyecto humano? Durante mucho tiempo hemos sospechado de nosotros, y con conocimiento de causa. Hace miles de años, en la antigua Mesopotamia se creía, por ejemplo, que la humanidad había sido engendrada a partir de la sangre de Kingu, el monstruo más terrible que la gran Diosa del Caos había podido crear en sus momentos más vengativos y destructivos.[29] Tras sacar conclusiones de este tipo, ¿cómo podríamos dejar de cuestionar el valor de nuestro ser o del mismo Ser? ¿Quién podría enfrentarse a la enfermedad, propia o ajena, sin dudar de la utilidad moral de recetar una medicina que pueda curar? Y nadie entiende la oscuridad del individuo mejor que el propio individuo. ¿Quién, entonces, cuando esté enfermo, va a dedicarse en cuerpo y alma a cuidar de sí mismo?

Quizá el ser humano es algo que nunca habría tenido que suceder. Quizá debería erradicarse toda presencia humana del mundo, de tal forma que el Ser y la consciencia pudieran regresar a la brutal inocencia de lo animal. Estoy convencido de que la persona que asegura que nunca ha deseado algo parecido no ha hecho memoria o no se ha enfrentado a sus fantasías más oscuras.

¿Qué se puede hacer entonces?

UNA CHISPA DE DIVINIDAD

En el capítulo primero del Génesis, Dios crea el mundo a partir de la Palabra divina y veraz, engendrando un orden paradisiaco habitable a partir del caos precosmogónico. Crea a continuación al Hombre y a la Mujer a Su imagen y semejanza, insuflándoles la capacidad de hacer lo mismo: de crear orden a partir del caos y de continuar Su obra. En cada una de las etapas de la creación, incluso la que se refiere a la formación de la primera pareja, Dios reflexiona sobre lo que se ha formado y lo considera bueno.

La yuxtaposición, por un lado, del primer capítulo del Génesis y de los dos siguientes (en los que se presenta la caída del hombre y se describe por qué nuestro destino está tan marcado por la tragedia y es tan éticamente atroz) produce una secuencia narrativa de una profundidad casi insufrible. La moraleja del inicio del Génesis es que el Ser creado a partir de la palabra verdadera es bueno. Esto es cierto respecto al propio hombre antes de su separación de Dios. Toda esta bondad se interrumpe bruscamente con los sucesos de la caída (junto a los de Caín y Abel, el diluvio y la torre de Babel), pero conservamos algún indicio del estado prelapsario (anterior a ella). De alguna forma recordamos. Mantenemos una nostalgia eterna por la inocencia infantil, el Ser divino e inconsciente de lo animal y el bosque primigenio, intacto, con aspecto de catedral. Son cosas que nos relajan y que adoramos, incluso si nos autoproclamamos ecologistas ateos del tipo más hostil hacia el género humano. El estado original de la naturaleza, concebido de esta forma, es paradisiaco, pero ya no formamos una unión con Dios y la naturaleza y no hay ninguna forma fácil de volver atrás.

El Hombre y la Mujer originales, que existían en unidad indivisible con su Creador, no eran conscientes (ni mucho menos conscientes de sí mismos). No tenían los ojos abiertos. A pesar de su perfección eran menos, no más, que sus sucesores de después de la caída. Su bondad era algo que se les había atribuido, nada que hubiesen merecido ni que se hubieran ganado. No tuvieron que elegir nada, y Dios sabe que eso es más fácil. Pero quizá no es mejor que una bondad que se ha ganado de forma genuina. Quizá, hasta en cierto sentido cósmico —asumiendo que la propia consciencia es un fenómeno de significancia cósmica—, el libre albedrío cuenta. ¿Pero quién puede hablar con seguridad de este tipo de cosas? Sea como sea, me niego a dar carpetazo a estos temas simplemente porque son complicados. Así que propongo lo siguiente: quizá no es simplemente la aparición de la consciencia de uno mismo y el desarrollo de nuestro conocimiento moral de la muerte y la caída del hombre lo que nos asedia y nos hace dudar de nuestro propio valor. Quizá se trata, en realidad, de nuestra negativa a caminar junto a Dios —como Adán, cuando se esconde por vergüenza—, a pesar de nuestra fragilidad y nuestra inclinación hacia el mal.

La Biblia entera está estructurada de tal forma que todo lo que viene después de la caída del hombre —la historia de Israel, los profetas, el advenimiento de Cristo— se presenta como un remedio para esta, una forma de evitar el mal. El inicio de la historia consciente, el auge del Estado y todas sus patologías de orgullo y rigidez, la emergencia de las grandes figuras morales que intentan poner las cosas en su sitio y que culminan con el propio Mesías... Todo eso forma parte del intento de la humanidad, Dios mediante, de redimirse. ¿Y qué puede significar?

Aquí llegamos a algo asombroso, a saber, que la respuesta ya está implícita en el primer capítulo del Génesis: encarnar la imagen de Dios, crear con la palabra el bien a partir del caos, pero hacerlo de forma consciente, como resultado de nuestro libre albedrío. Ir hacia atrás es la forma de avanzar —como insistía acertadamente T. S. Eliot—, pero hacia atrás como seres despiertos que ejercen el libre albedrío de los seres despiertos, y no hacia atrás para volver a dormirse:

> No cesaremos de explorar
> y el fin de nuestra exploración
> será llegar adonde comenzamos,
> conocer el lugar por vez primera.
> A través de incierta puerta que recordamos
> cuando lo último por descubrir en la tierra
> sea lo que fue este principio:
> en la fuente del río más extenso
> la voz de la cascada oculta
> y los niños en el manzano
> no familiar por no buscada,
> aunque oída, intuida, en la quietud
> del mar entre dos olas.
> Rápido, aquí, ahora, siempre,
> un estado de plena sencillez
> (su precio es nada menos que todo)
> y todo irá bien y
> toda suerte de cosas irá bien
> cuando las lenguas ardientes se enlacen
> en el nudo de fuego coronado
> y la lumbre y la rosa sean uno.*

---

* «Little Gidding», *Cuatro cuartetos*, 1943. Traducción de Juan Malpartida y Jordi Doce (*La tierra baldía, cuatro cuartetos y otros poemas*, Barcelona, Círculo de Lectores, 2001). *(N. del T.)*

89

Si de verdad queremos cuidarnos, tenemos que respetarnos, pero no lo hacemos porque, al menos a nuestros ojos, somos criaturas caídas. Si viviéramos en la verdad, si dijéramos la verdad, entonces podríamos volver a caminar junto a Dios y respetarnos, así como a los demás y al mundo. Entonces puede que nos tratásemos como personas que nos importan. Puede que nos esforzáramos por arreglar el mundo. Puede que lo orientáramos hacia el cielo, donde querríamos que vivieran las personas a las que cuidamos, y no hacia el infierno, donde nuestro rencor y nuestro odio condenarían para siempre a todo el mundo.

En las zonas donde el cristianismo apareció hace dos mil años, las personas eran mucho más bárbaras de lo que lo son hoy en día. El conflicto estaba por todos lados. Los sacrificios humanos, incluso de niños, eran algo común, hasta en sociedades tecnológicamente sofisticadas como la antigua Cartago.[30] En Roma, los deportes que se practicaban en los anfiteatros eran competencias a muerte donde solía derramarse sangre. La probabilidad de que una persona moderna de un país democrático funcional mate o muera asesinada es infinitamente baja en comparación con lo que ocurría en las sociedades más antiguas (o con lo que ocurre todavía en áreas anárquicas y desorganizadas del mundo).[31] En esa época la preocupación moral principal a la que se enfrentaba la sociedad era el control del egoísmo violento e impulsivo, así como de la codicia descerebrada y la brutalidad que lo acompañan. Todavía existen personas con ese tipo de tendencias agresivas, pero al menos ahora saben que semejantes comportamientos no resultan recomendables, e intentan controlarlos porque, de lo contrario, se enfrentan al escarnio público.

Pero ahora ha aparecido otro problema, que quizá resultaba menos común en aquel pasado más bestial. Resulta fácil pensar que la gente es arrogante, egoísta y que siempre busca su propio provecho. El cinismo que convierte esa opinión en un lugar común universal se halla muy extendido y está de moda. Pero esa forma de percibir el mundo no es para nada característica de muchas personas. De hecho, las hay que tienen el problema contrario: van cargadas con una cantidad inasumible de asco y desprecio hacia ellas mismas, de vergüenza e inseguridad. Así pues, en vez de hacer una valoración excesiva y narcisista de su propia importancia, no se valoran lo más mínimo ni se cuidan con el debido esmero. Parece que a menudo las personas no se acaban de creer que merecen la mejor atención. Poseen una consciencia atroz de sus propios defectos e incapacidades, los de verdad y los exagerados, así que, avergonzadas, dudan de su propio valor. Creen que los demás no deberían sufrir y actúan de forma diligente y altruista para ayudar a aliviar su dolor. Muestran esta misma generosidad hacia los animales que conocen, pero cuando se trata de ellas mismas ya no es tan fácil.

Es verdad que la idea del sacrificio virtuoso está profundamente arraigada en la cultura occidental (al menos en la medida en que Occidente se ha visto influido por el cristianismo, que se basa en la imitación de alguien que llevó a cabo el acto supremo de sacrificio). Así pues, cualquier interpretación de la regla de oro ética que no pase por «sacrifícate por los demás» puede resultar dudosa. Pero la muerte paradigmática de Cristo es un ejemplo de cómo aceptar heroicamente la finitud, la traición y la tiranía, de cómo caminar junto a Dios a pesar de la tragedia que supone ser conscientes de nosotros mismos y no como una invitación a ocupar el papel de víctimas en beneficio de los demás. Sacrificarnos por Dios (o, si se quiere, por el bien mayor) no significa sufrir en silencio y por voluntad propia cuando una persona o una organización nos exige permanentemente más de lo que nos ofrece. Eso significa que estamos apoyando la tiranía y que aceptamos que se nos trate como a esclavos. No es ninguna virtud ser objeto de abusos, ni siquiera a manos de uno mismo.

Aprendí dos lecciones muy importantes de Carl Jung, el famoso psicólogo profundo suizo, acerca de las ideas del tipo «hacer con los demás lo mismo que te gustaría que hicieran contigo»

91

o «querer al prójimo como a ti mismo». La primera lección es que ninguna de estas ideas tiene relación alguna con ser amable. La segunda es que tanto la una como la otra son equiparaciones, más que mandamientos. Si soy amigo, familiar o pareja de alguien, entonces tengo la obligación moral de mostrarme tan firme defendiendo las cosas que me importan como se muestra la otra persona. Si no lo hago, terminaré siendo un esclavo, y la otra persona, un tirano. ¿Qué tiene eso de bueno? En cualquier relación resulta mucho mejor que las dos partes sean fuertes. Además, hay poca diferencia entre levantarse y defenderse cuando te acosan, te atormentan o te esclavizan de alguna forma y levantarse en defensa de otra persona. Como Jung señala, algo así significa aceptar y amar al pecador que eres, así como perdonar y ayudar a alguien imperfecto que va dando traspiés.

Como el propio Dios afirma (o así dice la historia): «Mía es la venganza, yo daré lo merecido». De acuerdo con esta filosofía, no solo te perteneces a ti mismo. No eres una propiedad exclusiva tuya que puedas torturar y maltratar. Eso es en parte porque tu Ser está inexorablemente enlazado con el de otros y el hecho de maltratarte puede tener consecuencias catastróficas para otros. Quizá esto resulta más evidente después de un suicidio, cuando aquellos que siguen vivos sufren al mismo tiempo una pérdida y un trauma. Pero, hablando metafóricamente, hay algo más: tienes una chispa de divinidad en tu interior que no te pertenece a ti, sino a Dios. Después de todo, y de acuerdo con el Génesis, estamos hechos a su imagen. Tenemos la capacidad semidivina de la consciencia. Nuestra consciencia participa en la ampliación del Ser mediante la palabra. Somos versiones en baja resolución, «kenóticas», de Dios. Podemos crear orden a partir del caos, y viceversa, a nuestra manera, con nuestras palabras. Así pues, puede que no seamos exactamente como Dios, pero tampoco somos exactamente nada.

En mis propias épocas de oscuridad, en el inframundo del alma, a menudo me veo sobrepasado y asombrado por la habilidad de las personas para forjar amistades, para amar a sus parejas, padres e hijos, para hacer lo que tienen que hacer con tal de que el mundo siga funcionando. Conocí a un hombre que había quedado inválido tras un accidente de coche y que trabajaba en una empresa de servicios públicos. Después de ese accidente, durante años trabajó codo con codo con otro hombre que a su vez sufría una enfermedad neurológica degenerativa. Colaboraban reparando líneas, cubriendo cada uno las carencias del otro. Este tipo de heroísmo cotidiano es, en mi opinión, la regla y no la excepción. La mayoría de los individuos tiene que plantar cara a uno o varios problemas de salud de cierta seriedad y, al mismo tiempo, seguir con sus asuntos de forma productiva y sin quejarse. Si alguien tiene la suerte de disfrutar de un periodo de gracia y salud a nivel personal, suele tener por lo menos a una persona cercana sufriendo algún tipo de crisis. Y a pesar de todo, las personas persisten y siguen realizando tareas complicadas que requieren grandes esfuerzos para mantenerse y para mantener a sus familias y a la sociedad. Para mí esto es milagroso, hasta el punto de que la única respuesta apropiada cuando pienso en ello es un agradecimiento absoluto. Hay muchas formas de que todo se venga abajo o simplemente no funcione, y siempre son las personas heridas las que consiguen evitarlo. Merecen por ello una admiración franca y genuina. Es un milagro sostenido de fortaleza y perseverancia.

En mi práctica clínica animo a las personas a reconocer su propio mérito y el de las personas a su alrededor por actuar de forma productiva y atenta, así como por la preocupación genuina y la consideración que se demuestran. Las personas están tan torturadas por las limitaciones del Ser que me asombra que puedan llegar a comportarse bien o a ocuparse de algo más que de ellas mismas. Pero muchos lo hacen para que todos dispongamos de calefacción central, agua potable, corriente eléctrica, capacidad informática infinita, comida suficiente para todos e incluso la posibilidad de contemplar el destino de la sociedad en el sentido más amplio, y también de la naturaleza, tan formidable. Toda esa compleja maquinaria que impide que nos congelemos o muramos de hambre o de sed tiende constantemente a errores de funcionamiento a través de la entropía, así que si funciona de forma tan eficiente es solo gracias a la atención constante de personas diligentes. Algunas personas degeneran y se precipitan en un infierno de resentimiento y odio del Ser, pero la mayor parte se niega a hacerlo a pesar de su sufrimiento, sus decepciones, sus pérdidas, sus incompetencias y su fealdad, lo que constituye otro milagro para quien quiera verlo.

La humanidad, en su totalidad, así como quienes la componen individualmente, merece cierta compasión por la horrible carga bajo la que se tambalean las personas, cierta compasión por su subyugación a la vulnerabilidad mortal, a la tiranía del Estado y a las depredaciones de la naturaleza. Es una situación existencial que ningún otro animal tendrá que afrontar ni soportar, de una dureza tal que haría falta ser Dios para poder soportarla verdaderamente. Esta compasión debería servir de medicina adecuada para las inseguridades y el desprecio hacia nosotros mismos, que están justificados, pero que solo son la mitad de la historia. El odio hacia uno mismo y la humanidad debe equilibrarse con la gratitud por la tradición y por el Estado, así como con el asombro ante lo que personas comunes y corrientes consiguen, y eso sin mencionar los impresionantes logros de las personas verdaderamente excepcionales.

Nos merecemos cierto respeto. Te mereces cierto respeto. Eres importante para otras personas y también para ti. Tienes un papel esencial que desempeñar en el destino del mundo. Por eso tienes la obligación de cuidarte. Tendrías que cuidarte, ayudarte y ser amable contigo de la misma forma que cuidarías, ayudarías y serías amable con alguien a quien amaras y valoraras. Por eso quizá tengas que comportarte de una forma respetable con tu Ser, y está bien que así sea. Todas las personas tienen serios defectos, todas quedan muy lejos de la gloria divina. Sin embargo, si ese hecho en sí significara que no tenemos la responsabilidad de cuidarnos ni a nosotros ni a los demás, todo el mundo sería brutalmente castigado de forma constante. Y algo así no estaría nada bien. Algo así empeoraría aún más y de todas las formas posibles los problemas del mundo, esos problemas que pueden llevar a cualquiera a plantearse honestamente la misma necesidad de que este mundo exista. Este no puede ser de ninguna forma el camino para avanzar.

Tratarte como a alguien a quien tienes la responsabilidad de ayudar supone considerar lo que de verdad sería bueno para ti. No es «lo que quieres» ni «lo que te haría feliz». Cada vez que das un dulce a un niño, lo haces feliz. Eso no significa que lo único que tienes que hacer por el niño sea darle dulces. «Feliz» no es en absoluto un sinónimo de «bueno». Tienes que hacer que los niños se laven los dientes. Tienen que abrigarse bien cuando salen y hace frío, por mucho que se opongan. Tienes que ayudarlos para que se conviertan en seres virtuosos, responsables y despiertos, capaces de actuar con reciprocidad, capaces de cuidarse a sí mismos y a los demás y de crecer mientras lo hacen. ¿Por qué sería aceptable hacer menos por ti?

Tienes que mirar hacia el futuro y pensar: «¿Cómo sería mi vida si me cuidara debidamente? ¿Qué carrera me plantearía un desafío y me convertiría en alguien productivo y útil, de tal modo que pudiera asumir la carga que me toca y disfrutar de las consecuencias? ¿Qué tendría que hacer cuando cuente con cierta libertad para mejorar mi salud, desarrollar mi conocimiento y fortalecer mi cuerpo?». Tienes que saber dónde estás para poder empezar a diseñar tu recorrido. Tienes que saber quién eres para entender las armas con las que cuentas y saber cómo compensar tus limitaciones. Tienes que saber adónde vas, para poder limitar el poder del caos en tu vida, reestructurar el orden y servirte de la fuerza divina de la esperanza para soportar el mundo.

Tienes que decidir adónde vas para poder así luchar en tu nombre, para no terminar siendo alguien resentido, vengativo y cruel. Tienes que articular tus propios principios para poder así defenderte cuando los demás intenten aprovecharse de ti y para preservar tu estabilidad y seguridad cuando trabajas y cuando juegas. Tienes que disciplinarte cuidadosamente. Tienes que mantener las promesas que te haces y recompensarte de tal forma que puedas confiar en ti y motivarte. Tienes que decidir cómo comportarte contigo para que sea posible que te conviertas en una buena persona y que lo sigas siendo. Estaría bien hacer del mundo un lugar mejor. El cielo, después de todo, no llegará por sí solo. Tendremos que esforzarnos para traerlo y hacer acopio de fuerzas para resistir a los ángeles mortíferos y a la espada flamígera del juicio que Dios utilizó para bloquear su entrada.

No subestimes el poder de la visión y la dirección. Se trata de fuerzas imparables, capaces de transformar lo que quizá parezcan obstáculos insumibles en senderos transitables y en oportunidades de desarrollo. Hay que fortalecerse, así que empieza contigo. Cuídate. Define quién eres. Refina tu personalidad. Elige tu destino y expresa tu Ser. Como el gran filósofo alemán del siglo XIX Friedrich Nietzsche observó tan brillantemente: «Quien tiene un porqué para vivir encontrará casi siempre el cómo».[32]

Podrías ayudar a rectificar la deriva del mundo y corregir su trayectoria para que apuntara un poco más hacia el cielo y un poco menos hacia el infierno. Una vez que hayas entendido el infierno, una vez que lo hayas estudiado, por decirlo de alguna forma —sobre todo tu propio infierno particular—, podrás tomar una decisión sobre dónde no ir y qué no crear. Podrías dirigirte a cualquier otro lugar. Podrías incluso dedicar toda tu vida a eso, lo que te proporcionaría un Significado, con mayúscula. Eso justificaría tu miserable existencia. Eso serviría para expiar tu naturaleza pecaminosa y para sustituir tu vergüenza y tu inseguridad por el orgullo natural y la franca confianza de alguien que ha vuelto a aprender cómo se anda junto a Dios en el jardín del Edén.

Podrías empezar tratándote como a alguien a quien tienes la responsabilidad de ayudar.

TRABA AMISTAD CON AQUELLAS PERSONAS QUE QUIERAN LO MEJOR PARA TI

EL VIEJO PUEBLO NATAL

Crecí en un pueblo que se había erigido en medio de las grandes praderas del interior de Canadá tan solo cincuenta años antes. Fairview, en la provincia de Alberta, formaba parte de la frontera y tenía bares de vaqueros para demostrarlo. En esa época los grandes almacenes Hudson's Bay Co. de la calle principal todavía compraban pieles de castor, lobo y coyote directamente a los cazadores locales. Allí vivían tres mil personas, a más de seiscientos kilómetros de la ciudad más cercana. La televisión por cable, los videojuegos e internet no existían. No era nada fácil encontrar entretenimientos inocentes en Fairview, sobre todo durante los cinco meses de invierno, cuando se sucedían días de cuarenta grados bajo cero y noches aún más frías.

El mundo es un lugar diferente cuando hace tanto frío. Los borrachos de nuestro pueblo llegaban al final de sus tristes vidas muy pronto, ya que caían desmayados sobre montañas de nieve y morían de congelación. Y es que no sales así como así de casa cuando hay cuarenta grados bajo cero. En cuanto respiras, el árido aire del desierto te encoge los pulmones. Se te forman estructuras de hielo en las pestañas y se te quedan pegadas. Si tienes el pelo largo y te lo acabas de lavar, se queda rígido como una roca

99

y luego, ya en un espacio caliente, una vez que se te seca, se carga de electricidad y se eriza cuando le da la gana, como si fueras un espectro. A los niños solo se les ocurre una vez pegar la lengua a los columpios de acero del parque. El humo que sale de las chimeneas de las casas no sube, sino que, derrotado por el frío, va cayendo y acaba acumulándose como niebla en los tejados nevados o en el jardín. Si no conectas por la noche el coche a un calentador, por la mañana el aceite no fluye y es imposible arrancar. Y algunas veces no lo consigues aunque lo hayas hecho. Cuando pasa eso, enciendes el motor una y otra vez, sin resultado alguno, hasta que el arranque emite un estrepitoso ruido y después se queda mudo. Entonces tienes que sacar la batería congelada del vehículo, aflojando tornillos con los dedos hinchados por el frío, y meterla en casa. Ahí se queda, descongelándose durante horas, hasta que está lo bastante caliente para poder retener una carga suficiente. Tampoco puedes ver por el medallón del coche, ya que se llena de escarcha en noviembre y sigue así hasta mayo. Si te pones a rasparla, lo único que consigues es que la tapicería se humedezca y que luego se congele también. Una noche en la que salí tarde a visitar a un amigo, estuve sentado dos horas en el borde del asiento del copiloto de un Dodge Challenger 1970, agarrado a la palanca de velocidades y utilizando un trapo empapado en vodka para mantener despejado el espacio del parabrisas delante del conductor porque la calefacción había dejado de funcionar. No podía ni pensar en parar. No había ningún lugar donde hacerlo.

Y para los gatos domésticos era el infierno. Los felinos de Fairview tenían las orejas y los rabos cortos porque los extremos se les habían caído congelados. Acababan pareciéndose a zorros árticos, que desarrollaron esos mismos atributos para hacer frente al frío intenso. Un día, nuestro gato salió y nadie se dio cuenta. Más tarde lo encontramos, con la piel congelada y adherida al escalón de cemento de la puerta de atrás en donde se había sentado. Con mucho cuidado, separamos al gato del cemento sin que tuviera ningún daño que lamentar, aparte de su propio orgullo herido. Los gatos de Fairview también corrían grave peligro en invierno a causa de los coches, pero no por los motivos que se te pueden ocurrir. No era porque los vehículos patinaran con el hielo que cubría el asfalto y los atropellasen. Solo los gatos más desafortunados morían así. Eran los coches recién estacionados los que resultaban peligrosos. A un gato muerto de frío le puede parecer una magnífica idea trepar por la parte inferior de uno de estos coches y sentarse en el bloque del motor, todavía caliente. ¿Pero qué pasa si el conductor decide volver y arrancar el coche antes de que el motor se haya enfriado y de que el gato se haya ido? Me limitaré a decir que las mascotas en busca de calor y los ventiladores del radiador en rotación rápida no forman una buena combinación.

Y puesto que vivíamos tan al norte, los inviernos, además de gélidos, eran muy oscuros. En diciembre el sol ya no salía hasta las 9:30 h, así que caminábamos a la escuela en la más negra de las penumbras. Tampoco había mucha más luz cuando volvíamos a casa, justo antes del ocaso. Para los jóvenes no había gran cosa que hacer en Fairview, ni siquiera en verano. Pero los inviernos eran mucho peores. Era entonces cuando importaban tus amigos, más que ninguna otra cosa.

MI AMIGO CHRIS Y SU PRIMO

Tenía en esos días un amigo al que llamaremos Chris. Era un chico listo, leía mucho y le gustaba el mismo tipo de ciencia ficción que a mí (Bradbury, Heinlein, Clarke). Era creativo y le interesaban los juegos con electricidad, los engranajes y los motores. Era un ingeniero nato. Sin embargo, todo esto quedaba eclipsado por algún problema familiar. No sé de qué se trataba. Sus hermanas eran listas, su padre afable y su madre amable. Las chicas no parecían tener problema alguno, pero a Chris lo habían desatendido de forma grave. A pesar de su inteligencia y su curiosidad, rebosaba rabia, resentimiento y desesperanza.

Todo esto se manifestaba materialmente en el aspecto de su camioneta azul Ford de 1972. El inolvidable vehículo tenía por lo menos una abolladura en cada palmo de su ruinosa carrocería. Peor aún, tenía un número similar de abolladuras por dentro, provocadas en este caso por el impacto de diferentes partes del cuerpo contra las placas interiores, cada vez que se producían los continuos accidentes que causaban las abolladuras de fuera. La camioneta de Chris era el exoesqueleto de un nihilista. Llevaba una calcomanía con un delirante juego de palabras que, en combinación con las abolladuras, elevaba el vehículo al teatro del absurdo. Y muy poco de todo eso era, por decirlo de algún modo, accidental.

Cada vez que Chris estrellaba su camioneta, su padre la arreglaba y le compraba otra cosa. Tenía una motocicleta y una furgoneta para vender helados, pero a la moto no le hacía el menor caso y nunca vendió un solo helado. A menudo se quejaba de su padre y de la relación que tenían, pero este era muy mayor y se encontraba enfermo, con una dolencia que no le diagnosticarían hasta muchos años más tarde. No tenía la energía que debería tener y quizá no podía prestarle la suficiente atención a su hijo. Quizá no fue más que eso lo que fracturó su relación.

Chris tenía un primo, Ed, que era unos dos años más joven. Me caía muy bien, o por lo menos todo lo bien que te puede caer el primo más pequeño de un amigo adolescente. Era alto, listo, guapo y encantador. También era muy ocurrente. Si lo hubieras conocido cuando tenía doce años, le habrías presagiado un gran futuro. Pero Ed fue yendo de mal en peor hasta acabar llevando una vida marginal, a la deriva. No se enojaba tanto como Chris, pero cargaba con la misma confusión. Quien hubiera conocido a los amigos de Ed probablemente habría dicho que se echó a perder por su culpa. Pero sus amigos no estaban más perdidos ni delinquían más que él, aunque, por lo general, sí eran algo menos brillantes. También es cierto que su situación —la de Ed y la de Chris— no mejoró precisamente cuando descubrieron la marihuana. No es que la marihuana sea peor para todo el mundo de lo que pueda serlo el alcohol. En ocasiones, incluso parece que consigue que la gente esté mejor. Pero no fue así en el caso de Ed, ni tampoco en el de Chris.

Para divertirnos en las largas noches, Chris, Ed y yo, junto al resto de los adolescentes, dábamos vueltas y más vueltas en nuestros coches y camionetas de los años setenta. Bajábamos a toda velocidad por la calle principal, seguíamos por la avenida del ferrocarril hasta más allá de la escuela secundaria, dábamos una vuelta por el extremo norte del pueblo y llegábamos a la parte oeste; o subíamos la calle principal, dábamos una vuelta por el extremo norte del pueblo e íbamos hasta la parte este, y así una y otra vez, interminablemente. Cuando no conducíamos por el pueblo, lo hacíamos por el campo. Un siglo antes, unos topógrafos habían trazado una enorme cuadrícula que cubría casi ochocientos mil metros cuadrados de la enorme pradera del oeste. Cada tres kilómetros en dirección norte había un camino de grava que se extendía hacia el infinito de este a oeste. Y cada kilómetro y medio en dirección oeste, aparecía otro camino similar de norte a sur. Nunca se nos acababan los caminos.

EL PÁRAMO DE LOS ADOLESCENTES

Cuando no andábamos dando vueltas por el pueblo y sus alrededores, estábamos de fiesta. Algunos adultos relativamente jóvenes (o algunos adultos mayores relativamente sórdidos) invitaban a sus amigos y la reunión acababa atrayendo a todo tipo de individuos. Algunos de ellos eran verdaderos indeseables desde el principio y otros lo eran en cuanto se ponían a beber. Una fiesta también podía empezar de forma imprevista cuando los inconscientes padres de algún adolescente estaban fuera del pueblo. En esas ocasiones, los ocupantes de los coches y camionetas que andaban arriba y abajo veían una casa con las luces encendidas pero sin coche estacionado delante. Lo que ocurría entonces no era nada bonito. Y algunas veces la cosa se iba totalmente de las manos.

No me gustaban las fiestas adolescentes, no las recuerdo con ningún tipo de nostalgia. En realidad eran bastante deprimentes. La iluminación siempre era tenue como para minimizar la timidez. La música se ponía tan fuerte que era imposible mantener ningún tipo de conversación, aunque de todas formas tampoco había gran cosa de que hablar. Además, siempre se contaba con la presencia de algunos de los psicópatas locales y todo el mundo bebía y fumaba demasiado. En el ambiente flotaba una sensación deprimente y opresiva, de desorientación absoluta, y nunca ocurría nada (excepto aquella vez en la que un compañero mío de clase muy introvertido se puso a agitar borracho su escopeta del calibre 12 cargada, o aquella otra en la que la chica con la que luego me casaría se puso a insultar con el mayor de los desprecios a un tipo que la amenazaba con un cuchillo, o cuando otro amigo trepó a un árbol enorme, se colgó de una rama y acabó cayendo de espaldas medio muerto al lado del fuego que acabábamos de encender, justo un minuto antes de que el estúpido de su compañero hiciera lo propio).

Nadie sabía qué diablos se hacía en esas fiestas. ¿Esperar a que llegara una porrista? ¿Esperar a Godot? Aunque sin lugar a dudas se habría preferido lo primero (si bien los equipos con porristas eran pocos en nuestro pueblo), la realidad se aproximaba más a lo segundo. Supongo que sería más romántico decir que nos habría encantado hacer algo más productivo, teniendo en cuenta lo aburridos que estábamos. Pero no es así. Todos íbamos de cínicos prematuros, de cansados con el mundo, incapaces de asumir responsabilidades, con lo que de ninguna forma nos habríamos apuntado a los clubes de debate, los grupos de exploradores o las actividades deportivas extraescolares que los adultos intentaban organizar. No atraía hacer cosas. No sé cómo era la vida de los adolescentes antes de que los revolucionarios de finales de los sesenta recomendaran a toda la juventud eso de ponerse hasta arriba, conectar sin importarnos nada. ¿Era aceptable en 1955 que un adolescente estuviera por voluntad propia en un club? Porque desde luego no era lo que ocurría veinte años después. Muchos de nosotros nos pusimos hasta arriba sin importarnos nada, pero muy pocos conseguimos conectarnos.

Yo quería estar en otro lado y no era el único. Todos los que acabaron por largarse del Fairview en el que crecí ya tenían claro que se irían a los doce años. Yo desde luego lo tenía claro. Mi mujer, que creció conmigo en la calle en la que nuestras dos familias vivían, también lo tenía claro. Mis amigos de entonces, los que se fueron y los que no, también lo tenían claro, independientemente del camino que llevaran. En las familias de aquellos que en principio irían a la universidad este tipo de ideas, aunque no se hablara de ello, se consideraban totalmente normales. Y para quienes venían de familias con menor nivel educativo, un futuro que pasara por la universidad ni siquiera se concebía. Y no era por falta de dinero, ya que las tasas de la enseñanza superior eran muy asequibles en esa época y en la provincia de Alberta había mucho trabajo y muy bien pagado. En los años ochenta gané más dinero trabajando en una serrería de lo que volvería a ganar haciendo cualquier otra cosa durante los siguientes veinte años. Nadie se quedaba sin ir a la universidad por falta de dinero en la opulenta Alberta del petróleo de los años setenta.

ALGUNOS AMIGOS DIFERENTES Y OTROS DE LOS DE SIEMPRE

Cuando entré al bachillerato todos los de mi primera pandilla ya habían abandonado los estudios, así que hice dos nuevos amigos que venían internos a Fairview. Su pueblo, Bear Canyon —«el cañón de los osos», muy apropiado—, estaba todavía más lejos de todo y no tenía escuelas donde estudiar más allá de los catorce años de edad. Eran un dúo ambicioso, al menos en comparación con nosotros: sinceros y responsables, pero también divertidos y muy graciosos. Cuando me fui del pueblo para entrar en la universidad, en el Grande Prairie Regional College, a unos ciento cincuenta kilómetros de distancia, uno de ellos se convirtió en mi compañero de habitación, mientras que el otro se marchó a un lugar diferente para seguir con sus estudios. Ambos apuntaban lejos y sus decisiones en ese sentido reforzaron las mías.

Cuando empecé la universidad, estaba muy contento. Encontré otro grupo más nutrido de compañeros con mis mismos intereses, en el que también entró mi amigo de Bear Canyon. A todos nos apasionaban la literatura y la filosofía y dirigíamos el consejo estudiantil, que por primera vez en su historia generó ganancias gracias a los bailes que organizábamos. ¿Cómo puedes perder dinero vendiéndoles cerveza a los universitarios? Lanzamos un periódico y conocimos a nuestros profesores de Ciencias Políticas, Biología y Literatura en los pequeños seminarios que caracterizaron nuestro primer año de estudios. Los docentes agradecían nuestro entusiasmo y enseñaban con esmero. Estábamos construyendo una vida mejor.

Así que me desprendí de una gran parte de mi pasado. En los pueblos todo el mundo sabe quién eres, así que vas arrastrando los años a tus espaldas, como un perro que corre con latas atadas a la cola. No puedes escapar de la persona que has sido. En ese entonces no todo estaba en internet, gracias a Dios, pero sí quedaba almacenado de una forma igualmente indeleble en los recuerdos y las expectativas de todo el mundo, se dijera o no.

Sin embargo, cuando te mudas, todo queda como suspendido, por lo menos durante un tiempo. Es una situación estresante, pero en el caos surgen nuevas posibilidades. Nadie te puede juzgar con sus viejos prejuicios, ni siquiera tú mismo. Es como si te sacudieran tan fuerte que te hicieran descarrilar y tuvieras que construir una vía nueva, mejor, junto a personas que quieren llegar a un lugar mejor. A mí me parecía que se trataba simplemente de una progresión natural y que cualquier persona que se mudaba pasaba por la misma experiencia, renaciendo como un fénix. Pero no siempre pasa así.

Una vez, cuando tenía unos quince años, fui con Chris y otro amigo, Carl, a Edmonton, una ciudad de 600 000 habitantes. Carl nunca había estado en una ciudad, algo que no resultaba nada extraño. El viaje de ida y vuelta entre Fairview y Edmonton era de casi mil trescientos kilómetros, una distancia que yo ya había cubierto en muchas ocasiones, unas veces con mis padres y otras sin ellos. Me gustaba el anonimato que la ciudad permitía y me gustaban los nuevos comienzos. Me gustaba escapar de la claustrofóbica y deprimente cultura adolescente de mi pueblo, así que convencí a mis dos amigos para hacer el viaje juntos. Pero su experiencia fue totalmente distinta. En cuanto llegamos, Chris y Carl querían comprar hierba, así que nos dirigimos a las zonas de Edmonton que eran exactamente iguales que lo peor de Fairview. Allí encontramos a exactamente los mismos traficantes furtivos callejeros y luego nos pasamos todo el fin de semana bebiendo en el hotel. Aunque recorrimos una larga distancia, no habíamos ido a ninguna parte.

Unos años más tarde, pude ver un ejemplo todavía más atroz. Me había mudado a Edmonton para terminar la carrera. Alquilé un departamento con mi hermana, que estaba estudiando Enfermería y, como yo, era de las personas a las que les gusta salir de su burbuja. (Muchos años después, ella plantaría fresas en Noruega, organizaría safaris por África, llevaría camiones de contrabando a través del desierto del Sáhara bajo la amenaza tuareg y cuidaría de bebés gorilas huérfanos en el Congo). Vivíamos bien en un departamento acogedor en un bloque nuevo que dominaba todo el valle del río Saskatchewan Norte y tenía al fondo una vista de todo el centro de la ciudad. En un momento de entusiasmo me compré un flamante piano de pared. Vaya, el departamento estaba muy bien.

Me enteré entonces por terceras personas que Ed —el primo más joven de Chris— se había mudado a la ciudad y me quedé gratamente sorprendido. Un día, me llamó y lo invité a casa porque quería ver qué tal le iba. Esperaba que estuviera desarrollando parte del potencial que había visto en él. Pero no fue así. Ed apareció más viejo, calvo y encorvado. El aire de joven adulto al que no le va del todo bien era mucho más marcado que el de joven con posibilidades. Sus ojos enrojecidos y entrecerrados lo delataban como un drogadicto empedernido. Ed había conseguido un trabajito de medio tiempo podando el pasto y a veces haciendo algo de jardinería que no habría estado mal para un universitario o para alguien que no tiene otras posibilidades, pero que resultaba un despropósito para una persona inteligente.

Vino acompañado de un amigo.

Y de hecho recuerdo sobre todo a su amigo. Estaba drogado. Muy drogado. Pacheco hasta los huesos. Su cabeza y nuestro departamento, tan pulcro y civilizado, no parecían proceder del mismo universo. Mi hermana estaba en casa y conocía a Ed. No era la primera vez que veía a alguien en ese estado, pero de todos modos a mí no me hacía gracia que Ed hubiera traído a un tipo así. Ed se sentó y su amigo también, aunque no estaba claro si se daba cuenta de nada. Era bastante tragicómico y Ed, aunque estaba muy pacheco, no podía dejar de sentir vergüenza. Mientras bebíamos unas cervezas, el amigo de Ed miraba hacia arriba. «Mis partículas están desperdigadas por todo el techo», consiguió decir. Nunca se han pronunciado palabras más ciertas.

Me llevé a Ed a un lado y le dije educadamente que tenía que irse. Le dije que no tendría que haberse presentado con el inútil de su amigo. Él asintió y lo entendió perfectamente, lo que empeoraba aún más las cosas. Su primo mayor Chris me escribiría mucho más adelante al respecto de todo esto. Es algo que incluí en mi primer libro. «Tenía amigos —me contaba—. Antes. Cualquier persona con el suficiente desprecio por sí misma para poder perdonarme el que yo sentía por mí».[1]

¿Qué hacía que Chris, Carl y Ed fueran incapaces (o peor, que no tuvieran la mínima intención) de moverse, de cambiar de amistades y de mejorar las circunstancias de sus vidas? ¿Era inevitable, una consecuencia de sus propias limitaciones, de enfermedades y traumas latentes del pasado? Después de todo, la gente varía considerablemente, de maneras que parecen al mismo tiempo estructurales y deterministas. La gente presenta diferentes niveles de inteligencia, que es en gran parte la habilidad de aprender y transformarse. La gente también tiene personalidades muy diferentes: hay personas activas y otras pasivas. Algunos son inquietos y otros, tranquilos. Por cada individuo que va detrás de un logro hay otro indolente. La verdad es que el grado en el que estas diferencias constituyen una parte inmutable de una persona es mayor de lo que un optimista podría suponer o desear. Y luego quedan las enfermedades, mentales o físicas, diagnosticadas o invisibles, que limitan todavía más o modifican nuestras vidas.

Chris tuvo un brote psicótico a los treinta y tantos, después de bordear la locura durante muchos años. Se suicidó poco después. ¿Su abuso de la marihuana precipitó el desenlace o no era más que una forma legítima de automedicación? Lo cierto es que el uso de analgésicos de prescripción médica ha descendido en los estados que han legalizado la marihuana, como Colorado.[2] Quizá la hierba no empeoró la situación de Chris, sino todo lo contrario. Quizá alivió su sufrimiento en vez de exacerbar su locura. ¿Acaso fue la filosofía nihilista a la que se entregaba lo que allanó el camino hacia su crisis final? ¿Y a su vez ese nihilismo era una consecuencia de una verdadera enfermedad mental o tan solo una racionalización intelectual de su falta de disposición para asumir responsabilidades? ¿Por qué, de la misma forma que su primo o mis otros amigos, eligió continuamente a gente y lugares que no eran buenos para él?

En ocasiones, cuando una persona tiene una mala opinión de sí misma —o quizá cuando se niega a responsabilizarse de su propia vida— elige, a la hora de conocer a gente, exactamente al mismo tipo de individuos que en el pasado le resultaron problemáticos. Se trata de personas que piensan que no merecen nada mejor, así que directamente no lo buscan. O tal vez no quieren asumir las molestias que algo mejor representaría. Freud lo denominó «compulsión de repetición». Consideraba que era un impulso inconsciente de repetir los horrores del pasado: unas veces, para formularlos de forma más precisa o para intentar dominarlos de forma más activa; otras, por simple falta de alternativas. La gente crea su propio mundo con las herramientas que tiene a su alcance y unas herramientas defectuosas producen resultados defectuosos. El uso repetido de las mismas herramientas defectuosas produce los mismos resultados defectuosos. Es así como aquellos que no han sacado ninguna lección del pasado quedan condenados a repetirlo. En parte es el destino; en parte, la incapacidad; y en parte..., ¿las pocas ganas de aprender?, ¿la negativa a aprender?, ¿que tienen «sus motivos»?

EL RESCATE DE LOS CONDENADOS

Hay también otros motivos por los que las personas eligen a amigos que no son buenos para ellas. En ocasiones, lo hacen porque quieren rescatar a alguien. Es algo más típico entre los jóvenes, aunque se trata de un impulso que subsiste entre la gente mayor que resulta demasiado amable, que nunca ha dejado de ser ingenua o que no quiere ver las cosas tal y como son. Puede que se me objete: «No hay nada malo en ver lo mejor que tiene cada persona. La virtud más elevada es el deseo de ayudar». Pero no todo el mundo que fracasa es una víctima y no todo el mundo que está en el fondo quiere subir, aunque muchos sí quieren y muchos, de hecho, lo consiguen. Sin embargo, la gente suele aceptar o incluso magnificar su propio sufrimiento, así como el de los demás, si lo pueden presentar como una demostración de la injusticia que impera en el mundo. Nunca les faltan los opresores a las personas más sometidas, incluso cuando muchos de ellos, por su modesta posición, no son más que aspirantes a tirano. Es el camino más fácil de elegir, una y otra vez, si bien a largo término es un infierno.

Vamos a imaginarnos a una persona a quien no le está yendo bien. Necesita ayuda y puede que incluso la desee. Pero no es fácil distinguir a alguien que de verdad quiere y necesita ayuda de alguien que simplemente está aprovechándose de la buena voluntad de otra persona. Es difícil distinguirlo incluso para la propia persona que quiere, necesita la ayuda y quizá está aprovechándose. Alguien que lo intenta, fracasa, es perdonado después y vuelve a intentarlo, fracasa, y es perdonado una y otra vez suele ser la primera persona interesada en que todo el mundo crea que esos intentos fueron sinceros.

Cuando no se trata solo de ingenuidad, el intento de rescatar a alguien está a menudo motivado por la vanidad y el narcisismo. Algo así se expone en un clásico lleno de amargura, *Memorias del subsuelo*, del magnífico escritor ruso Fiódor Dostoievski, que empieza con estas famosas frases: «Soy un enfermo... Soy un hombre rabioso. No soy nada atractivo. Creo que estoy enfermo del hígado». Es la confesión de alguien abatido y arrogante, que transita por el inframundo del caos y la desesperación. Se disecciona a sí mismo sin la menor compasión, pero tan solo le sirve para expiar un centenar de pecados de los miles que ha cometido. Entonces, creyéndose redimido, el hombre del subsuelo comete la peor de las transgresiones posibles: ofrece su ayuda a una persona verdaderamente desafortunada, Liza, una mujer abocada a la prostitución en una situación desesperada típicamente decimonónica. La invita a su casa prometiéndole que su vida volverá al camino recto y, mientras espera a que aparezca, va alimentando fantasías de un carácter cada vez más mesiánico:

> Sin embargo, transcurrió un día, y otros dos más; como no venía, comencé a tranquilizarme. Después de las nueve de la noche ya empezaba a sentirme especialmente animado, e incluso, a soñar con cosas bastante agradables: que yo, por ejemplo, salvaba a Liza solo con venir ella a verme y a escucharme [...] que yo la instruía y la formaba. Finalmente, me percataba de que ella me amaba, sí, me amaba apasionadamente. Yo me hacía el despistado (no obstante, no sé por qué fingía; claro, que lo hacía por decoro). Finalmente, Liza, completamente turbada, maravillosa, temblando y sollozando, se echaba a mis pies diciéndome que era su salvador y que me amaba más que nada en el mundo.

Lo único que semejantes fantasías nutren es el narcisismo del protagonista hasta el punto que acaban aniquilando a Liza. La salvación que le ofrece exige mucho más compromiso, mucha más madurez de lo que él está dispuesto o puede asumir, y no tiene el carácter que se requeriría. Él se da cuenta en el acto, pero rápidamente lo racionaliza. Liza acaba llegando a su cochambroso departamento desesperada por encontrar una salida a su miseria, jugándose todo lo que tiene en la visita. Le cuenta al hombre del subsuelo que quiere dejar su vida actual. ¿Y él qué le responde?

—¿Dime, por favor, para qué has venido a verme? —le dije sofocándome y sin coordinar ya el orden lógico de las palabras. Deseaba soltarlo todo de una vez; es decir, de un tirón; ni siquiera me preocupaba por dónde debía empezar.

—¿Para qué has venido? ¡Responde! ¡Responde! —gritaba yo, fuera de mí—. Te lo diré yo mismo. Has venido, porque el otro día dije *palabras conmovedoras*. Y ahora que te has enternecido, quieres volver a escucharlas. Pues has de saber que aquel día me reí de ti. Como lo estoy haciendo ahora. ¿Por qué tiemblas? ¡Sí, me reí de ti! Un rato antes, durante la celebración de una comida, me habían ofendido aquellos individuos que llegaron antes que yo a la casa donde tú estabas. Fui allí con la intención de darle una paliza a uno de ellos, un oficial del ejército; pero no lo logré, no les encontré dentro; tenía la necesidad de vengar mi ofensa con alguien, de cobrarme lo mío, y como fuiste tú quien se puso a mano, descargué mi rabia riéndome de ti. Puesto que a mí me humillaron, yo también quería humillar a alguien; puesto que me trataron como un trapo, también quise sentirme poderoso frente a alguien [...] Eso es lo que ha sucedido. ¿Y tú, te pensaste que había ido ahí a propósito para salvarte? ¿Sí? ¿Lo pensaste? ¿Di, lo pensaste?

Intuía que Liza pudiera estar algo confundida como para comprender todos los detalles; pero también sabía que entendería perfectamente la esencia de la cuestión. Así sucedió. Palideció toda poniéndose tan blanca como un pañuelo. En el gesto de querer decir algo, sus labios se torcieron enfermizamente y como si fuera abatida por un hacha, se deslomó sobre la silla. Durante el resto del tiempo permaneció escuchándome con la boca abierta, los ojos estupefactos y temblando de horror. La había apabullado el cinismo; el cinismo de mis palabras...

La petulante prepotencia, la indiferencia y la abierta crueldad del protagonista fulminan las últimas esperanzas que le quedaban a Liza y él se da cuenta. Peor todavía: algo en su interior lo había estado deseando todo el tiempo y también lo sabe. Pero un villano que desiste de su villanía no se convierte en un héroe. Para eso hay que hacer algo positivo, no simplemente no hacer algo que está mal.

Ahora podrías objetar que el propio Cristo se hizo amigo de recaudadores de impuestos y de prostitutas. ¿Cómo puedo permitirme calumniar los motivos que puedan tener aquellas personas que quieren ayudar? Lo que pasa es que Cristo era el arquetipo del hombre perfecto y tú eres tú. ¿Cómo sabes que tus esfuerzos por hacer que alguien salga del pozo no acabarán hundiendo más a esa persona... o a ti? Imagínate el caso de alguien que tiene que supervisar a un equipo excepcional de trabajadores, todos ellos decididos a alcanzar un objetivo marcado colectivamente. Imagínatelos: diligentes, brillantes, creativos y unidos. Pero este supervisor también tiene bajo su responsabilidad a alguien que está dando malos resultados en otro puesto. En un arranque de inspiración y con sus mejores intenciones, el directivo traslada a la persona problemática a su equipo estelar, esperando que el ejemplo le sirva para mejorar. ¿Y qué ocurre? La psicología es unánime al respecto.[3] ¿Acaso el intruso errante se endereza y empieza a hacer las cosas bien? No. Al contrario, el equipo entero degenera. El recién llegado mantiene su cinismo, su arrogancia y su neurosis. Se queja, no se compromete, falta a reuniones importantes y su trabajo de poca calidad provoca retrasos, ya que otra persona tiene que volver a hacerlo. No obstante, se le sigue pagando lo mismo que a sus compañeros. Los trabajadores entregados que están a su alrededor empiezan a sentirse traicionados. «¿Por qué me estoy matando para acabar este proyecto —piensa cada uno— cuando mi nuevo compañero no sabe trabajar». Lo mismo ocurre cuando los terapeutas bienintencionados colocan a un delincuente menor de edad entre otros adolescentes comparativamente civilizados. Lo que se ex-

pande no es la estabilidad, sino la delincuencia.[4] Es mucho más
fácil ir hacia abajo que hacia arriba.

Quizá estés salvando a alguien porque eres una persona fuerte, generosa y equilibrada que quiere realizar una buena acción.
Pero también es posible —y quizá, más probable— que lo único
que quieras sea llamar la atención por tus inagotables reservas de
compasión y benevolencia. O quizá estés salvando a alguien porque quieres convencerte a ti mismo de que tu fuerza de carácter
es algo más que resultado de tu buena suerte, por haber nacido
donde has nacido. O quizá es porque es más fácil parecer virtuoso cuando estás al lado de alguien absolutamente irresponsable.

Empieza asumiendo que estás haciendo lo más fácil y no lo
más complicado.

Tu alcoholismo descontrolado hace que mis excesos puntuales
con la bebida parezcan triviales. Mis largas y solemnes charlas
contigo sobre el rotundo fracaso de tu matrimonio nos convencen
a los dos de que tú estás haciendo todo lo posible y de que yo te
estoy ayudando al máximo. Parece un esfuerzo, parece que hay
cierto progreso. Pero para mejorar de verdad haría falta mucho
más, tanto por tu parte como por parte de tu pareja. ¿De verdad
estás seguro de que la persona que suplica que la salven no ha decidido ya mil veces aceptar la parte que le toca de un sufrimiento
absurdo y cada vez más grave tan solo porque algo así es más fácil
que asumir cualquier responsabilidad? ¿No estás participando de
un engaño? ¿No es posible que tu desprecio sea en realidad más
saludable que tu compasión?

O quizá no tienes ningún plan, genuino o no, para rescatar a
nadie. Te juntas con personas que son malas para ti no porque
sea mejor para nadie, sino porque es más fácil. Y lo sabes, al igual
que tus amigos. Están unidos por un contrato implícito, uno que
tiene como objetivo el nihilismo, el fracaso y el sufrimiento más
estúpido posible. Todos han decidido sacrificar el futuro por el
presente. No hablan de esto, no se reúnen y dicen: «Vamos a ir
por el camino más fácil, vamos a disfrutar con cualquier cosa que
surja y, además, estamos de acuerdo en que no nos lo vamos a re-

criminar para que así sea más fácil olvidar lo que estamos haciendo». No se dice nada al respecto, pero todos saben que eso es justamente lo que está pasando.

Antes de ayudar a nadie, tendrías que descubrir por qué esa persona tiene problemas. No tendrías que asumir directamente que se trata de una auténtica víctima de la injusticia y la explotación. Una situación así constituye la explicación más improbable, no la más verosímil. En mi experiencia —clínica y de otros tipos— nunca me ha parecido tan simple. Además, si te tragas la historia de que ha ocurrido algo horrible sin que la víctima haya tenido la menor responsabilidad al respecto, le estás negando a esa persona todo papel activo en su pasado (y, por implicación, también en su presente y su futuro). Lo que estás haciendo así es arrebatarle todo su poder.

Es mucho más probable que un individuo en concreto simplemente haya decidido no tomar el camino de subida porque le resulta difícil. Tal vez esta tuviera que ser tu hipótesis por defecto cuando te encuentras con una situación de este tipo. Igual te parece demasiado duro e igual tienes razón, es ir demasiado lejos. Pero piensa un poco en esto: es fácil comprender el fracaso, no hace falta ninguna explicación. Tampoco requieren ninguna explicación el miedo, el odio, la adicción, la promiscuidad, la traición y el engaño. No hace falta explicación para que el vicio exista, para que alguien se entregue a él. Es más fácil no pensar nada, no hacer nada y no preocuparse. Es más fácil dejar para mañana lo que puede hacerse hoy y asfixiar los meses y años venideros en los placeres ordinarios de este momento. Como dice el inmejorable padre de la familia Simpson justo antes de tomarse un tarro de mayonesa mezclado con vodka: «Eso es problema del Homero del futuro. ¡No me gustaría estar en su pellejo!».[5]

¿Cómo puedo saber que tu sufrimiento no me exige que sacrifique todos mis recursos únicamente para que tú puedas postergar, solo por un momento, lo que acabará por llegar? A lo mejor es que ya no te importa lo más mínimo tu colapso inminente, que está ahí aunque tú todavía no quieres admitirlo. A lo mejor mi ayuda no cambiará nada, ni puede hacerlo. A lo mejor tan solo servirá para que mantengas a raya un tiempo más una verdad demasiado personal y demasiado demoledora. A lo mejor tu desgracia es una exigencia que me impones para que yo también fracase, para que la diferencia entre los dos que tanto te duele se reduzca, al mismo tiempo que sigues hundiéndote. ¿Y cómo sé que te negarías a entrar en un juego semejante? ¿Cómo puedo saber precisamente que yo no estoy haciendo otra cosa que fingir ser una persona responsable, «ayudándote» de forma inútil solo para no tener que hacer algo verdaderamente difícil pero que está a mi alcance?

Quizá tu desgracia es el arma que esgrimes en tu odio hacia las personas que fueron mejorando y progresando mientras tú esperabas y naufragabas. Quizá tu desgracia es tu intento por poner en evidencia la injusticia del mundo, y evitar poner en evidencia tus propias faltas, tus propias incapacidades, tu negativa consciente a luchar y vivir. Quizá tu disposición para sufrir en el fracaso es inagotable, teniendo en cuenta lo que intentas demostrar con ese sufrimiento. Quizá es tu venganza contra el Ser. ¿Y yo, cómo podría hacerme amigo de ti cuando te encuentras en semejante lugar? ¿Cómo?

El éxito, ese es el misterio. La virtud, eso es lo que no se puede explicar. Para fracasar tan solo tienes que desarrollar unas cuantas malas costumbres. Tan solo tienes que sentarte a esperar. Una vez que alguien ha pasado el tiempo suficiente desarrollando malas costumbres y esperando, ya ha perdido mucho. Mucho de lo que podría haber sido se ha esfumado y mucho de la persona en la que se ha convertido ya es real. Las cosas se derrumban por su propia inercia, pero los pecados de las personas aceleran su degeneración. Y entonces llega el diluvio.

No estoy diciendo que no exista esperanza para redimirse, pero es mucho más difícil sacar a alguien de un abismo que levantarlo de una zanja. Algunos abismos son muy profundos y, cuando se ha llegado hasta el fondo, del cuerpo ya no queda gran cosa.

Quizá por lo menos debería esperar hasta tener claro que quieres que se te ayude. Carl Rogers, el famoso psicólogo humanista, pensaba que era imposible empezar una relación terapéutica si la persona en busca de ayuda no quería mejorar.[6] Rogers pensaba que era imposible convencer a alguien de que cambiara para ser mejor. El deseo de mejorar era, por el contrario, una precondición para el progreso. He tenido pacientes que debían someterse a psicoterapia como resultado de sentencias judiciales. No querían mi ayuda y se veían obligados a solicitarla, así que no funcionaba. Era una farsa.

Si mantengo una relación malsana contigo, quizá es porque tengo muy poca voluntad y demasiada indecisión para irme, pero no quiero saberlo. Así que sigo ayudándote y me consuelo con mi absurdo martirio. Quizá entonces pueda decir sobre mí: «Una persona que se sacrifica tanto, que tiene tantas ganas de ayudar a alguien, tiene que ser una buena persona». Pero no es así. Puede que yo tan solo sea una persona que intenta quedar bien fingiendo solucionar lo que parece ser un problema complicado, en lugar de ser verdaderamente buena y enfrentarme a algo real.

Quizá en vez de persistir en nuestra amistad, tendría que irme a otra parte, poner mi vida en orden y dar buen ejemplo.

Y nada de esto es una justificación para abandonar a aquellos realmente necesitados solo para ir detrás de tu mezquina y ciega ambición, por si hacía falta decirlo.

UN ARREGLO RECÍPROCO

Aquí dejo algo en lo que pensar: si tienes un amigo que no le recomendarías a tu hermana, a tu padre o a tu hijo, ¿por qué sigues teniéndolo tú? Puedes decirme: por lealtad. Bueno, la lealtad no es lo mismo que la estupidez. La lealtad tiene que negociarse de forma justa y honesta. La amistad es un arreglo recíproco. No existe ninguna obligación moral de respaldar a alguien que está haciendo del mundo un lugar peor. Todo lo contrario. Tendrías que quedarte con personas que quieren que las cosas sean mejores, no peores. Es algo bueno, no egoísta, elegir a gente que es buena para ti. Es adecuado y digno de elogio relacionarse con personas cuyas vidas mejorarían si vieran que la tuya está mejorando.

Si te rodeas de personas que apoyan tus aspiraciones, estas no tolerarán ni tu cinismo ni tus tendencias destructivas. Al contrario, te respaldarán cuando hagas bien —a ti y a los demás— y te castigarán con delicadeza cuando no sea el caso. Una actitud así reforzará tu resolución de hacer lo que tienes que hacer de la forma más apropiada y sensible. Las personas que no aspiran a cosas elevadas harán justo lo contrario. Le ofrecerán un cigarro a un fumador que ha dejado el tabaco y una cerveza a quien está superando el alcoholismo. Se pondrán celosos cuando tengas éxito o algo te salga muy bien. Dejarán de estar ahí y de apoyarte o directamente te castigarán de forma activa. Invalidarán tu logro con alguna acción pasada suya, real o imaginada. Quizá intenten probarte, para ver si de verdad estás decidido, si de verdad te lo crees. Pero fundamentalmente lo que quieren es hundirte porque, al mejorar, estás poniendo aún más en evidencia sus propios defectos.

Por eso mismo cualquier buen ejemplo es un desafío trascendental, y todo héroe, un juez. El *David*, la gran escultura de Miguel Ángel, interpela a quien lo observa desde su perfección: «Podrías ser más de lo que eres». Cuando te atreves a aspirar a algo más, evidencias las carencias del presente y la promesa que representa el futuro. Y entonces molestas a otros en lo más profundo de sus almas, allí donde entienden que su cinismo y su inmovilidad no se pueden justificar. Eres el Abel de su Caín. Les recuerdas que si dejaron de preocuparse no fue por los horrores de la vida, que son innegables, sino porque no quieren cargar con el mundo a sus espaldas, allí donde tiene que estar.

No pienses que es más fácil rodearte de personas buenas y sanas que de personas malas y malsanas. No lo es. Una persona buena y sana es un ideal. Hace falta fuerza y valentía para estar al lado de ella. Pero ten algo de humildad. Ten coraje. Utiliza la cabeza y protégete de una compasión y una lástima demasiado acríticas.

Entabla amistad con aquellas personas que quieran lo mejor para ti.

NO TE COMPARES CON OTRO, COMPÁRATE CON QUIEN ERAS ANTES

LA CRÍTICA INTERNA

Era más fácil ser bueno en algo cuando había más gente viviendo en pequeñas comunidades rurales y en el mundo rural. Se podía ser la reina del baile escolar, triunfar en algún concurso de ortografía, ser un as de las matemáticas o una estrella del basquetbol. Tan solo había uno o dos mecánicos y un par de maestros, y en cada uno de sus ámbitos estos héroes locales tenían la oportunidad de disfrutar de la confianza llena de serotonina que acompaña al vencedor. Puede que a eso se deba la sobrerrepresentación de gente nacida en pueblecitos entre los personajes más eminentes de la historia.[1] Si eres uno entre un millón pero naciste en el Nueva York de hoy en día, entonces hay otros diecinueve como tú. Y ahora la mayoría de nosotros vivimos en ciudades. Es más, estamos conectados digitalmente a los siete mil millones que pueblan el mundo, de tal forma que nuestras jerarquías de logros alcanzan actualmente alturas vertiginosas.

Da igual lo bueno que seas en algo o cómo contabilizas tus logros, siempre hay alguien por ahí que te hace quedar como un incompetente. No tocas nada mal la guitarra, pero no eres Jimmy Page ni Jack White. Lo más seguro es que ni siquiera vayas a triunfar en el bar de tu colonia. Cocinas bien, pero hay muchos grandes chefs y la receta de tu madre de cabezas de pescado con arroz, por mucho éxito que tenga en su pueblo, no causa gran impresión en estos tiempos de espuma de toronja y helado de whisky con tabaco. Siempre hay un capo de la mafia que tiene un yate más grande y un empresario obsesivo con un reloj automático más lujoso, guardado en un estuche de madera y acero que es muy caro. Hasta la actriz más espectacular de Hollywood acaba convirtiéndose en la Reina Malvada, embarcada en una eterna búsqueda paranoica de Blancanieves. ¿Y tú? Tu carrera es aburrida e inútil, tus habilidades domésticas no son nada impresionantes, tienes mal gusto, tienes más lonjas que tus amistades y a nadie le gustan las fiestas que organizas. ¿A quién le importa que seas el primer ministro de Canadá cuando otra persona es el presidente de los Estados Unidos?

Dentro de nosotros hay una voz, un espíritu interior crítico que está al tanto de todo esto. Esta voz está predispuesta a hacerse oír, insiste en condenar nuestros mediocres intentos y, en ocasiones, no es nada fácil callarla. Y lo cierto es que este tipo de críticas son necesarias. Sobran artistas sin gusto, músicos que desafinan, cocineros asquerosos, mandos intermedios con trastorno de personalidad burocrática, escritorzuelos y profesores soporíferos rebosantes de ideología. Tanto las cosas como las personas difieren considerablemente en lo que se refiere a sus cualidades. La música horrenda tortura a oyentes en todas partes, los edificios mal diseñados se derrumban durante un terremoto y los coches defectuosos matan a quienes los conducen cuando se produce un accidente. El fracaso es el precio que hay que pagar cuando existen normas y criterios y, puesto que la mediocridad tiene consecuencias reales y duras, tales normas y criterios resultan necesarios.

No somos iguales ni en habilidades ni en los resultados que conseguimos, y nunca lo seremos. Un número muy reducido de personas produce mucho de cualquier cosa. Los ganadores no se lo llevan todo, pero sí la mayor parte, con lo que el escalón más bajo no es el mejor lugar donde estar. Ahí la gente no es feliz, suele enfermar y pasa sus días sin reconocimiento ni estima. Ahí malgasta sus vidas, ahí muere. Así pues, la voz interior que denigra a las personas va ensamblando una historia terrorífica. La vida es un juego de todo o nada y la inutilidad es la condición por defecto. ¿Hay algo aparte de la ceguera voluntaria que pueda proteger a las personas de ataques tan lacerantes? Es por este tipo de razones que toda una generación de psicólogos sociales recomendó las «ilusiones positivas» como el único camino efectivo a la salud mental.[2] ¿Cuál era su lema? Que las mentiras sean tu paraguas. A duras penas se puede concebir una filosofía más deprimente, miserable y pesimista: las cosas son tan horribles que solo el engaño puede salvarte.

Aquí tienes un enfoque alternativo, que además no requiere engaños. Si siempre te salen las peores cartas, a lo mejor es que alguien está haciendo trampas (quizá tú, sin saberlo). Si la voz interior cuestiona el valor de tus esfuerzos —o de tu vida o de la propia vida—, quizá tendrías que dejar de escucharla. Si la voz crítica interior realiza las mismas observaciones denigrantes sobre todo el mundo, tenga el éxito que tenga, ¿qué credibilidad tiene? Quizá lo que dice no es nada sabio, sino mera palabrería. «Siempre habrá alguien mejor que tú» es un tópico nihilista, como la frase «¿Quién notará la diferencia dentro de un millón de años?». La respuesta adecuada a semejante declaración no es: «Bueno, pues entonces nada tiene sentido». Es: «Cualquier cretino puede fijarse en un periodo de tiempo en el que nada importa». Convencerte de que todo es irrelevante no es una crítica profunda del Ser, sino un truco barato de la mente racional.

MUCHOS BUENOS JUEGOS

Los criterios para establecer qué es bueno y qué es malo no son ni un engaño ni algo innecesario. Si no hubieras decidido que lo que estás haciendo ahora es mejor que las alternativas, no lo estarías haciendo. La simple idea de una elección desprovista de valor es una contradicción en sus propios términos. Los juicios de valor constituyen un prerrequisito para la acción. Si algo se puede hacer, entonces se puede hacer mejor o peor. Hacer cualquier cosa es, pues, ponerse a jugar a algo que tiene un objetivo establecido y valioso, el cual se puede alcanzar con mayor o menor eficiencia y holgura. Cualquier juego comporta unas probabilidades de éxito y de fracaso, así que las diferencias de calidad son omnipresentes. Es más, si no hubiera algo mejor y algo peor, no valdría la pena hacer nada. Nada tendría sentido y, por eso mismo, nada tendría significado. ¿Por qué esforzarse si no va a suponer ninguna mejora? El propio significado exige la diferencia entre mejor y peor. Así pues, ¿cómo se puede silenciar la voz crítica de la conciencia? ¿Cómo se pueden encontrar las grietas en la lógica impecable de su mensaje?

Podemos empezar sopesando las palabras «éxito» y «fracaso», que son términos demasiado absolutos. Puedes ser alguien de éxito, algo bueno de forma global, singular y general, o todo lo contrario, un fracasado, algo malo de forma global, singular e irremediable. Se trata de palabras que sugieren la inexistencia de una alternativa y de un término medio. No obstante, en un mundo tan complejo como el nuestro, las generalizaciones de este tipo (o más bien, esta incapacidad a la hora de diferenciar) apuntan a un análisis ingenuo, falto de sofisticación y hasta cierto punto malintencionado. Existen grados y escalas de valor esenciales que los sistemas binarios de este tipo obvian por completo y no precisamente para bien.

Para empezar, no hay un único juego en el que triunfar o fracasar. Hay muchos juegos; es más, hay muchos buenos juegos, juegos que se corresponden con tus habilidades, que te hacen interactuar de forma productiva con otras personas y que mantienen e incluso aumentan su interés con el paso del tiempo. La abogacía es un buen juego y también lo son la plomería, la medicina, la carpintería o la educación infantil. El mundo ofrece muchas formas diferentes de Ser y, si no tienes éxito en una, puedes probar otra. Puedes elegir algo que se ajuste mejor a tu mezcla personal de fortalezas, debilidades y circunstancias. Es más, si no te sale bien lo de cambiar de juego, te puedes inventar otro.

Hace poco vi un concurso de televisión en el que aparecía un mimo que se tapaba la boca con cinta aislante y hacía algo ridículo con guantes para hornear. Se trataba de algo inesperado y original que le salía muy bien.

Al mismo tiempo, no resulta probable que solo participes en un único juego. Tienes una carrera, amigos, familiares, proyectos personales, actividades artísticas y prácticas deportivas. Quizá deberías juzgar tu éxito teniendo en cuenta todos los juegos en los que participas. Pongamos que eres muy bueno en algunos de ellos, regular en otros y pésimo en el resto. A lo mejor es así como tiene que ser. Puede que me contestes: «¡Tendría que ganar en todo!». Pero, si ganas en todo, lo más probable es que no estés haciendo nada nuevo o difícil. Puede que estés ganando, pero no estás creciendo y quizá crecer es la forma más importante de ganar. ¿Acaso una victoria presente siempre tiene que pasar por encima de toda la trayectoria?

Por último, quizá descubras que los detalles de los diferentes juegos en los que participas son tan exclusivos de ti, tan individuales, que cualquier comparación con otra persona resultaría inapropiada. Quizá sobrevaloras lo que no tienes y desprecias lo que sí. La gratitud tiene cierta utilidad real, supone una buena forma de protección contra los peligros del victimismo y el resentimiento. A tu compañero de oficina se le da mucho mejor el trabajo, pero su mujer tiene un amante mientras que tu matrimonio es estable y feliz. ¿A quién le va mejor? El famoso al que admiras es un intolerante que conduce siempre borracho. ¿De verdad preferirías su vida a la tuya?

Cuando la crítica interior te fustiga con este tipo de comparaciones, las cosas funcionan de la siguiente forma. Primero, eliges arbitrariamente un único ámbito de comparación (por ejemplo, la fama o el poder), como si fuera el único que tuviera importancia. Después, te comparas de forma negativa con alguien verdaderamente destacado en ese ámbito. Puedes ir incluso un paso más allá y utilizar la diferencia insalvable entre tú y el objeto de comparación como una prueba de la injusticia fundamental que supone la vida. De esta forma, puedes socavar totalmente tu motivación para hacer cualquier cosa. Lo cierto es que no se puede acusar a quienes adoptan un enfoque de evaluación semejante de ponérselo nada fácil, pues ponérselo demasiado difícil supone un problema igual de grave.

Cuando somos muy jóvenes no poseemos ni individualidad ni conocimientos. No hemos tenido el tiempo ni el juicio necesarios para desarrollar nuestros propios criterios. Por consiguiente, tenemos que compararnos con los demás, porque hace falta contar con algún tipo de criterio. En su ausencia no hay hacia dónde ir ni nada qué hacer. Sin embargo, a medida que vamos creciendo, nos volvemos cada vez más individuales y únicos. Nuestras condiciones vitales son cada vez más personales y menos comparables con las de los demás. En términos simbólicos, quiere decir que tenemos que dejar la casa gobernada por nuestro padre y enfrentarnos al caos de nuestro Ser individual. Tenemos que ser conscientes de nuestra desorientación sin abandonar por completo a ese padre en el proceso. Entonces tenemos que volver a descubrir los valores de nuestra cultura, que nuestra ignorancia nos impedía ver y que aguardan escondidos en el baúl del pasado. Tenemos que hallarlos e integrarlos en nuestras vidas. Así es como se le otorga a la vida su significado pleno y necesario.

¿Quién eres? Crees que lo sabes, pero a lo mejor no es así. No eres, por ejemplo, ni tu propio dueño ni tu esclavo. No te resulta fácil decirte lo que tienes que hacer y luego obligarte a obedecerlo, de la misma forma que no es fácil hacer lo propio con tu marido, tu mujer, tu hijo o tu hija. Hay cosas que te interesan y otras que no. Puedes moldear esos intereses, aunque dentro de unos límites, de tal forma que habrá actividades que siempre te atraigan y otras que simplemente no lo consigan.

Posees una naturaleza. Puedes portarte con ella como un tirano, pero acabarás rebelándote. ¿Hasta qué punto puedes forzarte a trabajar y a conservar las ganas de hacerlo? ¿Cuánto puedes sacrificar por tu pareja antes de que la generosidad se convierta en resentimiento? ¿Qué es lo que te gusta de verdad? ¿Qué es lo que quieres por encima de todo lo demás? Antes de poder articular una serie de criterios de valor, tienes que mirarte a ti mismo como a un desconocido y, una vez ahí, empezar a conocerte. ¿Qué te parece valioso o placentero? ¿Cuánta diversión, cuánto disfrute, cuántas recompensas necesitas para sentirte algo más que una bestia de carga? ¿Cómo tienes que tratarte para no acabar sacudiéndote el yugo y echando abajo todo el corral? Podrías arrastrarte a ti mismo a lo largo de las obligaciones cotidianas y luego patear a tu perro para calmar tu frustración cuando vuelves a casa. O podrías ver cómo van desfilando los días llevándose todo su potencial. O podrías aprender a incentivarte para mantener algún tipo de actividad productiva. ¿Te preguntas qué es lo que quieres? ¿Negocias de forma justa contigo mismo? ¿O eres un tirano y te tienes a ti mismo como esclavo?

¿Cuándo te molestan tus padres, tu pareja o tus hijos y por qué? ¿Qué puedes hacer al respecto? ¿Qué es lo que necesitas y deseas de tus amigos y tus socios? No se trata simplemente de qué es lo que «deberías» querer, ni tampoco me refiero a lo que las otras personas necesitan de ti o de qué obligaciones tienes con ellos. Estoy hablando de identificar la naturaleza de la obligación moral que tienes contigo mismo. El «debería» puede estar incluido porque no dejas de formar parte de una cadena de obligaciones sociales. El «debería» es tu responsabilidad y tendrías que estar a su altura, pero esto no significa que tengas que adoptar el papel de perrito faldero, obediente e inofensivo. Eso es lo que un dictador espera de sus esclavos.

En lugar de esto, atrévete a ser peligroso. Atrévete a ser auténtico. Atrévete a manifestar y a expresar (o, por lo menos, a ser consciente de) lo que realmente justificaría tu vida. Si, por ejemplo, permites que tus oscuros deseos secretos se manifiesten a tu pareja —si es que estás dispuesto a considerarlos—, puede que descubras que al fin y al cabo no eran tan oscuros a la luz del día. Puede que, por el contrario, descubras que tan solo tenías miedo y por eso fingías cierta moralidad. Puede que te des cuenta de que conseguir lo que de verdad deseas te alejaría de tentaciones y descarríos. ¿Tan seguro estás de que a tu pareja no le haría ninguna gracia si una mayor parte de ti emergiera a la superficie? Por algo la *femme fatale* y el antihéroe son sexualmente atractivos.

¿Cómo se te tiene que hablar? ¿Qué necesitas que te dé la gente? ¿Qué tienes que soportar o qué finges que te gusta solo porque te crees en la obligación? Consulta a tu propio resentimiento. Es una emoción reveladora, por patológica que resulte. Forma parte de una tríada malvada: arrogancia, engaño y resentimiento. Nada causa tanto daño como esta trinidad del inframundo. Pero el resentimiento siempre significa una cosa de dos. O bien la persona resentida es inmadura, en cuyo caso debería callarse, dejar de lloriquear y cargar con lo que le toca, o bien es que sufre algún tipo de tiranía y entonces la persona subyugada tiene la obligación moral de levantar la voz. ¿Por qué? Porque la consecuencia de quedarse en silencio es peor. Desde luego, en el mismo momento resulta más fácil callarse y evitar el conflicto, pero a largo plazo es algo fatídico. Cuando tienes algo que decir, el silencio es una mentira y la tiranía se alimenta de mentiras. ¿Cuándo deberías resistir contra la opresión, a pesar de los peligros? Cuando empiezas a alimentar fantasías secretas de venganza, cuando se te está envenenando la vida y tu imaginación se llena con el deseo de aniquilar y destruir.

Hace décadas, tuve un paciente que sufría de un grave trastorno obsesivo-compulsivo. Tenía que acomodar cuidadosamente su pijama antes de poder acostarse cada noche. Luego, tenía que ablandar su almohada y, después, tenía que estirar bien las sábanas, una y otra y otra y otra vez. Le dije: «Quizá esa parte de usted, esa parte demencialmente persistente, quiere algo, por mucho que le cueste verbalizarlo. Vamos a dejar que se exprese. ¿De qué podría tratarse?». «Control», dijo él. Le dije: «Cierre los ojos y deje que le diga lo que quiere. Que el miedo no lo detenga. No tiene que representarlo solo porque lo esté pensando». Él dijo: «Quiere que agarre a mi padrastro por el cuello, que lo empuje contra la puerta y que lo sacuda como si fuera una rata». Quizá había llegado el momento de sacudir a alguien como una rata, pero lo cierto es que le propuse algo un poco menos primario. Pero solo Dios sabe qué batallas hay que librar de forma directa y decidida en el camino hacia la paz. ¿Qué haces para evitar el conflicto, por necesario que resulte? ¿Con qué tipo de cosas sueles mentir, dando por hecho que la verdad puede resultar intolerable? ¿Qué finges?

En la infancia se depende de los padres para prácticamente todo lo que se necesita. El niño —digamos un niño de éxito— puede alejarse de sus padres, al menos de forma temporal, y hacer amigos. Para ello renuncia a una parte de sí mismo, pero consigue mucho a cambio. Un adolescente con éxito es el que lleva ese proceso a su conclusión natural: deja a sus padres y se vuelve uno más. Tiene que integrarse en el grupo para así trascender su dependencia infantil. Una vez integrado, el adulto de éxito tiene que aprender cómo ser diferente de todos los demás en las proporciones adecuadas.

Ten cuidado cuando te compares con los demás, puesto que una vez que eres un adulto, eres un ser singular. Tienes tus problemas particulares y específicos: financieros, íntimos, psicológicos y de otra índole. Todos ellos se encuentran enmarcados en el contexto más amplio de tu existencia. Tu carrera o tu trabajo funciona o no funciona de una forma personal, a través de una interacción única con el resto de los parámetros de tu vida. Eres tú quien decide cuánto tiempo dedicas a tal cosa y cuánto a la otra. Tú eres quien decide a qué renuncias y a qué aspiras.

DONDE APUNTAN TUS OJOS, Y LA NECESIDAD DE ESTUDIAR LA SITUACIÓN

Nuestros ojos siempre enfocan las cosas a las que nos interesa acercarnos, lo que queremos investigar, buscar o poseer. Tenemos que ver, pero para ver debemos fijar un objetivo, de tal forma que siempre fijamos un objetivo u otro. Nuestras mentes están construidas sobre la plataforma cazadora-recolectora que es nuestro cuerpo. Cazar no es otra cosa que establecer un objetivo, acecharlo y lanzarse a él. Recolectar significa delimitar y agarrar. Lanzamos piedras, lanzas y bumeranes. Metemos pelotas a través de aros, lanzamos discos dentro de una red y hacemos que bloques de granito tallados se vayan deslizando sobre el hielo hasta alcanzar un objetivo marcado en el suelo. Disparamos proyectiles a blancos determinados con arcos, pistolas, rifles y cohetes. Proferimos insultos, emprendemos proyectos y proponemos ideas. Tenemos éxito cuando marcamos un tanto o damos en la diana. Fracasamos, o pecamos, cuando no lo conseguimos (puesto que la palabra «pecado» se relaciona etimológicamente con la idea de no alcanzar el objetivo).[3] No podemos navegar sin un objetivo al que dirigirnos y, mientras estemos en este mundo, tenemos que seguir navegando.[4]

Siempre, simultáneamente, «estamos en» un punto a (que deja cosas que desear) y «avanzando hacia» un punto b (que nos parece mejor, de acuerdo con nuestros valores explícitos e implícitos). El mundo siempre nos parece que se encuentra en un estado insuficiente y procuramos corregirlo. Podemos imaginar nuevas formas de enmendarlo y mejorarlo, incluso cuando tenemos todo lo que creíamos necesitar. Incluso cuando nos encontramos satisfechos por un periodo determinado, la curiosidad no desaparece. Vivimos dentro de un contexto que define el presente como eternamente incompleto y el futuro como eternamente mejor. Si no contempláramos las cosas de esta forma, no actuaríamos de forma alguna. Ni siquiera seríamos capaces de ver, porque para ello hace falta enfocar y, para enfocar, hay que seleccionar un elemento de entre todos los demás.

Pero el hecho es que podemos ver. Vemos incluso cosas que no están de verdad ahí. También podemos imaginar nuevos modos de mejorar las cosas. Podemos enunciar mundos nuevos e hipotéticos para enfrentarnos a la aparición de problemas de los que ni siquiera éramos conscientes. Esto supone ventajas evidentes: podemos cambiar el mundo de tal forma que el intolerable estado del presente pueda rectificarse en el futuro. Por su parte, la desventaja de toda esta clarividencia y creatividad es un malestar crónico. Puesto que siempre comparamos lo que es con lo que podría ser, siempre tenemos como objetivo lo que podría ser. Pero a veces ese objetivo queda demasiado alto, o demasiado bajo o es demasiado caótico. Así pues, acabamos fracasando y vivimos decepcionados, incluso cuando a los demás les da la impresión de que nos va bien. ¿Cómo podemos aprovechar nuestra capacidad imaginativa, nuestra habilidad para mejorar el futuro sin estar permanentemente menospreciando nuestras vidas presentes, que se quedan tan cortas y nos resultan de tan poco valor?

El primer paso, quizá, es estudiar bien la situación. ¿Quién eres? Cuando compras una casa y te dispones a habitarla, puedes contratar a un perito para que revise todos sus defectos: de la casa tal como está ahora, no de cómo te gustaría que estuviera. Incluso le pagarás para que te dé malas noticias. Y es que tienes que saberlo, tienes que descubrir cuáles son los defectos que oculta la casa. Tienes que saber si se trata de imperfecciones meramente cosméticas o de problemas de estructura. Lo tienes que saber porque no es posible arreglar algo antes de saber que está roto. Pues tú estás roto y necesitas un perito. La crítica interior podría desempeñar ese papel, siempre y cuando consigas ponerla en movimiento, siempre y cuando los dos consigan cooperar. Ella podría ayudarte a estudiar la situación, pero entonces tendrás que recorrer con ella la casa de tu psicología y escuchar atentamente lo que tenga que decir. Quizá eres el sueño de todo artesano: una de esas casas que, a pesar de estar en mal estado, prometen una mejora espectacular si se invierte un poco en arreglarlas. ¿Cómo puedes ponerte a reformar antes de sentirte desmoralizado, casi desolado por el explícito y doloroso informe acerca de todas tus incompetencias que te brinda tu crítica interior?

Aquí tienes una pista. El futuro es como el pasado, pero con una diferencia fundamental: el pasado es fijo mientras que el futuro…, el futuro podría ser mejor. Podría serlo en una proporción determinada, una proporción que quizá consigas alcanzar un día con un esfuerzo mínimo. El presente siempre tiene fallas, pero puede que no sea tan importante dónde empiezas como la dirección a la que te diriges. Quizá la felicidad se encuentra en el viaje de subida y no en el efímero sentimiento de satisfacción que aguarda en la próxima cumbre. Una gran parte de la felicidad está compuesta de esperanza, por muy profundo que fuera el submundo en el que dicha esperanza se fraguó.

Cuando se le convoca de forma apropiada, la crítica interior señalará algo que hay que poner en orden, algo que podrías poner en orden o algo que querrías poner en orden de forma voluntaria, sin resentimiento e incluso con placer. Pregúntate si en tu vida o en tu situación actual hay algún desbarajuste que puedas y quieras arreglar. ¿Podrías y querrías reparar algo que tímidamente está dando señales de estar estropeado? ¿Y podrías hacerlo ahora? Imagínate que eres una persona con la que tienes que sentarte a negociar e imagínate que eres un vago, un quisquilloso, un resentido difícil de soportar. Con una actitud semejante, poner manos a la obra no va a ser nada fácil, así que vas a tener que desplegar cierto encanto, cierta coquetería. Podría decirte, sin la menor ironía o sarcasmo: «Disculpa, estoy intentando aliviar una parte del sufrimiento innecesario que hay por aquí y me vendría bien algo de ayuda». No te rías. «Me preguntaba si estarías dispuesto a hacer algo. Quedaría muy agradecido». Pídelo de forma honesta y humilde. No es cosa fácil.

En función de tu estado mental, puede que tengas que seguir negociando. A lo mejor no confías en ti mismo: piensas que te pedirás algo y que, en cuanto lo hayas conseguido, te pedirás inmediatamente otra cosa. Y entonces te harás el dolido vengativo y echarás pestes de lo que ya has ofrecido. ¿Quién quiere trabajar para un tirano así? Tú no, desde luego. Es por eso que no haces lo que te ordenas hacer. Eres un mal empleado y un jefe todavía peor. Quizá tengas que decirte: «De acuerdo, no nos hemos llevado demasiado bien hasta ahora y lo siento, pero estoy intentando mejorar. Seguro que seguiré cometiendo errores, pero haré lo posible por escucharte si tienes objeciones e intentaré aprender. Me he dado cuenta hoy mismo, justo ahora, de que no te ha entusiasmado la petición de ayuda que te dirigí antes. ¿Hay algo que pueda proponerte a cambio de tu cooperación? Quizá, si lavas los platos, podamos salir a tomar algo. Te gusta el café, ¿qué tal un café? ¿Uno doble? ¿O quieres otra cosa?». Y entonces podrías escuchar. Puede que escuches una voz dentro de ti (quizá la voz de un niño perdido hace tiempo). Y quizá responda: «¿En serio? ¿De verdad vas a hacer algo que me guste? ¿Seguro que lo vas a hacer? ¿No es una trampa?».

Y es aquí donde hay que ir con cuidado.

Esa vocecilla es la voz de alguien que ha bebido agua caliente y se ha quemado, así que podrías decirle con mucha delicadeza: «En serio. Quizá no me salga muy bien y tal vez no sea la mejor de las compañías, pero voy a hacer algo que te guste. Te lo prometo». Se puede llegar muy lejos con un poco de amabilidad, y una recompensa apropiada puede funcionar como una tremenda fuente de motivación. Y es entonces cuando puedes darle la mano a esa pequeña parte de ti mismo y ponerte a lavar los platos de una maldita vez. Y más te vale no ponerte después a limpiar el baño y olvidar el café, la película o la cerveza porque, de lo contrario, la próxima vez será todavía más difícil rescatar esas partes olvidadas de ti mismo de los recovecos del inframundo.

Y puede que luego te preguntes: «¿Qué le puedo decir a alguien —mi amigo, mi hermano, mi jefe, mi ayudante— para que mañana las cosas entre los dos estén un poco mejor? ¿Qué pequeña parcela de caos puedo erradicar en casa, en el escritorio, en la cocina, esta misma noche, de tal forma que mañana todo parezca dispuesto para una obra mejor? ¿Qué serpientes puedo sacar del clóset, y de la cabeza?». Cada uno de tus días —hoy, mañana, cualquier otro— se compone de quinientas pequeñas decisiones, de quinientas pequeñas acciones. ¿Podrías proponerte mejorar en una o dos? Es decir, mejorar, en tu propia opinión y según tus propios criterios. ¿Podrías comparar tu mañana personal específico con tu ayer personal específico? ¿Podrías utilizar tu propio juicio para preguntarte cómo puede ser ese mañana mejor?

Ponte un objetivo modesto. No hay que empezar cargando mucho peso, sobre todo si nos ponemos a pensar en lo limitado de tus habilidades, tu tendencia al engaño, todo el resentimiento que llevas encima y tu facilidad para evadir. Así pues, te planteas el siguiente objetivo: para el final del día, quiero que en mi vida las cosas estén un poco mejor de lo que estaban esta mañana. Y entonces te puedes preguntar: «¿Qué podría y querría hacer para conseguirlo y qué pequeña recompensa me gustaría a cambio?». Y entonces haces lo que hayas decidido, incluso si te sale mal. Y luego te concedes el dichoso café para celebrarlo. Quizá todo te parezca una tontería, pero lo haces igual. Y lo vuelves a hacer mañana, al día siguiente y el de después, y poco a poco el listón a partir del cual comparas irá subiendo, y eso es magia. Eso se llama «interés compuesto». Hazlo durante tres años y tu vida será totalmente diferente. Ahora ya aspiras a algo más elevado. Aspiras a ser una estrella. Ahora la viga está desvaneciéndose de tu ojo, ahora estás aprendiendo a ver. Y lo que te propones determina lo que ves. Es algo que vale la pena repetir: lo que te propones determina lo que ves.

LO QUE QUIERES Y LO QUE VES

La dependencia de la vista respecto a los propósitos (y, en consecuencia, los valores, puesto que te propones lo que valoras) la demostró de forma memorable el psicólogo cognitivo Daniel Simons en 1999.[5] Simons estaba investigando algo denominado «ceguera por falta de atención». En sus experimentos, sentaba a personas delante de una pantalla y les mostraba, por ejemplo, un campo de trigo. Entonces, sin decir nada, hacía que la imagen se fuera transformando poco a poco mientras la persona seguía mirándola y, progresivamente, iba apareciendo una carretera que atravesaba el trigal. No era un pequeño sendero que pudiera quedar oculto, era una gran pista que llegaba a ocupar una tercera parte de la imagen. Lo notable es que frecuentemente las personas que estaban mirando la imagen no advertían el cambio.

El experimento que hizo famoso al doctor Simons tenía una dinámica similar, pero alcanzaba una dimensión más dramática, casi increíble. Primero, grabó un video en el que aparecían dos equipos de tres personas cada uno.[6] Los miembros de uno de ellos iban vestidos con camisetas blancas, y los del segundo, con negras. Hay que dejar claro que los dos grupos se encontraban bastante cerca y que no había dificultad alguna para verlos. Las seis personas ocupaban la mayor parte del espacio que comprendía la pantalla y la cercanía permitía incluso verles las facciones. Cada grupo tenía una pelota y sus miembros la iban botando o se la lanzaban entre ellos a medida que se iban desplazando por un espacio reducido que quedaba delante de unos ascensores. Una vez que Dan hubo terminado el video, lo proyectó a los participantes de su experimento. Pidió a cada uno de ellos que contara el número de veces que los de las camisetas blancas se pasaban la pelota. Unos minutos después, se les pedía que indicaran la cifra exacta. La mayoría contestaba: «15», que era la respuesta correcta. Muchos se sentían satisfechos por haber acertado. ¡Habían superado el test! Pero entonces el doctor Simons les preguntaba: «¿Han visto el gorila?».

¿Estaba de broma? ¿Qué gorila?

«Pues entonces —decía— miren el video de nuevo, pero esta vez no cuenten». Y efectivamente, al cabo de un minuto de proyección, un hombre disfrazado de gorila aparecía tan campante en mitad del juego de pelota, se paraba y entonces empezaba a golpearse el pecho tal y como se presenta siempre haciendo a los gorilas. En medio de la pantalla, enorme, dolorosa e irrefutablemente evidente. Pero lo cierto es que la mitad de los participantes en la investigación no lo habían visto durante la primera proyección. Y lo siguiente es todavía peor. En su siguiente estudio, el doctor Simons mostraba un video de una persona pidiendo algo en una barra. El camarero se agachaba tras la barra para alcanzar algo y volvía a aparecer. ¿Y bien? La mayor parte de los participantes no encontraban nada raro, pero lo cierto es que quien surgía de debajo de la barra era una persona diferente. «No puede ser —seguro que piensas—, yo me habría dado cuenta». Pero sí, sí, era así. De hecho es bastante probable que tú tampoco hubieras advertido el cambio, incluso aunque el sexo y la raza de la persona también hubieran cambiado. Tus ojos también están ciegos.

Esto se debe, en parte, a que la vista resulta muy costosa desde un punto de vista psicofisiológico y neurológico. La fóvea, la zona de alta resolución, tan solo ocupa una parte muy pequeña de tu retina. Es la parte central de nuestros ojos la que proporciona imágenes de gran nitidez que sirven, por ejemplo, para identificar caras. Cada una de las escasas células de la fóvea necesita diez mil células del córtex visual tan solo para gestionar la etapa inicial del procesamiento de la información visual, que consta de múltiples fases.[7] Y cada una de esas diez mil células requiere otras diez mil más para pasar a la segunda fase. Si toda tu retina estuviera compuesta por fóvea, te haría falta el cráneo de un alienígena de película para que cupiera tu cerebro. Así pues, cada vez que vemos, hacemos una selección. La mayor parte de nuestra visión es periférica y de baja resolución, con lo que reservamos la fóvea para las cosas verdaderamente importantes. Tan solo empleamos nuestras capacidades de alta resolución para las pocas cosas específicas en las que nos queremos concentrar, y dejamos lo demás —que es prácticamente todo— en una neblina, en el fondo, inadvertido.

Si algo a lo que no prestabas atención se entromete de tal forma que interfiere directamente con aquello que tus ojos están enfocando, entonces lo verás, pero de lo contrario será como si no estuviera. La pelota en la que centraron su atención las personas que realizaban el experimento de Simons en ningún momento quedaba oculta ni el gorila ni por ninguno de los seis jugadores. Por eso, es decir, puesto que el gorila no interfería de forma alguna con la tarea concreta que se estaba ejecutando, resultaba imposible distinguirlo de todo lo demás que los participantes no veían cuando miraban a la pelota. Era totalmente natural ignorar al enorme simio, porque así es como te enfrentas a la abrumadora complejidad del mundo, ignorándola mientras te vas concentrando en aquello que te interesa. Ves aquello que te permite avanzar hacia los objetivos que te has establecido y detectas los obstáculos cuando surgen en medio del camino. Para todo lo demás estás ciego y, puesto que muchas cosas componen ese «todo lo demás», en realidad estás muy ciego. Y así tiene que ser porque el mundo es mucho mayor que tú, con lo que tienes que administrar tus limitados recursos con mucho cuidado. Ver es algo muy difícil, así que tienes que elegir qué ver y obviar lo demás.

Hay una idea de gran profundidad en los antiguos textos védicos (las más remotas escrituras del hinduismo, que conforman una parte de los cimientos de la cultura india): el mundo, tal y como se percibe, es *maya*, apariencia e ilusión. Esto significa, en parte, que la gente está cegada por sus deseos y es absolutamente incapaz de ver las cosas tal y como son, algo que resulta cierto y que trasciende el sentido metafórico. Tus ojos son herramientas y están ahí para ayudarte a conseguir lo que quieres, pero el precio que pagas por este servicio, por este propósito específico y concentrado, es la ceguera respecto a todo lo demás. Es algo que no resulta particularmente importante cuando todo va bien y obtenemos lo que queremos (aunque sí puede suponer un problema incluso en ese caso, puesto que conseguir lo que queremos en este momento puede hacer que nos olvidemos de propósitos más elevados). Pero ese mundo ignorado presenta un problema verdaderamente terrible cuando atravesamos una crisis y absolutamente todo nos sale del revés. En esos casos, puede que tengamos que gestionar demasiados frentes. Afortunadamente, sin embargo, este problema lleva parejas las semillas de su propia solución. Puesto que has ignorado tantas cosas, hay un montón de posibilidades diseminadas allí donde no has mirado.

Imagínate que no eres feliz. No consigues lo que te hace falta, lo que paradójicamente quizá sea una consecuencia de lo que quieres. Estás ciego por las cosas que deseas. Tal vez lo que verdaderamente necesitas se encuentra justo delante de ti, pero el objetivo al que aspiras ahora mismo te impide verlo. Y eso nos lleva a otro punto: el precio que hay que pagar antes de que tú o cualquier otra persona consiga lo que ansía (o mejor todavía, lo que necesita). Piénsalo así. Miras al mundo de tu forma particular e idiosincrática. Para ello, utilizas una serie de herramientas que te permiten acotar unos pocos elementos y dejar fuera el resto. Se trata de unas herramientas que has estado construyendo durante mucho tiempo y a las que te has acostumbrado. No son meros conceptos abstractos, sino que están verdaderamente incorporados en ti y te orientan en el mundo. Son tus valores más profundos, a menudo implícitos e inconscientes, que forman parte de tu estructura biológica. Están vivos y no tienen la menor intención de desaparecer, transformarse o morir. No obstante, en ocasiones llega su hora y tienen que surgir cosas nuevas. Por este motivo (pero no exclusivamente) hay que ir soltando cosas a medida que continuamos nuestro viaje ascendente. Si las cosas no van bien, quizá sea, como dice el más cínico de los aforismos, porque la vida es una mierda, así que ya te puedes morir. Sin embargo, antes de que la crisis en la que te encuentras te conduzca a esta conclusión tan espantosa, estaría bien que reflexionaras sobre lo siguiente: la vida no tiene el problema, lo tienes tú. Darte cuenta de eso al menos te deja varias opciones. Si la vida no va bien, quizá es tu conocimiento lo que resulta insuficiente y no la vida como tal. Quizá tu estructura de valores necesita una remodelación importante. Quizá lo que quieres te ciega y no te deja ver otras posibilidades. Quizá te estás aferrando a tus deseos en el presente de una forma tan obstinada que no puedes ver nada más, ni siquiera lo que te hace falta de verdad.

Imagínate que piensas de forma envidiosa: «Tendría que tener el trabajo de mi jefe». Si tu jefe se obstina en quedarse en su puesto, y además de forma competente, darle vueltas al tema te llevará a un estado de irritación, infelicidad y asco. Puede que tú mismo te des cuenta de esto. Piensas: «No soy feliz. Sin embargo, me podría curar esta infelicidad si tan solo pudiera alcanzar lo que pretendo». Pero quizá luego, si sigues pensando, te digas: «Espera, quizá, si no soy feliz, no es porque no tenga el trabajo de mi jefe, sino porque no puedo dejar de desear ese trabajo». Algo así no significa que te puedas convencer con toda sencillez de dejar de desear ese puesto y transformarte como por arte de magia. No conseguirás, porque no puedes, cambiarte tan fácilmente. Tienes que llegar más adentro, tienes que cambiar aquello que ansías más profundamente.

Así que puedes pensar: «No sé qué hacer con este maldito sufrimiento. No puedo abandonar mis ambiciones así como así, me quedaría sin ningún lugar a donde ir, pero tampoco me está funcionando lo de desear un trabajo que no puedo conseguir». Y ahí puede que decidas abordarlo de otra forma. Puede que te preguntes cómo se podría alumbrar un nuevo plan, uno que sirviera para satisfacer tus deseos y gratificar tus ambiciones en un sentido verdadero, pero que al mismo tiempo eliminara de tu vida la amargura y el resentimiento que arrastras ahora mismo. Puede que pienses: «Idearé un nuevo plan, intentaré desear aquello que mejore mi vida, sea lo que sea, y voy a empezar ahora mismo. Si eso implica dejar de andar detrás del puesto de mi jefe, lo aceptaré y seguiré adelante».

Y a partir de ahora te encuentras en una trayectoria totalmente diferente. Antes lo correcto, lo deseable, lo que reclamaba todo esfuerzo era algo reducido y concreto, pero te quedaste allí atascado, atrapado e infeliz. Así que sueltas ese lastre, realizas el sacrificio necesario y de esta forma abres todo un nuevo mundo de posibilidades que tu anterior ambición te ocultaba. Y es mucho lo que aparece. ¿Cómo sería tu vida si fuera mejor? ¿Y cómo sería la Vida, en mayúsculas? ¿Qué significa «mejor», para empezar? No lo sabes y no importa que no lo sepas exactamente o ahora mismo, porque poco a poco irás viendo lo que es «mejor», puesto que ahora ya has decidido que eso es lo que quieres. Empezarás a advertir todo lo que te ocultaban tus presuposiciones y tus prejuicios, tus antiguos mecanismos de visión. Empezarás a aprender.

En cualquier caso, todo esto funcionará tan solo si de verdad quieres que tu vida mejore. No puedes engañar a tus estructuras de percepción implícitas, ni lo más mínimo. Apuntan allí donde las diriges. Para reformarlas, para estudiar la situación, para proponerte algo mejor, es necesario replanteárselo todo de arriba abajo. Tienes que peinar toda tu psique y dejarla reluciente. Y tienes que ir con cuidado, porque mejorar tu vida implica asumir mucha responsabilidad, lo que requiere más esfuerzo y cuidado que estar sumido estúpidamente en el dolor y mantenerse en la arrogancia, el engaño y el resentimiento.

¿Y si lo que pasa es que el mundo revela todo lo bueno que tiene justo en la misma proporción en la que tú deseas lo mejor? ¿Y si sucede que cuanto más elevada sea, cuanto más se expanda y se sofistique tu concepción de lo mejor, más posibilidades y beneficios podrás percibir? Esto no significa que baste con desear algo para conseguirlo, ni que todo sea mera interpretación, ni que no exista la realidad. El mundo sigue ahí, con sus estructuras y sus límites. A medida que te vas moviendo con él, coopera contigo o se te opone. Pero de todas formas puedes bailar con él si lo que quieres es bailar, e incluso puedes marcar tú el compás si tienes suficiente habilidad y gracia. No se trata de teología ni misticismo, sino de conocimiento empírico. No hay nada mágico aquí, o nada más que la ya conocida magia de la consciencia. Tan solo vemos aquello que enfocamos con la mirada, el resto (la mayor parte) queda oculto. Si empezamos a apuntar a algo distinto —algo como «Quiero que mi vida sea mejor»—, nuestras mentes empezarán a proporcionarnos nueva información que procede de toda esa parte del mundo que hasta ahora nos quedaba oculta. Entonces podemos emplear esa información, movernos, actuar, observar y mejorar. Y una vez que hayamos mejorado, podremos proponernos algo nuevo, algo superior, algo como «Quiero algo mejor que simplemente hacer que mi vida sea mejor». Y es ahí cuando entramos en una realidad más elevada y completa.

Una vez que llegamos a ese lugar, ¿en qué nos vamos a concentrar? ¿Qué veremos?

Entiéndelo así. Empieza considerando que desde luego deseamos cosas, que incluso las necesitamos. Es la propia naturaleza humana. Todos compartimos la experiencia del hambre, la soledad, la sed, el deseo sexual, la agresión, el miedo y el dolor. Todos estos son elementos del Ser, elementos primordiales y axiomáticos del Ser, pero tenemos que organizar estos deseos porque el mundo es un lugar complejo y obstinadamente real. No podemos conseguir el objeto concreto que queremos más que nada y ahora mismo, junto con todo aquello que queremos normalmente, porque nuestros deseos pueden entrar en conflicto con otros deseos, así como con otras personas y con el mundo. Así pues, tenemos que ser conscientes de nuestros deseos y articularlos, priorizarlos y organizarlos en jerarquías. De esta forma los sofisticamos y conseguimos que interactúen entre ellos, así como con los deseos de otras personas y con el mundo. Es así como nuestros deseos se elevan. Es así como se organizan como valores y se vuelven morales. Nuestros valores, nuestra moral constituyen indicadores de nuestra sofisticación.

El estudio filosófico de la moral, de lo que es correcto e incorrecto, es la ética. Este estudio puede sofisticarnos a la hora de elegir. Sin embargo, la religión es todavía más antigua y más profunda que la ética. La religión no se ocupa simplemente de lo correcto y lo incorrecto, sino del propio bien y del mal, a partir de los arquetipos de lo que es correcto e incorrecto. La religión se ocupa de lo que constituye el ámbito del valor, del valor máximo. No se trata de un ámbito científico, ni de un territorio que se preste a la descripción empírica. Quienes escribieron la Biblia, por ejemplo, no eran científicos y no habrían podido serlo incluso si así lo hubieran deseado, puesto que las perspectivas, los métodos y las prácticas de la ciencia no se habían formulado todavía.

La religión, por el contrario, se ocupa del comportamiento apropiado, de lo que Platón denominaba «el Bien». Un verdadero acólito religioso no intenta formular ideas exactas sobre la naturaleza objetiva del mundo —aunque quizá lo haga también—, sino que, al contrario, hace lo posible por ser «una buena persona». Puede que para él «bueno» no sea otra cosa que «obediente», incluso obediente a ciegas. De aquí proviene la crítica del liberalismo clásico ilustrado de Occidente a la creencia religiosa: la obediencia no es suficiente. Sin embargo, ya es un comienzo (y lo hemos olvidado), puesto que no puedes proponerte conseguir ningún objetivo si estás totalmente privado de disciplina e instrucción. No sabrás hacia dónde dirigirte y no conseguirás enderezar el vuelo, ni siquiera aunque de algún modo hayas conseguido identificar el objetivo adecuado. Entonces llegarás a la conclusión de que no hay ningún objetivo al que aspirar, y estarás perdido.

Es por ello que a las religiones les resulta necesario y deseable contar con un elemento dogmático. ¿De qué sirve un sistema de valores si no proporciona una estructura estable? ¿De qué sirve un sistema de valores que no traza un camino hacia un orden más elevado? ¿Y cómo puedes llegar a algún lado si no puedes o no consigues asumir esa estructura o aceptar ese orden, no tanto como destino necesariamente final, pero al menos sí como punto de partida? Sin ese paso, no eres más que un adulto de dos años, sin el encanto ni el potencial de un bebé. No quiero decir con esto (lo repito) que baste con ser obediente. Pero alguien que es capaz de ser obediente —o, mejor dicho, una persona debidamente disciplinada— ya es por lo menos una herramienta bien forjada. Por lo menos eso, que no es nada. Desde luego, tiene que haber una cierta visión más allá de la disciplina, más allá del dogma. Una herramienta requiere una función y es por ese motivo que Cristo dice en el Evangelio de Tomás: «[...] el reino del Padre está extendido sobre la tierra y los hombres no lo ven».[8]

¿Esto quiere decir que lo que vemos depende de nuestras creencias religiosas? ¡Sí! Y también lo que no vemos. Puede que objetes: «Pero yo soy ateo». Pues no, no lo eres; y si quieres comprenderlo, podrías leer *Crimen y castigo* de Dostoievski, quizá la mejor novela jamás escrita, en la que el protagonista, Raskólnikov, decide tomarse verdaderamente en serio su ateísmo, comete lo que ha racionalizado como un asesinato caritativo y acaba pagando el precio. No eres ateo en lo que haces, y son tus acciones las que reflejan de forma más exacta tus creencias, esas que están implícitas y que forman parte íntegra de tu ser, por debajo de tus aprensiones conscientes, tus actitudes articuladas y tu conocimiento superficial de ti mismo. Solo puedes descubrir lo que crees de verdad (y no lo que piensas que crees) observando tus acciones; hasta entonces, sencillamente no lo sabrás. Eres demasiado complejo para poder entenderte a ti mismo.

Hace falta atenta observación, práctica, reflexión y comunicación con los demás tan solo para poder arañar la superficie de tus creencias. Todo aquello que valoras constituye el resultado de procesos de desarrollo inconcebiblemente largos, tanto a nivel personal y cultural como biológico. No entiendes hasta qué punto lo que quieres —y, en consecuencia, lo que ves— está condicionado por el inmenso, profundo y doloroso pasado. No entiendes en absoluto cómo cada uno de los circuitos neuronales a través de los cuales contemplas el mundo ha sido formado (con sufrimiento) por las pretensiones éticas de millones de años de ancestros humanos; y, antes que ellos, por toda la vida que ha existido anteriormente durante miles de millones de años.

No entiendes nada.

Ni siquiera sabías que estabas ciego.

Parte de lo que sabemos acerca de nuestras creencias se ha podido documentar. Durante decenas y quizá centenares de miles de años, nos hemos mirado actuar, reflexionar sobre lo que veíamos y contar historias destiladas de esa misma reflexión. Todo forma parte de nuestros intentos, individuales y colectivos, por descubrir y articular aquello en lo que creemos. Una parte del conocimiento que se genera así es lo que encierran las enseñanzas fundamentales de nuestras culturas, en escritos antiguos como el *Tao Te Ching*, los textos védicos antes mencionados o las historias de la Biblia. Para bien o para mal, la Biblia constituye el documento fundacional de la civilización occidental, esto es, de los valores occidentales, de la moral occidental y de la concepción occidental del bien y del mal. Es el producto de procesos que escapan completamente a nuestra comprensión. La Biblia es toda una biblioteca compuesta de muchos libros, cada uno de los cuales fue escrito y editado por muchas personas. Es todo un documento fundacional, una historia que durante miles de años escribió todo el mundo y nadie, seleccionada, secuenciada y, a pesar de todo, coherente. La Biblia emergió de lo más profundo de la imaginación colectiva humana, que a su vez constituye el producto de fuerzas inimaginables que operan a lo largo de inmensos periodos. Un estudio detallado y concienzudo del texto puede aportar revelaciones acerca de lo que creemos, cómo nos comportamos y cómo deberíamos actuar, imposibles de encontrar de prácticamente ninguna otra forma.

EL DIOS DEL ANTIGUO TESTAMENTO
Y EL DEL NUEVO TESTAMENTO

El Dios del Antiguo Testamento puede resultar cruel, duro, impredecible y peligroso, sobre todo en una lectura superficial. Se trata de una cuestión que ha sido exagerada por los exégetas cristianos, con la intención de magnificar la distinción entre las dos versiones de la Biblia. Pero se ha pagado un precio por semejante trama (en ambos sentidos de la palabra): cuando se enfrenta a Jehová, la gente actual tiende a pensar: «Nunca creería en un Dios así». Pero lo cierto es que al Dios del Antiguo Testamento no le importa demasiado lo que pueda pensar la gente de hoy en día. De hecho, ni siquiera solía importarle lo que pensara la gente del propio Antiguo Testamento, aunque se podía negociar con él hasta extremos sorprendentes, tal y como aparece en las historias de Abraham. En cualquier caso, cada vez que Su pueblo se desviaba del camino que le marcaba —cuando desobedecían Sus órdenes, violaban Sus normas y trasgredían Sus mandamientos— había problemas. Si no hacías aquello que el Dios del Antiguo Testamento te pedía, fuera lo que fuese y por mucho que intentaras huir de él, tú y tu descendencia, así como la descendencia de tu descendencia, se habían metido en un problema.

Fueron los realistas los que crearon o los que quisieron ver al Dios del Antiguo Testamento. Cuando los miembros de aquellas antiguas sociedades avanzaban despreocupados por el camino errado, acababan viviendo en la miseria y la esclavitud en ocasiones durante siglos, eso si no se los aniquilaba completamente.

¿Algo así era razonable? ¿Legítimo? ¿Justo? Los autores del Antiguo Testamento, que plantearon tales cuestiones con extrema precaución y en condiciones muy limitadas, tendieron a asumir que el Creador del Ser sabía lo que estaba haciendo, que Él poseía todo el poder y que Sus dictados debían observarse escrupulosamente. Demostraban así una gran sabiduría. Dios era una fuerza de la naturaleza. ¿Acaso tiene sentido cuestionar la legitimidad o la justicia de un león hambriento? ¿Qué clase de despropósito sería? El pueblo de Israel del Antiguo Testamento y sus ancestros sabían que no había que andarse con bromas con Dios y que, cuando se le contrariaba, la furibunda deidad era muy capaz de generar un verdadero infierno. Después de haber vivido un siglo definido por las atrocidades cometidas por Hitler, Stalin y Mao, nosotros podríamos llegar a la misma conclusión.

A menudo se presenta al Dios del Nuevo Testamento como un personaje distinto (si bien es cierto que el Apocalipsis, con el Juicio Final, disipa cualquier expectativa demasiado ingenua a este respecto). Aquí aparece más bien como un afable Geppetto, un maestro artesano y padre benévolo que tan solo quiere lo mejor para nosotros. Es todo amor y perdón, aunque sí, te mandará al infierno si te portas lo suficientemente mal. De todos modos es en esencia el Dios del Amor, algo que resulta más optimista, más ingenuamente cordial, pero, justo en la misma proporción, menos creíble. En un mundo como este, en este antro de perdición, ¿quién podría tragarse algo así? ¿Un Dios benévolo en el mundo de después de Auschwitz? Fue por eso mismo que el filósofo Nietzsche, quizá el crítico más astuto que jamás se haya enfrentado al cristianismo, consideró que el Dios del Nuevo Testamento suponía el peor delito literario de la historia de Occidente. En *Más allá del bien y del mal* escribió:[9]

En el «Antiguo Testamento» judío, que es el libro de la justicia divina, hombres, cosas y discursos poseen un estilo tan grandioso que las escrituras griegas e indias no tienen nada que poner a su lado. Con terror y respeto nos detenemos ante ese inmenso residuo de lo que el hombre fue en otro tiempo, y al hacerlo nos asaltarán tristes pensamientos sobre la vieja Asia y sobre Europa, su pequeña península avanzada [...]. El haber encuadernado este Nuevo Testamento, que es una especie de rococó del gusto en todos los sentidos, con el Antiguo Testamento, formando un solo libro llamado «la Biblia», el «Libro en sí»; quizá esa sea la máxima temeridad y el máximo «pecado contra el espíritu» que la Europa literaria tenga sobre su conciencia.

¿Quién sino los más ingenuos puede concebir que un Ser tan bondadoso y compasivo haya podido gobernar este mundo tan terrible? Pero algo que resulta totalmente inconcebible para alguien que no ve puede parecer absolutamente evidente para quien tiene los ojos abiertos.

Volvamos a la situación en la que tus objetivos están mediatizados por algo mezquino, como la envidia que sientes por el puesto de tu jefe. A causa de esa envidia, el mundo en el que vives se revela como un lugar de rencor, decepción y despecho. Imagina que acabas detectando tu infelicidad y te pones a reflexionar sobre ella y a reconsiderarla. Es más, decides aceptar la responsabilidad que te corresponde al respecto y llegas a la conclusión de que se trata de algo que, por lo menos parcialmente, se encuentra en tu margen de maniobra. Así habrás conseguido entreabrir un ojo, solo un momento, y mirar. Pides algo mejor, sacrificas tu insignificante mezquindad, te arrepientes de tu envidia y abres tu corazón. En vez de maldecir la oscuridad, dejas que entre un poco de luz. Decides aspirar a una vida mejor y no a un mejor despacho.

Pero no te detienes ahí. Te das cuenta de que es un error aspirar a una vida mejor si solo lo consigues empeorando la de otra persona. Es ahí donde te pones creativo y decides lanzarte a un juego más complicado. Decides que quieres una vida mejor que al mismo tiempo suponga una mejora para la vida de tu familia, o la de tu familia y la de tus amigos, o la de todos ellos y también los desconocidos que los rodean. ¿Y qué hay de tus enemigos? ¿Los quieres incluir también? La verdad es que no tienes ni la más remota idea de cómo gestionar algo así, pero algo sabes de historia y de cómo se forja una enemistad. Así pues, empiezas a desearles lo mejor incluso a tus enemigos, por lo menos en principio, por mucho que todavía no domines para nada ese tipo de sentimientos

Y así cambia la dirección de tu mirada, más allá de las limitaciones que, sin saberlo, te estaban constriñendo. Así aparecen en tu vida nuevas posibilidades y te pones a trabajar para hacerlas realidad. Así tu vida mejora de verdad. Y das un paso más y empiezas a pensar: «¿Mejor? Quizá esto signifique mejor para mí, mi familia y mis amigos, e incluso mis enemigos. Pero no es solo eso. También es un presente mejor, que hace mejor el mañana, la semana que viene, el próximo año, la siguiente década, los próximos cien y mil años. Para siempre».

Y entonces ese «mejor» apunta directamente a Mejorar el Ser, ambos con mayúsculas. Pero pensando todo esto, descubriendo todo esto, asumes un riesgo. Decides que vas a empezar a vértelas con el Dios del Antiguo Testamento, con todo Su poder, temible y a menudo en apariencia arbitrario, como si también pudiera ser el Dios del Nuevo Testamento, por mucho que sepas que esto resulta absurdo en muchos sentidos. En otras palabras, decides actuar como si la existencia pudiera justificarse por su bondad, siempre y cuando te comportes de forma correcta. Y es esa decisión, esa declaración de fe existencial, lo que te permite superar el nihilismo, el resentimiento y la arrogancia. Es esa declaración de fe lo que mantiene a raya el odio del Ser, con todos los males que conlleva. Y en lo que respecta a esa fe, no se trata en absoluto de la voluntad de creer en cosas que sabes perfectamente que son falsas. Eso sería ignorancia o ceguera voluntaria. Se trata, por el contrario, de darse cuenta de que las irracionalidades trágicas de la vida tienen que compensarse con un compromiso igualmente irracional con la bondad esencial del Ser. Es al mismo tiempo la voluntad de atreverse a apuntar con la mirada a lo inalcanzable y de sacrificar todo, incluida —y sobre todo— tu vida. Te das cuenta de que no tienes, literalmente, nada mejor que

hacer. Pero incluso asumiendo que seas lo suficientemente aloca-
do para intentarlo, ¿cómo realizar algo así?

Puedes empezar por dejar de pensar, o siendo más exactos y
menos cáusticos, por rechazar que tu fe quede subyugada a tu presente racionalidad y su estrechez de miras. Esto no significa que
tengas que convertirte en un estúpido, sino más bien lo contrario.
Lo que significa es que tienes que dejar de manipular, calcular,
confabular, maquinar, forzar, exigir, evitar, ignorar y castigar. Significa que tienes que dejar a un lado todas tus viejas estrategias y,
en su lugar, prestar atención como nunca antes lo has hecho.

PRESTA ATENCIÓN

Presta atención. Concéntrate en lo que te rodea, tanto a nivel
físico como psicológico. Busca algo que te molesta, que te preocupa, que no te deja estar, que podrías y querrías arreglar. Puedes encontrar este tipo de cosas haciéndote tres preguntas, como
si de verdad quisieras saber la respuesta: «¿Qué me molesta?»,
«¿Es algo que podría arreglar?» y «¿Estaría verdaderamente dispuesto a arreglarlo?». Si ves que la respuesta es negativa para una
o todas las preguntas, entonces tendrás que buscar en otra parte. Apunta más bajo. Busca hasta que encuentres algo que te
moleste, que podrías y querrías arreglar, y entonces arréglalo.
Con eso resuelves la tarea de hoy.

Quizá hay un montón de papeles en tu escritorio que has estado evitando. Ni siquiera los miras cuando entras en tu habitación. Ahí se esconden cosas terribles como recibos de Hacienda
o cuentas y cartas de gente que quiere que hagas cosas que no estás seguro de poder hacer. Fíjate en tu miedo y ten cierta compasión. Quizá hay serpientes en esa pila de papel y quizá te muer-
dan. Quizá hay incluso hidras al acecho y aunque les cortes una
cabeza, surgirán siete más. ¿Cómo podrías enfrentarte a algo así?

Podrías preguntarte: «¿Hay algo, cualquier cosa, que esté dispuesto a hacer respecto a esa pila de papeles? ¿Podría mirar quizá

solo una parte? ¿Veinte minutos?». Quizá la respuesta sea negativa, pero a lo mejor puedes mirarlo diez o cinco minutos, o al menos uno. Empieza por ahí. Enseguida te darás cuenta de que esa pila va perdiendo importancia, por el simple hecho de que la has mirado parcialmente. ¿Y si te recompensas con un vaso de vino a la hora de la cena, un rato de lectura en el sofá o ver alguna película ligera? ¿Y si enseñaras a tu mujer o marido a decirte «bien hecho» cuando arregles algo que estaba pendiente? ¿Algo así te motivaría? Puede que a las personas de quienes esperes un agradecimiento no les salga con facilidad en un primer momento, pero algo así no debería detenerte porque la gente aprende por muy poca habilidad que tenga al principio. Pregúntate con honestidad qué te haría falta para motivarte a acometer ese trabajo y escucha la respuesta. No te digas: «No debería hacerme falta algo así para motivarme». ¿Y tú qué sabes de ti mismo? Eres, por un lado, la cosa más compleja que hay en todo el universo y, por otro, alguien que ni siquiera es capaz de ajustar la hora en el microondas. No sobrestimes tu conocimiento de ti mismo.

Deja que las tareas cotidianas se vayan anunciando para que las consideres. Quizá puedas hacerlo por la mañana, cuando estés sentado en el borde de la cama. Quizá puedas intentarlo la noche antes, cuando vayas a acostarte. Pídete una contribución voluntaria. Si lo haces de forma amable, escuchas con atención y no intentas hacer trampas, puede que aceptes. Hazlo todos los días un rato, y a partir de entonces hazlo el resto de tu vida. Pronto te encontrarás en una situación diferente y frecuentemente te preguntarás: «¿Qué podría y querría hacer para que la vida fuera un poco mejor?». No te estás imponiendo lo que significa «mejor». No estás siendo totalitario, utópico ni siquiera contigo mismo, porque sabes por los nazis, los soviéticos, los maoístas y por tu propia experiencia que ser totalitario es algo malo. Apunta alto y fija la mirada en aquello que mejore el Ser. Alinéate en tu alma con la verdad y el bien supremo. Hay que establecer un orden habitable y hay que engendrar belleza. Hay que superar el mal, hay que sufrir para mejorar y hay que mejorarte a ti.

En mi opinión esto constituye la culminación del canon ético occidental. Es más, es lo que transmiten aquellos brillantes pasajes, eternamente confusos, de Cristo en el Sermón de la Montaña, la esencia en cierto sentido de la sabiduría del Nuevo Testamento. Es el intento por parte del espíritu de la humanidad de transformar la comprensión de la ética desde las iniciales y necesarias prohibiciones de los Diez Mandamientos a una visión positiva y plenamente articulada del verdadero individuo. No solo es la expresión de admirable control y dominio de sí mismo, sino también del deseo fundamental de arreglar el mundo. No es el final del pecado, sino su opuesto total, el mismo bien. El Sermón de la Montaña destaca la verdadera naturaleza del ser humano y el auténtico objetivo de la humanidad: concéntrate en el día de hoy de tal forma que puedas vivir en el presente y ocuparte de forma adecuada y completa de aquello que está justo delante de ti. Pero hazlo solo después de haber decidido que todo lo que hay dentro siga brillando, de tal forma que justifique el Ser e ilumine el mundo. Hazlo solo una vez que estés determinado a sacrificar todo lo que debas sacrificar para alcanzar el bien supremo.

> Por eso os digo: no estéis agobiados por vuestra vida pensando qué vais a comer, ni por vuestro cuerpo pensando con qué os vais a vestir. ¿No vale más la vida que el alimento, y el cuerpo que el vestido? Mirad los pájaros del cielo: no siembran ni siegan, ni almacenan y, sin embargo, vuestro Padre celestial los alimenta. ¿No valéis vosotros más que ellos? ¿Quién de vosotros, a fuerza de agobiarse, podrá añadir una hora al tiempo de su vida? ¿Por qué os agobiáis por el vestido? Fijaos cómo crecen los lirios del campo: ni trabajan ni hilan. Y os digo que ni Salomón, en todo su fasto, estaba vestido como uno de ellos. Pues si a la hierba, que hoy está en el campo y mañana se arroja al horno, Dios la viste así, ¿no hará mucho más por vosotros, gente de poca fe? No andéis agobiados pensando qué vais a comer, o qué vais a beber, o con qué os vais a vestir. Los paganos se afanan por esas cosas. Ya sabe vuestro Padre celestial que tenéis necesidad de todo eso. Buscad sobre todo el reino de Dios y

su justicia; y todo esto se os dará por añadidura. Por tanto, no os agobiéis por el mañana, porque el mañana traerá su propio agobio. A cada día le basta su desgracia. (Mateo 6:25-34)

Aquí es donde empieza a nacer la comprensión. Así, en vez de actuar como un tirano, estás prestando atención. Estás diciendo la verdad en vez de manipular la palabra. Estás negociando en vez de interpretar el papel de mártir o tirano. Ya no tienes que sentir envidia, porque ya no puedes saber si a otra persona le va mejor realmente. Ya no tienes que estar frustrado, porque has aprendido a ponerte objetivos modestos y ser paciente. Estás descubriendo quién eres, lo que quieres y lo que estás dispuesto a hacer. Estás dándote cuenta de que las soluciones a tus problemas particulares se han creado a tu medida, personal y precisamente. Ahora ya no te importa tanto lo que hagan los demás, porque tienes muchísimo trabajo por delante.

Ocúpate de lo de hoy, pero ten como objetivo el bien supremo.

Ahora tu trayectoria apunta hacia el cielo y eso te llena de esperanza. Incluso alguien que se encuentra en un barco que se está hundiendo puede sentir felicidad cuando sube a un bote salvavidas. Y quién sabe a dónde irá en el futuro. Puede que sea más importante viajar feliz que alcanzar con éxito la meta.

Pide y recibirás. Llama y se abrirá la puerta. Si pides queriéndolo y llamas con la intención de entrar, puede que se te ofrezca la oportunidad de mejorar tu vida —un poco, mucho o de forma total—, y de ese modo se habrá producido cierto progreso en el propio Ser.

No te compares con otro, compárate con quien eras antes.

NO PERMITAS QUE TUS HIJOS
HAGAN COSAS QUE DETESTES

PUES NO, NO ESTÁ BIEN

Hace poco vi a un niño de tres años que se iba arrastrando lentamente detrás de sus padres por un aeropuerto abarrotado. Gritaba con violencia a intervalos de cinco segundos y, lo más importante, lo hacía porque quería. No estaba verdaderamente desesperado, es algo que yo, como padre, podía identificar. Estaba molestando a sus padres y a cientos de personas alrededor tan solo para llamar la atención. Quizá necesitaba algo, pero no era esa la forma de obtenerlo y papá y mamá se lo tendrían que haber dejado claro. Puede que discrepes y que digas que quizá estaban agotados y con *jet-lag* después de un largo viaje. Pero treinta segundos de intervención convenientemente dirigida a resolver el problema habrían bastado para poner fin a un episodio tan incómodo. Unos progenitores más atentos no permitirían que alguien a quien de verdad quieren se convierta en objeto de desprecio de toda una multitud.

En otra ocasión vi cómo una pareja que no conseguía (o no quería) decirle «no» a su hijo de dos años se veía obligada a seguirlo allá donde iba, a cada momento de lo que en principio era una placentera visita social, porque el niño se portaba tan mal cuando no se le sometía a un control permanente que no se le podía conceder ni un solo segundo de verdadera libertad sin asumir riesgos. El deseo de los padres de no corregir a su hijo en cada uno de sus impulsos producía de forma perversa el efecto exactamente contrario: lo privaban de toda oportunidad de actuar de forma independiente. Puesto que no se atrevían a enseñarle lo que significa un «no», carecía de cualquier noción sobre los límites razonables que establecen la máxima autonomía de un niño. Era un ejemplo clásico de un gran caos que engendra un gran orden y su inevitable contrario. De igual forma, he visto a padres a los que se les hacía imposible mantener una conversación adulta durante una cena porque sus hijos, de cuatro y cinco años, dominaban todo el escenario social sacándoles el migajón a todas las rebanadas de pan y sometiendo a todos los presentes a su tiranía infantil mientras mamá y papá miraban avergonzados, despojados de la menor habilidad para intervenir.

Mi hija ya es adulta, pero, cuando era niña, en una ocasión un niño le pegó en la cabeza con un camión metálico de juguete. Un año más tarde, vi al mismo niño empujar con malicia a su hermana encima de una mesa de café de cristal. Su madre lo agarró enseguida (mientras la niña asustada se quedaba en el suelo) y le dijo susurrando que no hiciera esas cosas, mientras le daba cariñosas palmaditas de una forma que tan solo indicaba aprobación. Lo que estaba haciendo era crear un pequeño Dios-emperador del Universo, y ese es, en realidad, el objetivo no confesado de muchas madres, incluso algunas que se tienen por defensoras de la absoluta igualdad entre los sexos. Estas mujeres se oponen a gritos a cualquier orden que emita un hombre adulto, pero se apresurarán en cuestión de segundos a prepararle a su vástago un sándwich de crema de cacahuate si este se lo pide mientras juega, enfrascado y con aires de importancia, un videojuego. Las futuras parejas de estos niños tendrán todas las razones del mundo para odiar a sus suegras. ¿Respeto por las mujeres? Eso vale para otros chicos, otros hombres, no para sus queridos hijos.

Algo por el estilo es lo que debe de subyacer, al menos en parte, en la preferencia por los hijos varones que se aprecia particularmente en lugares como la India, Pakistán y China, donde se practica de forma intensiva el aborto selectivo por sexo. La entrada de Wikipedia sobre esta práctica atribuye su existencia a «normas culturales» que consideran a los niños preferibles a las niñas. (Cito Wikipedia porque se escribe y edita de forma colectiva, con lo que resulta el lugar perfecto para encontrar saberes comúnmente aceptados). Pero no hay prueba alguna de que este tipo de ideas sean estrictamente culturales. Existen razones psicobiológicas plausibles que explican la evolución de este tipo de actitudes y que no resultan gratas desde una perspectiva moderna e igualitaria. Si las circunstancias te obligan, digamos, a poner todos los huevos en una sola canasta, un hijo es una apuesta mejor —por estrictos motivos de lógica evolutiva— cuando lo único que cuenta es la proliferación de tus genes. ¿Por qué?

Bueno, una hija que se reproduzca con éxito te puede aportar ocho o nueve criaturas. Yitta Schwartz, una superviviente del Holocausto, fue toda una estrella en este aspecto: tuvo tres generaciones de descendientes directos que alcanzaron ese nivel máximo de procreación, de tal forma que, cuando murió en 2010, su prole la componían casi dos mil personas.[1] Pero si tienes un hijo que se reproduce con éxito, no hay límites que valgan, ya que procreando con numerosas parejas femeninas puede conseguir una reproducción exponencial (y eso a pesar de la práctica limitación en nuestra especie a los nacimientos de un solo bebé). Según cuentan los rumores, el actor Warren Beatty y el jugador de basquetbol Wilt Chamberlain se fueron a la cama cada uno con miles de mujeres, un comportamiento que no resulta extraño, por ejemplo, entre las estrellas de rock. No engendraron criaturas en esas mismas proporciones, ya que los métodos modernos de control de la natalidad lo limitan, pero algunas personas célebres del pasado sí lo hicieron. Por ejemplo, el antepasado común de la dinastía Qing, Giocangga (que nació hacia 1550), es ancestro por línea sucesoria masculina de un millón y medio de personas del noroeste de China.[2] La dinastía medieval Uí Néill dejó una descendencia de tres millones de hombres, localizada fundamentalmente en el noroeste de Irlanda y los Estados Unidos, como resultado de la emigración irlandesa.[3] Y el rey de todos, Gengis Kan, conquistador de gran parte de Asia, es el ancestro del ocho por ciento de los hombres de Asia Central, es decir, dieciséis millones de descendientes hombres, treinta y cuatro generaciones más tarde.[4] Así que, desde una perspectiva profundamente biológica, hay razones por las cuales los padres puedan tener tal preferencia por la descendencia masculina y quieran eliminar los fetos femeninos, si bien no quiero decir que exista una causalidad directa ni doy a entender que se deba apelar a otras razones más marcadamente culturales.

El tratamiento preferencial que se puede dispensar a un niño durante el desarrollo puede contribuir a formar un hombre atractivo, equilibrado y seguro de sí mismo. Este fue el caso del padre del psicoanalista Sigmund Freud, según sus propias palabras: «Un hombre que fue el indisputable favorito de su madre mantiene durante el resto de su vida el sentimiento de conquistador, esa confianza en el éxito que a menudo conduce al éxito real».[5] De acuerdo. Pero este «sentimiento de conquistador» puede convertir fácilmente a la persona en un conquistador real. Las memorables hazañas reproductivas de Gengis Kan salieron muy caras a muchas personas, entre ellas a los millones de chinos, persas, rusos y húngaros que fueron masacrados. Así pues, mimar a un niño puede funcionar bien desde la perspectiva del «gen egoísta» (es decir, permitir que los genes del niño consentido den lugar a una descendencia innumerable), retomando la famosa expresión del biólogo evolutivo Richard Dawkins. Pero también puede dar pie a un espectáculo sórdido y doloroso en el momento actual y acabar mutando en algo inconcebiblemente peligroso.

Nada de esto significa que todas las madres muestren una preferencia por sus hijos varones, que las hijas no puedan ser a veces las favoritas o que los padres no malcríen en ocasiones a sus hijos. Hay otros factores que claramente pueden resultar dominantes. En algunos casos, por ejemplo, hay un odio inconsciente (o quizá no tan inconsciente) que se impone por encima de cualquier preocupación que los padres puedan sentir por cualquiera de sus hijos, sin importar el sexo, la personalidad o la situación. Recuerdo el caso de un niño de cuatro años al que se le dejaba pasar hambre de forma constante. Cuando su niñera sufrió un accidente, fue rotando entre las casas de nuestro vecindario para pasar las horas en las que se quedaba solo. Cuando su madre nos lo dejó en casa, nos comentó que no comía en todo el día. «Está bien así», dijo. Pero no, no estaba bien, si es que hace falta decirlo. De hecho, este mismo niño acabó aferrado a mi mujer durante horas, totalmente desesperado y con una entrega incondicional después de que ella consiguiera hacerle comer una cena entera, tras haber hecho gala de una enorme constancia y tenacidad, haberle agradecido su cooperación y no haberlo abandonado durante el proceso. Empezó con la boca totalmente cerrada, sentado en la mesa del comedor junto a mi mujer y yo, nuestros dos hijos y dos niños del vecindario que cuidábamos por el día. Ella le puso la cuchara delante y esperó pacientemente mientras el niño no dejaba de sacudir la cabeza para bloquear la boca, utilizando los típicos métodos defensivos de un niño de dos años necio al que no se le ha prestado mucha atención.

Pero mi mujer no dejó que lo consiguiera. Le daba palmaditas en la cabeza cada vez que se tragaba una cucharada, diciéndole con toda sinceridad que era un buen niño. Porque de verdad pensaba que era un niño bueno. Era un chico muy tierno que había sufrido. Al cabo de diez minutos que no resultaron tan duros, se terminó la comida, mientras todos lo mirábamos con total atención. Era un drama de vida o muerte.

«Mira —le dijo mi mujer enseñándole el plato—, te lo comiste todo». Y a este niño, el mismo que cuando lo conocí permanecía todo el rato triste en una esquina, que no quería interactuar con otros niños, que andaba siempre enojado, que no respondía de forma alguna cuando yo le hacía cosquillas para intentar jugar con él, se le dibujó una sonrisa radiante en la cara en cuanto escuchó estas palabras. Hoy, veinte años después, todavía se me saltan las lágrimas cuando escribo sobre aquel momento. Después de comer, se pegó a mi mujer como un perrito faldero durante el resto del día, negándose a perderla de vista. Cuando se sentaba, él se acurrucaba en su regazo, abriéndose de nuevo al mundo y buscando de forma desesperada el amor que se le había negado de forma continua. Más tarde, aunque demasiado pronto, su madre volvió. Bajó por las escaleras a la habitación en la que estábamos y, al ver a su hijo encima de mi mujer, dijo con resentimiento: «Vaya, una supermamá». Y entonces se fue, con el mismo corazón ennegrecido y criminal, con un hijo condenado colgándole de la mano. Era psicóloga. En fin, con las cosas que se pueden ver abriendo un solo ojo, no es de extrañar que la gente prefiera seguir ciega.

TODO EL MUNDO ODIA LA ARITMÉTICA

Mis pacientes clínicos me hablan a menudo de los problemas familiares que los inquietan a diario. Este tipo de preocupaciones cotidianas resultan insidiosas, y su carácter habitual y predecible hace que parezcan banales. Pero esa aparente trivialidad resulta engañosa, ya que son las cosas que se producen un día tras otro las que dan forma a nuestras vidas, de modo que el tiempo consumido en repeticiones continuas se va acumulando a una velocidad alarmante. Hace poco, un padre me habló de los problemas que tenía para acostar a su hijo,[*] un ritual que solía costarle unos tres cuartos de hora de pelea. Hicimos las cuentas: cuarenta y cinco minutos por siete días a la semana suponen más de

---

[*] Aquí, como en muchos otros momentos de este libro, me refiero a mi experiencia clínica, de la misma forma que en otras ocasiones me apoyo en mi propia historia personal. He procurado mantener intacto el contenido esencial de cada historia al mismo tiempo que camuflaba los detalles para proteger la intimidad de las personas implicadas. Espero haber logrado tal equilibrio.

trescientos minutos, es decir, cinco horas semanales. Cinco horas por las cuatro semanas que componen un mes significan veinte horas al mes, que, multiplicadas por doce meses, hacen doscientas cuarenta horas al año. Algo así como un mes y medio de una semana laboral de cuarenta horas.

Mi paciente se pasaba un mes y medio de semanas laborales cada año luchando de forma inútil y deprimente con su hijo. No hay ni que decir que ambos sufrían por ello. No importan las buenas intenciones que tengas ni el buen temperamento que demuestres, es imposible llevarse bien con alguien con quien peleas durante un mes y medio de semanas laborales al año. Inevitablemente el resentimiento se va acumulando, e incluso si no es así, todo ese tiempo malgastado de forma tan desagradable podría emplearse en actividades más productivas, más placenteras y que generasen menos estrés. ¿Cómo pueden entenderse las situaciones de este tipo? ¿Quién tiene la culpa, el padre o el hijo? ¿La naturaleza o la sociedad? ¿Y qué se puede hacer, si es que se puede hacer algo?

Hay quien considera que todos estos problemas los causan los adultos, ya sea el padre o el conjunto de la sociedad. «No hay niños malos —suelen decir estas personas—, tan solo malos padres». Y cuando piensas en la imagen idealizada de un niño puro y angelical, este planteamiento parece plenamente justificado. La belleza, la extroversión, la alegría, la confianza y la capacidad de querer que caracterizan a los niños hacen que resulte fácil atribuir toda la culpa a los adultos implicados. Pero este tipo de actitudes resultan peligrosa e ingenuamente románticas. Es demasiado maniqueo en el caso, por ejemplo, de padres a los que les ha tocado un hijo o una hija particularmente complicado. Tampoco resulta muy acertado adjudicarle a la sociedad de forma mecánica cualquier tipo de corrupción humana, porque este tipo de conclusiones lo único que hacen es desplazar el problema a otro momento anterior. No se explica nada ni se resuelve nada, porque si la sociedad está corrupta, pero no los individuos que la habitan, ¿entonces cuándo se originó el problema? ¿Cómo se propagó? Resulta una teoría muy parcial y profundamente anclada en convicciones ideológicas.

Aún más problemática es la convicción que se deriva lógicamente de la presunción de corrupción social de que todos los problemas individuales, por excepcionales que resulten, tienen que solucionarse mediante una reestructuración cultural con la virulencia que sea necesaria. Nuestra sociedad se enfrenta a una petición creciente de desmontar las tradiciones que le sirven de base para incluir a grupos, cada vez más pequeños, de personas que no pueden o no quieren encajar en las categorías a partir de las cuales establecemos nuestras percepciones. No es algo bueno, ya que los problemas personales de cada uno no pueden resolverse con una revolución social, porque las revoluciones son desestabilizadoras y peligrosas. Hemos aprendido a convivir y a organizar nuestras complejas sociedades lentamente y de forma gradual a lo largo de periodos muy dilatados, y no podemos entender con exactitud por qué funciona lo que estamos haciendo. Así pues, cambiando alegremente nuestros procedimientos sociales en nombre de algún tabú ideológico (como la diversidad), es probable que tan solo consigamos generar nuevos problemas, habida cuenta del sufrimiento que hasta las revoluciones más pequeñas suelen generar.

¿Fue, por ejemplo, una buena decisión liberalizar de forma tan abierta las leyes de divorcio en los años sesenta del siglo pasado? No me parece que los niños cuyas vidas se vieron desestabilizadas por la hipotética libertad que este intento de liberación introdujo estén de acuerdo con la afirmación. Detrás de los muros que levantaron con sabiduría nuestros ancestros acecha el horror, así que, si los echamos abajo, asumimos una responsabilidad. Patinamos sin saberlo sobre una capa muy fina de hielo que cubre aguas gélidas y profundas donde se ocultan monstruos inimaginables.

Veo a los padres de hoy en día aterrorizados con sus hijos, en buena parte porque se los ha identificado como los agentes inmediatos de esta supuesta tiranía social y así se les ha negado su legitimidad como agentes necesarios y bondadosos de disciplina y orden. Se ven obligados a vivir inseguros y mortificados bajo la alargada sombra de los valores adolescentes de la década de 1960, unos años cuyos excesos condujeron a una denigración general de la vida adulta, a una incredulidad irreflexiva sobre la existencia de poderes competentes y a la incapacidad de distinguir entre el caos de la inmadurez y la libertad responsable. Así, ha aumentado la sensibilidad de los padres por el sufrimiento emocional a corto plazo de sus hijos y, al mismo tiempo, se han disparado los miedos de causarles cualquier daño de una forma que resulta lamentable y contraproducente. Puede que pienses que es mejor así que de la forma contraria, pero lo cierto es que cada uno de los extremos de la escala moral lleva aparejadas sus catástrofes.

EL MAL SALVAJE

Se ha dicho alguna vez que todas las personas siguen de forma consciente o inconsciente a algún filósofo influyente. La convicción de que los niños poseen un espíritu intrínsecamente puro, estropeado tan solo por la cultura y la sociedad, se deriva en gran parte de Jean-Jacques Rousseau.[6] Este filósofo suizo del siglo XVIII creía firmemente en la influencia perniciosa de la sociedad humana y la propiedad privada y aseguraba que nada era tan noble y maravilloso como el ser humano en su estado no civilizado. Justo para entonces, una vez que advirtió su incompetencia como padre, abandonó a cinco de sus hijos a los tiernos y mortíferos cuidados de los orfanatos de la época.

En cualquier caso, el buen salvaje que Rousseau describió era un ideal, una abstracción, arquetípica y religiosa, pero no la realidad de carne y hueso que daba a entender. Siempre tenemos al Niño Jesús mitológicamente perfecto en la cabeza, como representación del potencial de juventud, el héroe recién nacido, la víctima inocente, el hijo perdido del rey legítimo. Simboliza las intuiciones de inmortalidad que acompañan nuestras primeras experiencias. Es Adán, el hombre perfecto que anda junto a Dios en el jardín del Edén antes de su caída. Pero los seres humanos son malos, y también buenos, y la oscuridad que reside de forma permanente en nuestras almas también se puede encontrar con facilidad en nuestras versiones más pequeñas. Por lo general, la gente mejora con la edad, y no al contrario, volviéndose más amable, más atenta y más estable emocionalmente a medida que madura.[7] Resulta muy extraño que el tipo de *bullying* que en ocasiones se produce de forma espantosa en un patio de colegio[8] se reproduzca en la sociedad de los adultos. No es por nada que la oscura novela *El señor de las moscas*, de William Golding, se ha convertido en un clásico.

Existen además numerosas pruebas directas de que los horrores del comportamiento humano no pueden atribuirse tan fácilmente a la historia y la sociedad. Quizá el descubrimiento más doloroso a este respecto fue el que la primatóloga Jane Goodall realizó a partir de 1974, cuando entendió que sus amados chimpancés eran capaces de asesinarse entre ellos —utilizando el término referido a los humanos— y que mostraban disposición para hacerlo.[9] A causa de su naturaleza horripilante y de su gran valor antropológico, mantuvo en secreto su observación durante años, temiendo que hubiera sido su contacto con los animales lo que los hubiera llevado a manifestar un comportamiento que no era natural. Incluso después de publicar su informe, muchos se negaron a creerle. No obstante, enseguida se aceptó como algo evidente que lo que había observado no era en absoluto algo excepcional.

En pocas palabras, los chimpancés llevan a cabo guerras tribales y además lo hacen con una brutalidad casi inconcebible. Un chimpancé adulto medio viene a ser el doble de fuerte que un ser humano a pesar de su menor tamaño.[10] Goodall anotó con cierto terror la facilidad con la que los chimpancés que estudiaba partían cables y palancas de acero.[11] Los chimpancés pueden despedazarse, literalmente —lo hacen—, y es algo de lo que no se puede culpar a las sociedades humanas y sus complejas tecnologías.[12] «A menudo me despertaba por la noche —escribía Goodall—, con visiones de terribles imágenes: Satán [un chimpancé al que observó durante mucho tiempo], recogiendo con la mano la sangre que perdía Sniff por la barbilla para bebérsela; el viejo Rudolf, tan tranquilo normalmente, lanzando una piedra de unos ocho kilos sobre Godi; Jomeo arrancando un pedazo de piel del muslo de De; Figan atacando y golpeando repetidamente el magullado cuerpo de Goliath, uno de sus héroes de la infancia».[13] Los chimpancés adolescentes, fundamentalmente los machos, forman bandas que merodean por los límites de su territorio. Si se encuentra con intrusos —incluso chimpancés que conocen, los cuales en algún momento se desligaron de un grupo que ahora es demasiado grande— y los supera en número, la banda los atacará y los aniquilará sin ninguna compasión. Los chimpancés no poseen un verdadero superego y tampoco está de más recordar que a menudo se sobrevalora la capacidad humana para el autocontrol. La lectura atenta de un libro tan sorprendente y terrorífico como *La violación de Nanking*, de Iris Chang,[14] que describe las brutalidades cometidas en esa ciudad china por el ejército invasor japonés, bastaría para convencer incluso a quien alimenta las más férreas convicciones románticas a este respecto. Y cuanto menos digamos sobre el Escuadrón 731, una célula de investigación secreta creada por los japoneses en aquellos años, mejor. Lee sobre este tema por tu propia cuenta y riesgo. Y no digas que no te avisé.

Asimismo, los cazadores recolectores son mucho más asesinos que sus homólogos urbanos e industrializados, a pesar de vivir de forma comunal y compartir una cultura local. La tasa anual de homicidios en el Reino Unido es de uno por cada cien mil habitantes.[15] Es cuatro o cinco veces mayor en los Estados Unidos y unas noventa veces más alta en Honduras, que posee el índice más elevado a nivel internacional. Pero, en todo caso, hay suficientes pruebas de que los seres humanos se han vuelto más pacíficos a medida que el tiempo pasaba y las sociedades se hacían mayores y más organizadas. Los aborígenes !kung de África, de los que la antropóloga estadounidense Elizabeth Marshall Thomas presentó en la década de 1950 una visión romántica como «el pueblo inofensivo»,[16] tenían un índice de cuarenta asesinatos por cada cien mil habitantes, una cifra que se redujo en un treinta por ciento una vez que se vieron sujetos a la autoridad de un Estado.[17] Se trata de un ejemplo muy instructivo sobre cómo unas estructuras sociales complejas sirven para reducir, no para exacerbar, las tendencias violentas de los seres humanos. Se han registrado hasta trescientos asesinatos por cada cien mil habitantes entre los yanomami de Brasil, un pueblo reputado por su agresividad, pero las estadísticas no acaban aquí. Los habitantes de Papúa Nueva Guinea se matan en índices anuales que oscilan entre ciento cuarenta y mil víctimas por cada cien mil habitantes.[18] Sin embargo, el récord parece estar en manos de los kato, un pueblo originario de California: hacia 1840 se daban mil cuatrocientas cincuenta muertes violentas por cada cien mil habitantes.[19]

Como los niños, al igual que cualquier otro ser humano, no son exclusivamente buenos, no se les puede abandonar a su suerte lejos de la civilización para que alcancen la perfección. Hasta los perros tienen que ser socializados antes de convertirse en miembros aceptados de una manada, y los niños son mucho más complejos que los perros. Esto significa que tienen muchas más probabilidades de ir por el mal camino si no se les entrena, se les disciplina y se les apoya como es debido. Significa también que no solo es incorrecto atribuir a la estructura social todas las tendencias violentas de los seres humanos, sino que es algo tan equivocado que finalmente se le acaba dando la vuelta al fenómeno. El proceso vital de socialización previene en realidad numerosos daños y propicia muchas cosas positivas. Hay que moldear y educar a los niños o de lo contrario no saldrán adelante. Es algo que queda claramente de manifiesto en su propio comportamiento, ya que los chicos hacen todo lo posible por conseguir la atención tanto de otros niños como de los adultos, pues esa atención, que los convierte en jugadores de equipo eficientes y sofisticados, es vital para ellos.

Se puede perjudicar a un niño tanto o más privándolo de verdadera atención como mediante el abuso mental o físico. Este daño por omisión, en vez de por comisión, no resulta menos severo y duradero. A los niños se les hace daño cuando sus condescendientes padres renuncian a convertirlos en personas atentas, respetuosas y espabiladas para dejarlos en un estado de inconsciencia e indiferencia. A los niños se les daña cuando quienes tendrían que cuidar de ellos, por temor a cualquier conflicto o discordia, ya no se atreven a corregirlos y los dejan sin orientación alguna. Puedo reconocer a este tipo de niños por la calle, informes, descentrados, difusos. Son oscuros niños de plomo en vez de brillantes criaturas de oro. Son bloques sin tallar, atrapados en un perpetuo estado transitorio.

Este tipo de niños son ignorados continuamente por los otros niños, porque no es divertido jugar con ellos. Los adultos tienden a manifestar la misma actitud, aunque lo negarán de forma enfática cuando se les haga notar. Al principio de mi carrera, cuando trabajaba en guarderías, los niños que sufrían más esta falta de atención venían a mí desesperados, titubeando y con la torpeza que suele caracterizarlos, sin el menor sentido de las distancias apropiadas e incapaces de juguetear con un mínimo de atención. Se solían desplomar a mi lado o directamente encima de mí, sin importarles lo que estuviera haciendo, impelidos por el poderoso deseo de conseguir atención adulta, el necesario catalizador de cualquier progreso. Era muy difícil no reaccionar con cierto enojo, incluso desagrado, ante esos niños y su permanente infantilismo; era difícil no limitarse a apartarlos, por mucho que sufriera por ellos y entendiera perfectamente lo que trataban de hacer. Estoy convencido de que ese tipo de respuesta, por dura y brutal que pueda resultar, constituye una reacción interna prácticamente universal, una señal de alarma que advierte del considerable peligro que supone establecer una relación con un niño que no está suficientemente socializado, a saber, la probabilidad de que se establezca una inmediata e inadecuada dependencia (responsabilidad que corresponde a sus padres), así como la tremenda demanda de tiempo y de recursos que aceptar tal dependencia supondría. Ante semejante situación, los hipotéticos amigos de la misma edad o los adultos que pudieran demostrar cierto interés preferirán interactuar con otros niños con los que la relación costo-beneficio, por decirlo así, resulte mucho menor.

PADRES O AMIGOS

El descuido y el maltrato que acompañan a los enfoques disciplinarios poco estructurados o totalmente ausentes pueden ser deliberados, es decir, pueden estar motivados por convicciones explícitas y conscientes de los padres, por erróneas que puedan resultar. Pero más a menudo los padres modernos se encuentran sencillamente paralizados por el miedo a que sus hijos dejen de quererlos si los reprenden por cualquier motivo. Quieren ante todo la amistad de su hijo y están dispuestos a sacrificar el respeto para conseguirla. Algo así no está bien, porque un niño puede llegar a tener muchos amigos, pero, por lo general, solo dos progenitores. Y estos cuentan más, no menos, que los amigos. Los amigos poseen una autoridad limitada para corregir, así que cada progenitor tiene que aprender a tolerar la rabia pasajera o incluso el odio que sus hijos le puedan dirigir después de haber adoptado una necesaria acción correctiva, ya que la capacidad de los niños para percibir o preocuparse por las consecuencias a largo plazo resulta muy limitada. Los progenitores son los árbitros de la sociedad, enseñan a los niños a comportarse de tal modo que el resto de las personas pueda interactuar de forma significativa y productiva con ellos.

Disciplinar a un niño es un acto de responsabilidad, no es ninguna manifestación de ira frente a un comportamiento inadecuado. No es una venganza por una travesura, sino, por el contrario, una combinación cuidadosa de compasión y raciocinio a largo plazo. Una disciplina adecuada exige esfuerzo (de hecho, es prácticamente sinónimo de él). Es difícil prestar verdadera atención a los niños, también lo es decidir qué está bien, qué está mal y por qué, así como formular estrategias de disciplina justas y comprensivas y negociar su aplicación con quienes estén implicados en el cuidado del niño. Como consecuencia de esta combinación de responsabilidad y dificultad, se tiende a recibir perversamente con los brazos abiertos cualquier contribución que dé a entender que toda limitación impuesta a los niños puede resultar dañina. Una idea semejante, una vez que se acepta, permite a los adultos, que deberían mostrar mayor raciocinio, abandonar su obligación de servir como agentes educativos y fingir que así es mejor para sus hijos. Es un ejercicio profundo y pernicioso de autoengaño. Es vago, cruel e imperdonable. Pero nuestra propensión a racionalizar las cosas no termina aquí.

Asumimos que las reglas inhibirán de forma irremediable lo que de otro modo sería la creatividad ilimitada e intrínseca de nuestros hijos, por mucho que la bibliografía científica indique con toda claridad, primero, que la creatividad fuera de lo común resulta extremadamente excepcional[20] y, segundo, que las limitaciones estrictas no inhiben los logros creativos, sino que los facilitan.[21] La creencia en el elemento meramente destructivo de las reglas y la estructura con frecuencia va acompañada de la idea de que, si se permite que sus naturalezas perfectas se manifiesten, los niños sabrán decidir convenientemente cuándo quieren dormir y qué quieren comer. Se trata, una vez más, de asunciones carentes de fundamento. Los niños son totalmente capaces de intentar subsistir con hot dogs, deditos de pollo y cereales de colores si así van a llamar la atención, conseguir cierto poder o evitar que les hagan probar algo nuevo. En lugar de irse a la cama dócilmente como niños buenos, combatirán con todas sus fuerzas el sueño nocturno hasta que caigan rendidos. También están totalmente dispuestos a provocar a los adultos mientras exploran los complejos contornos del mundo social, de la misma forma que los jóvenes chimpancés que acosan a los adultos dentro de sus propios grupos.[22] Ver cómo se responde a sus bromas y provocaciones les sirve tanto a niños como a chimpancés para descubrir los límites de lo que de otro modo sería una libertad demasiado desestructurada y aterradora. Semejantes límites, una vez descubiertos, proporcionan seguridad, incluso si el momento en el que los detectan supone una decepción o una frustración momentánea.

Recuerdo una vez que llevé a mi hija a un parque cuando tenía unos dos años. Estaba jugando en las barras colgantes, suspendida en el aire. Un monstruito particularmente provocador de más o menos su misma edad estaba de pie justo en la misma barra a la que ella estaba agarrada. Vi cómo se iba acercando a ella y nuestros ojos se cruzaron. Entonces, muy despacio y totalmente adrede, le pisó las manos, de forma repetida y cada vez con más fuerza, mientras me miraba desde arriba. Sabía perfectamente lo que estaba haciendo. «Púdrete, papá» parecía ser su filosofía. Ya había llegado a la conclusión de que los adultos merecían un absoluto desprecio y que podía desafiarlos con total tranquilidad. Lástima que él también estuviera condenado a convertirse en otro. Ese era el lamentable futuro que sus padres le habían impuesto. Y, para su gran sorpresa, lo aparté con fuerza de la estructura y lo lancé volando a una distancia de unos diez metros.

No, no lo hice. Simplemente me llevé a mi hija a otro lado, pero creo que habría sido mejor para él si lo hubiera hecho.

Imagínate a un niño que no deja de golpear a su madre en la cara. ¿Por qué hace algo así? Es una pregunta estúpida, inaceptablemente ingenua. La respuesta es obvia: para dominar a su madre, para ver si se puede salir con la suya. Después de todo la violencia no es ningún misterio, sí lo es la paz. La violencia es la opción por defecto, porque resulta fácil. Lo difícil es la paz, que se aprende, se inculca, se gana. A menudo las personas comprenden las cuestiones fisiológicas justo al revés. ¿Por qué la gente toma drogas? No es ningún misterio, mientras que sí lo es, por el contrario, por qué no las toman todo el tiempo. ¿Por qué la gente sufre de ansiedad? Tampoco es ningún misterio. El misterio es cómo conseguimos estar tranquilos en algún momento. Somos frágiles y mortales. Hay millones de cosas que pueden salir mal de millones de formas distintas. Tendríamos que estar constantemente paralizados por el pánico, pero no lo estamos. Algo similar podría plantearse acerca de la depresión, la pereza o la criminalidad.

Si puedo hacerte daño y demostrar que soy más fuerte, entonces podré hacer exactamente lo que quiera y cuando quiera, incluso cuando estás delante de mí. Te puedo atormentar por pura curiosidad. Puedo acaparar la atención que se te dirige y dominarte. Puedo quitarte tu juguete. Los niños atacan, en primer lugar, porque la agresión es algo innato —aunque resulte más dominante en algunos individuos que en otros— y, en segundo, porque la agresión facilita el deseo. Resulta absurdo asumir que es un comportamiento que se aprende. A una serpiente no hay que enseñarle a atacar, está dentro de su propia naturaleza. En términos estadísticos, los niños de dos años son las personas más violentas que existen.[23] Dan patadas, pegan y muerden y también les quitan sus cosas a los demás. Lo hacen para explorar, para expresar rabia y frustración, para satisfacer sus impulsivos deseos. Y lo que resulta más importante para nosotros, lo hacen para descubrir los verdaderos límites del comportamiento permisible. De lo contrario, ¿cómo van a averiguar lo que es aceptable? Los niños son como personas ciegas que van buscando una pared. Tienen que empujar, probar y ver dónde quedan las fronteras reales (que muy pocas veces están donde se les indica).

La corrección constante de este tipo de acciones sirve para indicar a los niños dónde están los límites de las agresiones aceptables. Su ausencia no hace más que estimular la curiosidad, de tal modo que el niño, si es agresivo y dominante, seguirá pegando, mordiendo y dando patadas hasta que se le indique un límite. ¿Qué tan fuerte puedo golpear a mamá? Hasta que proteste. Teniéndolo en cuenta, es mejor empezar a corregir más pronto que tarde, siempre que se tenga como objetivo que el niño no pegue a sus padres. Corregir también hace que el niño aprenda que golpear a los demás no es la mejor estrategia social. Si no se produce ninguna intervención de ese tipo, ningún niño asumirá por voluntad propia todos los esfuerzos que supone organizar y regular sus impulsos para que dichos impulsos coexistan sin conflicto dentro de la psique del niño y en el mundo social más amplio. Y es que organizar una mente no es tarea fácil.

Mi hijo tenía bastante carácter cuando era pequeño. Cuando mi hija era pequeña, bastaba con mirarla de forma severa para paralizarla, pero ese tipo de intervenciones no producían ningún resultado con él. Cuando tenía nueve meses, ya había conseguido que su madre (que no tiene nada de pusilánime) se pasara toda la cena pendiente de él mientras estábamos en la mesa. El niño luchaba para quitarle la cuchara. Nos alegramos, porque no queríamos seguir dándole de comer ni un minuto más de lo necesario, pero el pequeño tirano solo comía tres o cuatro cucharadas y luego se ponía a jugar. Revolvía la comida en el plato, tiraba trozos desde lo alto de la silla y los seguía con la mirada a medida que caían en el suelo. Está bien, no pasaba nada, estaba explorando. Pero al final lo que sucedía era que no comía lo suficiente. Y como no comía lo suficiente, tampoco dormía bien, así que despertaba a sus padres llorando a medianoche y estos cada vez se volvían más gruñones. El niño frustraba a su madre, que luego lo descargaba sobre mí, así que no íbamos por buen camino.

A los pocos días de haber empezado así, decidí recuperar el control de la cuchara. Me preparé para la guerra y reservé tiempo suficiente. Por difícil de creer que resulte, un adulto puede vencer a un niño de dos años. Como dice el refrán, «más sabe el diablo por viejo que por diablo». Esto se explica en parte porque el tiempo resulta mucho más largo cuando se tienen dos años. Lo que para mí era media hora, a mi hijo le parecía una semana, así que yo estaba seguro de la victoria. Él era testarudo y espantoso, pero yo podía ser peor. Nos sentamos cara a cara con el plato delante de él, en plan *Solo ante el peligro*. Él lo sabía y yo también. Agarró la cuchara y se la arrebaté para cargar un delicioso bocado de puré, que moví de forma deliberada en dirección a su boca. Entonces me miró exactamente de la misma forma que aquel monstruo del parque que pisó a mi hija. Apretó los labios con una mueca rígida que bloqueaba cualquier posibilidad de entrada, y yo me puse a perseguir su boca con la cuchara mientras él sacudía la cabeza en pequeños círculos.

Pero me quedaban más ases en la manga. Le di un toque en el pecho con la mano que me quedaba libre de una forma precisamente calculada para fastidiarlo. Como no se daba por enterado, seguí haciéndolo. Una y otra y otra vez, sin fuerza, pero de una forma que tampoco podía ignorarse. Cuando ya llevaba unos diez toques, abrió la boca para emitir un sonido de enfado. ¡Ajá! ¡Ahí lo estaba esperando! Con gran habilidad le metí la cuchara. Él hizo todo lo posible para expulsar con la lengua la comida invasora, pero aquí también tenía algo pensado. Sencillamente coloqué mi dedo índice horizontalmente a lo largo de sus labios, de tal forma que aunque una parte sí cayó fuera, también se tragó otra. 1-0 para papá. Le di una palmadita en la cabeza y le dije que era un niño bueno. Y de verdad lo pensaba. Cuando alguien acaba haciendo algo que tú intentas que haga, recompénsalo, no hay que ser ruin en la victoria. Al cabo de una hora, todo había acabado. Hubo furia y quejidos y mi mujer tuvo que irse de la habitación porque la tensión le resultaba insufrible. Pero el niño comió y acabó desplomado, exhausto, encima de mi pecho. Dormimos juntos la siesta y después de despertarse me quería mucho más que antes de someterlo a la disciplina.

Es algo que observé a menudo cuando nos enfrentábamos cara a cara..., y no solo con él. Poco tiempo después, empezamos una serie de turnos de niñera con otro matrimonio, de tal forma que cuando una pareja iba a cenar o a ver una película dejaba a sus hijos en casa de la otra, que se ocupaba de cuidarlos a todos. En esa época ninguno tenía más de tres años. Una noche, otra pareja se sumó a la dinámica. Yo no conocía mucho a su hijo, un niño grande y fuerte de dos años.

«Nunca se duerme —me dijo el padre—. Cuando lo acuestas, sale reptando de la cama y viene al piso de abajo. Normalmente le ponemos un video de Plaza Sésamo con Elmo y se pone a verlo».

«Ni de casualidad voy a recompensar a un niño recalcitrante por un comportamiento inaceptable —pensé para mis adentros—, y desde luego no voy a ponerle a nadie un video de Elmo». Siempre detesté a ese siniestro muñeco llorón, una mancha indigna en el legado de Jim Henson. Así pues, ni hablar de cualquier recompensa con Elmo de por medio. Obviamente no dije nada porque es imposible hablarles a unos padres sobre sus hijos a no ser que estén dispuestos a escuchar.

Dos horas después, acostamos a los niños. Cuatro de los cinco se durmieron enseguida, todos menos el aficionado a Plaza Sésamo. Sin embargo, como lo había colocado en una cuna, no podía escaparse pero sí ponerse a chillar, y es exactamente lo que hizo. No estaba mal pensado, era una buena estrategia, pues molestaba y podía acabar despertando a los otros niños, que a su vez se pondrían también a chillar. Un punto para el niño. Así que me dirigí a la habitación y le dije: «Acuéstate». No sirvió para nada. «Acuéstate —le dije— o te acostaré yo». A menudo no sirve para mucho razonar con niños, sobre todo en circunstancias semejantes, pero estoy convencido de que todo el mundo se merece una advertencia. Desde luego no se acostó, sino que, para dejar las cosas claras, volvió a chillar.

Los niños hacen estas cosas. Unos padres asustados tienden a pensar que un niño que llora siempre está triste o le duele algo, pero no es cierto. La rabia es una de las razones más comunes para llorar, como han confirmado determinados análisis minuciosos de los patrones musculares que revelan los niños al sollozar.[24] Cuando un niño llora por rabia, no tiene el mismo aspecto que cuando llora por miedo o por tristeza y tampoco suena igual, algo que se puede distinguir si se presta atención. Llorar por rabia es a menudo un acto de dominación y hay que tratarlo como tal. Así que lo agarré y lo acosté, con suavidad y paciencia pero con firmeza. Él se levantó y yo lo acosté. Se levantó otra vez y lo acosté. Se volvió a levantar y esta vez, tras acostarlo, le puse la mano en la espalda. Se agitó como un titán, pero sin resultado. Al fin y al cabo, no tenía más que la décima parte de mi tamaño, me bastaba con una mano, así que lo mantuve acostado y empecé a hablar con él con tranquilidad, diciéndole que era un niño bueno y que tenía que relajarse. Le di un chupón y empecé a darle golpecitos suaves en la espalda. Entonces él comenzó a relajarse y sus ojos empezaron a cerrarse, así que quité la mano.

Inmediatamente él se puso de pie. Me quedé sorprendido. ¡El niño tenía su carácter! Lo agarré y volví a acostarlo una vez más. «Acuéstate, monstruo», le dije. Le volví a dar golpecitos en la espalda, algo que calma a algunos niños. Se estaba cansando y estaba listo para rendirse. Cerró los ojos, yo me levanté y fui avanzando rápidamente en silencio hacia la puerta. Y ahí me giré para ver cómo estaba una última vez: se había vuelto a levantar. Lo señalé con el dedo y le dije: «Abajo, monstruo». Iba en serio. Se acostó como si le hubieran disparado y cerré la puerta. Nos gustamos. Ni mi mujer ni yo lo oímos hacer el menor ruido el resto de la noche.

—¿Qué tal el niño? —me preguntó el padre cuando volvió a casa mucho más tarde.

—Bien —le dije—, no ha dado ningún problema. Ahora está dormido.

—¿Se levantó? —me preguntó el padre.

—No —le respondí—, ha estado dormido todo el rato.

El papá me miró. Quería saberlo, pero no me preguntó. Y no le dije nada.

Como dice el refrán, no hay que echarles margaritas a los cerdos. Puede que parezca algo duro, pero ¿qué me dices de enseñarle a tu hijo a no dormir y recompensarlo con las payasadas de un muñeco siniestro? Eso sí es duro. Si cada uno puede elegir su mal, yo sé con cuál me quedo.

DISCIPLINA Y CASTIGO

A los padres de hoy en día los aterrorizan dos palabras frecuentemente yuxtapuestas: «disciplina» y «castigo», que les sugieren imágenes de cárceles, soldados y botas militares. La distancia entre disciplina y tiranía o entre castigo y tortura, efectivamente, se cruza con facilidad, así que hay que ir con cuidado con la disciplina y el castigo. La aprensión resulta natural, pero ambos son necesarios. Se pueden aplicar consciente o inconscientemente, bien o mal, pero no hay forma de evitarlos.

No es que sea imposible disciplinar mediante recompensas. En realidad puede dar muy buenos resultados recompensar el buen comportamiento. El más famoso de los psicólogos conductistas, B. F. Skinner, era un firme defensor de este tipo de enfoque. De hecho, era todo un experto que enseñó a jugar al *ping-pong* a unas palomas. Lo cierto es que tan solo eran capaces de lanzar la pelota de un lado a otro picoteándola,[25] pero no eran más que palomas, así que, aunque jugaran mal, la cosa ya era todo un logro. Skinner incluso enseñó a sus pájaros a guiar misiles durante la Segunda Guerra Mundial, en el Proyecto Paloma, luego conocido como Orcon.[26] Hizo grandes avances, hasta que la invención de los sistemas de guía electrónicos dejó obsoletos sus esfuerzos.

Skinner observaba de forma excepcionalmente minuciosa a los animales que entrenaba. Cualquier tipo de acción que se asemejara a lo que él intentaba que realizaran suponía una recompensa inmediata adecuadamente proporcionada, es decir, no tan pequeña como para resultar irrelevante ni tan grande como para comprometer futuras recompensas. Se puede adoptar una estrategia semejante con los niños, y lo cierto es que funciona muy bien. Imagina que quieres que tu hijo ayude a poner la mesa, una habilidad bastante útil. El niño te gustaría más si pudiera hacerlo y sería bueno para su autoestima. Así pues, divides ese objetivo de comportamiento en diferentes elementos. Uno de ellos es llevar el plato desde el trinchador hasta la mesa, pero quizá resulte demasiado complejo. A lo mejor tu hijo solo lleva unos meses andando y todavía lo hace tambaleándose. Por eso empiezas con la práctica dándole un plato y pidiéndole que te lo devuelva, después de lo cual le puedes dar una palmadita en la cabeza. Puedes convertirlo en un juego: agárralo con la izquierda, cambia de mano, pásatelo por detrás de la espalda. Después puedes darle un plato y retirarte unos pasos, de tal modo que tenga que andar unos pasos antes de devolvértelo. Entrénalo para que se convierta en un maestro llevando platos, no lo abandones a su condición de torpe.

Con este tipo de enfoque puedes enseñar prácticamente cualquier cosa a cualquier persona. Primero, averigua qué es lo que quieres y, después, observa a las personas que te rodean como si fueras un halcón. Por último, en cuanto veas algo que se parezca un poquito más a aquello que quieres conseguir, lánzate en picado (como un halcón) y entrega una recompensa. A lo mejor tu hija se ha vuelto demasiado reservada desde que llegó a la adolescencia y te gustaría que hablara más. Ese es, por tanto, tu objetivo: una hija más comunicativa. Una mañana, durante el desayuno, te cuenta una anécdota de la escuela. Es un momento excelente para prestar atención, y esa es la recompensa. Deja de mandar mensajes y escucha, a menos que quieras que nunca te vuelva a contar nada.

Por supuesto que las intervenciones de los padres que hacen felices a los hijos pueden y tienen que utilizarse para moldear el comportamiento. Lo mismo ocurre con los maridos, las mujeres, los compañeros de trabajo o los padres. Skinner, en cualquier caso, era realista. Se dio cuenta de que el uso de la recompensa era muy difícil: el observador tenía que esperar pacientemente hasta que el objeto de estudio manifestara espontáneamente el comportamiento deseado, que entonces se reforzaba. Algo así exigía mucho tiempo y largas esperas, lo que supone un problema, por no hablar de que mataba de hambre a los animales con los que trabajaba, dejándolos que perdieran hasta tres cuartas partes de su peso normal para que terminaran estando lo suficientemente interesados en prestarle atención. Pero estas no son las únicas limitaciones de un enfoque estrictamente positivo.

Las emociones negativas, como las positivas, nos ayudan a aprender. Y tenemos que aprender, porque somos estúpidos y porque se nos hace daño con facilidad. Porque podemos morir si no lo hacemos. Algo así ni está bien ni nos hace sentir bien, de lo contrario iríamos detrás de la muerte y acabaríamos muriendo. Pero lo cierto es que ni siquiera nos agrada pensar en la remota eventualidad de la muerte, sea cuando sea. Así, las emociones negativas, por desagradables que resulten, nos protegen. Sentimos dolor, miedo, vergüenza y asco, y así evitamos sufrir daños. Y se trata de sentimientos que solemos sentir a menudo. De hecho, sentimos más emoción negativa ante una pérdida de un valor determinado que la positiva que experimentamos si conseguimos algo de ese mismo valor. El dolor es más contundente que el placer y la ansiedad, más que la esperanza.

Las emociones, las positivas y las negativas, presentan dos variantes apropiadamente diferenciadas. La satisfacción (técnicamente, la saciedad) nos señala que lo que hemos hecho estaba bien, mientras que la esperanza (técnicamente, un incentivo) nos indica que algo placentero va a ocurrir. El dolor nos hace sufrir, de tal forma que no repetimos las acciones que nos hicieron daño a nivel personal o nos condujeron al aislamiento social (puesto que la soledad, técnicamente, también es una forma de dolor). La ansiedad nos hace alejarnos de las personas dañinas y los malos lugares para que no tengamos que sentir dolor. Todas estas emociones tienen que equilibrarse unas con otras y deben evaluarse minuciosamente en cada contexto, pero todas ellas son necesarias para que sigamos con vida. Por tanto, no le hacemos ningún favor a nuestros hijos si dejamos de utilizar cualquier herramienta a nuestro alcance que los ayude a aprender, incluidas las emociones negativas, aunque se recurra a ellas de la forma más bondadosa posible.

Skinner sabía que las amenazas y los castigos podían frenar los comportamientos no deseados, de la misma forma que las recompensas reforzaban los apropiados. En un mundo que se bloquea ante la idea de interferir en la hipotéticamente pura senda del desarrollo infantil natural, puede resultar difícil incluso plantear la técnica anterior. No obstante, los niños no pasarían por un periodo tan largo de desarrollo antes de alcanzar la madurez si su comportamiento no tuviera que moldearse. De lo contrario, saldrían disparados del vientre materno y se pondrían a cotizar en el mercado de valores. Tampoco se puede proteger totalmente a los niños del miedo y del dolor. Son pequeños, vulnerables y no saben gran cosa del mundo. Incluso cuando están haciendo algo tan natural como aprender a andar, el mundo no deja de asestarles golpe tras golpe. Y eso sin mencionar la frustración y el rechazo que experimentan de forma inevitable cuando tienen que tratar con sus hermanos, con sus compañeros o con adultos testarudos y poco colaborativos. En resumen, la verdadera cuestión a nivel moral no es cómo proteger totalmente a los niños de los sinsabores y el fracaso de tal forma que nunca sufran ni miedo ni dolor, sino, por el contrario, cómo maximizar el aprendizaje para que puedan extraer un conocimiento útil con un costo mínimo.

En la película de Disney *La bella durmiente*, el rey y la reina tienen una hija tras una larga espera, la princesa Aurora. Preparan un gran bautizo para presentársela al mundo, ceremonia a la que invitan a todas las personas que quieren y que honran a su hija recién nacida. Pero se les olvida avisar a Maléfica (pérfida y malvada), que es esencialmente la reina del Inframundo, o la naturaleza en su versión negativa. En términos simbólicos, esto significa que los dos monarcas están sobreprotegiendo a su querida hija, montando a su alrededor un mundo que no contiene nada negativo. Pero al hacerlo no la protegen, sino que la debilitan. Maléfica maldice a la princesa, a la que condena a muerte a los dieciséis años por un pinchazo con el huso de una rueca. La rueca gira como la rueda de la fortuna, mientras que el pinchazo, que produce sangre, simboliza la pérdida de la virginidad, una señal de la mujer que se abre camino dejando atrás la niñez.

Afortunadamente, el hada buena (el elemento positivo de la naturaleza) rebaja el castigo a la inconsciencia, reversible con el primer beso de amor. Los aterrados reyes se deshacen de todas las ruecas que hay en el país y ponen a su hija en manos de las empalagosas hadas buenas, que son tres. Siguen adelante con su estrategia de ir apartando todo lo peligroso, pero, al hacerlo, dejan a su hija en un estado de ingenuidad, inmadurez y debilidad. Un día, justo antes de que Aurora cumpla dieciséis años, se encuentra a un príncipe en el bosque y se enamora en el momento. Partiendo de cualquier criterio más o menos normal, algo así ya es un poco exagerado. Entonces se pone a lloriquear lamentando tener que casarse con el príncipe Felipe, con quien se la prometió de niña, y se derrumba en llantos cuando la llevan a casa de sus padres para su fiesta de cumpleaños. Es justo en ese momento cuando se manifiesta la maldición de Maléfica. Tras la puerta de un portón del castillo, aparece una rueca. Aurora se pincha el dedo y cae inconsciente. Se convierte así en la Bella Durmiente. Al hacerlo (de nuevo, simbólicamente), prefiere la inconsciencia al terror de la vida adulta. Algo similar suele ocurrir a nivel existencial con los niños sobreprotegidos, que pueden hundirse —y entonces desear la bendición que supone la inconsciencia— cuando se enfrentan a su primer contacto directo con el fracaso o, peor, con la auténtica perversidad, que no consiguen o no quieren entender y contra la cual no poseen ningún mecanismo de defensa.

Piensa por ejemplo en el caso de una niña de tres años que no ha aprendido a compartir. Demuestra su comportamiento egoísta delante de sus padres, pero estos son demasiado buenos con ella para intervenir. Aunque, para ser sinceros, lo que hacen es negarse a prestar atención, a admitir lo que está ocurriendo y a enseñarle cómo debería actuar. Desde luego que se sienten molestos cuando ven que no quiere compartir cosas con su hermana, pero fingen que todo está bien. Pero no, no está bien, porque más adelante acabarán gritándole por algo que no tiene nada que ver y ella se sentirá dolida y confundida, pero no aprenderá nada. Peor todavía: cuando intente hacer amigos, no lo conseguirá a causa de su falta de sofisticación social. A los niños de su edad no les hará ninguna gracia su incapacidad para cooperar, así que se pelearán con ella o irán a buscar a otra persona con la que poder jugar. Los padres de esos mismos niños observarán su torpeza y su mal comportamiento y no la volverán a invitar para que juegue con sus hijos. Se sentirá sola y rechazada, lo que le producirá ansiedad, depresión y resentimiento. A partir de ahí, se producirá un distanciamiento con la vida que equivale a desear la inconsciencia.

Los padres que se niegan a adoptar la responsabilidad de disciplinar a sus hijos piensan que se puede optar por evitar el conflicto que una crianza adecuada exige. Su prioridad es no ser el malo de la película (a corto plazo), pero en absoluto consiguen rescatar o proteger a sus hijos del miedo o del dolor. Al contrario, el universo social expandido, tan insensible y tan dado a juzgar, les infligirá muchos más castigos y conflictos de los que un padre atento podría imponer. O bien disciplinas a tus hijos, o bien traspasas esa responsabilidad al cruel e insensible mundo, pero la motivación para hacer esto último de forma alguna debe confundirse con el amor.

Puede que disientas, como a veces hacen los padres de hoy en día, y te preguntes por qué un niño tendría que estar sujeto a los dictados arbitrarios de un progenitor. De hecho, hay toda una nueva variante de pensamiento políticamente correcto que considera que algo así es «adultismo»,[27] una forma de prejuicio y opresión análoga, por ejemplo, al sexismo o al racismo. Hay que plantear con cuidado la cuestión de la autoridad de los adultos, algo que requiere un delicado estudio de la propia cuestión. Aceptar una objeción tal y como se formula equivale a aceptar hasta cierto punto su validez, lo que puede resultar peligroso si la cuestión está mal planteada. Vamos, pues, a analizarla.

En primer lugar, ¿por qué un niño tendría que «estar sujeto» a nada? Bueno, es fácil: todo niño o toda niña tiene que escuchar y obedecer a los adultos porque depende de los cuidados que una o varias personas ya crecidas estén dispuestas a proporcionarle. Teniéndolo en cuenta, es mejor para el niño comportarse de tal forma que genere genuino afecto y buena disposición. Pero se puede imaginar algo todavía mejor. El niño podría portarse de una forma que al mismo tiempo garantizara la máxima atención por parte de los adultos, de una forma que resultara beneficiosa para su estado actual y para su desarrollo futuro. Algo así resulta muy ambicioso, pero es lo que más se ajusta a los intereses del niño, con lo que hay buenos motivos para aspirar a tal meta.

A todo niño también se le debería enseñar a cumplir de buena gana con las expectativas del mundo social. Esto no significa asumir la imposición de una conformidad ideológica enajenada, sino, al contrario, que los padres deben recompensar aquellas actitudes y acciones que faciliten el éxito de sus hijos en el mundo que se abre más allá de la familia, así como utilizar las amenazas y el castigo cuando sean necesarios para erradicar comportamientos que conduzcan a la desgracia y al fracaso. No hay muchas oportunidades para ello, así que es importante acertar lo antes posible. Si no se le ha enseñado a un niño a comportarse apropiadamente antes de los cuatro años de edad, durante toda su vida le resultará difícil hacer amigos, como la ciencia ha demostrado. Esto es importante, porque los compañeros forman la fuente primaria de socialización a partir de esa misma edad. Los niños que son rechazados dejan de desarrollarse a causa de su aislamiento, así que se quedan cada vez más rezagados mientras el resto de los niños va progresando. En consecuencia, el niño que no tiene amigos a menudo se convierte en un adolescente y adulto solitario, asocial o deprimido, lo que no está nada bien. Una parte mucho mayor de lo que imaginamos de nuestra cordura es consecuencia de nuestra inmersión adecuada en una comunidad social. Se nos tiene que recordar de forma continua que pensemos y actuemos como se tiene que hacer. Cuando no lo hacemos, la gente que nos quiere y que se preocupa por nosotros nos va dando pequeños y grandes empujones para que recuperemos el camino, de modo que es mejor estar rodeado de ese tipo de gente.

Por otra parte, volviendo a la cuestión, tampoco es cierto que los dictados de los adultos sean siempre arbitrarios. Una cosa así solo resulta cierta en un Estado totalitario disfuncional, pero, en las sociedades civilizadas y abiertas, la mayoría se rige por un contrato social funcional que tiene como objetivo la mejora recíproca o, por lo menos, la coexistencia cercana sin demasiada violencia. Ni siquiera un sistema de reglas que tan solo consista en ese mínimo contrato resulta de forma alguna arbitrario, teniendo en cuenta cuál es la alternativa. Si la sociedad no premia de forma adecuada el comportamiento productivo y cooperativo, si insiste en distribuir los recursos de forma manifiestamente injusta y arbitraria y permite el robo y la explotación, no tardará en verse afectada por el conflicto. Si sus jerarquías se basan solo o fundamentalmente en el poder y no en la competencia necesaria para ejecutar aquello que es importante y difícil, también tenderá al desmoronamiento. Así ocurre, de una forma más simple, con las jerarquías de chimpancés, lo que proporciona una indicación de su condición de verdad primigenia, fundamental, biológica y no arbitraria.[28]

Los niños que no se han socializado correctamente tienen vidas horribles, por lo que es recomendable socializarlos de la mejor forma posible. Una parte de este trabajo puede realizarse con recompensas, pero no todo. Así pues, no se trata de decidir si hay que emplear el castigo y la amenaza, sino de hacerlo de forma consciente y sopesada. ¿Entonces cómo hay que disciplinar a los niños? Es una pregunta muy complicada, porque los niños (como los padres) presentan temperamentos muy distintos. Algunos son afables y desean verdaderamente que todos estén satisfechos con ellos, pero eso los lleva a evitar el conflicto y a ser dependientes. Otros son más tenaces e independientes y quieren hacer lo que se les antoje, cuando quieran y todo el tiempo. Así pues, pueden ser provocativos, desobedientes y testarudos. Otros necesitan desesperadamente reglas y estructuras, con lo que se encuentran a gusto incluso en entornos muy rígidos. Los hay que tienen muy poca estima por lo predecible y por la rutina, totalmente refractarios a cualquier exigencia —por mínima que sea— relacionada con el orden. Unos tienen una imaginación y una creatividad desbordantes; otros son mucho más concretos y conservadores. Todos estos rasgos constituyen diferencias hondas, importantes, profundamente influidas por factores biológicos y que resulta difícil modificar socialmente. Es una suerte que, habiendo de gestionar esta variabilidad, seamos herederos de una gran cantidad de reflexiones atinadas sobre el uso adecuado del control social.

LA FUERZA MÍNIMA NECESARIA

Partamos de una idea inicial muy sencilla: no habría que poner más normas de las necesarias, o dicho con otras palabras, las malas leyes hacen que se respete menos las que son buenas. Esto viene a ser el equivalente ético, e incluso legal, de la navaja de Occam, la guillotina conceptual de los científicos que estipula que la hipótesis más simple es la preferible. Así pues, no hay que abrumar a los niños —ni a quienes intentan disciplinarlos— con demasiadas reglas, porque así solo se conduce a la frustración.

Limita las reglas y después piensa en qué se puede hacer cuando no se respeta una de ellas. Resulta difícil establecer una regla general y válida para todos los contextos en lo que se refiere a la severidad del castigo. Sin embargo, hay una regla muy útil que recoge la *common law* inglesa —el derecho anglosajón derivado del sistema medieval que se aplica en los territorios con influencia británica— y que constituye uno de los más grandiosos productos de la civilización occidental. Su análisis nos puede servir para establecer un segundo principio muy útil.

La *common law* te permite defender tus derechos, pero solo de forma razonable. Si alguien irrumpe en tu casa y tienes una pistola cargada, tienes el derecho de defenderte, pero es mejor hacerlo en diferentes fases. ¿Qué pasa si se trata de un vecino borracho y desorientado? «¡Fuego!», piensas, pero no es tan simple. Así que, en vez de disparar, dices: «¡Alto! Tengo una pistola».

Si así no se consigue ninguna explicación ni la retirada, puedes ponderar la conveniencia de un tiro de advertencia. Y después, si el intruso sigue avanzando, puedes apuntarle a la pierna. (No tomes todo esto por una asesoría legal, no es más que un mero ejemplo). Puede echarse mano de un único principio, brillante en su carácter práctico, para generar todas estas reacciones progresivamente más severas: el de la fuerza mínima necesaria. Así que ahora ya tenemos dos reglas generales de disciplina. La primera: limita las reglas. La segunda: utiliza la menor fuerza necesaria para aplicarlas.

A propósito del primer principio, quizá te preguntes: «Vale, limitar las reglas, ¿pero a qué exactamente?». Aquí hay algunas sugerencias. No muerdas, pegues o des patadas a no ser que sea para defenderte. No tortures ni acoses a otros niños para no acabar en la cárcel. Come de forma civilizada y muéstrate agradecido, así a la gente le gustará invitarte a casa y cocinar para ti. Aprende a compartir, así los demás niños jugarán contigo. Presta atención cuando te hablen los adultos, así no te aborrecerán e incluso puede que se dignen a enseñarte algo. Vete a dormir cuando te toque y sin escándalos, así tus padres podrán tener una vida privada y no se lamentarán de que estés en casa. Cuida de tus cosas, porque es algo que hay que aprender y porque tienes suerte de tenerlas. Sé un alegre compañero cuando pasen cosas divertidas, así la gente querrá tenerte cerca. Un niño que conoce estas reglas será bienvenido allá donde vaya.

En cuanto al segundo principio, que es igual de importante, puedes preguntarte cuál es la fuerza mínima necesaria. Esto tienes que decidirlo basándote en la experiencia, a partir de la intervención más insignificante. A algunos niños una simple mirada los paraliza y otros se detienen cuando se les da una orden. Pero a algunos puede que les haga falta recibir en la mano el golpe de un dedo índice extendido. Algo así resulta particularmente útil en lugares públicos, como un restaurante, ya que se puede aplicar de forma rápida, eficiente y en silencio, sin riesgos de que se produzca una escalada de tensión. ¿Qué alternativas hay? Un niño que llora de rabia para que se le preste atención y que está molestando a todo el mundo no resulta particularmente popular. Otro que vaya corriendo de mesa en mesa y que moleste a todo el mundo no hace más que «deshonrarse» (es una palabra anticuada, pero me parece oportuna), a él y a sus padres. Comportamientos así no son nada deseables y los niños no harán más que repetirlos en público porque están experimentando, es decir, intentando establecer si las mismas reglas que hasta ahora han valido se pueden aplicar en un lugar nuevo. No hay forma de llegar a esa conclusión mediante la palabra, al menos no cuando se tiene menos de tres años.

Cuando nuestros hijos eran pequeños y los llevábamos a restaurantes, atraían las sonrisas de la gente. Se estaban bien sentaditos y comían con educación. No era algo que pudieran hacer durante mucho tiempo, pero tampoco los teníamos allí demasiado. Cuando empezaban a dar muestras de nerviosismo tras haber estado sentados tres cuartos de hora, sabíamos que era el momento de irse. Era parte del acuerdo, y gracias a ello había vecinos de mesa que nos decían lo agradable que era ver a una familia feliz. No es que estuviéramos siempre felices ni que nuestros hijos siempre se portaran bien, pero sí lo hacían la mayor parte del tiempo y era estupendo ver que la gente respondía positivamente a su presencia. Era, en particular, bueno para los niños, porque así veían que gustaban a la gente. Esto también reforzaba su buen comportamiento y esa era la recompensa.

A la gente le encantarán tus hijos si le das la oportunidad. Es algo que descubrí en cuanto fuimos padres por primera vez, cuando nació nuestra hija Mikhaila. Cuando la sacábamos a la calle en su carrito plegable por nuestro barrio de clase trabajadora de Montreal (Canadá), había tipos con aspecto de fornidos leñadores borrachos que se paraban para sonreírle. Se le acercaban y le hacían muecas graciosas. Ver a la gente interactuando con niños es algo que te devuelve la fe en la naturaleza humana, y todo eso se multiplica cuando tus hijos se portan bien en público. Si quieres asegurarte de que ocurran cosas así, tienes que disciplinar a tus hijos con cuidado y de forma eficiente. Y para eso, debes tener algunas nociones sobre la recompensa y el castigo, en vez de negarte a saber nada al respecto.

Una parte del proceso que supone establecer una relación con tu hijo o con tu hija es aprender cómo esa personita responde a una intervención disciplinaria y, a partir de ahí, intervenir de forma eficiente. Cierto, es mucho más fácil llenarse la boca con tópicos al uso como «Los castigos físicos jamás están justificados» o «Cuando pegas a un niño, lo único que haces es enseñarle a pegar». Empecemos con la primera afirmación: «Los castigos físicos jamás están justificados». En primer lugar, habría que señalar que existe un consenso generalizado acerca de la idea de que determinados comportamientos, sobre todo aquellos relacionados con el robo o las agresiones, están mal y tendrían que estar sujetos a alguna forma de sanción. En segundo lugar, habría que señalar que casi todas esas sanciones implican un castigo en sus muchas vertientes psicológicas o más explícitamente físicas. La falta de libertad produce dolor de una forma fundamentalmente similar a la de un trauma físico. Lo mismo puede decirse del uso del aislamiento social, incluido el llamado «tiempo de castigo». Todo esto lo sabemos a partir de la neurobiología. Así, son las mismas áreas del cerebro las que regulan la respuesta en los tres casos y las sensaciones se alivian en todos cuando se les aplica la misma clase de drogas, los opiáceos.[29] La cárcel es claramente un castigo físico —sobre todo el confinamiento solitario—, incluso cuando no ocurre nada violento. En tercer lugar, habría que señalar que algunas acciones particularmente descabelladas tienen que detenerse de forma inmediata y eficaz, entre otras cosas para que no suceda nada peor. ¿Qué tipo de castigo es el adecuado para alguien que no deja de meter un tenedor en un enchufe eléctrico? ¿O que se pone a correr entre risas por el estacionamiento de un supermercado abarrotado? La respuesta es simple: lo que sea que sirva para detenerlo cuanto antes, dentro de lo razonable, porque de lo contrario se puede producir un drama.

Tanto el caso del estacionamiento como el del enchufe resultan bastante evidentes, pero el mismo principio resulta válido en el ámbito social, lo que nos conduce al cuarto punto acerca de las excusas para el castigo físico. Las sanciones que corresponden a las malas acciones (esas que se podrían haber atajado de forma eficaz durante la niñez) ganan en severidad a medida que los niños crecen. Así pues, son sobre todo aquellos que siguen sin haber conocido una socialización adecuada a los cuatro años de edad los que reciben un castigo desproporcionadamente mayor por parte de la sociedad cuando se hacen jóvenes o adultos. Por otro lado, a menudo los niños de cuatro años sin control son los mismos que a los dos años resultaban excesivamente agresivos, porque así habían nacido. En comparación con los otros niños de su edad, pateaban, pegaban, mordían y quitaban juguetes (lo que después es robar) de forma mucho más frecuente. Este perfil corresponde con, aproximadamente, el cinco por ciento de los niños y un porcentaje mucho menor de las niñas.[30] Repetir como cacatúas la frase mágica «No hay ninguna excusa para el castigo físico» equivale a mantener la ficción en virtud de la cual los diablos adolescentes emergen de pequeños e inocentes angelitos infantiles. No le estás haciendo ningún favor a tu hijo cuando pasas por alto su mala conducta, sobre todo si, por su propio temperamento, exhibe una mayor agresividad.

Aferrarse a la teoría de que los castigos físicos jamás están justificados también es (en quinto lugar) asumir que la palabra «no» puede dirigirse de forma eficaz a una persona sin que exista la amenaza de castigo. Si una mujer puede decir «no» a un hombre poderoso y narcisista es porque hay normas sociales, leyes y autoridades que la respaldan. Un padre o una madre solo puede decir «no» a un niño que quiere un tercer trozo de pastel porque es más grande, más fuerte y más hábil que su hijo, y además también ve reforzada su autoridad por la ley y el Estado. Lo que ese «no» viene a significar siempre en última instancia es: «Si sigues haciendo eso, te ocurrirá algo que no te va a gustar». De lo contrario, no significa nada o, peor, significa «otra grosería inventada por adultos a quien es se puede ignorar». O, peor todavía, significa «todos los adultos son inútiles y débiles», lo que supone una lección particularmente negativa si se tiene en cuenta que el destino de todos los niños es volverse adultos y que la mayoría de las cosas que se aprenden sin tener que sufrir por ello las facilitan o las enseñan explícitamente los adultos. ¿Qué puede esperar del futuro un niño que ignora y desprecia a los adultos? ¿Para qué crecer? Y esa es la historia de Peter Pan, quien piensa que todos los adultos son variantes del capitán Garfio, unos tiranos horrorizados por su carácter mortal (simbolizado en el cocodrilo que llevaba un reloj dentro de la tripa). Un «no» solo puede significar «no» en ausencia de violencia cuando una persona civilizada se lo dice a otra.

¿Y qué decir sobre la idea de que «pegar a un niño solo sirve para enseñarle a pegar»? Pues, en primer lugar, que no es verdad, es demasiado simplista. Para empezar, «pegar» es una palabra muy poco sofisticada para describir la acción disciplinaria que un padre eficaz puede realizar. Si «pegar» sirviera para describir todo el abanico posible de fuerza física, entonces no habría diferencia alguna entre unas gotas de lluvia y las bombas atómicas. La magnitud cuenta, así como el contexto, a no ser que cerremos los ojos o queramos ser ingenuos. Cualquier niño sabe cuál es la diferencia entre que te muerda un perro agresivo al que no has provocado y que te mordisquee la mano tu mascota cuando intenta, entre juegos, agarrar el hueso que le estás ofreciendo. Qué tan duro se pega a alguien y por qué se hace son cuestiones que no se pueden ignorar cuando se habla de pegar. El momento y el contexto también tienen una importancia esencial. Si le das con un dedo en la mano a tu hijo de dos años después de que haya golpeado en la cabeza a su hermanita menor con un bloque de madera, entenderá la conexión y, por lo menos, no estará tan dispuesto a volver a hacerlo la próxima vez, lo que parece un buen resultado. Te aseguro que, a partir del toque con el dedo de su madre, no saca la conclusión de que tendría que golpear más fuerte. No es tonto, simplemente tiene celos, es impulsivo y no muestra una gran sofisticación. ¿Y qué otra cosa puedes hacer para proteger a su hermana? Si impartes disciplina de forma no eficaz, la pequeña sufrirá, quizá durante años. Las agresiones continuarán porque no harás absolutamente nada para que paren. Evitarás el conflicto que resulta necesario para establecer la paz, harás la vista gorda y, cuando acabe enfrentándose a ti (quizá ya de adulto), dirás que nunca te habías dado cuenta de que era así. Lo que pasa es que no querías saberlo, así que nunca lo llegaste a saber. Te limitaste a renunciar a tu responsabilidad de disciplina, y en su lugar te entregaste a un despliegue continuo de bondad. Pero todas las casitas de golosinas tienen dentro una bruja que se come a los niños.

¿Y adónde nos lleva todo esto? A la decisión de impartir disciplina de forma eficaz o ineficaz, pero no a la decisión de evitar cualquier tipo de ella, porque la naturaleza y la sociedad acabarán castigando de forma draconiana todos los defectos de comportamiento que no se hayan corregido siendo niños. Aquí tienes algunas pistas prácticas: sacar al niño de la habitación, el llamado «tiempo de descanso», puede ser una forma extremadamente efectiva de castigo, sobre todo si el niño que se está portando mal puede volver en cuanto haya sido capaz de controlarse. Así, el niño del berrinche se sentará solo hasta que se calme y luego podrá volver a la vida normal. Esto significa que quien gana es el niño, no la rabia. La regla es: «Vuelve con nosotros en cuanto seas capaz de portarte bien». Es una regla muy buena para los niños, los padres y la sociedad. Sabrás si tu hijo ha recuperado el control y entonces volverá a gustarte, a pesar de lo que haya hecho antes. Si sigues enfadado, quizá es porque no se ha arrepentido del todo o quizá tendrías que hacer algo con tu tendencia al rencor.

Si tu hijo es un pequeño demonio que lo único que hace cuando lo sientas en los peldaños de la escalera o en su habitación es salir corriendo entre risas, entonces quizá se pueda añadir algún tipo de restricción física. Se puede sujetar a un niño o una niña con cuidado pero con firmeza por la parte superior de los brazos hasta que deje de retorcerse y preste atención. Si eso no funciona, quizá sea necesario acostar al niño boca abajo sobre la rodilla del padre. Para un niño que está saltándose los límites de forma espectacular, un pellizco en el trasero puede servir como indicación de la mayor seriedad por parte de un adulto responsable. Hay situaciones en las que ni siquiera eso bastará, en parte porque algunos niños son necios, difíciles o les gusta explorar hasta dónde pueden llegar, o porque el comportamiento ofensivo en cuestión resulta verdaderamente grave. Y si no te estás parando a pensar sobre estas cuestiones es que no estás actuando como un padre o una madre responsable. Estás dejando el trabajo sucio a otra persona, y esa persona lo hará de forma mucho más sucia que tú.

UN RESUMEN DE PRINCIPIOS

Principio de disciplina número 1: Limita las reglas. Principio 2: Utiliza la fuerza mínima necesaria. Aquí está el tercero: Los progenitores deberían ser dos.[31] Criar a niños es algo que exige muchos esfuerzos y resulta agotador, por eso es muy fácil que un padre o una madre se equivoque. El insomnio, el hambre, el resultado de una bronca, una resaca o un mal día en el trabajo. Cualquiera de estos elementos por sí solo basta para que una persona tenga un comportamiento poco razonable, así que su combinación puede hacer que alguien se vuelva peligroso. En tales circunstancias, es necesario contar con otra persona cerca, observar, entrar en acción y hablar. Así será más difícil que un niño llorón al que le gusta provocar y un padre o madre gruñón en estado de saturación se exasperen mutuamente hasta llegar a un punto sin retorno. Los progenitores deberían ser dos, para que el padre de un recién nacido pueda cuidar de la madre de tal forma que ella no acabe totalmente rendida y termine haciendo algo desesperado, después de haberse pasado escuchando el llanto de un bebé con cólico desde las once de la noche hasta las cinco de la mañana durante treinta noches seguidas. No estoy diciendo que haya que ser cruel con las madres solteras, muchas de las cuales luchan con coraje y hasta la extenuación, cuando además algunas de ellas han tenido que escapar de relaciones marcadas por la violencia. Pero esto no significa que tengamos que fingir que todas las composiciones familiares resultan igual de viables, porque no lo son, y sobre esto no hay nada que discutir.

Y aquí viene un cuarto principio, uno de carácter más específicamente psicológico: los progenitores tendrían que entender su propia capacidad para ser duros, vengativos, arrogantes, rencorosos, coléricos y deshonestos. Muy pocas personas se proponen conscientemente ser un pésimo padre o una pésima madre, pero lo cierto es que todo el tiempo se producen ejemplos de malas prácticas en la crianza de los hijos. Esto se debe a que la gente posee una gran capacidad para el mal, así como para el bien, y también a que se insiste en ignorar este hecho. La gente es agresiva y egoísta, al igual que amable y atenta. Por esto mismo, ningún adulto —ningún simio jerárquico y depredador— puede tolerar realmente que un enano advenedizo lo domine. La venganza acabará llegando. Una pareja demasiado encantadora y paciente que haya sido incapaz de atajar una pataleta en el supermercado se las acabará haciendo pagar a su hijo, diez minutos después, mostrando absoluta indiferencia cuando se les acerque corriendo y lleno de entusiasmo para enseñarles su nuevo logro. Hasta la pareja más abnegada tiene un límite máximo de vergüenza, desobediencia y tiranía que puede soportar, más allá del cual cae de lleno en el resentimiento. Y es ahí cuando empiezan los verdaderos castigos. El resentimiento alimenta el deseo de venganza, así que habrá menos muestras de afecto espontáneo y se racionalizará esta ausencia. Se propiciarán menos oportunidades para el desarrollo del niño y empezará un sutil abandono. Y esto es solo el inicio del camino hacia el conflicto familiar más abierto, que fundamentalmente se desarrolla de forma invisible, bajo una falsa fachada de normalidad y amor.

Es mucho mejor evitar esta senda tan frecuentemente transitada. Un padre o una madre verdaderamente consciente de lo limitado de su tolerancia, y de su capacidad para portarse mal ante una provocación, está en condiciones de diseñar una estrategia adecuada de disciplina —sobre todo si su pareja, igual de despierta, la puede supervisar— y de impedir que las cosas degeneren hasta el punto en el que surge el verdadero odio. Así que, cuidado, porque hay familias tóxicas en todas partes, familias sin reglas ni límites para el mal comportamiento, con padres que explotan de forma aleatoria e impredecible e hijos que viven en ese caos y son aplastados si son tímidos o se rebelan en vano si tienen un carácter fuerte. Y algo así no está bien. Algo así puede llegar a ser letal.

En cuanto al quinto y último principio, es el más general. Los padres tienen el deber de actuar como representantes del mundo real. Unos representantes cariñosos y atentos, pero representantes en todo caso. Esta obligación pasa por encima de cualquier responsabilidad de asegurar la felicidad, propiciar la creatividad o reforzar la autoestima. La obligación primordial de los padres es conseguir que sus hijos resulten socialmente deseables, algo que les proporcionará oportunidades, amor propio y seguridad. Es incluso más importante que favorecer el desarrollo de una identidad individual, puesto que solo se puede aspirar a este santo Grial una vez que se ha alcanzado un grado elevado de sofisticación social.

LOS NIÑOS BUENOS Y LOS PADRES RESPONSABLES

Una niña de tres años que ha sido convenientemente socializada es educada y encantadora. No es nada pusilánime, suscita el interés de otros niños y el aprecio de los adultos. Existe en un mundo donde la gente de su edad la acoge con cariño y los adultos sienten auténtica alegría al verla en vez de esconderse tras sonrisas forzadas. Las personas que le descubran el mundo lo harán con agrado, lo que será más beneficioso para su futura individualidad que cualquier intento cobarde por parte de sus padres de evitar el conflicto cotidiano y la disciplina.

Habla con tu pareja o con amigos acerca de lo que te gusta y lo que no te gusta de tus hijos, pero no tengas miedo de que haya cosas que sí y otras que no. Eres capaz de discernir qué es apropiado y qué no lo es, de separar el grano de la paja. Eres consciente de las diferencias entre el mal y el bien. Una vez que tengas clara tu postura, una vez que hayas evaluado tu mezquindad, tu arrogancia y tu resentimiento, entonces podrás dar el paso siguiente y conseguir que tus hijos se porten bien. Serás responsable de su disciplina y también de los errores que inevitablemente cometas en el proceso. Entonces podrás pedir disculpas y aprender a hacerlo mejor.

Al fin y al cabo quieres a tus hijos. Si sus actos hacen que dejen de gustarte, piensa en el efecto que tendrán en otras personas a las que les importan mucho menos que a ti y que los castigarán de forma severa, por omisión o decididamente. No dejes que algo así ocurra. Es mejor enseñarles a tus monstruitos lo que está bien y lo que no, para que se conviertan en sofisticados ciudadanos del mundo que se abre más allá de la familia.

Un niño que mira y escucha en vez de hacer lo que quiere, que sabe jugar y no lloriquea, que es gracioso pero no harta, alguien en quien se puede confiar..., ese niño tendrá amigos allá donde vaya. Gustará a sus profesores y a sus padres y, si presta atención a los adultos, recibirá de ellos la misma atención, además de sonrisas y gratas enseñanzas. Saldrá adelante en lo que tan a menudo es un mundo frío, implacable y hostil. Los principios claros de disciplina y castigo establecen un equilibrio entre indulgencia y justicia que favorecen de forma óptima el desarrollo social y la madurez psicológica. Las reglas claras y la disciplina apropiada ayudan al niño, a la familia y a la sociedad a establecer, mantener y expandir el orden, que es todo lo que nos protege del caos y de los terrores del inframundo, allí donde todo es incierto, donde todo provoca ansiedad, desesperanza y depresión. No hay mejor regalo que unos padres responsables y valientes.

No permitas que tus hijos hagan cosas que detestes.

ANTES DE CRITICAR A ALGUIEN, ASEGÚRATE DE TENER TU VIDA EN PERFECTO ORDEN

UN PROBLEMA RELIGIOSO

No parece razonable describir al joven que en 2012 disparó a veinte niños y seis trabajadores de la escuela primaria Sandy Hook de Newton, en Connecticut, como una persona religiosa. Lo mismo cabe decir de los asesinos de la escuela secundaria de Columbine (1999) y del autor de la masacre del cine de Colorado (2012). No obstante, todos estos individuos sanguinarios tenían un problema con la realidad y lo sentían con una profunda intensidad religiosa. Tal y como uno de los miembros del dúo de Columbine escribió:[1]

> No vale la pena luchar por la raza humana, solo merece la muerte. Hay que devolver la Tierra a los animales, que la merecen infinitamente más que nosotros. Ya nada significa nada.

Las personas que piensan de este modo tienen una visión del mismo Ser como algo injusto, cruel y corrupto, y del Ser humano en particular como objeto de desprecio. Se designan a sí mismos jueces supremos de la realidad y la condenan como algo defectuoso. Son los críticos definitivos. Así siguen las palabras llenas de cinismo del individuo antes citado:

Si te pones a pensar en la historia, los nazis propusieron una «solución final» al problema judío: matarlos a todos. Bueno, por si todavía no lo has captado, yo digo: «HAY QUE MATAR A LA HUMANIDAD». Nadie tendría que quedar vivo.

Para este tipo de personas, el mundo de la experiencia es insuficiente y perverso, así que todo puede irse al infierno.

¿Pero qué ocurre cuando alguien llega a pensar de esta forma? Una gran obra alemana, el *Fausto* de Johann Wolfgang von Goethe, se ocupa de este tema. El personaje principal, un estudioso llamado Heinrich Faust, vende su alma inmortal al diablo, Mefistófeles. A cambio, recibe todo lo que desee mientras aún esté en la Tierra. En la obra de Goethe, Mefistófeles aparece como el eterno adversario del Ser. Este es su credo fundamental:[2]

> Soy el espíritu que siempre niega,
> y con razón, pues todo cuanto nace
> digno es de perecer;
> por eso sería mejor que nada naciera.
> Así pues, todo cuanto llamas pecado
> y destrucción, en resumen: el mal,
> es mi elemento natural.

A Goethe este sentimiento de odio le parecía tan importante, tan indispensable para comprender el elemento central de la capacidad destructiva de un humano vengativo, que en la segunda parte de la obra, escrita muchos años después, hace repetir a Mefistófeles la misma idea con una formulación algo distinta.[3]

Las personas piensan a menudo como Mefistófeles, si bien raramente ejecutan tales pensamientos con la brutalidad de los asesinos que llevaron a cabo las matanzas del colegio, de la escuela secundaria o el cine antes mencionados. Cada vez que sufrimos la injusticia —ya sea real o imaginada—, cada vez que nos enfrentamos a una tragedia o somos víctimas de las maquinaciones de otros, cada vez que sentimos el horror y el dolor de nuestras limitaciones aparentemente arbitrarias, surge de entre las tinieblas la vil tentación de cuestionar el Ser y maldecirlo. ¿Por qué tienen que sufrir tanto las personas inocentes? Y en todo caso, ¿qué clase de planeta sangriento y horrible es este?

En verdad la vida es muy dura. Todo el mundo está destinado al dolor y programado para la destrucción. En ocasiones el sufrimiento es un claro resultado de un error personal como la ceguera deliberada, las malas decisiones o la crueldad. En tales casos, cuando parece que se trata de un castigo que alguien se inflige a sí mismo, puede incluso resultar justo. Se puede pensar que a la gente le acaba correspondiendo lo que se merece, lo cual, de todas formas, incluso cuando es cierto, tampoco proporciona mucho consuelo. A veces, si el que sufre modificara su comportamiento, su vida se desarrollaría de forma menos trágica. Pero la capacidad de control de los humanos es limitada y todos tendemos a la desesperación, a la enfermedad, a la vejez y a la muerte. En resumidas cuentas, no parece que seamos los arquitectos de nuestra propia fragilidad. Entonces, ¿de quién es la culpa?

Las personas que están muy enfermas (o, peor todavía, que tienen un hijo enfermo) inevitablemente acabarán por hacerse esta pregunta, sean creyentes o no. Lo mismo le pasará a alguien que se vea atrapado en algún tipo de enorme engranaje burocrático, en una inspección de Hacienda o en un pleito o un divorcio interminable. Y no son solo los que sufren de forma más manifiesta los que se sienten atormentados por la necesidad de culpar a alguien o a algo por el intolerable estado en el que se encuentra su Ser. Así, por ejemplo, en el punto álgido de su fama, su influencia y su fuerza creativa, el propio Lev Tolstói, con toda su grandeza, comenzó a cuestionar el valor de la existencia humana.[4] Razonaba así el escritor ruso:

> Mi posición era terrible. Sabía que no encontraría nada por la vía del conocimiento racional, salvo la negación de la vida, mientras que en la fe no encontraría nada salvo la negación de la razón, que era aún menos plausible que la negación de la vida. De acuerdo con el cono-

cimiento racional, la existencia es un mal, y las personas lo saben; de ellas depende no vivir; y aún así han vivido, viven, y yo mismo vivo, aunque hace tiempo que sé que la vida no tiene sentido y es un mal.

Por mucho que lo intentó, Tolstói tan solo pudo identificar cuatro formas de escapar de este tipo de pensamientos. La primera consistía en refugiarse en la ignorancia infantil y obviar el problema. Otra, en entregarse al placer más frívolo. La tercera era «continuar arrastrando una vida que es cruel y absurda, sabiendo de antemano que nada puede surgir de ella». Esta particular forma de escape la identificó con la debilidad: «Las personas en esta categoría saben que la muerte es mejor que la vida, pero no poseen la fuerza para actuar racionalmente y poner fin al engaño rápidamente con el suicidio».

Solo la cuarta y última forma de escape requería «fuerza y energía. Consistía en destruir la vida, al haberse dado cuenta de que la vida es cruel y absurda». Tolstói seguía así inexorablemente su planteamiento:

Solo actúan así las escasas personas que son fuertes y consecuentes. Comprendiendo toda la estupidez de la broma que les han gastado y que el bien de los muertos es superior al bien de los vivos y que es mejor no existir, actúan y ponen fin de una vez por todas a esa estúpida broma puesto que hay medios para hacerlo: una soga al cuello, agua, un cuchillo para clavárselo en el corazón, los trenes sobre las vías férreas.

Tolstói no era lo suficientemente pesimista. La estupidez de la broma que se nos gasta no solo induce al suicidio, sino también al asesinato, es decir, a una masacre a menudo seguida de un suicidio. Esto sí es una protesta existencial eficaz. En junio de 2016, por increíble que resulte, se habían registrado en los Estados Unidos mil masacres (incidentes en los que al menos cuatro personas murieron, sin incluir al asesino) en un espacio de 1 260 días.[5] Es decir, un suceso de este tipo cada cinco o seis días durante más de tres años. Todo el mundo asegura no poder entenderlo, pero ¿cómo se puede seguir fingiendo algo así? Tolstói lo entendió hace más de un siglo. Los antiguos autores de la historia bíblica de Caín y Abel también lo entendieron hace más de veinte siglos. Describieron el asesinato como el primer acto de la historia después del Edén. Es más, no se trataba de un simple asesinato, sino de un crimen fratricida, es decir, se mataba de forma consciente a alguien inocente, que además era ideal y bueno, para contrariar al creador del universo. Los asesinos de hoy nos dicen lo mismo con sus propias palabras. ¿Y quién puede negar que nos encontramos ante el gusano que se esconde en el corazón de la manzana? Pero no queremos escuchar, porque la verdad resulta demasiado lacerante. Incluso para alguien tan lúcido como el reputado autor ruso, no había salida posible. ¿Cómo podremos arreglárnoslas nosotros cuando alguien del calibre de Tolstói reconoció su propia derrota? Durante años escondió todas las armas que tenía y nunca tenía una cuerda cerca por si se le ocurría ahorcarse.

¿Cómo puede alguien que tiene los ojos abiertos evitar descargar su furia contra el mundo?

LA VENGANZA O LA TRANSFORMACIÓN

Puede que un hombre religioso llegue a agitar el puño desesperado ante la aparente injusticia y ceguera de Dios. Hasta el propio Jesucristo, según cuenta la historia, se sintió abandonado en la cruz. Un individuo más agnóstico o ateo culpará al destino o reflexionará con amargura acerca de la brutalidad de la fortuna. Otro quizá se abra en canal intentando encontrar los defectos que explican su sufrimiento y su deterioro. Todas estas no son más que variaciones sobre el mismo tema. Cambia el nombre del propósito, pero la psicología subyacente es siempre la misma. ¿Por qué? ¿Por qué hay tanto sufrimiento y tanta crueldad?

Bueno, quizá sí sea culpa de Dios, o del destino ciego y absurdo, si así prefieres pensarlo. Y, según parece, todo apunta en esa dirección. ¿Pero qué pasa si piensas así? Los autores de masacres creen que el sufrimiento relacionado con la vida justifica su condena y su venganza, como los chicos de Columbine demostraron con toda claridad:[6]

> Prefiero morir antes que traicionar mis ideas. Antes de abandonar este insignificante lugar mataré a todo aquel que me parezca inútil para todo, sobre todo para vivir. Si en el pasado me jodiste, morirás si te veo. Igual puedes joder a otros y luego hacer como si no hubiera pasado nada, pero conmigo no te va a funcionar. No olvido a la gente que me hizo daño.

Uno de los asesinos más vengativos del siglo XX, el atroz Carl Panzram (1891-1930), fue víctima de violaciones y maltrato en la institución de Minnesota que debía ocuparse de su rehabilitación cuando era un delincuente juvenil. Su indescriptible rabia lo convirtió en atracador, pirómano, violador y asesino en serie. Tenía como objetivo explícito y permanente la destrucción e incluso llevaba una cuenta del valor en dólares de las propiedades que quemaba. Empezó por odiar a las personas que le habían hecho daño, pero su resentimiento fue creciendo hasta que abarcó a toda la humanidad. Y no se detuvo ahí: su ansia de destrucción se dirigía de forma fundamental al mismo Dios. No hay otra forma de decirlo. Panzram violaba, asesinaba y quemaba para expresar su rabia contra el Ser. Actuaba como si alguien fuera responsable. Lo mismo ocurre con la historia de Abel y Caín. No se aceptan los sacrificios de Caín, que vive sufriendo. Apunta a Dios y desafía al Ser que este creó, pero Dios no acepta su súplica y le dice a Caín que él mismo es responsable de sus tormentos. Caín, presa de la rabia, mata a Abel, el favorito de Dios (y también el ídolo de Caín). Obviamente, Caín sentía celos de su afortunado hermano, pero, ante todo, lo mató para contrariar a Dios. Esta es la versión más fidedigna de lo que ocurre cuando la gente ejecuta su venganza hasta las últimas consecuencias.

La reacción de Panzram era (y esto es lo que resulta tan terrible) totalmente comprensible. Los detalles de su autobiografía revelan que era una persona fuerte y de una lógica extremadamente congruente, como las personas descritas por Tolstói. Se trataba de un individuo enérgico, coherente y valiente, de firmes convicciones. ¿Cómo podría esperarse que alguien como él perdonara y olvidara, teniendo en cuenta lo que le había ocurrido? A la gente le suceden cosas verdaderamente horribles, así que no es de extrañar que busquen venganza. En tales condiciones, parece incluso una necesidad moral. ¿Y cómo diferenciar la venganza y una petición de justicia? Tras experimentar una atrocidad desgarradora, ¿acaso el perdón no es sino una forma de cobardía, una muestra de falta de voluntad? Este tipo de preguntas me atormentan, pero hay gente que supera pasados horribles y consigue hacer el bien en vez del mal, por mucho que este tipo de logros nos pueda resultar sobrehumano.

He conocido a personas que fueron capaces de hacerlo. Pienso en un hombre, un gran artista, que sobrevivió a una «escuela» como aquella en la que sufrió Panzram, solo que en su caso fue internado a sus tiernos cinco años, después de un largo paso por el hospital donde se le había tenido que tratar, simultáneamente, de sarampión, paperas y varicela. Incapaz de adaptarse a los modos y formas de la escuela, deliberadamente aislado de su familia, víctima de abusos, muerto de hambre y atormentado, cuando salió era un joven furioso y desgarrado. Se hizo entonces mucho daño con drogas, alcohol y otras formas de comportamiento autodestructivo. Odiaba a todo el mundo, hasta al mismo Dios y al cruel destino. Pero supo poner fin a todo esto: dejó de beber y dejó de odiar (si bien es un sentimiento que lo alcanza, hasta hoy, a ráfagas). Revitalizó la cultura artística de su tradición nativa y formó a jóvenes para que siguieran sus pasos. Creó un tótem de más de quince metros como conmemoración de los sucesos de su vida, y una canoa de unos doce metros de largo tallada en un único tronco, algo que ya nadie o casi nadie hace. Reunió a toda su familia en una gran fiesta en la que cientos de personas bailaron durante dieciséis horas como una forma de expresar su dolor y hacer las paces con el pasado. Decidió ser una buena persona y entonces hizo lo necesario, por imposible que pareciera, para vivir así.

También tuve una paciente que no había tenido buenos padres. Su madre murió cuando era muy pequeña y su abuela, que se encargó de su crianza, era una bruja amargada obsesionada por las apariencias. Maltrataba a su nieta castigándola por sus virtudes —su creatividad, su sensibilidad, su inteligencia—, incapaz de resistirse a hacerle pagar el resentimiento acumulado por una vida objetivamente dura. Tenía mejor relación con su padre, pero era un drogadicto que murió muy enfermo mientras ella lo cuidaba. Mi paciente tenía un hijo y se negó a perpetuar nada de esto, de tal forma que el chico se convirtió en un hombre honrado, independiente, trabajador e inteligente. En lugar de seguir ensanchando el roto del tejido cultural que había recibido en herencia, lo que hizo fue zurcirlo. No hizo suyos los pecados de sus antepasados. Y es que se pueden hacer cosas así.

> El sufrimiento, ya sea psíquico, físico o intelectual, no tiene por qué engendrar nihilismo (es decir, la negación radical de todo valor, significado e interés). El sufrimiento siempre permite diferentes interpretaciones.

Fue Nietzsche quien escribió estas palabras.[7] Lo que quería decir es que quienes sufren el mal pueden efectivamente desear perpetuarlo, hacérselo pagar a otros, pero también es posible que experimentar el mal sirva para descubrir el bien. Un niño víctima de *bullying* puede reproducir el comportamiento de quienes lo atormentan, pero también puede aprender a partir de su propio dolor que está mal meterse con la gente y amargarle la vida. Una persona martirizada por su madre puede aprender de su horrible experiencia lo importante que es ser un buen padre o una buena madre. Muchos, quizá la mayoría, de los adultos que maltratan a niños sufrieron esos mismos maltratos en su infancia. No obstante, la mayoría de las víctimas de maltrato no reproducen el mismo comportamiento con sus propios hijos. Se trata de una realidad constatada, que se puede demostrar de una forma sencilla y aritmética de la siguiente manera: si un padre maltratara a sus tres hijos y cada uno de ellos tuviera otros tres hijos y mantuviera ese mismo ritmo, entonces habría tres maltratadores de primera generación, nueve de segunda, veintisiete de tercera, ochenta y uno de cuarta, y así en sucesivos crecimientos exponenciales. Veinte generaciones después, más de diez mil millones de personas habrían sido víctimas de maltrato, es decir, más del número total de personas que pueblan actualmente la Tierra. Pero no es así, y el maltrato desaparece de generación en generación porque las personas frenan su reproducción, lo que supone una demostración de la auténtica dominación del bien sobre el mal en el corazón humano.

El deseo de venganza, por justificado que pueda estar, bloquea pensamientos más productivos. El poeta angloestadounidense T. S. Eliot lo explicó en su obra teatral *El coctel* (1950). Uno de sus personajes es una mujer que la está pasando mal y que describe a un psiquiatra su profunda infelicidad. Dice esperar que todo su sufrimiento sea culpa suya, lo que sorprende al psiquiatra, que le pregunta por qué. Ella responde que se trata de algo sobre lo que ha pensado largo y tendido hasta llegar a la siguiente conclusión: si es culpa suya, entonces puede que sea capaz de hacer algo al respecto. Por el contrario, si es culpa de Dios —es decir, si la realidad es así de perversa, si se conjura para hacer de ella un ser miserable—, entonces está condenada. Aunque se ve incapaz de cambiar la estructura de la propia realidad, sí podría cambiar su propia vida.

Alexandr Solzhenitsyn tenía todas las razones del mundo para cuestionar la estructura de la existencia cuando se encontraba preso en un gulag, un campo de trabajos forzados soviético, en un momento del terrible siglo XX. Había servido como soldado en las endebles primeras líneas de defensa rusas que habían hecho frente a la invasión nazi. Su propia gente lo arrestó, lo golpeó y lo encarceló. Justo entonces, contrajo cáncer. Podía haber sucumbido al resentimiento y a la amargura: los dos mayores tiranos de la historia, Stalin y Hitler, le habían destrozado la vida; vivía en condiciones brutales; se le arrebataba y se malgastaba casi todo su tiempo; era testigo del sufrimiento, inútil y humillante, y de la muerte de sus amigos y conocidos; padecía una gravísima enfermedad. A Solzhenitsyn le sobraban los motivos para culpar a Dios. Quizá solo Job llegó a sufrir tanto.

Pero el gran escritor, el firme y lúcido defensor de la verdad, no permitió que su mente se dejara arrastrar a la venganza y a la destrucción. Por el contrario, abrió los ojos. Durante sus numerosos juicios, Solzhenitsyn conoció a personas que se comportaban con integridad en las condiciones más trágicas y los contempló con suma atención. Entonces se hizo la más difícil de las preguntas: ¿había contribuido él de alguna forma a su catástrofe vital? En ese caso, ¿cómo? Recordó su apoyo inquebrantable al Partido Comunista en su juventud. Cuestionó su vida entera, algo para lo que tenía tiempo más que suficiente en el campo. ¿De qué formas se había equivocado en el pasado? ¿Cuántas veces había actuado contra su propia conciencia? ¿Cuántas veces había hecho cosas que sabía que estaban mal? ¿Cuántas veces se había traicionado? ¿Cuántas veces había mentido? ¿Había forma alguna de expiar sus pecados pasados, de redimirse desde el infierno de barro de un gulag soviético?

Solzhenitsyn repasó de forma extremadamente minuciosa todos los detalles de su vida. Se planteó una segunda pregunta y después una tercera. ¿Puedo dejar de cometer este tipo de errores ahora? ¿Puedo reparar los perjuicios causados por mis fracasos pasados ahora? Aprendió a mirar y a escuchar. Conoció a personas a las que admiró, que eran honestas a pesar de todo. Se desmontó pieza por pieza para que muriera todo lo accesorio y lo nocivo y poder así resucitar. Entonces escribió *Archipiélago Gulag*, una historia del sistema de internamiento de los campos soviéticos.[8] Se trata de un libro contundente y terrible, escrito con la abrumadora fuerza moral de la verdad más desnuda. Prohibido (y con razón) en la Unión Soviética, se consiguió filtrar a Occidente y entonces le estalló en la cara al mundo. La obra de Solzhenitsyn demolía de forma absoluta y definitiva la credibilidad intelectual del comunismo en tanto que ideología o sociedad. Le asestaba así un hachazo fatal al árbol cuyos amargos frutos tan mal lo habían alimentado y cuyo arraigo él mismo había presenciado y apoyado.

Así, la decisión de un hombre de cambiar su vida en vez de culpar al destino hizo temblar todo el patológico sistema de la tiranía comunista. Acabaría por derrumbarse por completo no muchos años después, algo a lo que la valentía de Solzhenitsyn contribuyó de forma bastante decisiva. Pero no sería el único capaz de realizar un milagro semejante. Se puede citar a Václav Havel, el escritor perseguido que de forma inesperada terminaría convirtiéndose en presidente de Checoslovaquia y más tarde de la República Checa, o a Mahatma Gandhi.

TODO SE VIENE ABAJO

Ha habido pueblos enteros que se han negado de la forma más absoluta a condenar la realidad, a criticar el Ser y a culpar a Dios. Un buen ejemplo son los hebreos del Antiguo Testamento, cuyas tribulaciones reproducían un patrón coherente. Las historias de Adán y Eva, de Caín y Abel, de Noé y de la torre de Babel son realmente antiguas y sus orígenes se pierden en la noche de los tiempos. No se puede hablar de algo parecido a la historia, tal y como la entendemos hoy, hasta después de la narración del diluvio universal en el Génesis. Empieza con Abraham, cuyos descendientes se convierten en el pueblo hebreo del Antiguo Testamento, también conocido como la Biblia hebrea. Alcanzan un pacto con Yahvé —con Dios— y ahí empiezan sus aventuras claramente históricas.

Bajo el liderazgo de un hombre excepcional, los hebreos se organizan en sociedad y luego en imperio. A medida que prosperan, su fortuna alimenta el orgullo y la arrogancia y la corrupción asoman su feo rostro. El Estado, cada vez más engreído, se obsesiona con el poder y empieza a obviar sus deberes con las viudas y los huérfanos, desviándose así del ancestral acuerdo alcanzado con Dios. Entonces aparece un profeta que denigra públicamente y sin pudor alguno al rey autoritario y al país que ha perdido la fe por sus fracasos ante Dios —un acto de gran valentía—, al tiempo que les advierte del terrible juicio que se avecina. Sus palabras son ignoradas y así pierden su última oportunidad. Dios aniquila a su decadente pueblo, condenándolo a una humillante derrota en batalla y a generaciones de subyugación. A partir de ahí, los hebreos se arrepienten profundamente y se culpan a sí mismos de su desgracia, por haber sido incapaces de respetar la palabra de Dios. Se dicen una y otra vez que podrían haberlo hecho mejor. Así, reconstruyen su Estado y el ciclo vuelve a comenzar.

Así es la vida. Construimos estructuras para vivir. Construimos familias, Estados y países. Sintetizamos los principios sobre los que reposan esas estructuras y formulamos sistemas de creencias. En un principio ocupamos esas estructuras y creencias como Adán y Eva en el paraíso, pero el triunfo hace que nos confiemos y dejemos de prestar atención. Dejamos de valorar lo que tenemos y nos volvemos laxos. Dejamos de advertir que las cosas van cambiando, que la corrupción se está instalando. Y entonces todo se viene abajo. ¿Es culpa de la realidad... o de Dios? ¿O bien las cosas se vienen abajo porque no les hemos prestado la atención suficiente?

Cuando el huracán Katrina azotó Nueva Orleans en 2005 y la ciudad se vio anegada por las olas, ¿se trataba de un desastre natural? Los holandeses preparan diques para poder resistir la peor tormenta en decenas de miles de años. Si Nueva Orleans hubiera seguido el ejemplo, no habría ocurrido tragedia alguna. No se puede decir que nadie lo supiera: la Ley de Control de Inundaciones de 1965 exigía que se mejorara el sistema de diques que contiene el lago Pontchartrain. La reforma tenía que terminar en 1978, pero cuarenta años más tarde tan solo se había realizado el sesenta por ciento del trabajo. Fueron la inconsciencia deliberada y la corrupción las que hundieron la ciudad.

Un huracán es un acto de Dios, pero la incapacidad de prepararse cuando se es perfectamente consciente de la necesidad de hacerlo es un pecado. Significa ser incapaz de estar a la altura, y el precio que se paga por el pecado es la muerte (Romanos 6:23). Los antiguos judíos siempre se culpaban a sí mismos cuando las cosas se venían abajo. Actuaban como si la bondad divina —la bondad de la realidad— fuera un axioma, con lo que se responsabilizaban de sus propios errores. Algo así es tremendamente responsable, mientras que la alternativa es considerar defectuosa la realidad, criticar al propio Ser y entregarse al resentimiento y al deseo de venganza.

Si estás sufriendo, no pasa nada, porque es lo normal. La gente vive marcada por sus limitaciones y la vida es trágica. En todo caso, si tu sufrimiento es razonable y estás empezando a corromperte, ya tienes algo en lo que pensar.

LIMPIA TU VIDA

Valora tus circunstancias. Empieza por lo más pequeño. ¿Has sacado verdadero partido a las oportunidades que se te han ofrecido? ¿Estás dándolo todo en tu carrera, en tu trabajo, o bien estás dejando que la amargura y el resentimiento te retengan, te hundan? ¿Has hecho las paces con tu hermano? ¿Estás tratando a tu mujer y a tus hijos con dignidad y respeto? ¿Tienes hábitos que están destruyendo tu salud y tu bienestar? ¿Estás asumiendo verdaderamente tus responsabilidades? ¿Has dicho a tus amigos y familiares lo que tenías que decirles? ¿Hay cosas que podrías hacer, que sabes que podrías hacer, que servirían para mejorar lo que te rodea?

¿Has limpiado tu vida?

Si la respuesta es no, aquí hay algo que puedes probar: deja de hacer las cosas que sabes que están mal. Empieza hoy mismo.

No pierdas tiempo preguntándote cómo sabes que lo que haces está mal, si de verdad sabes que es así. Una pregunta inoportuna puede confundir en vez de aclarar, además de evitar que pases a la acción. Puedes saber que algo está mal o bien sin necesidad de saber por qué. Todo tu Ser puede decirte algo que no estás en condiciones de explicar o articular. Las personas son demasiado complejas para conocerse completamente y todos llevamos en nuestro interior una sabiduría que no podemos entender.

Por tanto, no dudes en parar en cuanto tengas la más mínima consciencia de que deberías hacerlo. Deja de comportarte de esa forma particular tan lamentable. Deja de decir esas cosas que te debilitan y te avergüenzan y di solo aquello que te haga más fuerte. Haz solo aquello de lo que puedas hablar con orgullo.

Puedes juzgar con tus propios criterios y confiar en ti mismo como guía. No es necesario comulgar con ningún tipo de comportamiento externo o arbitrario. Sin embargo, no deberías despreciar las directrices que te transmite tu cultura, porque la vida es corta y no tienes tiempo para descubrirlo todo tú solo. La sabiduría del pasado se conquistó con grandes esfuerzos, así que tus difuntos ancestros puede que tengan algo útil que decirte.

No culpes al capitalismo, a la izquierda radical, a la maldad de tus enemigos. No reorganices todo el país hasta que hayas puesto en orden tu propia experiencia. Sé un poco humilde: si no puedes imponer la paz en tu propia casa, ¿cómo esperas dirigir toda una ciudad? Deja que tu propia alma te guíe y mira lo que ocurre a medida que pasan los días y las semanas. En el trabajo empezarás a decir lo que piensas de verdad. Empezarás a decir a tu mujer, a tu marido, a tus hijos, a tus padres lo que de verdad quieres y necesitas. Cuando sepas que te has dejado algo por hacer, intervendrás para subsanar esa omisión. Tu cabeza se aclarará a medida que dejes de llenarla de mentiras. Tu experiencia mejorará a medida que dejes de distorsionarla con acciones impostadas. Entonces comenzarás a descubrir cosas nuevas y más sutiles que estás haciendo mal. Deja de hacer todo eso también y, tras meses de esmerado esfuerzo, tu vida se habrá vuelto más simple y menos complicada. Tendrás más lucidez y podrás desentrañar tu pasado. Te harás más fuerte, perderás tu amargura y avanzarás con confianza hacia el futuro. Dejarás de complicarte la vida de forma innecesaria y te quedarás simplemente con las auténticas tragedias de la vida, las que son inevitables, pero ya no te enfrentarás a ellas desde la amargura y el engaño.

Quizá descubras que tu alma purificada, mucho más fuerte que nunca, ya está en condiciones de asumir todas las tragedias restantes, las tragedias necesarias, mínimas, inevitables. Quizá incluso aprendas a recibirlas de tal forma que sigan siendo trágicas —tan solo trágicas—, pero no degeneren en un infierno absoluto. Quizá tu ansiedad, tu desesperanza, tu resentimiento y tu rabia —por asesinos que resulten en un principio— vayan remitiendo. Quizá tu alma libre de corrupción sea capaz de contemplar su existencia como algo genuinamente bueno, como algo que se debe celebrar, incluso a pesar de toda tu vulnerabilidad. Quizá te conviertas en una fuerza imbatible a favor de la paz y de todo aquello que es bueno.

Quizá entonces te des cuenta de que, si todo el mundo hiciera esto con sus propias vidas, el mundo dejaría de ser un lugar funesto. A partir de ahí, con un esfuerzo mantenido, quizá pueda incluso dejar de ser un lugar trágico. ¿Y quién sabe cómo podría ser la existencia si todos nos propusiéramos luchar por lo mejor? ¿Quién sabe qué cielos eternos podrían conquistar nuestros espíritus, purificados por la verdad, dirigidos hacia arriba desde esta tierra de los caídos?

Antes de criticar a alguien, asegúrate de tener tu vida en perfecto orden.

DEDICA TUS ESFUERZOS A HACER COSAS CON SIGNIFICADO, NO AQUELLO QUE MÁS TE CONVENGA

APROVECHA MIENTRAS PUEDAS

La vida es sufrimiento. Eso está claro. No hay ninguna verdad más básica e irrefutable. Es fundamentalmente lo que Dios les dice a Adán y a Eva justo antes de expulsarlos del paraíso:

A la mujer le dijo:
«Mucho te haré sufrir en tu preñez, parirás hijos con dolor, tendrás ansia de tu marido, y él te dominará».
A Adán le dijo:
«Por haber hecho caso a tu mujer y haber comido del árbol del que te prohibí, maldito el suelo por tu culpa: comerás de él con fatiga mientras vivas; brotará para ti cardos y espinas, y comerás hierba del campo.
»Comerás el pan con sudor de tu frente, hasta que vuelvas a la tierra, porque de ella fuiste sacado; pues eres polvo y al polvo volverás». (Génesis 3:16-19)

¿Qué diablos se puede hacer en estas condiciones?
¿Cuál es la respuesta más simple, obvia y directa? Busca el placer. Sigue tus impulsos. Vive el momento. Haz lo que te convenga. Miente, haz trampas, roba, engaña, manipula, pero que no te atrapen. En un universo totalmente carente de significado, ¿qué

más daría? Y no se trata en absoluto de una idea novedosa. Desde hace mucho tiempo se recurre a la tragedia vital y al sufrimiento que ello comporta para justificar la búsqueda de la satisfacción más inmediata y egoísta.

> Razonando equivocadamente se decían: «Corta y triste es nuestra vida y el trance final del hombre es irremediable; no consta de nadie que haya regresado del abismo.
>
> »Nacimos casualmente y después seremos como si nunca hubiésemos existido. Humo es el aliento que respiramos y el pensamiento, una chispa del corazón que late.
>
> »Cuando esta se apague, el cuerpo se volverá ceniza y el espíritu se desvanecerá como aire tenue.
>
> »Con el tiempo nuestro nombre caerá en el olvido y nadie se acordará de nuestras obras. Pasará nuestra vida como rastro de nubes y como neblina se disipará, acosada por los rayos del sol y abatida por su calor.
>
> »Nuestra vida, una sombra que pasa, nuestro fin, irreversible: puesto el sello, nadie retorna.
>
> »¡Venid! Disfrutemos de los bienes presentes y gocemos de lo creado con ardor juvenil.
>
> »Embriaguémonos de vinos exquisitos y de perfumes, que no se nos escape ni una flor primaveral.
>
> »Coronémonos con capullos de rosas antes que se marchiten; que ningún prado escape a nuestras orgías, dejemos por doquier señales de nuestro gozo, porque esta es nuestra suerte y nuestra herencia.
>
> »Oprimamos al pobre inocente, no tengamos compasión de la viuda, ni respetemos las canas venerables del anciano.
>
> »Sea nuestra fuerza la norma de la justicia, pues lo débil es evidente que de nada sirve». (Sabiduría 2:1-11)

El placer de aquello que más conviene puede resultar efímero, pero es placer en cualquier caso; y eso ya es algo que puede servir para contrarrestar el terror y el dolor de la existencia. A cada uno lo suyo, y a robar lo que se pueda, como dice el viejo proverbio. ¿Y por qué no limitarse a quedarse con todo lo que se pueda conseguir cuando surja la oportunidad? ¿Por qué no decidirse a vivir así?

¿Acaso hay una alternativa más poderosa, más convincente?

Nuestros antepasados discurrieron respuestas muy elaboradas para este tipo de preguntas, pero aún no somos capaces de entenderlas a la perfección porque, en gran parte, están implícitas, es decir, se manifiestan sobre todo en ritos y mitos y, por tanto, no están completamente articuladas. Las representamos en diferentes historias, pero aún no somos lo suficientemente sabios para formularlas de forma explícita. Todavía somos chimpancés dentro de una manada, lobos en una jauría. Sabemos comportarnos, sabemos quién es cada quien y por qué. Hemos aprendido todo eso a través de nuestra experiencia y lo que sabemos se ha construido mediante las interacciones con los demás. Hemos establecido rutinas previsibles y patrones de comportamiento, pero lo cierto es que no los comprendemos verdaderamente ni sabemos de dónde provienen. Han evolucionado a lo largo de periodos extremadamente lentos. Nadie los formuló de forma explícita (o al menos no en ningún pasado del que tengamos constancia, por remoto que sea), pero nos los hemos transmitido de unos a otros desde siempre. Sin embargo, un día, no hace tanto tiempo, nos despertamos. Ya estábamos haciendo cosas, pero empezamos a «darnos cuenta» de lo que estábamos haciendo. Empezamos a utilizar nuestros cuerpos como instrumentos para representar nuestras propias acciones. Empezamos a imitar y a actuar. Inventamos los rituales y empezamos a representar nuestras propias experiencias. Y entonces empezamos a contar historias. Codificamos las observaciones de nuestro propio drama dentro de esas historias, de tal forma que la información que antes solo se hallaba implícita en nuestro comportamiento pasó a quedar representada en nuestras historias. Pero, tanto entonces como ahora, seguimos sin entender lo que significan.

La narración bíblica del paraíso y la caída del hombre es una historia de este tipo, es decir, una creación de nuestra imaginación colectiva forjada a lo largo de los siglos. Presenta una profunda descripción de la naturaleza del Ser y apunta a una forma de conceptualización y acción que se ajusta bien a esa naturaleza. Según la historia, en el jardín del Edén los seres humanos —antes de despertar a la consciencia de sí mismos— no conocían el pecado. Nuestros primeros ancestros, Adán y Eva, caminaban junto a Dios. Entonces, tentados por la serpiente, la primera pareja comió del árbol del conocimiento del bien y del mal, descubrió la muerte y la vulnerabilidad, y se alejó de Dios. La humanidad fue exiliada del paraíso y comenzó así su extenuante existencia mortal. Enseguida aparece la idea de sacrificio, a partir de la historia de Caín y Abel, y se desarrolla a través de las peripecias de Abraham y el Éxodo. Después de largas consideraciones, la humanidad comprende entre muchos sufrimientos que, mediante un sacrificio apropiado, puede ganarse el favor de Dios y calmar su ira. También comprende que aquellos que no quieran o que sean incapaces de proceder de esta forma podrán ser víctimas de sangrientas masacres.

POSTERGAR LA SATISFACCIÓN

Una vez descubierto el sacrificio, nuestros ancestros comenzaron a poner en práctica lo que, expresado en palabras, se consideraría una proposición: se puede conseguir algo mejor en el futuro renunciando a algo valioso en el presente. Recuerda que la necesidad de trabajar es una de las maldiciones que Dios le impone a Adán y a sus sucesores como resultado del pecado original. Cuando Adán abre los ojos a las restricciones fundamentales del Ser —su vulnerabilidad, su muerte final—, descubre el futuro. El futuro, ese lugar al que vas para morir, con un poco de suerte no demasiado pronto. Así, con trabajo puedes retrasar tu final, esto es, sacrificando «tu presente» para obtener «en el futuro» algún tipo de beneficio. Por esta razón —entre otras, desde luego—, el concepto de sacrificio aparece en el capítulo de la Biblia inmediatamente después del drama de la caída de Adán y Eva. No hay gran diferencia entre el sacrificio y el trabajo, que son, además, exclusivamente humanos. En ocasiones los animales se comportan como si estuvieran trabajando, pero en realidad no hacen otra cosa que seguir los dictados de su propia naturaleza. Si los castores construyen presas es porque son castores y los castores construyen presas, no piensan mientras tanto: «Pues la verdad es que preferiría estar en una playa con mi novia».

En pocas palabras, un sacrificio de este tipo —trabajar— supone postergar la satisfacción, pero es una forma muy simple de describir algo que posee una trascendencia semejante. El descubrimiento de que la satisfacción podía postergarse supuso al mismo tiempo descubrir el tiempo y la causalidad, o al menos la fuerza causal de la acción humana voluntaria. Hace mucho tiempo, en nuestro más recóndito pasado, empezamos a darnos cuenta de que la realidad estaba estructurada como algo con lo que se podía negociar. Descubrimos que portarse bien ahora, en el presente —regulando nuestros impulsos, mostrando consideración por el sufrimiento de los demás— podía deparar futuras recompensas, en un tiempo y espacio que aún no existían. Comenzamos a inhibirnos, a controlar y organizar nuestros impulsos inmediatos para dejar de interferir con los demás y con lo que seríamos nosotros mismos en el futuro. No se puede disociar este paso de la organización de la sociedad, es decir, del descubrimiento de la relación causal que existe entre nuestros esfuerzos presentes y la calidad del mañana como resultado de un contrato social. Esta organización permite que el trabajo de hoy se acumule con garantías, fundamentalmente en forma de las promesas que otros realizan.

A menudo se puede representar algo que se comprende antes de poder articularlo, de la misma forma que un niño consigue representar lo que significa ser «madre» o «padre» antes de estar en condiciones de proporcionar una descripción oral de lo que suponen estos papeles.[1] El acto de realizar un sacrificio ritual a Dios suponía, en su forma primitiva, una sofisticada plasmación de la noción que afirma la utilidad de postergar. Hay una gran distancia conceptual entre atiborrarse vorazmente y aprender a reservar algo de carne que, ahumada al fuego, será consumida más tarde o podrá disfrutar alguien que ahora está ausente. Hace falta mucho tiempo para aprender a dejarse algo para más tarde o a compartirlo con otra persona, lo que en última instancia viene a representar lo mismo, ya que el primer caso supone compartir algo con tu yo futuro. Es mucho más fácil, mucho más probable, devorar de forma inmediata todo lo que está a nuestro alcance. Estas distancias se aprecian en similares proporciones en cualquier refinamiento relacionado con la postergación y su conceptualización: compartir a corto plazo, reservar para el futuro, la representación de lo que se ha almacenado en forma de algún tipo de registro y, más adelante, como moneda para terminar ahorrando dinero en un banco o en otro tipo de institución similar. Algunas conceptualizaciones tenían que jugar el papel de pasos intermedios, pues, de otro modo, todo el abanico de prácticas e ideas relacionadas con el sacrificio, el trabajo y su representación nunca habría aparecido.

Nuestros ancestros representaban un drama, una ficción: personificaban la fuerza que controla el destino como un espíritu con el que se podía negociar, con el que se podía regatear como si se tratara de otro ser humano. Y lo increíble es que algo así funcionaba. Esto se debe en parte a que el futuro se compone fundamentalmente de otros seres humanos, a menudo justo aquellos que han contemplado, evaluado y apreciado cada uno de los detalles de tu comportamiento pasado. Una noción así no queda muy lejos de la idea de Dios, sentado en lo más alto mientras escruta cada uno de tus movimientos y va consignándolos en un gran volumen para poder consultarlo más adelante. Una idea simbólica muy productiva es que el futuro viene a ser como un padre que no hace más que juzgarte. Resulta un buen punto de partida. Pero el descubrimiento del sacrificio y del trabajo hizo surgir otras dos preguntas más de carácter paradigmático y fundacional. Ambas están relacionadas con la misma noción de la lógica del trabajo, que se resume en sacrificar ahora para ganar más tarde.

Primera pregunta: ¿qué hay que sacrificar? Los pequeños sacrificios pueden bastar para resolver pequeños problemas concretos, pero es posible que se requieran sacrificios mayores y más amplios para afrontar toda una serie de problemas complejos y además de forma simultánea. Algo así resulta más difícil, pero quizá sea mejor. Asumir la necesaria disciplina que supone estudiar medicina entrará sin duda en conflicto con el disoluto estilo de vida de un universitario fiestero. Renunciar a ello supone un sacrificio. Y es que un médico está en condiciones de —tal y como George W. Bush dijo en una ocasión— «poner comida en su familia»,* es decir, una forma de ahorrarse muchos problemas y durante mucho tiempo. Así que los sacrificios son necesarios para mejorar el futuro, y si son grandes, entonces valen más.

Segunda pregunta; en realidad, la segunda dentro de una serie de cuestiones enlazadas. Nos hemos puesto de acuerdo en el principio básico de que el sacrificio mejora el futuro. Pero un principio, una vez establecido, tiene que desarrollarse, hay que entender toda su extensión, todas sus implicaciones. Así pues, ¿qué supone en sus casos más extremos y radicales la idea de que el sacrificio mejorará el futuro? ¿Dónde encuentra sus límites ese principio básico? Para empezar hay que preguntarse: «¿Cuál sería el mayor de todos los sacrificios posibles, el más eficaz, el más gratificante?», y acto seguido: «¿Qué tan bueno puede llegar a ser el mejor futuro posible si se pudiera ejecutar el sacrificio más eficiente posible?».

---

* El autor se refiere a uno de los resbalones que hizo famosa la retórica del expresidente de los Estados Unidos George W. Bush. Durante un discurso, profirió la frase: «You're working hard to put food on your family», lo que, literalmente, significa: «Trabajas duro para echar comida sobre tu familia». *(N. del T.)*

La historia bíblica de Caín y Abel, los hijos de Adán y Eva, es inmediatamente posterior a la de la expulsión del paraíso, tal y como se ha mencionado anteriormente. Caín y Abel son en realidad los primeros humanos, ya que sus padres fueron obra directa de Dios y no nacieron de la forma común y generalizada. Caín y Abel viven «en la historia», no en el Edén, así que tienen que trabajar, tienen que realizar sacrificios para contentar a Dios y lo hacen con un altar y con un ritual en condiciones. Pero las cosas se complican. Las ofrendas de Abel complacen a Dios, pero no así las de Caín, con lo que Abel recibe numerosas recompensas y Caín no. No queda bien claro por qué, aunque el texto da a entender de forma repetida que Caín no se implica de forma sincera. Quizá lo que Caín presentaba no era de la mejor calidad, quizá actuaba a regañadientes o quizá Dios andaba irritado por algún motivo que solo Él conocía. Y lo cierto es que se trata de algo realista, incluso a pesar de lo ambiguo del texto, porque no todos los sacrificios valen lo mismo. Es más, en ocasiones da la impresión de que los sacrificios que en apariencia poseen el mayor valor no son correspondidos con un futuro mejor, y no queda claro por qué es así. ¿Por qué no está contento Dios? ¿Qué tendría que cambiar para que sí lo estuviera? Son preguntas difíciles, pero todo el mundo se las hace constantemente, incluso cuando no se da cuenta.

Hacerse este tipo de preguntas viene a ser lo mismo que pensar. Nos costó mucho entender que frustrando un placer particular se podía obtener un provecho, ya que algo así se opone frontalmente a nuestros instintos animales más fundamentales, que exigen una satisfacción inmediata, sobre todo en los inevitables periodos de carestía. Para complicar todo aún más, este tipo de aplazamiento solo resulta útil cuando la civilización se ha estabilizado lo suficiente como para garantizar la existencia de una recompensa postergada en el futuro. Si todo lo que ahorras te lo acaban malgastando o, peor aún, robando, ¿qué sentido tiene ahorrar nada? Es justamente por eso que un lobo puede devorar hasta veinte kilos de carne cruda de una sola sentada. No piensa:

«Los atracones me sientan muy mal, mejor dejo un poco de esto para la próxima semana». Por tanto, ¿cómo se pudieron producir dos logros que a la vez son de imposible y necesaria simultaneidad, a saber, la capacidad de postergar algo y la progresiva estabilización de la sociedad?

Nos encontramos ante un progreso evolutivo, del animal al humano. Si bien este resumen puede resultar inexacto en lo particular, servirá para ilustrar lo que nos interesa ahora. El primer paso es la existencia de un exceso de comida, quizá en forma de un gran cadáver, de un mamut o de algún tipo de gran herbívoro. No hay que olvidar que comimos muchos mamuts, quizá todos los que existían. En cualquier caso, cuando se caza un gran animal, queda bastante comida para más tarde. Se trata, en un primer momento, de una situación accidental, pero con el paso del tiempo se empieza a apreciar el valor que posee dejar cosas para después. Se desarrolla entonces una cierta noción provisional del sacrificio: «Si dejo algo, aunque quiera comérmelo todo ahora, más adelante no tendré hambre». Esta idea primitiva se desarrolla a un nivel más elevado: «Si dejo algo para después, ni yo ni las personas a las que quiero pasaremos hambre». Y luego pasa al nivel superior: «No puedo comerme todo el mamut, pero tampoco puedo almacenar el resto durante mucho tiempo. Podría dar de comer a otras personas que quizá lo recuerden y me den cuando ellos tengan y yo no. Así, tendré comida ahora y también más adelante, lo que es un buen trato. Y quizá la gente con la que comparta la comida termine confiando en mí de forma más general y así podremos intercambiar cosas siempre». De esta forma se da el paso de «carne de mamut» a «futura carne de mamut», y después esa «futura carne de mamut» se transforma en «reputación personal». Es así como surge el contrato social.

Compartir no significa renunciar a algo que aprecias a cambio de nada. Eso es justamente lo que temen los niños que se niegan a compartir. Sin embargo, el verdadero significado de compartir es empezar el proceso de intercambio. Un niño incapaz de compartir —incapaz de intercambiar— no puede tener ningún amigo porque tenerlos no deja de ser una forma de intercambio. Benjamin Franklin sugirió en una ocasión que quien llega nuevo a un barrio debería pedir ayuda al vecino, y para ello se apoyó en una vieja máxima: «Quien se mostró en alguna ocasión amable contigo estará más dispuesto a volverlo a hacer que aquel a quien tú le hiciste un favor».[2] En opinión de Franklin, pedir algo a alguien (sin abusar, evidentemente) constituye la forma más útil y directa de proponer una interacción social. Una solicitud de este tipo por parte del recién llegado proporciona al vecino la oportunidad de demostrar, de buenas a primeras, que es una buena persona. También significa que el vecino estará en condiciones de pedirle a la otra persona que corresponda con otro favor apoyándose en la deuda contraída, lo que servirá para desarrollar su cercanía y confianza. De esta forma, ambas partes pueden superar su reticencia natural y su miedo a lo desconocido.

Es mejor tener algo que no tener nada, y es todavía mejor compartir de forma generosa aquello que tienes. Sin embargo, es mejor aún que se te conozca precisamente porque compartes con generosidad. Eso es algo duradero, algo en lo que se puede confiar. Y llegados a este punto de abstracción, podemos observar cómo se crean las ideas de confianza, honestidad y generosidad. Así, ya se han establecido las bases de un sistema moral articulado. La persona productiva y honrada que comparte se convierte por ello en el prototipo del buen ciudadano, de la buena persona. De esta forma podemos comprender cómo, a partir de la simple noción de que guardar las sobras es una buena idea, acaban surgiendo los principios morales más elevados.

Se podría decir que a la humanidad le ocurrió algo así. Primeramente se sucedieron decenas o centenares de miles de años antes de que surgiera la literatura escrita y el teatro. Durante ese tiempo, empezaron a aparecer las dos prácticas gemelas del aplazamiento y el intercambio de forma lenta y dolorosa. Entonces empezaron a representarse como abstracciones metafóricas en rituales y leyendas de sacrificio, enunciadas de una forma que podría ser esta: «Es como si existiera una poderosa figura en el cielo que todo lo ve y que te está juzgando. Renunciando a algo que te gusta, consigues contentarlo; y es mejor que esté contento, porque cuando no es el caso pueden ocurrir las peores catástrofes. Por tanto, no dejes de sacrificar y de compartir hasta que te conviertas en todo un experto y entonces las cosas te irán bien».* Nadie dijo nunca nada por el estilo, o al menos no de una forma tan clara y directa, pero se trataba de algo implícito en la práctica y luego en las historias.

En primer lugar se produjo la acción, de manera inevitable, ya que los animales que éramos antiguamente podían actuar pero no pensar. En primer lugar existían valores implícitos y no reconocidos, puesto que las acciones previas a los pensamientos incorporaban la idea de valor pero no la explicitaban. La gente fue viendo durante miles y miles de años cómo había personas que triunfaban y otras que fracasaban. Lo meditamos y llegamos a una conclusión: aquellos entre nosotros que triunfan son los que postergan la satisfacción. Aquellos entre nosotros que triunfan son los que negocian con el futuro. Surgió así una idea genial, que adopta progresivamente una forma cada vez más articulada, en historias que cada vez se van articulando más. ¿Qué diferencia a los que triunfan de los que fracasan? El sacrificio oportuno. A los que triunfan, las cosas les van mejor a medida que hacen sacrificios. Entonces las preguntas se van precisando cada vez más y, al mismo tiempo, resultan más generales: ¿cuál es el mayor sacrificio posible?, ¿cuál es el mayor sacrificio posible para el mayor bien posible? Y las respuestas son, cada vez, más profundas y más complejas.

El Dios de la tradición occidental, como tantos otros dioses, exige sacrificios y ya hemos visto por qué. Pero, en ocasiones, va incluso más allá y no solo exige sacrificios, sino precisamente que se sacrifique lo más preciado. La ilustración más contundente (y la más confusamente evidente) la proporciona la historia de Abraham e Isaac. Abraham, el favorito de Dios, ansió durante

---

* Algo que, si te fijas, es cierto tanto si hay como si no una figura poderosa «en el cielo». :)

mucho tiempo un hijo. Dios se lo prometió, pero solo tras largas esperas y en las condiciones aparentemente imposibles que se derivaban de la vejez y de una mujer estéril. Pero, poco después de que Isaac nazca de forma tan milagrosa, cuando aún es un niño, Dios se dirige a Abraham y, de una forma aparentemente salvaje e irracional, exige a su devoto servidor que le entregue a su hijo en sacrificio. La historia tiene un final feliz: Dios envía a un ángel para que detenga la obediente mano de Abraham y acepta como ofrenda una oveja en lugar de Isaac. Eso está muy bien, pero no acaba de aclarar la cuestión que nos ocupa: ¿por qué Dios tiene que pedir más? ¿Por qué Él —por qué la vida— impone exigencias semejantes?

Empezaré mi análisis con una auténtica perogrullada, pero no por obvia menos desatendida: a veces las cosas no van bien. Algo así parece estar muy relacionado con la naturaleza terrible del mundo, con sus plagas, sus hambrunas, sus tiranías y sus traiciones. Pero aquí viene la razón: en ocasiones, cuando las cosas no van bien, el mundo no es la causa. La causa es, por el contrario, aquello a lo que se le da mayor importancia en ese momento, subjetiva y personalmente. ¿Por qué? Porque el mundo se revela en una proporción difícil de determinar a través de la lente de tus valores (algo que desarrollaré en la regla 10). Si el mundo que ves no es el que quieres, entonces ha llegado la hora de revisar tus valores. Es hora de liberarte de tus supuestos actuales, es hora de soltar. Puede que incluso sea hora de sacrificar aquello que más quieres para poder así convertirte en quien quieres convertirte en vez de seguir siendo quien eres.

Hay una antigua historia, posiblemente apócrifa, acerca de cómo atrapar a un mono, que ilustra muy bien este tipo de ideas. En primer lugar, tienes que encontrar una gran vasija de cuello estrecho, cuya boca tenga exactamente el diámetro mínimo para que el mono pueda introducir la mano. Luego, llena la vasija con piedras de tal forma que pese tanto que el mono no se la pueda llevar. Después, esparce algún tipo de cebo que pueda atraer a los monos alrededor de la vasija y pon también algo en el interior.

Así pues, un mono acabará apareciendo, meterá la mano por la estrecha obertura y agarrará lo que pueda agarrar. Pero ya no podrá sacar el puño, lleno de golosinas, a través de la estrecha boca de la vasija, a menos que suelte lo que lleva. No podrá mientras no renuncie a lo que ya tiene. Y es justamente eso lo que no va a hacer. El cazador de monos puede acercarse por detrás con total tranquilidad y atrapar al mono. El animal no sacrificará una parte para conservar el todo.

Renunciar a algo de valor nos asegura una futura prosperidad. Sacrificar algo de valor contenta al Señor. ¿Y qué es lo que tiene más valor, cuál es el mejor sacrificio? ¿O qué puede servir al menos «para representarlo»? Un buen corte de carne, el mejor animal del rebaño o una posesión preciada. ¿Qué queda incluso por encima de todo eso? Algo profundamente íntimo, algo a lo que duela renunciar. Es quizá lo que simboliza la insistencia de Dios en la circuncisión como parte de la ceremonia del sacrificio de Abraham, en la que se ofrece simbólicamente la parte para redimir el conjunto. ¿Y qué hay más allá? ¿Qué le resulta más cercano a una persona que una de sus partes? ¿Qué constituye el sacrificio definitivo para poder así conseguir la recompensa definitiva?

Es difícil decidir si es un hijo o uno mismo. El sacrificio de la madre que ofrece a su hijo al mundo queda inmejorablemente ilustrado por la *Pietà*, la gran escultura de Miguel Ángel que se reproduce al principio de este capítulo. Miguel Ángel presentó a María contemplando a su hijo, crucificado y exangüe. Es culpa suya, puesto que fue a través de ella que Cristo entró en el mundo y en el gran drama del Ser. ¿Acaso está bien traer a un niño a este mundo terrible? Todas las mujeres se hacen esta pregunta. Algunas dicen que no y tienen sus razones para ello. María responde que sí, y lo hace de forma voluntaria, sabiendo perfectamente lo que va a suceder, como hacen todas las madres si se permiten pensarlo. Es un acto de suprema valentía cuando se realiza de forma voluntaria.

Por su parte, el hijo de María, Cristo, se ofrece a sí mismo a Dios y al mundo, a la traición, la tortura y la muerte, hasta el punto de alcanzar la desesperación en la cruz, donde exclama las terribles palabras «Dios mío, Dios mío, ¿por qué me has abandonado?» (Mateo 27:46). Es la historia arquetípica del hombre que sacrifica todo lo que tiene por un bien mayor —que entrega su vida por el progreso del Ser—, que deja que la voluntad de Dios se manifieste en su totalidad dentro de los confines de una única vida mortal. Ese es el modelo del hombre honesto. No obstante, en el caso de Cristo —puesto que se sacrifica a sí mismo—, Dios, su padre, está al mismo tiempo sacrificando a su hijo. Por tal motivo, el drama cristiano del sacrificio propio y del hijo es arquetípico. Es una historia que se encuentra en el límite, allí donde nada más extremo, nada de mayores dimensiones, se puede imaginar. Es la propia definición de algo arquetípico. Es también la esencia de lo que significa lo religioso.

El dolor y el sufrimiento definen el mundo y de eso no cabe duda alguna. El sacrificio puede dejar en suspenso el dolor y el sufrimiento en mayor o menor medida, si bien es cierto que los sacrificios mayores resultan más eficaces que los menores. De eso tampoco cabe duda alguna. Es un conocimiento que todo el mundo tiene depositado en su alma, así que quien desee aliviar el sufrimiento, quien desee rectificar los defectos del Ser, quien quiera propiciar el mejor de los futuros, quien quiera crear el cielo en la Tierra tendrá que realizar el mayor de todos los sacrificios, el de sí mismo y el de su hijo, el de todo aquello que ame, y vivir así una vida dirigida hacia el bien. Renunciará a lo que le convenga e irá por el camino del significado supremo. Y de esta forma traerá la salvación a un mundo desesperado.

¿Pero algo así resulta remotamente posible? ¿No supone exigirle demasiado al individuo? Puede que valga para Cristo, pero cabe objetar que era el auténtico Hijo de Dios. No obstante, contamos con otros ejemplos, algunos de los cuales han sido mucho menos objeto de mitologías y arquetipos. Pensemos, por ejemplo, en Sócrates, el antiguo filósofo griego. Después de toda una vida dedicada a buscar la verdad y a educar a sus compatriotas, Sócrates se vio sometido a un juicio por delitos contra la ciudad-

Estado de Atenas, su hogar natal. Quienes lo acusaban le dejaron numerosas oportunidades para que se fuera y así se evitara cualquier problema.[3] Pero el gran sabio ya había sopesado y rechazado esta posibilidad. Su compañero Hermógenes lo contempló mientras «hablaba de todo tipo de temas»[4] menos de su juicio y le preguntó por qué aparentaba estar tan despreocupado. Sócrates le respondió primero que se había preparado durante toda su vida para defenderse,[5] pero luego dijo algo más misterioso y significativo. Cuando se paraba a pensar en estrategias que pudieran ayudarlo a librarse «por todos los medios»[6] —o incluso cuando se limitaba a considerar sus posibles acciones durante el juicio—[7], se veía interrumpido por su señal divina, su espíritu divino, su voz o *daemon*. Sócrates habló acerca de esta voz en el propio juicio.[8] Dijo que uno de los elementos que lo diferenciaban de otros hombres[9] era su absoluta disposición a escuchar sus advertencias, es decir, a dejar de hablar y dejar de actuar cuando la voz mostraba su oposición. Si los propios dioses lo habían considerado más sabio que los otros hombres era en parte por este motivo, de acuerdo con el mismísimo oráculo de Delfos, a quien se le reconocía la capacidad de juzgar este tipo de cosas.[10]

Puesto que esa voz interna que le merecía tanta confianza se oponía a la huida (o incluso a defenderse a sí mismo), Sócrates enfocó de forma radicalmente distinta la importancia de su juicio. Empezó a plantearse que podía tratarse de una bendición en vez de una desgracia. Le confió a Hermógenes que había llegado a la conclusión de que el espíritu que siempre había escuchado le podía estar ofreciendo una salida de la vida fácil para él y al mismo tiempo «la menos complicada»[11] para sus amigos, «con el cuerpo sano y un alma capaz de mostrar afecto»,[12] sin sufrir las aflicciones de las enfermedades o las vejaciones de la extrema vejez.[13] La decisión de Sócrates de aceptar su destino le permitió alejar el terror ante la cercanía de la muerte, antes y durante el juicio, después de que se pronunció la sentencia[14] e incluso más tarde, durante su ejecución.[15] Entendió que su vida había sido tan rica y tan plena que podía ponerle fin con elegancia. Se le había dado la oportunidad de dejar todo en orden y se dio cuenta de que podía escapar a la lenta y terrible degeneración de la vejez. Comprendió así que lo que le estaba sucediendo era un regalo de los dioses y que por ello no tenía sentido defenderse de sus acusadores, o por lo menos hacerlo con el objetivo de demostrar su inocencia y escapar a su destino. En vez de eso, le dio la vuelta a la situación y se dirigió a los jueces de tal forma que el lector consigue entender precisamente por qué el consejo de la ciudad quería acabar con él. Y entonces se tomó el veneno, como todo un hombre.

Sócrates rechazó lo que le convenía y la consiguiente necesidad de manipular. En su lugar eligió, en las circunstancias más dramáticas, continuar su búsqueda del significado y de la verdad. Dos mil quinientos años más tarde, recordamos su decisión y el hacerlo nos reconforta. ¿Qué lección podemos sacar? Si abandonas las falsedades y vives de acuerdo con los dictados de tu conciencia, mantendrás tu nobleza incluso ante la mayor de las amenazas. Dejándote guiar con convicción y valentía por el mayor de los ideales, obtendrás mayor seguridad y fuerza de la que podrías alcanzar si te concentraras cerrilmente en tu propia estabilidad. Si vives de forma verdadera y plena, podrás descubrir un significado tan profundo que te proteja del miedo a la muerte.

¿Y todo esto podría ser cierto?

LA MUERTE, EL ESFUERZO Y EL MAL

La tragedia del Ser consciente de sí mismo genera sufrimiento, un sufrimiento inevitable que a su vez causa el deseo de una satisfacción egoísta e inmediata, es decir, el deseo de aquello que resulta conveniente. Pero el sacrificio —y el trabajo— resulta mucho más eficaz que el placer impulsivo a corto plazo para mantener a raya el sufrimiento. No obstante, la misma tragedia (la tragedia que supone la severidad arbitraria de la sociedad y de la naturaleza frente a la vulnerabilidad del individuo) no constituye la única —ni siquiera, quizá, la principal—

fuente de sufrimiento. También hay que tener en cuenta el problema del mal. Es cierto que el mundo nos lo pone todo muy difícil, pero el salvajismo que los seres humanos muestran entre ellos resulta aún peor. Así pues, el problema del sacrificio resulta particularmente complejo, ya que la voluntad de ofrecer y renunciar que supone el trabajo no solo ha de resolver las privaciones y limitaciones de los seres mortales. También está el problema del mal.

Volvamos de nuevo a la historia de Adán y Eva. La vida se convierte en algo de extrema dureza para sus descendientes —nosotros— tras la caída y el despertar de nuestros primeros ancestros. Primero está el terrible destino que nos espera en el mundo de después del paraíso, el mundo de la historia, donde se manifiesta lo que Goethe llamó «nuestro creativo y eterno esfuerzo».[16] Los humanos trabajan, tal y como hemos visto. Trabajamos porque descubrimos nuestra propia vulnerabilidad, nuestra subyugación a la enfermedad y la muerte, y porque queremos protegernos mientras nos sea posible. Una vez que somos capaces de contemplar el futuro, tenemos que prepararnos o vivir en la negación y el terror. Por eso sacrificamos los placeres de hoy para conseguir un futuro mejor. Pero al comer la fruta prohibida y abrir los ojos, a Adán y a Eva no solo se les revela la mortalidad y la necesidad de trabajar. También se les otorga (quizá como maldición) el conocimiento del bien y del mal.

Me hicieron falta décadas para entender lo que esto significa, para entender una parte de lo que significa. Viene a ser así: una vez que eres consciente de tu propia vulnerabilidad, entiendes la naturaleza de la vulnerabilidad humana en general. Entiendes lo que significa el dolor. Y una vez que entiendes este tipo de sentimientos en ti mismo y cómo se producen, entiendes cómo suscitarlos en otras personas. Es así cómo nosotros, seres dotados de consciencia de nosotros mismos, nos volvemos capaces de torturar a los demás de forma voluntaria y exquisita (y también de torturarnos a nosotros mismos, desde luego, pero ahora nos interesan los demás). Podemos comprobar cómo se manifiestan las consecuencias de este nuevo conocimiento cuando entran en acción Caín y Abel, los hijos de Adán y Eva.

Cuando hacen su aparición, la humanidad ya ha aprendido a realizar sacrificios a Dios. Se realizan rituales comunes en altares de piedra creados con ese propósito, a saber, la inmolación de algo valioso, como un animal selecto o una porción de él, y su transformación en humo (espíritu), que se eleva hasta el cielo. De esta forma se dramatiza la idea de la postergación, de tal forma que el futuro pueda ser mejor. Los sacrificios de Abel son aceptados por Dios y así prospera. Sin embargo, los de Caín son rechazados y, como es lógico, se ve consumido por los celos y el rencor. Si alguien fracasa y es rechazado porque se negó a realizar ningún tipo de sacrificio, pues resulta algo comprensible. Quizá sienta resentimiento y ganas de vengarse, pero en el fondo de su corazón sabe que tiene la culpa y esa consciencia suele limitar su rabia. Mucho peor es si de verdad ha renunciado a los placeres del momento, si se ha esforzado sin que las cosas cuajaran, si a pesar de su afán ha sido rechazado. En ese caso, ha perdido el presente y también el futuro. En ese caso, su trabajo, su sacrificio, ha sido en vano. En semejantes circunstancias el mundo se oscurece y el alma se rebela.

El rechazo enfurece a Caín, que se enfrenta a Dios, lo acusa y maldice su creación. No resulta una decisión particularmente afortunada, ya que Dios responde, de forma muy poco ambigua, que la culpa es de Caín. Peor aún, que Caín ha estado coqueteando de forma consciente y creativa con el pecado[17] y que ha cosechado justo lo que le correspondía. No es precisamente aquello que Caín quería escuchar, ya que no se trata en absoluto de una disculpa por parte de Dios. Es más, es un insulto que se suma a la ofensa previa. Caín, loco de rabia, se pone a pensar en la venganza y termina desafiando al creador de forma audaz y temeraria. Caín sabe dónde puede hacer daño. Al fin y al cabo, posee una consciencia de sí mismo, aún más ahora como resultado de su sufrimiento y su vergüenza. Así pues, mata a Abel a sangre fría. Mata a su hermano, a su propio referente, puesto que Abel encarna todo lo que Caín querría ser. Comete el más abominable de los crímenes para contrariar simultáneamente a sí mismo, a toda la humanidad y al propio Dios. Y lo hace para sembrar el caos y cobrarse venganza. Lo hace para dejar clara su oposición fundamental a la existencia, para protestar contra los insufribles caprichos del mismo Ser. Y los hijos de Caín, su descendencia, como si emanaran de su cuerpo y de su decisión, son peores aún. En su furia existencial Caín mata una sola vez, pero Lamec, su descendiente, va mucho más allá: «A un hombre he matado por herirme, y a un joven por golpearme. Caín será vengado siete veces, y Lamec setenta y siete» (Génesis 4:23-24). Tubalcaín, «forjador de herramientas de cobre y hierro» (Génesis 4:22), es, según la tradición, siete generaciones posterior a Caín, así como el primer creador de armas de guerra. Y justo después, entre las historias del Génesis aparece el diluvio. Semejante yuxtaposición no es en absoluto una coincidencia.

El mal llega al mundo junto a la consciencia de uno mismo. El duro trabajo al que Dios condena a Adán ya es suficientemente duro de por sí. Tampoco es asunto menor el tema del parto con el que se castiga a Eva, ni su consiguiente dependencia de su marido. Reflejan las tragedias implícitas y a menudo atroces asociadas a la insuficiencia, la privación, la necesidad absoluta y la derrota ante la enfermedad y la muerte que al mismo tiempo caracterizan y asolan la existencia. Su mera constatación es suficiente para que, en algunos casos, una persona valiente reniegue de la vida. Sin embargo, la experiencia me ha enseñado que los seres humanos son lo suficientemente fuertes como para tolerar las tragedias implícitas del Ser sin inmutarse, sin desfallecer ni envilecerse. He recibido muestras de ello en mi vida privada, en mi trabajo como profesor y en mi labor como psicólogo clínico. Los terremotos, las inundaciones, la pobreza, el cáncer... Somos lo suficientemente duros para hacerles frente. Pero la maldad humana añade una dimensión totalmente nueva a la miseria del mundo. Por ese motivo, la mayor consciencia de uno mismo y el consiguiente descubrimiento de nuestro carácter mortal, así como el conocimiento del bien y del mal, se presentan en los primeros capítulos del Génesis, junto a la amplia tradición que los rodea, como un cataclismo de magnitud cósmica.

La malicia humana consciente puede desgarrar incluso a quien resiste impertérrito a la tragedia. Recuerdo una sesión con una paciente, cuando ambos descubrimos que lo que la había empujado a años de un grave desorden de estrés postraumático —convulsiones y terror cotidianos, insomnio crónico— había sido simplemente la expresión de la cara de su novio borracho en un momento de furia. Su semblante abatido (Génesis 4:5) le indicaba su claro y consciente deseo de hacerle daño. Era particularmente ingenua, lo que la predispuso al trauma, pero no es ahí adonde voy. Lo que me interesa es que el mal voluntario que nos hacemos los unos a los otros puede resultar profunda y permanentemente dañino, incluso para las personas más fuertes. Y entonces, ¿qué es exactamente lo que motiva un mal semejante?

No es algo que se manifieste como simple consecuencia de las dificultades de la vida, ni siquiera a causa de un fracaso o de la decepción y el rencor que a menudo engendra el fracaso. ¿Pero qué decir de las dificultades de la vida cuando se ven magnificadas como consecuencia de una serie de sacrificios continuamente rechazados, por muy mal que se hayan conceptualizado, por mucha desgana con que se hayan ejecutado? Algo así consigue doblegar a la gente y convertirla en verdaderos monstruos que entonces comienzan a entregarse al mal de forma consciente, que entonces comienzan a generar para ellos y para los demás tan solo dolor y sufrimiento, y lo hacen simplemente por hacerlo. De esta manera se forma un verdadero círculo vicioso: un sacrificio sin convicción, ejecutado con desgana, el rechazo de dicho sacrificio por parte de Dios o de la realidad (lo que prefieras), el furioso resentimiento generado por el rechazo, la caída en el rencor y el deseo de venganza, un sacrificio que se asume todavía con peor disposición o que directamente se descarta. Y el destino de semejante espiral no es otro que el infierno.

La vida es ciertamente «sucia, brutal y corta», retomando las famosas palabras del filósofo inglés Thomas Hobbes. Pero la capacidad del ser humano para hacer el mal es todavía peor. Esto significa que el problema central de la vida —enfrentarse a su brutalidad— no se reduce simplemente a qué y cómo sacrificar para reducir el sufrimiento, sino más bien a qué y cómo sacrificar para reducir el sufrimiento y el mal, que supone el origen consciente, voluntario y vengativo del peor tipo de sufrimiento. La historia de Caín y Abel es un ejemplo del cuento arquetípico de los hermanos hostiles, héroe y adversario: los dos elementos de la psique humana individual, uno orientado hacia el bien y el otro hacia el propio infierno. Abel es un héroe, cierto, pero un héroe que acaba siendo derrotado por Caín. Abel podría contentar a Dios —un logro en absoluto baladí—, pero se ve incapaz de superar la maldad humana. Por ese motivo, Abel es un paradigma de lo incompleto. Quizá pecó de ingenuo, aunque un hermano deseoso de venganza puede llegar a ser inconcebiblemente artero y sutil, como la serpiente que aparece en el Génesis 3:1. Pero las excusas —y los motivos, incluso los comprensibles— no importan en última instancia. El problema del mal quedó sin resolver, a pesar de los sacrificios de Abel que la divinidad quiso aceptar. Hicieron falta miles de años más para que la humanidad consiguiera dar con algo parecido a una solución. Entonces aparece de nuevo, en su forma culminante, el mismo tema: la historia de Cristo tentado por Satán. Pero en esta ocasión se expresa de forma más comprensible y es el héroe quien gana.

ENFRENTARSE AL MAL

Jesús fue conducido al desierto, según cuenta la historia, «para ser tentado por el diablo» (Mateo 4:1) antes de su crucifixión. Esta viene a ser la historia de Caín reformulada de forma abstracta. Caín no está nada satisfecho, tal y como hemos visto. Trabaja duro, o al menos eso piensa, pero no consigue contentar a Dios. Mientras tanto, a Abel todo parece irle de maravilla: sus campos florecen, las mujeres lo adoran y, peor todavía, es un hombre genuinamente bueno y todo el mundo lo sabe. Así pues, se merece su buena suerte, lo que supone una razón adicional para envidiarlo y detestarlo. Por su parte, a Caín las cosas no le van demasiado bien y no deja de darle vueltas a su mala suerte, como un buitre que ronda alrededor de un huevo. Desde su miseria se propone crear algo infernal y, al hacerlo, se adentra en el desierto salvaje de su propia mente. Lo obsesiona su desgracia, su abandono por parte de Dios, y alimenta su resentimiento complaciéndose en pensamientos de venganza cada vez más elaborados. Y a medida que lo hace, su arrogancia alcanza proporciones diabólicas. «Estoy oprimido y desaprovechado —piensa—. Este es un planeta de mierda, por mí se puede ir al infierno». Y de esta forma, Caín se encuentra con Satán en el desierto y cae en sus tentaciones. Además, hace todo lo que puede para empeorar aún más las cosas, motivado (en las inmarcesibles palabras de John Milton) por:

> malicia tan sutil para a la raza humana
> malear en su raíz, y Tierra e infierno
> mezclar y confundir, todo por odio
> al supremo Creador.[18]

Caín recurre al mal para conseguir lo que Dios le ha negado y lo hace de forma voluntaria, consciente de sus actos y con premeditada malicia.

Sin embargo, Cristo toma un camino distinto. Su estancia en el desierto representa las tinieblas del alma, una experiencia humana universal. Es el viaje al lugar en el que todos terminamos cuando todo se derrumba, cuando la familia y las amistades están lejos, cuando se imponen la desesperanza y la desesperación y emerge el más absoluto nihilismo. Y para ser justos con lo que cuenta la historia, cuarenta días y cuarenta noches muerto de hambre en el desierto es un buen ejemplo del tipo de experiencia que te puede conducir allí. Es así como el mundo objetivo y el mundo subjetivo acaban chocando. Cuarenta días supone un período profundamente simbólico, como cuarenta fueron los años que los israelitas pasaron vagando por el desierto tras escapar de la tiranía del faraón de Egipto. Cuarenta días son muchos días en el inframundo de los pensamientos sórdidos, la confusión y el miedo, lo suficiente como para llegar a su mismo centro, que no es otro que el infierno. Cualquiera puede llegar hasta allí para ver cómo es, cualquiera que esté dispuesto a tomarse en serio su propia maldad y la de toda la humanidad. Los conocimientos de historia también pueden resultar útiles. Así, un paseo por los horrores totalitarios del siglo XX, con sus campos de concentración, sus trabajos forzados y sus patologías ideológicas asesinas, supone un lugar adecuado para empezar el recorrido, así como para ponerse a pensar que los peores guardias de los campos de concentración eran también seres humanos. Todo esto sirve para dar veracidad a la historia del desierto, para actualizársela a la mente moderna.

«Después de Auschwitz —dijo Theodor Adorno, gran estudioso del autoritarismo—, no tendría que haber más poesía». Se equivocaba. Pero la poesía tendría que hablar solo de Auschwitz. En el oscuro amanecer que sucede a las últimas diez décadas del milenio anterior, la terrible capacidad de destrucción del hombre se ha convertido en un problema cuya gravedad empequeñece incluso la cuestión del sufrimiento no resuelto. Y ninguno de estos dos problemas puede solucionarse mientras el otro siga en el aire. Es aquí donde resulta clave la idea de Cristo asumiendo los pecados de la humanidad como si fueran suyos, puesto que así conseguimos entender verdaderamente lo que significa el encuentro en mitad del desierto con el mismo diablo. «Homo sum, humani nihil a me alienum puto», proclamó el dramaturgo Terencio, es decir, nada de lo humano me es ajeno.

«Ningún árbol puede crecer hasta el cielo —señaló el terrorífico y extraordinario psicoanalista Carl Gustav Jung— a menos que sus raíces lleguen al infierno».[19] Se trata de una sentencia que debería dar de qué pensar a todo el mundo. En la muy ilustre opinión de tan excelso psiquiatra no había ninguna posibilidad de ascender sin ejecutar un movimiento equivalente hacia abajo. ¿Y quién está dispuesto a hacer algo así? ¿De verdad quieres conocer a quien reina en el inframundo de los pensamientos perversos? ¿Qué fue lo que escribió de forma apenas inteligible Eric Harris, uno de los asesinos de la escuela secundaria de Columbine, el día antes de masacrar a sus compañeros? «Es interesante, cuando adopto mi forma humana, saber que voy a morir. Todo tiene entonces un aire de trivialidad».[20] ¿Quién se atrevería a explicar semejante misiva? O peor aún, ¿quién se atrevería a pasarla por alto?

En el desierto, Cristo se encuentra con Satán (Lucas 4:1-13 y Mateo 4:1-11). Esta historia posee un claro significado psicológico de carácter metafórico, más allá de todo lo que pueda transmitir tanto a nivel material como metafísico. Significa que Cristo es para siempre aquel que decide asumir la responsabilidad personal de la depravación humana en toda su profundidad. Significa que Cristo es quien se muestra dispuesto a sopesar, afrontar y exponerse a las tentaciones tramadas por los elementos más malignos de la naturaleza humana. Significa que Cristo es siempre aquel que está dispuesto a enfrentarse —de forma consciente, total y voluntaria— al mal, tanto a la forma que anida en su interior como a la que se manifiesta en el mundo. No se trata de algo meramente abstracto (aunque sí lo sea), de nada que se pueda obviar. No se trata simplemente de una cuestión intelectual.

Los soldados que padecen trastorno de estrés postraumático lo desarrollan a menudo no como consecuencia de algo que vieron, sino de algo que hicieron.[21] En el campo de batalla hay muchos demonios. Ir a la guerra abre, en ocasiones, una puerta al infierno. Así, de vez en cuando, algo se introduce en los adentros y acaba poseyendo a un ingenuo muchachito llegado de una granja de Iowa, al que transforma en un monstruo. Y entonces este hace algo horrible: viola y mata a las mujeres y masacra a los niños de My Lai. Y se ve haciéndolo. Y cierta parte oscura de su interior lo disfruta. Y es justo esa parte la que luego no puede olvidar. Más tarde, no sabrá reconciliarse con lo que ahora sabe sobre sí mismo y sobre el mundo. Y no es de extrañar.

En los grandes mitos fundadores del Antiguo Egipto, el dios Horus —al que histórica y conceptualmente a menudo se le considera un precursor de Cristo—[22] tuvo la misma experiencia cuando se enfrentó a su malvado tío Set,* quien había usurpado el trono de Osiris, el padre de Horus. Horus, el dios halcón que todo lo ve, el ojo egipcio de la atención suprema que representa la atención eterna, tiene el valor de lidiar con la auténtica naturaleza de Set, enfrentándose a él en combate directo. Pero acaba perdiendo un ojo en la lucha con su temible tío, a pesar de su envergadura divina y de su inigualable vista. ¿Qué podría perder entonces un ser humano corriente que intentara lo mismo? Quizá gane en visión interna y entendimiento algo proporcional a lo que pierda en su percepción del mundo exterior.

Satán encarna el rechazo del sacrificio: es la arrogancia, el despecho, el engaño y la maldad más cruel y consciente. Representa el verdadero odio por el ser humano, Dios y el Ser. No es capaz de mostrar la más mínima humildad, incluso cuando es plenamente consciente de que debería hacerlo. Además, desde su obsesión con el deseo de destrucción, sabe perfectamente lo que está haciendo y lo hace deliberada y premeditadamente, hasta sus últimas consecuencias. Tiene que ser él, pues, el mismo arquetipo del mal, el que se enfrente y el que tiente a Cristo, a su vez el arquetipo del bien. No puede ser otro que él quien ofrezca al Salvador de la humanidad en las circunstancias más desafiantes aquello que todo el mundo ansía de forma más desesperada.

Satán tienta primero a Cristo, que desfallece de hambre, transformando las piedras del desierto en pan. Luego, le propone que se lance al vacío, asegurándole que Dios y los ángeles interceptarán su caída. Cristo responde a la primera tentación dicien-

---

* En línea con esta observación, la palabra «Set» es un origen etimológico de «Satán». Véase: Dorothy Milne Murdock, *Christ in Egypt: the Horus-Jesus connection*, Seattle, Stellar House, 2009, p. 75.

do: «No solo de pan vive el hombre, sino de toda palabra que sale de la boca de Dios» (Mateo 4:4). ¿Qué significa esta respuesta? Que incluso en condiciones de extrema privación, hay cosas más importantes que la comida. En otras palabras, que el pan le sirve de poco al hombre que ha traicionado a su alma, incluso si en esos momentos desfallece de hambre.* Evidentemente, Cristo podría utilizar sus casi infinitos poderes, tal y como Satán indica, para conseguir pan —en este caso, para romper su ayuno— o incluso, en un sentido más amplio, para acumular riquezas, lo que teóricamente resolvería el problema del pan de forma permanente. ¿Pero a qué costo? ¿Y con qué beneficio? ¿La gula en medio de la desolación moral? Sería el más mediocre y miserable de los banquetes. Por el contrario, Cristo tiene como objetivo algo superior: describir una forma de Ser que pueda terminar de manera definitiva con el problema del hambre. ¿Y si todos eligiéramos, en lugar de lo que nos conviene, alimentarnos con la palabra de Dios? Algo así supondría que cada persona viviría, produciría, sacrificaría, hablaría y compartiría de una forma que convertiría los padecimientos relacionados con el hambre en algo definitivamente superado. Y es así como se aborda de manera más verdadera y definitiva el problema del hambre en las privaciones del desierto.

Hay otras indicaciones a este respecto en los Evangelios que aparecen representadas, teatralizadas. Cristo aparece invariablemente como aquel que proporciona alimento infinito. Multiplica milagrosamente los panes y los peces y convierte el agua en vino. ¿Qué significa esto? Una llamada para ir en pos del significado más elevado como una forma de vida que es, al mismo tiem-

---

* Para cualquiera que piense que esto de alguna forma se aleja de la realidad, teniendo en cuenta la realidad material concreta y el auténtico sufrimiento que se asocia a la privación, le recomendaría de nuevo *Archipiélago Gulag* de Solzhenitsyn, que contiene una serie de reflexiones de excepcional profundidad acerca del comportamiento ético apropiado y su importancia fundamental en situaciones de extrema necesidad y padecimiento.

po, la más práctica y la de mayor calidad. Una llamada que adopta una forma literaria: vive de la misma manera que el Salvador, y tú y los tuyos nunca más tendrán hambre. Los beneficios del mundo se manifiestan por sí solos a aquellos que viven de forma recta y eso es mejor que el pan. Es mejor que el dinero que sirve para comprar el pan. Así, Cristo, el individuo que es simbólicamente perfecto, supera la primera tentación. Pero aún hay otras dos por venir.

«Si eres Hijo de Dios, tírate abajo —le dice Satán tentándolo por segunda vez—, porque está escrito: "Ha dado órdenes a sus ángeles acerca de ti y te sostendrán en sus manos, para que tu pie no tropiece con las piedras"». ¿Por qué Dios dejaría de manifestarse para rescatar a su único hijo del hambre, la soledad y la presencia de un gran mal? Pero así no se forja un patrón vital. Ni siquiera funciona en la literatura. El *deus ex machina* —la aparición de una fuerza divina que rescata mágicamente al protagonista de sus tribulaciones— es el truco más barato con el que cuenta un escritor, que diluye así por completo la independencia, la valentía, el destino, la libre elección y la responsabilidad. Además, Dios no es de forma alguna una red de seguridad para los ciegos. No se trata de alguien a quien se le pueda ordenar que realice trucos de magia o a quien se le pueda obligar a revelarse. Ni siquiera su propio hijo puede hacerlo.

«No tentarás al Señor, tu Dios» (Mateo 4:7). Esta respuesta, por breve que resulte, sirve para desmontar la segunda tentación. Cristo no se atreve a ordenarle nada a Dios como si tal cosa, ni siquiera a pedirle que intervenga por él. Se niega a renunciar a su propia responsabilidad en lo que le ocurre en la vida. Se niega a exigirle a Dios que demuestre su presencia y también a resolver los problemas de la vulnerabilidad moral de una forma meramente personal —instando a Dios a que lo salve—, porque así no resolvería el problema para todo el mundo ni para siempre. Esta tentación evitada encierra también el eco del rechazo a las comodidades de la locura. La identificación de sí mismo como un Mesías meramente mágico, algo fácil pero de carácter psicótico, podría haber supuesto una tentación genuina en las duras condiciones que marcaron el viaje de Cristo por el desierto. Pero, en lugar de eso, rechaza la idea de que la salvación o incluso la supervivencia a corto término dependa de un despliegue narcisista de superioridad y de una exigencia dirigida a Dios, incluso si es por parte de su hijo.

Por último llega la tercera tentación, la más poderosa de todas. Cristo ve cómo se extienden ante él todos los reinos del mundo para que tome posesión de ellos. Es el canto de sirena del poder terrenal, la oportunidad de controlar y dominar todo y a todos. A Cristo se le ofrece la cúspide de la jerarquía de dominio, el deseo animal de cualquier simio desnudo: la obediencia por parte de todos, el más asombroso de todos los Estados, el poder para construir y prosperar, la posibilidad de una gratificación sensual ilimitada. Es lo más conveniente de lo que se puede llegar a ofrecer. Pero eso no es todo, puesto que un incremento semejante de lo que se es y se posee implica infinitas oportunidades de que las tinieblas internas se revelen. El ansia de sangre, violación y destrucción forma parte integral de la atracción del poder. No es ya que los hombres deseen el poder para poder dejar de sufrir, ni que lo hagan para superar la subyugación, la enfermedad y la muerte. El poder también implica la capacidad de vengarse, de garantizar la sumisión de los demás y de aplastar a los enemigos. Si Caín hubiera tenido suficiente poder, no solo habría matado a Abel. Antes de eso lo habría torturado, haciendo gala de la más inagotable creatividad. Solo entonces lo habría matado y después habría seguido con todos los demás.

Hay algo que se encuentra por encima incluso del punto más alto de las jerarquías de dominación, y la capacidad de acceder a eso no debería sacrificarse por un simple éxito puntual. Se trata además de un lugar real, si bien no se puede conceptualizar en el sentido geográfico tradicional de espacio que normalmente utilizamos para orientarnos. En una ocasión tuve una visión con un paisaje inmenso que se extendía interminable hasta el horizonte. Yo estaba suspendido en el aire y lo contemplaba todo a vista de pájaro. Podía ver por doquier grandes pirámides de cristal estructuradas en diferentes niveles, algunas de ellas pequeñas, otras más grandes, algunas superpuestas, otras separadas, pero todas muy similares a los rascacielos modernos y también llenas de personas que intentaban alcanzar cada una de sus cúspides. Pero había algo por encima de la cúspide, un espacio en el exterior de cada pirámide en el que todas encajaban. Era la posición privilegiada del ojo que podía o que había elegido planear con total libertad por encima del tumulto, que había resuelto no dominar ningún grupo específico, ninguna causa para, en lugar de eso, trascenderlo todo. Era la auténtica atención, pura y sin barreras: la atención imparcial, constante, en alerta, a la espera del momento y el lugar oportuno para intervenir. Como indica el *Tao Te Ching*:

> Quien hace, fracasa;
> quien se aferra, pierde.
> El sabio no hace y no fracasa,
> no se aferra y no pierde.[23]

La historia de la tercera tentación encierra todo un llamado al Ser correcto. Para conseguir la mayor de las recompensas posibles —el establecimiento del reino de Dios en la Tierra y la resurrección en el paraíso—, el individuo debe orientar su vida de tal forma que rechace cualquier gratificación inmediata, apartando por igual los deseos naturales y los perversos, por muy poderosos, convincentes o realistas que sean los ofrecimientos. Todo tendrá que superarse, así como las tentaciones del mal. El mal aumenta la catástrofe vital, magnificando el ansia de buscar aquello que más convenga, algo que ya de por sí está presente como consecuencia de la tragedia esencial del Ser. Los sacrificios de carácter más prosaico pueden mantener a raya esta tragedia con mayor o menor éxito, pero hace falta un tipo particular de sacrificio para vencer al mal. Es precisamente la descripción de este tipo especial de sacrificio lo que ha preocupado a la imaginación cristiana (y no solo cristiana) durante siglos. ¿Por qué no se ha alcanzado el efecto deseado? ¿Por qué seguimos sin convencernos de que no hay mejor plan que elevar nuestras miradas al cielo, ir detrás del bien y sacrificar todo por esa ambición? ¿Es que no hemos sido capaces de comprender o bien nos hemos desviado, conscientemente o no, del camino correcto?

EL CRISTIANISMO Y SUS PROBLEMAS

Carl Jung planteó que la mente europea se vio compelida a desarrollar las tecnologías cognitivas de la ciencia para investigar el mundo material después de concluir de forma implícita que el cristianismo, con su incisivo énfasis en la salvación espiritual, había fracasado a la hora de dar una respuesta suficiente al problema del sufrimiento en el presente. Una revelación semejante resultó de una pertinencia abrumadora en los tres o cuatro siglos que precedieron al Renacimiento. Como consecuencia, una extraña y profunda fantasía compensatoria comenzó a surgir de lo más profundo de la psique colectiva occidental para manifestarse primero en las excentricidades de la alquimia y desarrollarse siglos después plenamente en forma de ciencia.[24] Fueron los alquimistas los primeros que examinaron con seriedad las transformaciones de la materia, con la esperanza de descubrir los secretos de la salud, la riqueza y la longevidad. Estos grandes soñadores (y Newton el primero de ellos)[25] intuyeron y luego imaginaron que el mundo material que la Iglesia condenaba guardaba en su interior secretos cuya revelación podría liberar a la humanidad de su dolor terrenal y sus limitaciones. Fue esa visión, consecuencia de la duda, lo que aglutinó la inmensa motivación individual y colectiva que resultaba necesaria para el desarrollo de la ciencia, con las severas exigencias de concentración y postergación de satisfacciones que algo así suponía para los pensadores individuales.

Esto no quiere decir que el cristianismo, incluso en su forma incompleta, hubiera sido un fracaso, sino más bien todo lo contrario. El cristianismo alcanzó lo que resultaba casi imposible. La doctrina cristiana elevó el alma individual, colocando al esclavo, al dueño, al plebeyo y al noble en una posición de igualdad metafísica, convirtiéndolos en iguales ante Dios y la ley. El cristianismo insistía en que hasta el mismo rey no era más que uno entre muchos. Para que pudiera arraigar algo que resultaba tan abiertamente contrario a todo tipo de constatación aparente, había que desmontar de forma radical la idea de que el poder terrenal y la prominencia eran indicadores de un favor particular otorgado por Dios. Esto se consiguió en parte gracias a la peculiar insistencia cristiana en que la salvación no se podía alcanzar mediante el esfuerzo o el mérito, mediante las «obras».[26] A pesar de todas sus limitaciones, el desarrollo de una doctrina semejante impedía que el rey, el aristócrata o el rico mercader pudieran ejercitar cualquier superioridad moral respecto al individuo común. Así, la concepción metafísica del valor implícito trascendental de cada alma se acabó imponiendo en contra de todas las expectativas en tanto que supuesto fundamental de la ley y la sociedad occidentales. No ocurría así en la Antigüedad, ni tampoco todavía en la mayoría del mundo en la actualidad. En realidad, es todo un milagro (y deberíamos tenerlo muy presente) que las sociedades jerárquicas esclavistas de nuestros ancestros se reorganizaran ante el empuje de una revelación ética y religiosa en virtud de la cual la posesión y dominación absoluta de otra persona pasó a considerarse algo que estaba mal.

Asimismo, haríamos bien en recordar que la utilidad inmediata de la esclavitud es evidente y que el argumento de que el más fuerte debería dominar al débil resulta convincente, conveniente y eminentemente práctico, al menos para los más fuertes. Indica que hacía falta una crítica revolucionaria de todo aquello que las sociedades esclavistas valoraban antes de que la práctica pudiese ni siquiera cuestionarse (no hablemos ya de erradicarse). Esta crítica incluía no solo la idea de que el uso del poder y la autoridad ennoblecía a quien poseía esclavos, sino también otra aún más fundamental: el poder que ejercía quien poseía esclavos era legítimo e incluso virtuoso. El cristianismo explicitaba la sorprendente reivindicación de que incluso la persona más humilde poseía derechos, derechos genuinos, y que el soberano y el Estado tenían la obligación moral fundamental de reconocerlos. El cristianismo formuló explícitamente la idea todavía más incomprensible de que la acción humana de poseer a otro ser humano degradaba al dueño (antes considerado de admirable nobleza) tanto o más que al esclavo. Nos olvidamos de que lo contrario había resultado obvio a lo largo de la mayor parte de la historia humana. Pensamos que es el deseo de esclavizar y dominar lo que requiere una explicación, pero una vez más es justo lo contrario.

Esto no significa que el cristianismo no tuviera sus problemas, pero es más apropiado señalar que se trata de los que aparecen solo después de haber resuelto toda una serie de problemas más serios. La sociedad producida por el cristianismo era mucho menos bárbara que las sociedades paganas —incluida la romana— a las que sustituyó. La sociedad cristiana al menos reconocía que echar esclavos a unos leones hambrientos para entretener al pueblo estaba mal, aunque siguieran existiendo muchas prácticas bárbaras. Se opuso a los infanticidios, a la prostitución y al principio de que los poderosos llevaban la razón. Insistió en que las mujeres valían lo mismo que los hombres, aunque todavía tenemos que encontrar la forma de que esa insistencia se manifieste políticamente. Exigió que incluso los enemigos de una sociedad tenían que ser considerados como humanos. Por último, separó la Iglesia y el Estado, de tal forma que los emperadores humanos ya no estuvieran en condiciones de exigir una veneración divina. Todo esto suponía pedir lo imposible, pero sucedió.

No obstante, a medida que la revolución cristiana avanzaba, los problemas imposibles que había resuelto desaparecieron. Es lo que ocurre con los problemas que se resuelven. Y una vez que esa solución se impuso, incluso el hecho de que tales problemas habían existido en alguna ocasión desapareció. Solo entonces los problemas que habían subsistido, aquellos que la doctrina cristiana no había podido solucionar tan rápido, pasaron a ocupar una posición central en la conciencia occidental. Así se originó el desarrollo de la ciencia, que tenía por objetivo solucionar el sufrimiento corpóreo y material cuya existencia resultaba aún desgarradora en las sociedades convertidas al cristianismo. El hecho de que los vehículos contaminan tan solo se convierte en un problema de envergadura suficiente para atraer la atención de la opinión pública una vez que se disipan los problemas mucho más graves que los motores de combustión interna resuelven. La gente que vive en la pobreza no se preocupa por el dióxido de carbono. No es que los niveles de CO_2 resulten irrelevantes, pero te lo parecen cuando trabajas hasta la extenuación, desfalleces de hambre y apenas consigues arrancarle una mísera subsistencia a una tierra pedregosa llena de cardos y espinas. Son irrelevantes hasta que se inventa el tractor y cientos de millones de personas dejan de morir de inanición. En cualquier caso, para el momento en el que Nietzsche entra en escena, a finales del siglo XIX, los problemas que el cristianismo había dejado sin resolver se habían vuelto cruciales.

Nietzsche se describió a sí mismo, sin ningún asomo de exageración, como alguien que ejercía la filosofía a martillazos.[27] Su crítica devastadora del cristianismo —ya de por sí debilitado por su conflicto con la misma ciencia cuyo auge había favorecido— se componía de dos líneas fundamentales de ataque. En primer lugar, Nietzsche argumentaba que era precisamente el sentido de la verdad desarrollado en su más elevado sentido por el propio cristianismo lo que en última instancia se había de cuestionar, socavando así los supuestos fundamentales de la fe. Esto se debía en parte a que la diferencia entre la verdad moral o narrativa y la verdad objetiva aún no se había comprendido plenamente (con lo que se presumía una oposición allí donde no existía necesariamente alguna), pero eso no es lo importante ahora. Incluso cuando los ateos contemporáneos que critican el cristianismo denigran a los fundamentalistas por insistir, por ejemplo, en que el relato de la creación del Génesis es objetivamente verdadero, apoyan su argumentación en su propio sentido de la verdad, desarrollado a lo largo de siglos de cultura cristiana. Carl Jung siguió desarrollando los argumentos de Nietzsche décadas más tarde, señalando que Europa se despertó en la Ilustración, como si emergiera de un sueño cristiano, para darse cuenta de que todo lo que daba por sentado podía y debía cuestionarse. «Dios ha muerto —dijo Nietzsche—. ¡Dios permanece muerto! ¡Y nosotros lo hemos matado! ¿Cómo nos consolaremos, asesinos entre los asesinos? Lo más sagrado y poderoso que poseía el mundo hasta ahora se ha desangrado bajo nuestros cuchillos. ¿Quién quitará de nosotros esta sangre?».[28]

Los dogmas centrales de la fe occidental ya no resultaban creíbles, de acuerdo con Nietzsche, teniendo en cuenta lo que la mente occidental ahora consideraba cierto. Pero era su segundo ataque, el referido a la confiscación de la verdadera carga moral del cristianismo durante el desarrollo de la Iglesia, el que resultaba más devastador. El filósofo de los martillazos organizó todo un asalto a una línea de pensamiento cristiano establecida muy pronto y de gran influencia, a saber, que el cristianismo significaba aceptar la proposición de que el sacrificio de Cristo, y tan solo ese sacrificio, era lo que redimía a la humanidad. Esto no significaba, por supuesto, que un cristiano que pensara que Cristo había muerto en la cruz para salvar a la humanidad dejara de estar sujeto a ningún tipo de obligación moral, pero sí implicaba que la responsabilidad fundamental de la redención la había asumido el Salvador, con lo que a los insignificantes individuos ya no les quedaba gran cosa que hacer.

Nietzsche pensaba que Pablo, y más tarde los protestantes que seguían los pasos de Lutero, habían confiscado toda la responsabilidad moral a los seguidores de Cristo. Así, habían diluido la idea de la imitación de Cristo. Esta imitación constituía el deber sagrado del creyente de no limitarse a adherirse a una serie de declaraciones sobre creencias abstractas, sino, por el contrario, de manifestar el espíritu del Salvador en las condiciones particulares y específicas de su vida, es decir, la obligación de realizar o de encarnar el arquetipo o, tal y como decía Jung, de vestir con carne el modelo eterno. Nietzsche escribe: «Los cristianos nunca han practicado las acciones que Jesús prescribió para ellos, y la desvergonzada charlatanería de la "justificación por la fe", y de su significación superior y única, es solo consecuencia de que la Iglesia no tuvo ni el valor ni la voluntad para aplicarse a las obras que Jesús exigía».[29] En verdad Nietzsche era un crítico inigualable.

La creencia dogmática en los axiomas fundamentales del cristianismo (que la crucifixión de Cristo redimía al mundo, que la salvación se reservaba para el más allá, que esta no se podía alcanzar mediante el trabajo) tenía tres consecuencias que se reforzaban mutuamente. La primera, la devaluación del significado de la vida terrenal, ya que solo el más allá contaba. Esto también significaba que resultaba aceptable obviar o silenciar la responsabilidad por el sufrimiento que existía aquí y ahora. La segunda, la aceptación pasiva del *statu quo*, ya que la salvación no podía conseguirse de forma alguna mediante esfuerzos realizados en esta vida, una consecuencia que también Marx ridiculizaba con su postulado de que la religión era el opio de las masas. Y en tercer y último lugar, el derecho del creyente a rechazar cualquier tipo de carga moral —más allá de la creencia en la salvación a través de Cristo— porque el Hijo de Dios ya se había encargado de todo el trabajo importante. Eran los mismos motivos por los que Dostoievski, que tuvo una gran influencia en Nietzsche, también criticaba el cristianismo institucional, aunque de una forma más ambigua y también más sofisticada. En su obra maestra *Los hermanos Karamázov*, Dostoievski hace que su superhombre ateo, Iván, cuente una breve historia: «El gran inquisidor».[30] Se impone aquí un pequeño paréntesis.

Iván habla con su hermano Aliosha, cuyas labores como novicio monacal solo le suscitan desprecio, y le cuenta una historia en la que Cristo regresa a la tierra en la época de la Inquisición. El Salvador retornado produce un gran alboroto, tal y como se podría esperar. Cura a los enfermos y resucita a los muertos, así que sus devaneos no tardan en llamar la atención del mismísimo gran inquisidor, que de forma inmediata arresta a Cristo y lo confina en una celda. Más tarde, el inquisidor lo visita y le informa de que ya no se le necesita. Su regreso supone una amenaza demasiado seria para la Iglesia. El inquisidor le dice a Cristo que la carga que depositó sobre la humanidad —la carga de la existencia en la fe y en la verdad— resultaba inasumible para los simples mortales. Le señala, así, que la Iglesia, en su misericordia, diluyó tal mensaje, retirando de los hombros de sus seguidores la exigencia de un perfecto Ser y proporcionándoles en su lugar las escapatorias simples y compasivas de la fe y el más allá. Un trabajo semejante requirió siglos, señala el inquisidor, así que lo último que necesita la Iglesia tras semejante esfuerzo es el regreso del hombre que insistió en que era la gente quien debía soportar todo el peso. Cristo escucha en silencio y cuando el inquisidor se dispone a irse, lo abraza y lo besa en los labios. El inquisidor se queda blanco como el papel y después se va, dejando la puerta de la celda abierta.

La profundidad de esta historia y la grandeza de espíritu necesaria para crearla a duras penas pueden exagerarse. Dostoievski, uno de los mayores genios de todos los tiempos, se enfrentó con los problemas existenciales más serios en todos sus grandes escritos y lo hizo con valentía, dando la cara y sin pensar en las consecuencias. A pesar de ser abiertamente cristiano, se negaba de forma tajante a reducir a peleles a sus oponentes racionalistas y ateos. Todo lo contrario: en *Los hermanos Karamázov*, por ejemplo, el ateo de Dostoievski, Iván, ataca las suposiciones del cristianismo con insuperable claridad y convicción. Aliosha, que por temperamento y resolución se mantiene apegado a la Iglesia, no puede desmontar ni uno solo de los argumentos de su hermano, si bien su fe se mantiene inmutable. Dostoievski sabía y admitía que el cristianismo había sido derrotado por la facultad racional, incluso por el intelecto, pero —y esto es esencial— no rehuía este hecho. Ni por medio de la negación, ni del engaño, ni siquiera de la sátira, trató de debilitar la postura que se oponía a aquello que para él era lo más verdadero y valioso. Por el contrario, consiguió afrontar el problema otorgando más importancia a los actos que a las palabras. Al final de la novela, Dostoievski hace que la enorme bondad personificada en Aliosha, la valiente imitación de Cristo realizada por el novicio, consiga la victoria por encima de la espectacular pero en última instancia nihilista inteligencia crítica de Iván.

La Iglesia cristiana descrita por el gran inquisidor es la misma Iglesia que Nietzsche fustigó. Pueril, mojigata, patriarcal, sierva del poder, esa Iglesia ilustra todo lo podrido que siguen denunciando los críticos contemporáneos del cristianismo. Nietzsche, a pesar de toda su brillantez, se entrega a la rabia, pero quizá no es capaz de templarla lo suficiente por medio del raciocinio. Es aquí donde, en mi opinión, Dostoievski va verdaderamente más allá que Nietzsche, donde la gran literatura del primero trasciende la mera filosofía del segundo. El inquisidor del escritor ruso es el verdadero paradigma, en todos los sentidos. Es un interrogador oportunista, cínico, manipulador y cruel, que tan solo desea perseguir a herejes e incluso torturarlos y matarlos. Se limita a difundir un dogma que sabe que es falso. Pero Dostoievski hace que Cristo, el arquetipo del hombre perfecto, sea capaz de besarlo a pesar de todo. De igual importancia es que, después de ese beso, el gran inquisidor se retira dejando la puerta abierta, de tal forma que Cristo pueda escapar a su inminente ejecución. Dostoievski vio cómo el inmenso y corrupto edificio del cristianismo aún contenía el espíritu de su fundador. Esa es la gratitud de un alma docta y sabia por la imperecedera sabiduría de Occidente, a pesar de sus defectos.

No es que Nietzsche se resistiera a darle a la fe, y más particularmente al catolicismo, lo que se merecía. Él creía que la larga tradición represiva que caracterizaba al dogmático cristianismo —su insistencia en que todo debía explicarse dentro de los límites de una única y coherente teoría metafísica— era un prerrequisito para la emergencia de una mente moderna disciplinada pero libre. Tal y como declaró en *Más allá del bien y del mal*:

> La prolongada falta de libertad del espíritu, [...] la prolongada voluntad espiritual de interpretar todo acontecimiento de acuerdo con un esquema cristiano y de volver a descubrir y justificar al Dios cristiano incluso en todo azar, todo ese esfuerzo violento, arbitrario, duro, horrible, antirracional ha mostrado ser el medio a través del cual fueron desarrollándose en el espíritu europeo su fortaleza, su despiadada curiosidad y su sutil movilidad: aunque admitimos que aquí tuvo asimismo que quedar oprimida, ahogada y corrompida una cantidad grande e irreemplazable de fuerza y de espíritu.[31]

Tanto para Nietzsche como para Dostoievski, la libertad —incluso la capacidad de actuar— requería una coacción. Por este motivo, ambos reconocían la vital necesidad del dogma de la Iglesia. El individuo debía ser coaccionado, moldeado —incluso llevado al borde de la destrucción— por una estructura disciplinaria restrictiva y coherente antes de poder actuar de forma libre y capaz. Dostoievski, con su gran generosidad de espíritu, concedió a la Iglesia, por corrupta que estuviera, una cierta compasión, un cierto pragmatismo. Admitió que el espíritu de Dios, el Logos que engendró el mundo, históricamente e incluso quizá en la actualidad había encontrado su última morada —e incluso su reino— en esa estructura dogmática.

Si un padre disciplina de manera conveniente a su hijo, obviamente interfiere con su libertad, sobre todo en lo inmediato. Establece unos límites en la expresión voluntaria del Ser de su hijo, obligándolo a ocupar su lugar como un miembro socializado del mundo. Un padre así exige que todo ese potencial infantil se canalice a través de un sendero particular. Al imponerle a su hijo semejantes limitaciones, quizá parezca una fuerza destructiva, puesto que actúa para sustituir la milagrosa pluralidad de la infancia por una realidad única y estrecha. Pero si el padre no asume una acción semejante, deja a su hijo al nivel de Peter Pan, el niño eterno, el rey de los niños perdidos, el líder del inexistente país de Nunca Jamás. No es una alternativa moralmente aceptable.

El dogma de la Iglesia se vio socavado por el espíritu de la verdad que la propia Iglesia había desarrollado. Semejante subversión culminó con la muerte de Dios, pero la estructura dogmática de la Iglesia era una estructura disciplinaria necesaria. Un largo periodo de falta de libertad —de adhesión a una estructura interpretativa particular— es necesario para que se desarrolle una mente libre. El dogma cristiano proporcionó esa falta de libertad. Pero ese dogma está muerto, al menos para la mente moderna occidental. Se extinguió junto con Dios. Sin embargo, lo que siguió a su cadáver —y esto resulta de capital importancia— fue algo todavía más muerto, algo que nunca llegó a estar vivo, ni siquiera en el pasado: el nihilismo, así como una propensión igual de peligrosa a las nuevas ideas utópicas y totalizadoras. Fue después de la muerte de Dios que los grandes horrores colectivos del comunismo y el fascismo se desataron, tal y como Dostoievski y Nietzsche habían predicho que ocurriría. Nietzsche, por su parte, sugirió que los seres humanos tendrían que inventar sus propios valores tras la muerte de Dios. Pero este es el elemento de su pensamiento que resulta psicológicamente más endeble, ya que no podemos inventar nuestros propios valores, porque no podemos simplemente imponer aquello en lo que desde el fondo de nuestras almas creemos. Este fue el gran descubrimiento de Carl Jung, logrado en gran parte como consecuencia de su concienzudo estudio de los problemas planteados por Nietzsche.

Nos rebelamos contra nuestro propio totalitarismo tanto como ante el de otros. No puedo sencillamente ordenarme hacer algo, ni tú tampoco. «Ya no voy a dejarlo todo para más tarde», me digo, pero luego no lo cumplo. «Voy a comer moderadamente», me digo, pero luego no lo hago. «Dejaré de emborracharme», me digo, pero luego no es así. No puedo imponerme la imagen que mi intelecto ha construido, especialmente si este se halla poseído por una ideología. Tengo una naturaleza, como tú y como todo el mundo. Tenemos que descubrir esa naturaleza y lidiar con ella antes de hacer las paces con nosotros mismos. ¿Qué somos de verdad, de forma más verdadera? ¿Qué podríamos llegar a ser de forma más verdadera, sabiendo quiénes somos de verdad? Hemos de llegar hasta el mismo fondo de las cosas antes de estar en condiciones de responder a tales preguntas.

LA DUDA, MÁS ALLÁ DEL SIMPLE NIHILISMO

Trescientos años antes de Nietzsche, el gran filósofo francés René Descartes se embarcó en una misión intelectual para sondear seriamente sus dudas, para desmontar las cosas y llegar a lo que resultaba esencial, para ver si podía enunciar o descubrir una sola proposición que fuera inmune a su escepticismo. Buscaba un cimiento sobre el que poder asentar el Ser. Descartes lo encontró, o creyó encontrarlo, en el «yo» que piensa —el «yo» que es consciente—, tal y como recoge su famosa máxima *cogito ergo sum* («pienso, luego existo»). Pero ese «yo» había sido conceptualizado mucho antes. Hace miles de años, el «yo» consciente era el ojo que todo lo veía de Horus, el gran hijo y dios del Sol egipcio, quien renovó el Estado prestando atención a su inevitable corrupción y luego enfrentándose a ella. Antes de eso, lo fue el dios creador mesopotámico Marduk, con cuatro ojos colosales alrededor de su cabeza y que pronunciaba palabras mágicas que engendraban mundos. Durante la época cristiana el «yo» se transformó en el Logos, la Palabra que al pronunciarse organiza el Ser al principio de los tiempos. Cabría decir que Descartes simplemente secularizó el Logos convirtiéndolo de forma más explícita en «aquello que es consciente y piensa». En pocas palabras, ese es el ego moderno. ¿Pero qué es exactamente ese ego?

Podemos entender hasta cierto punto sus horrores si nos lo proponemos, pero su bondad resulta mucho más difícil de definir. El ego es el actor fundamental del mal que se paseaba por el escenario del Ser como nazi y como estalinista, que creó Auschwitz, Buchenwald, Dachau y todo el repertorio de gulags soviéticos. Todo esto ha de considerarse con la mayor seriedad. ¿Pero qué es su opuesto? ¿Qué clase de bien puede equilibrar un mal semejante? ¿Qué clase de bien se vuelve más tangible, más comprensible como consecuencia de la mera existencia de ese mal? Y es aquí cuando podemos declarar con convicción y claridad que incluso el intelecto racional —esa facultad tan estimada por aquellos que desprecian la sabiduría tradicional— se aproxima y parece bastante, como mínimo, al arquetípico dios que muere y resucita eternamente, el eterno salvador de la humanidad, el mismo Logos. El filósofo de la ciencia Karl Popper, que de ninguna manera era un místico, consideraba que el pensamiento resultaba una extensión lógica del proceso descrito por Darwin. Una criatura que no puede pensar tan solo es capaz de encarnar su propio Ser, tan solo puede representar su propia naturaleza de forma concreta, aquí y ahora. Si no es capaz de reproducir en su comportamiento aquello que el ambiente exige, tendrá que morir. Pero este no es el caso de los seres humanos. Nosotros podemos producir representaciones que abstraen las versiones potenciales del Ser. Podemos producir una idea en ese teatro que es la imaginación y podemos experimentarla frente a nuestras otras ideas, o las ideas de los demás, en el mismo mundo. Si no resulta, podemos abandonarla. Tal y como decía Popper, podemos dejar que nuestras ideas mueran en vez de morir nosotros.[32] Así, la parte esencial, es decir, el creador de esas ideas, puede seguir adelante, libre de las consecuencias del error. La fe en la parte de nosotros que sigue adelante más allá de esas muertes supone un prerrequisito para poder pensar.

Ahora bien, una idea no es lo mismo que un hecho. Un hecho es algo que está muerto en sí mismo. Carece de consciencia, de ansias de poder, de motivación y de acción. Existen miles de millones de hechos muertos, internet es una tumba de hechos muertos. Pero la idea que engancha a una persona es algo vivo, es algo que quiere expresarse, que quiere vivir en el mundo. Fue por ello que los llamados «psicólogos profundos» —entre los que destacan Freud y Jung— insistieron en que la psique humana era el campo de batalla de las ideas. Una idea tiene un objetivo. Una idea quiere algo, plantea una estructura de valores. Una idea cree que aquello a lo que aspira es mejor que lo que tiene ahora. Reduce el mundo a aquellas cosas que favorecen o impiden su realización mientras que todo lo demás se ve condenado a la irrelevancia. Una idea delimita una figura, la hace resaltar. Una idea es una personalidad, no un hecho. Cuando se manifiesta dentro de una persona, muestra una fuerte propensión a convertir a esa persona en su personificación, en alguien que se verá forzado a representarla. En ocasiones, ese impulso (esa posesión, por decirlo de otro modo) puede ser tan fuerte que la otra persona morirá antes de permitir que la idea desaparezca. Por lo general, algo así supone una mala decisión, puesto que a menudo tan solo la idea necesita morir y la persona en cuestión puede dejar de ser su personificación, cambiar su modo de actuar y seguir adelante.

Utilizando la conceptualización dramática de nuestros antepasados, son las convicciones más fundamentales las que deben morir, las que deben sacrificarse cuando se perturba la relación con Dios (cuando, por ejemplo, la presencia de un sufrimiento innecesario e intolerable indica que hay que cambiar algo). Decir esto es limitarse a señalar que el futuro puede ser mejor si en el presente se hacen los sacrificios necesarios. Ningún otro animal ha sido jamás capaz de llegar a esta conclusión, y a nosotros nos costó centenares de miles de años hacerlo. E hizo falta mucho más tiempo todavía de observación y adoración a los héroes, así como milenios de estudio, para que una idea así se decantara en forma de historia. Y todavía fue preciso un periodo muy largo para poder evaluar esa historia e incorporarla de tal forma que, hoy en día, podamos decir: «Si eres disciplinado y das más importancia al futuro que al presente, puedes cambiar la estructura de la realidad a tu favor».

¿Pero cuál es la mejor forma de conseguirlo?

En 1984, me propuse seguir la senda de Descartes. Entonces no sabía que se trataba de la misma senda y no tengo intención de reivindicar ninguna familiaridad con Descartes, al que se considera con toda justicia uno de los mayores filósofos de todos los tiempos. Pero sí me asaltaban las dudas. El superficial cristianismo de mis años de juventud me quedó pequeño una vez que estuve en condiciones de comprender lo básico de la teoría de Darwin. Después de eso, no podía distinguir los elementos básicos de la fe cristiana del mero pensamiento voluntarista. El socialismo que poco después se convirtió para mí en una interesante alternativa acabó resultando igual de inane. Con el tiempo llegué a entender, gracias al gran George Orwell, que una gran parte de ese pensamiento basaba su motivación en el odio a los ricos y a los triunfadores más que en un verdadero interés por los pobres. Además, los socialistas acababan resultando más intrínsecamente capitalistas que los propios capitalistas. Creían en el dinero con la misma fuerza, tan solo pensaban que, si fueran otros los que lo tuvieran, los problemas que asolaban a la humanidad desaparecerían. Algo así es simplemente falso. Hay muchos problemas que el dinero no resuelve y otros que incluso los empeora. Los ricos también se divorcian, se distancian de sus hijos, sufren angustia existencial, padecen cáncer y demencia, y mueren solos y sin afecto. Las personas que intentan salir de una adicción pero que están malditas con una cuantiosa fortuna acabarán por fundirse todo el dinero en un frenesí de cocaína y alcohol. Y el aburrimiento oprime sobre todo a quien nada tiene que hacer.

Al mismo tiempo me atormentaba la Guerra Fría, que me obsesionaba y me causaba pesadillas. Me hizo adentrarme en el mismo desierto, en la vasta noche del alma humana. No podía entender cómo se había llegado al punto de que las dos mayores facciones a nivel mundial tuvieran como objetivo declarado la destrucción de la otra. ¿Acaso era cada uno de esos sistemas tan arbitrario y corrupto como el otro? ¿Se trataba de una simple cuestión de opinión? ¿Los sistemas de valores no eran más que los ropajes del poder?

¿Acaso todo el mundo se había vuelto loco?

¿Qué pasó exactamente en el siglo XX? ¿Por qué tantas decenas de millones de personas tuvieron que morir, sacrificadas a los nuevos dogmas e ideologías? ¿Cómo se llegó a descubrir algo mucho peor que la aristocracia y los sistemas religiosos corruptos que el comunismo y el fascismo pretendían suplantar desde planteamientos tan racionales? Nadie había respondido a esas cuestiones, al menos que yo supiera. Como Descartes, me veía asediado por las dudas. Buscaba algo, cualquier cosa, que me pudiera parecer indiscutible. Quería una roca sobre la que poder levantar mi casa y la duda era lo que me guiaba.

En una ocasión leí acerca de una práctica particularmente insidiosa en Auschwitz. Un guardia forzaba a un interno a cargar un saco de unos cincuenta kilos de sal mojada de un lado al otro del enorme complejo. *Arbeit macht frei*, se leía en el rótulo de la entrada, es decir, «El trabajo los hará libres», pero esa libertad no era otra que la muerte. Cargar con la sal era un acto de tormento gratuito, un ejemplo de artes malévolas, algo que me permitía concluir con seguridad que algunas acciones estaban mal.

Alexandr Solzhenitsyn escribió con firmeza y con profundidad acerca de los horrores del siglo XX, las decenas de millones de personas a las que se había despojado de empleo, familia, identidad e incluso la vida. En su *Archipiélago Gulag*, en la segunda parte del segundo volumen, reflexiona sobre los Juicios de Núremberg, que en su opinión era el acontecimiento más significativo del siglo XX. ¿Cuál fue la conclusión de dichos procesos? Hay algunas acciones que son tan intrínsecamente espantosas que se oponen a la misma naturaleza del Ser humano. Esto es algo que resulta válido de forma esencial, para todas las culturas, para cualquier tiempo y espacio. Se trata de acciones perversas y nada puede justificar realizarlas. Deshumanizar a otro ser humano, reducirlo al estatus de parásito, torturar y masacrar sin pensar ni siquiera en la inocencia de cada individuo o en la culpa, elevar el dolor a categoría de arte, todo eso está mal.

¿De qué no puedo dudar? De la realidad del sufrimiento, que no admite ningún tipo de argumentación. Los nihilistas no pueden cuestionarlo mediante el escepticismo, los totalitaristas no pueden proscribirlo y los cínicos no pueden escapar de su realidad. El sufrimiento es real e infligir sufrimiento a otra persona, con deleite y por placer, está mal. Esto se convirtió en la piedra angular de mis creencias. Así, indagando en los sustratos más bajos del pensamiento y la acción humana, entendiendo mi propia capacidad de comportarme como un guardia carcelario nazi, un administrador de gulag soviético o alguien que tortura a niños en una mazmorra, llegué a entender lo que significa «cargarse los pecados del mundo a las espaldas». Todo ser humano posee una inmensa capacidad para hacer el mal y entiende, al menos en principio, quizá no lo que está bien, pero sí lo que no lo está. Y si hay algo que no está bien, eso significa que hay cosas que sí lo están. Si el peor pecado es atormentar a los demás tan solo para producir sufrimiento, entonces el bien es aquello que se oponga frontalmente a algo así. El bien es aquello que sirva para evitar que cosas así ocurran.

EL SIGNIFICADO COMO EL BIEN MÁS ELEVADO

A partir de ese punto, desarrollé mis principales conclusiones morales. Apunta hacia arriba. Presta atención. Arregla lo que puedas arreglar. No seas arrogante. Esfuérzate por ser humilde, porque el orgullo totalitario se manifiesta en la intolerancia, la opresión, la tortura y la muerte. Sé consciente de tus propios defectos: tu cobardía, tu perversidad, tu resentimiento, tu odio. Ten en cuenta tu potencial asesino antes de atreverte a acusar a los demás y antes de tratar de enmendar la naturaleza del mundo. Quizá el mundo no tenga la culpa, quizá la tengas tú. No has estado a la altura, has errado el tiro. Te has quedado muy por debajo de la gloria divina. Has pecado. Y todo eso representa tu contribución a las carencias, al mal del mundo. Y por encima de todo, no mientas. No mientas por nada, nunca. La mentira conduce al infierno. Fueron las grandes y pequeñas mentiras de los Estados nazis y comunistas las que causaron las muertes de millones de personas.

Piensa luego que evitar el dolor y el sufrimiento innecesarios es un bien y elévalo a categoría de axioma: en la medida que pueda, actuaré de tal forma que permita evitar el dolor y el sufrimiento innecesarios. Ahora ya has establecido en lo más alto de tu jerarquía moral una serie de supuestos y acciones que tienen como objetivo mejorar el Ser. ¿Por qué? Porque sabemos cuál es la alternativa. La alternativa fue el siglo XX. La alternativa se acercó tanto al infierno que ni siquiera vale la pena buscar las diferencias. Y lo contrario del infierno es el cielo. Colocar en lo más alto de tu jerarquía de valores la necesidad de evitar todo tipo de dolor y de sufrimiento innecesarios es contribuir para que se instaure el reino de Dios en la Tierra, que es al mismo tiempo un Estado y un estado mental.

Jung observó que la construcción de una jerarquía moral semejante resultaba inevitable, si bien podía terminar resultando endeble y contradictoria consigo misma. Para Jung, aquello que se encontrara en lo más alto de la jerarquía moral de un individuo era a todos los efectos el valor supremo de esa persona, el dios de esa persona. Era lo que esa persona representaba, aquello en lo que creía de forma profunda. Algo que se representa no es un hecho, ni una serie de hechos. Es, por el contrario, una personalidad, o más bien una elección entre dos personalidades opuestas. Es Sherlock Holmes o Moriarty. Es Batman o Joker. Es Superman o Lex Luthor, Charles Francis Xavier o Magneto, Thor o Loki. Es Abel o Caín y también Cristo o Satán. Si sirve para ennoblecer el Ser, para establecer el paraíso, entonces es Cristo. Si sirve para destruir el Ser, para generar y propagar dolor y sufrimiento innecesarios, entonces es Satán. Esa es la realidad arquetípica e ineludible.

Lo conveniente dicta seguir el impulso ciego. Es el beneficio a corto plazo, es estrecho y egoísta. Miente para salirse con la suya y no tiene nada en cuenta. Es inmaduro, irresponsable. Frente a él, el significado es su contraste maduro. El significado emerge de la interacción entre las posibilidades del mundo y la estructura de valores que opera en ese mundo. Si la estructura de valores tiene como objetivo la mejora del Ser, el significado que revelará servirá para sostener la vida. Proporcionará el antídoto contra el caos y el sufrimiento. Hará que todo cuente, hará que todo sea mejor.

Si actúas de forma recta, tus acciones te permitirán estar psicológicamente integrado tanto hoy como mañana y también a medida que avances hacia el futuro, mientras sacas provecho, al mismo tiempo que tu familia y todo el mundo que te rodea. Todo se acumulará, se alineará sobre un mismo eje, se fundirá en un conjunto. Esto produce el máximo significado. Esta acumulación es un lugar en el espacio y en el tiempo cuya existencia podemos detectar mediante nuestra habilidad para experimentar más de lo que simplemente nos revelan nuestros sentidos aquí y ahora, sentidos que están obviamente limitados a la hora de recoger información y en su capacidad de representación. El significado triunfa sobre lo conveniente. El significado satisface todos los impulsos, ahora y siempre. Por eso podemos detectarlo.

Si decides que tu resentimiento contra el Ser no está justificado, a pesar de su desigualdad y su dolor, quizá empieces a advertir cosas que podrías arreglar para disminuir, aunque solo sea un poco, parte del sufrimiento y el dolor innecesarios. Puede que te preguntes: «¿Qué debería hacer hoy?», de una forma que quiere decir: «¿Cómo podría utilizar mi tiempo para que las cosas sean mejores y no peores?». Este tipo de tareas puede anunciarse bajo la forma de un montón de papeles pendientes de los que te podrías ocupar, de una habitación que podrías hacer algo más acogedora o de una comida que podrías preparar más sabrosa y podrías servir a tu familia con mayor gratitud.

Te darás cuenta de que si te ocupas de estas obligaciones morales, una vez que hayas colocado ese «haz el mundo mejor» en lo más alto de tu jerarquía de valores, podrás experimentar el significado más profundo. No es una dicha, no es la felicidad, es más bien una redención del hecho criminal que supone tu Ser fracturado, dañado. Es el pago de la deuda que has contraído por el milagro horrible y malsano de tu existencia. Es como puedes recordar el Holocausto, como puedes compensar la patología de la historia. Es adoptar la responsabilidad de ser un habitante potencial del infierno. Es la voluntad de servir como ángel del paraíso.

La conveniencia es como esconder todos los esqueletos en el clóset. Es cubrir la sangre que acabas de derramar con una alfombra. Es evitar la responsabilidad. Es cobarde, es superficial y está mal. Está mal porque la conveniencia, puesta en práctica muchas veces, produce el carácter del demonio. Está mal porque la conveniencia se limita a traspasarle la maldición con la que cargas a otra persona o a ti mismo en el futuro, de una forma que hará que tu futuro, y el futuro en general, sea peor y no mejor.

No hay fe, valentía ni sacrificio al hacer lo que resulta conveniente. No hay ninguna reflexión minuciosa acerca de que las acciones y los supuestos cuentan, o de que el mundo está hecho de aquello que cuenta. Contar con significado en tu vida es mejor que tener aquello que deseas, porque puede que no sepas qué es lo que deseas ni lo que de verdad necesitas. El significado es algo que te sale al encuentro por su propia decisión. Puedes preparar los requisitos, puedes seguir el significado cuando se manifiesta, pero no puedes producirlo deliberadamente. El significado indica que te encuentras en el lugar adecuado, en el momento adecuado, en el equilibrio justo entre orden y caos, ahí donde todo se alinea de la mejor forma posible.

Lo que es conveniente tan solo funciona en el presente. Es inmediato, impulsivo y limitado. Lo que tiene significado, por el contrario, es la organización de todo aquello que de otra forma sería solo conveniente en una sinfonía del Ser. El significado es aquello que transmite, con mucha más fuerza que las palabras, el *Himno de la alegría* de Beethoven, una creación triunfante que emerge del vacío con una sucesión de hermosos patrones en el que cada instrumento cumple su papel y sobre la que aparece un coro de voces afinadas para cubrir todo el registro de emociones humanas posibles desde la desesperación al júbilo.

El significado es aquello que se manifiesta cuando los numerosos niveles que componen el Ser se ponen de acuerdo en una armonía perfectamente acompasada, partiendo de los microcosmos atómicos, pasando por las células, los órganos, los individuos, la sociedad y la naturaleza hasta llegar al cosmos, de tal forma que cualquier acción a cada uno de esos niveles facilite perfectamente la de todos los demás, para que así el pasado, el presente y el futuro se rediman y se reconcilien al mismo tiempo. El significado es lo que emerge de forma hermosa y profunda como un botón de rosa que se abre de la nada a la luz del sol y a Dios. El significado es el loto, que avanza hacia arriba a lo largo de las oscuras profundidades del lago, a través del agua cristalina para florecer en la superficie, revelando en su interior al Buda dorado, a su vez perfectamente integrado, de tal modo que la revelación de la voluntad divina pueda manifestarse en cada una de sus palabras y sus gestos.

El significado es lo que ocurre cuando todo lo que existe se une en un baile extático que tiene un único objetivo: la glorificación de una realidad que, por muy buena que sea de repente, siempre puede mejorar más y más, de forma cada vez más profunda, proyectándose hacia el futuro. El significado ocurre cuando ese baile se ha vuelto tan intenso que todos los horrores del pasado, todas las terribles luchas que todas las formas de vida y toda la humanidad hayan podido emprender se convierten en una parte necesaria y meritoria de un intento cada vez más logrado de construir algo verdaderamente majestuoso, verdaderamente bueno.

El significado es el equilibrio definitivo entre, por un lado, el caos de la transformación y la posibilidad y, por otro, la disciplina de un orden impoluto, cuyo objetivo es producir a partir del caos actual un nuevo orden que sea inmaculado y capaz de generar un caos y un orden todavía más equilibrados y productivos. El significado es el camino, es el sendero de la vida más abundante, es el lugar donde vives cuando te guía el amor, cuando dices la verdad y cuando nada de lo que quieres ni de lo que puedas querer pasa por delante de eso mismo.

Dedica tus esfuerzos a hacer cosas con significado, no aquello que más te convenga.

REGLA 8

DI LA VERDAD,
O POR LO MENOS NO MIENTAS

LA VERDAD EN TIERRA DE NADIE

Cursé mis estudios de Psicología Clínica en la Universidad McGill, en Montreal. Solía cruzarme con mis compañeros de clase en las instalaciones del Hospital Douglas, donde vivimos nuestras primeras experiencias directas con personas que padecían enfermedades mentales. Se trata de una institución que ocupa un inmenso terreno y docenas de edificios, algunos de los cuales están conectados por medio de túneles subterráneos que protegen tanto al personal como a los pacientes de los interminables inviernos de Montreal. En otras épocas el hospital albergaba a centenares de pacientes que estaban internados a largo plazo. Esto fue antes de la aparición de los fármacos antipsicóticos y de la generalización de los movimientos de desinstitucionalización a finales de la década de 1960, que vieron el cierre de casi todos los manicomios, condenando a menudo a los pacientes entonces «liberados» a una vida mucho más dura en las calles. Así pues, a principios de la década de 1980, cuando visité el lugar por primera vez, ya solo seguían allí los casos más graves. Eran personas extrañas y muy deterioradas que se apiñaban alrededor de las máquinas expendedoras desperdigadas por los túneles del hospital. Parecían sacados de una fotografía de Diane Arbus o de un cuadro del Bosco.

Un día, mis compañeros y yo estábamos en fila esperando instrucciones del estricto psicólogo alemán que dirigía las prácticas clínicas. Una paciente interna, frágil y vulnerable, se acercó a una estudiante, una joven conservadora de buena familia. La paciente se dirigió a ella de forma amigable, infantil, y le preguntó: «¿Por qué están todos aquí de pie? ¿Qué están haciendo? ¿Puedo quedarme con ustedes?». Mi compañera se giró hacia mí y me preguntó insegura: «¿Qué le digo?». La había sorprendido, y a mí también, que alguien en una situación de aislamiento y deterioro semejante pidiera algo por el estilo. Ninguno de los dos quería decirle nada que pudiera percibirse como un rechazo o un regaño.

Repentinamente nos habíamos adentrado en una especie de tierra de nadie, en la que la sociedad no proporcionaba ningún tipo de regla o directriz. Comenzábamos las prácticas y no estábamos en absoluto preparados para enfrentarnos en las dependencias de un psiquiátrico con una paciente esquizofrénica que nos hacía una pregunta ingenua y amistosa para tantear las posibilidades de verse incluida en un grupo. Tampoco se podía aplicar la dinámica conversacional natural entre personas que prestan atención a indicaciones contextuales. ¿Cuáles eran las reglas en una situación semejante, totalmente ajena a los límites de una interacción social habitual? ¿Cuáles eran exactamente las opciones?

En ese instante, solo se me ocurrieron dos. Podía contarle a la paciente una historia inventada con la intención de quedar bien o podía responderle con sinceridad. «Solo se admite a ocho personas en nuestro grupo», habría sido un ejemplo del primer caso, así como «Es que justamente ahora nos estábamos yendo». Ninguna de estas dos opciones habría herido ningún sentimiento, por lo menos a nivel superficial, ni mencionaba la diferencia de estatus que nos dividía. Pero ninguna de las dos habría sido exactamente cierta. Así que no me decanté por ninguna de ellas.

Le dije a la paciente tan simple y directamente como pude que éramos estudiantes, que estábamos empezando las prácticas para ser psicólogos, y que por ese motivo no podía unirse a nosotros. La respuesta subrayaba la distinción que existía entre su situación y la nuestra, poniendo todavía más de relieve el contraste entre ambas. Se trataba de una respuesta más dura que una mentira piadosa bien pensada. Pero ya tenía entonces cierta noción de que faltar a la verdad, por muy buenas intenciones que motivaran tal decisión, era algo que podía generar consecuencias imprevistas. La paciente adoptó un aire abatido y dolido, pero solo por un momento. Entonces lo comprendió y volvió a la normalidad. Era lo que había y punto.

Antes de empezar mis prácticas clínicas, ya me había tocado vivir unas cuantas experiencias extrañas.[1] De forma repentina me vi asediado por violentas compulsiones (que nunca ejecuté), y a raíz de eso desarrollé la convicción de que en realidad no sabía gran cosa acerca de quién era y de qué me llevaba entre manos. Así que empecé a prestar mucha más atención a lo que hacía y decía. Fue, como poco, una experiencia desconcertante. Enseguida me dividí en dos partes: una que hablaba y otra, más distante, que prestaba atención y juzgaba. Y enseguida advertí que casi todo lo que decía no era verdad. Tenía motivos para actuar así: quería vencer en discusiones, obtener un estatus, impresionar a gente y conseguir lo que quería. Utilizaba el lenguaje para doblar y moldear el mundo de tal forma que se encaminara allí donde pensaba que hacía falta. Pero haciéndolo me convertía en un farsante. Una vez que me di cuenta de ello, empecé a intentar decir solo aquellas cosas a las que la voz interna no se opondría. Empecé a intentar decir la verdad o, al menos, a no mentir. Y enseguida descubrí que una habilidad así resultaba muy práctica cuando no sabía qué hacer. ¿Qué hacer cuando no sabes qué hacer? Di la verdad. Así que eso fue lo que hice mi primer día en el Hospital Douglas.

Más adelante tuve un paciente paranoico y peligroso. Trabajar con personas paranoicas es todo un desafío. Piensan que son víctimas de misteriosas fuerzas conspirativas que traman sus malvados planes en la oscuridad. Los paranoicos están siempre alerta, siempre concentrados. Prestan atención a las indicaciones no verbales de una forma extremadamente manifiesta, nada común en interacciones humanas ordinarias. Se equivocan a la hora de interpretarlas —ahí está precisamente la paranoia—, pero a pesar de eso son prácticamente insuperables en su habilidad de detectar segundas intenciones, juicios y falsedades. Tienes que escuchar con mucha atención y decir la verdad si quieres que una persona paranoica te confíe sus secretos.

Escuché con mucha atención y le hablé con sinceridad a mi paciente. De vez en cuando, él relataba fantasías espeluznantes consistentes en despellejar a personas para vengarse. Entonces me fijaba en mi propia reacción, prestaba atención a los pensamientos e imágenes que emergían en el teatro de mi imaginación a medida que le hablaba y le decía lo que observaba. No pretendía controlar o dirigir sus acciones y pensamientos, ni tampoco los míos. Tan solo intentaba transmitirle con la mayor transparencia de la que era capaz hasta qué punto lo que estaba haciendo afectaba de forma directa por lo menos a una persona, a mí. Mi cuidadosa atención y mis respuestas francas no significaban que permaneciera impasible, ni mucho menos que aprobase lo que me estaba diciendo. Cuando me asustaba (y eso ocurría a menudo), le decía que sus palabras y sus acciones estaban erradas, que se iba a meter en un problema.

A pesar de todo, me hablaba porque lo escuchaba y porque respondía con honestidad incluso si no le daba la razón. Confiaba en mí a pesar de (o mejor dicho, a causa de) mis objeciones. Era paranoico, pero no estúpido. Sabía que su comportamiento era socialmente inaceptable y sabía que, sin duda, cualquier persona decente reaccionaría con horror ante sus malsanas fantasías. Confiaba en mí y se mostraba dispuesto a hablar conmigo precisamente porque yo reaccionaba de ese modo. Y sin esa confianza no existía la menor posibilidad de entenderse.

Sus problemas solían comenzar con una situación de carácter burocrático, por ejemplo en un banco. Entraba en una institución con la intención de realizar algún tipo de trámite sencillo, ya fuera abrir una cuenta, pagar una factura o solventar algún error. Por lo general, acababa encontrándose con las típicas personas nada dispuestas a ayudar que uno suele encontrarse en esa clase de lugares. La persona en cuestión no admitía el documento de identificación que le entregaba o requería determinada información que era innecesaria o bien resultaba complicada de obtener. Entiendo que en algunas ocasiones el trajín burocrático resultaba ineludible, pero en otras el tema se complicaba de forma gratuita en virtud de los mediocres abusos relacionados con el poder burocrático. Mi paciente estaba obsesionado con el honor, que para él era más importante que la seguridad, la libertad o las posesiones. Siguiendo esa lógica —puesto que los paranoicos son de una lógica impecable—, no podía permitir que nadie lo menospreciara, insultara o tratara con desdén, ni siquiera lo más mínimo. Era incapaz de pasar nada por alto. A causa de su actitud rígida e inflexible, sus acciones le habían acarreado ya unas cuantas órdenes de alejamiento. No obstante, una orden de alejamiento tan solo consigue disuadir a la clase de personas que nunca habrían recibido una, para empezar.

Su frase favorita en este tipo de situaciones era: «Voy a ser tu peor pesadilla». He llegado a desear ardientemente ser capaz de pronunciar algo así tras haberme topado con obstáculos burocráticos innecesarios, pero la verdad es que lo mejor suele ser no decir nada. Pero es que mi paciente quería decir exactamente lo que estaba diciendo y en ocasiones acababa convirtiéndose realmente en la pesadilla de alguien. Era el malo de la película *No es país para viejos*. La persona con la que te cruzas en el lugar equivocado y en el momento equivocado. Si te interponías en su camino, aunque fuera de forma accidental, te acosaba, te recordaba lo que le habías hecho y te aterraba. No era la persona más adecuada a la que mentir, así que yo le decía la verdad y así estaba tranquilo.

MI CASERO

Más o menos por esos días, mi casero era un hombre que anteriormente había liderado una pandilla local de motociclistas. Mi mujer, Tammy, y yo vivíamos al lado de él en el pequeño edificio de departamentos de sus padres. Su novia, que tenía marcas de autolesiones, típicas de personas con trastornos límites de la personalidad, se suicidó cuando vivíamos allí.

Él se llamaba Denis y era grande y fuerte, un francocanadiense de barba gris que tenía mucha mano para todo lo relacionado con la electricidad. También tenía cierto talento artístico y se dedicaba a confeccionar carteles de madera laminada con luces de neón personalizados. Tras una etapa en la cárcel, hacía lo posible por mantenerse sobrio, pero una vez al mes, más o menos, desaparecía durante un par de días de juerga. Era uno de esos tipos con una capacidad milagrosa para el alcohol: podía beberse cincuenta o sesenta cervezas en una borrachera sostenida de dos días y conseguía mantenerse de pie durante todo el tiempo. Puede resultar difícil de creer, pero así era. Me dedicaba a investigar acerca del alcoholismo familiar y a menudo escuchaba a personas que me hablaban de padres que consumían más de un litro de vodka al día. Estos patriarcas solían comprarse una botella cada tarde de lunes a viernes, y dos los sábados para adelantarse al cierre de las licorerías los domingos.

Denis tenía un perrito. A veces, Tammy y yo escuchábamos a Denis y al perro aullar como locos en el jardín de atrás a las cuatro de la mañana, durante uno de los maratones alcohólicos. En estas ocasiones, Denis llegaba a beberse todo el dinero que tenía y después venía a nuestro departamento. Escuchábamos que llamaban a la puerta y ahí estaba Denis, tambaleándose pero erguido y milagrosamente consciente.

En las manos llevaba el tostador, el microondas o alguno de sus carteles, cualquier objeto que quisiera venderme para poder seguir bebiendo. Así le compré unas cuantas cosas, fingiendo benevolencia, pero Tammy acabó convenciéndome de que no podía seguir haciéndolo. Era algo que a ella le ponía nerviosa y que le hacía daño a Denis, por quien sentía estima. Pero por muy razonable e incluso necesaria que resultara su petición, yo me seguía viendo en una situación complicada.

¿Qué le puedes decir a un antiguo líder motociclista de temperamento violento y en avanzado estado de embriaguez cuando te intenta vender su microondas con un inglés precario a las dos de la mañana en la puerta de tu casa? Era una pregunta aún más difícil que la de la paciente interna o el paranoico con ganas de despellejar gente. Pero la respuesta era la misma: la verdad. Pero más te valía saber qué demonios era la verdad.

Poco después de haber hablado con mi mujer, Denis volvió a llamar a nuestra puerta. Me lanzó una mirada directa y escéptica con los ojos entreabiertos, característica de alguien acostumbrado a beber mucho y que se ha metido en problemas unas cuantas veces. Una mirada así significa: «Demuestra que no has hecho nada». Oscilando ligeramente de un lado a otro, me preguntó de manera educada si estaba interesado en comprarle un tostador. Me saqué de encima todas las motivaciones de dominación típicas de los primates y toda superioridad moral y le dije, de la forma más directa y cuidadosa que pude, que no. No estaba de broma. En ese momento no era un joven instruido, anglófono y privilegiado en plena ascensión social y él tampoco era un motociclista expresidiario de Quebec con un nivel de alcohol en sangre de más de 2,00. No, éramos dos hombres de buena voluntad intentándonos ayudar, poniendo ambos de nuestra parte para hacer lo correcto. Le dije que me había dicho que estaba intentando dejar de beber y que no sería bueno para él que le diera más dinero. Le dije que Tammy, a quien él respetaba, se ponía nerviosa cuando venía tan tarde a intentar vendernos cosas.

Durante quince segundos me fulminó con la mirada sin decir una palabra. Fue un intervalo de tiempo más que suficiente. Sabía que estaba buscando la más mínima expresión que me traicionara y que mostrara sarcasmo, engaño, desprecio o autocomplacencia. Pero lo había sopesado muy bien y durante mucho tiempo, así que solo dije cosas de las que estaba convencido. Había elegido con mucho cuidado las palabras que iba a pronunciar, en lo que había sido una auténtica travesía por zonas pantanosas tratando de seguir un sendero de piedra medio sumergido en la ciénaga. Denis se giró y se fue. Y es más, a pesar de su nivel de alcoholismo profesional, recordaría nuestra conversación. Nunca volvió a intentar venderme nada y nuestra relación —que, teniendo en cuenta la distancia cultural que existía entre ambos, era buena— se hizo aún más sólida.

Ir a lo fácil o decir la verdad no son solamente dos opciones distintas. Son dos caminos diferentes que atraviesan la vida. Son dos formas totalmente distintas de existir.

MANIPULAR EL MUNDO

Puedes utilizar las palabras para manipular el mundo y hacer que te proporcione lo que quieras. Es lo que viene a ser «actuar políticamente». Es tergiversar. Es la especialidad de aquellos que carecen de escrúpulos, ya sean comerciantes, vendedores, publicistas, donjuanes, utópicos cargados de eslóganes o psicópatas. Es el tipo de discurso al que la gente se lanza cuando intenta influir y manipular a los demás. Es lo que hacen los estudiantes universitarios cuando escriben un trabajo para complacer al profesor en lugar de articular y explicar sus propias ideas. Es lo que todo el mundo hace cuando quiere algo y decide falsificarse para agradar y adular. Es dedicarse a la maquinación, a la proclama de eslóganes, es propaganda.

Llevar una vida así supone estar poseído por algún tipo de deseo aberrante y articular discursos y acciones de tal modo que conduzcan con seguridad y racionalidad a tal objetivo. Algunos objetivos calculados de este tipo son «imponer mis convicciones ideológicas», «demostrar que tengo (o tenía) razón», «parecer competente», «trepar por la jerarquía de dominación», «evitar responsabilidades» (o su hermano gemelo, «atribuirme el mérito de otras personas»), «conseguir un ascenso», «acaparar la atención», «asegurarme de que todo el mundo me quiere», «hacerme el mártir y sacarle partido», «justificar mi cinismo», «racionalizar mi actitud asocial», «minimizar todo conflicto inmediato», «mantener mi ingenuidad», «sacar provecho de mi vulnerabilidad», «parecer siempre un santo» o (y este es particularmente retorcido) «asegurarme de que mi insufrible hijo/hija siempre tenga la culpa de todo». Estos son ejemplos de lo que un compatriota de Sigmund Freud, el menos conocido psicólogo austriaco Alfred Adler, denominó «mentiras de vida».[2]

Una persona que vive una «mentira de vida» está intentando manipular la realidad a través de la percepción, el pensamiento y la acción, de tal modo que solo pueda producirse un resultado predeterminado que se desea de forma agónica. Una vida vivida de esta forma se basa, consciente o inconscientemente, en dos premisas. La primera es que el conocimiento actual con el que se cuenta basta para definir lo que es bueno, ahora y más adelante, sin el menor asomo de duda. La segunda es que la realidad resultaría insoportable si se le deja ser tal y como es. La primera premisa resulta injustificable desde un punto de vista filosófico. Aquello que te propones actualmente puede que no merezca la pena en absoluto, de la misma forma que lo que estás haciendo ahora puede que sea un error. La segunda es todavía peor. Tan solo resulta válida si la realidad es intrínsecamente intolerable y, al mismo tiempo, algo que se puede manipular y distorsionar. Decir algo así o pensarlo requiere la arrogancia y la seguridad que el genial poeta inglés John Milton identificó con Satán, el más elevado ángel de Dios que acabó tremendamente mal. La facultad de la racionalidad inclina peligrosamente hacia el orgullo: todo lo que sé es lo que hay que saber. El orgullo se enamora de sus propias creaciones e intenta convertirlas en algo absoluto.

He visto a gente definir su utopía y luego hacer malabarismos con su vida para volverla realidad. Un estudiante de izquierda adopta una apariencia moderna y contraria a la autoridad y se pasa los siguientes veinte años trabajando de forma incansable para vencer a los molinos de su imaginación. Una chica de dieciocho años decide, de forma arbitraria, que quiere jubilarse a los cincuenta y dos. Trabaja durante tres décadas para conseguirlo, sin advertir que tomó tal decisión cuando apenas era una niña. ¿Qué sabía de cómo sería ella misma a los cincuenta y dos años cuando todavía era una adolescente? Incluso ahora, muchos años después, apenas tiene una vaga idea, de baja resolución, del que sería su Edén después de la vida laboral. Se niega a darse cuenta. ¿Qué significaría su vida si ese objetivo inicial fuera un error? Tiene miedo de abrir la caja de Pandora, donde se encuentran todos los problemas del mundo. Pero también aguarda ahí la esperanza. En lugar de eso, pervierte toda su vida para que se ajuste a las fantasías de una adolescente privilegiada.

Un objetivo formulado con ingenuidad se acaba transformando con el paso del tiempo en una forma de vida siniestra. Un paciente de cuarenta y tantos años me contó su visión, formulada por él mismo cuando era más joven: «Me veo jubilado, en una playa tropical, bebiendo margaritas bajo el sol». Algo así no es un plan, es el cartel de una agencia de viajes. Después de ocho margaritas, lo único que puedes hacer es esperar la resaca. Tras tres semanas de días llenos de margaritas, si aún estás consciente, estás muerto de aburrimiento y asqueado contigo mismo. En menos de un año, te habrás convertido en un ser patético. No resulta, pues, un planteamiento sostenible para la época madura. Esa clase de reduccionismos y falsificaciones es particularmente típico de los ideólogos, que adoptan un único axioma: el Gobierno es malo, la inmigración es mala, el capitalismo es malo, el patriarcado es malo. Entonces filtran y matizan sus experiencias, e insisten de forma cada vez más vehemente en que todo puede explicarse mediante ese axioma. Creen de forma narcisista, por debajo de toda su palabrería, que el mundo se podría enderezar si ellos estuvieran a cargo.

Pero hay otro problema fundamental con las mentiras de vida, particularmente cuando se basan en la evitación. Se le llama «pecado de comisión» al hacer algo que sabes que está mal. Por su parte, un pecado de omisión es el que se comete dejando que ocurra algo malo cuando podrías impedirlo. El primero se considera tradicionalmente más serio que el segundo, la evitación, pero yo no estoy tan seguro.

Piensa en una persona que insiste en que todo le va bien. Evita el conflicto, sonríe y hace lo que le piden. Encuentra un nicho y allí se esconde. No cuestiona la autoridad ni propone ideas, y ni siquiera se queja cuando se la trata mal. Ansía la invisibilidad, como un pez en medio de un enorme banco marino. Pero hay algo secreto que le gangrena el corazón. A pesar de todo, sufre, porque la vida es sufrimiento. Vive en soledad, aislamiento y frustración, pero su obediencia y su forma de anularse disuelven todo significado en su vida. Se ha convertido en una persona esclava, una herramienta que los demás pueden explotar. No consigue lo que quiere o lo que necesita porque algo así requeriría tomar la palabra. De modo que nada en su existencia puede compensar los problemas vitales, y algo así enferma a cualquiera.

Puede que sea cierto que los primeros que desaparecen cuando la institución en la que trabajas titubea y se hunde son los alborotadores y los que arman relajo. Pero los siguientes que serán sacrificados son los que están en silencio. Alguien que se esconde no es esencial. Ser esencial requiere una contribución original. Esconderse, además, no salva a esas personas ni de la enfermedad, ni de la locura, ni de la muerte, ni de los impuestos. Y esconderse de los demás también significa suprimir y esconder todo lo que nosotros mismos podríamos llegar a ser. Y ahí está el problema.

Si no te revelas a los demás, no te puedes revelar a ti mismo. Esto no solo significa que estás suprimiendo a quien eres, aunque eso también. Significa que todas las cosas que podrías llegar a ser nunca podrán ser desencadenadas por la necesidad. Se trata de una verdad biológica y conceptual. Cuando exploras con astucia, cuando te enfrentas de forma voluntaria con lo desconocido, vas recopilando información que te sirve para construirte en tu nueva versión renovada. Este es el elemento conceptual. Sin embargo, algunos estudios recientes han descubierto que hay genes nuevos que se activan en el sistema central nervioso cuando un organismo se encuentra (o se coloca) en una situación nueva. Estos genes codifican nuevas proteínas, que a su vez son los ladrillos de nuevas estructuras que se forman en el cerebro. Esto implica que una gran parte de ti está todavía naciendo, en el sentido más físico posible, algo que la inmovilidad no está en condiciones de propiciar. Tienes que decir algo, ir a algún sitio y hacer algo para activarte. Y si no..., pues te quedas incompleto, y la vida es demasiado dura para alguien incompleto.

Si dices «no» a tu jefe, a tu mujer o a tu madre cuando hay que decírselo, entonces te transformas en alguien que puede decir «no» cuando hay que decirlo. Por el contrario, si dices «sí» cuando tienes que decir «no», te transformas en alguien que solo puede decir «sí», incluso cuando manifiestamente toca decir lo contrario. Si alguna vez te has preguntado cómo es posible que personas totalmente comunes y decentes acabaran realizando las cosas terribles que hacían los guardias de los gulags, aquí tienes la respuesta. Cuando había llegado el momento de decir claramente «no», ya no quedaba nadie en condiciones de hacerlo.

Si te traicionas a ti mismo, si dices cosas falsas, si escenificas una mentira, lo que haces es debilitar tu carácter. Si tienes un carácter débil, te avasallará la primera adversidad que surja, e inevitablemente surgirán. Intentarás esconderte, pero ya no podrás hacerlo en ningún sitio. Y entonces acabarás haciendo cosas horribles.

Tan solo la filosofía más cínica e inútil insiste en que la realidad puede mejorarse por medio de la falsificación. Una filosofía semejante juzga de la misma forma el Ser y lo que se puede llegar a ser, y ambas cosas le resultan fallidas. Acusa a la verdad de resultar insuficiente y a las personas honestas de dejarse engañar. Es una filosofía que al mismo tiempo propicia y justifica la corrupción endémica del mundo.

En semejantes circunstancias, el problema no es la visión en tanto que tal ni tampoco un plan diseñado para alcanzar una visión determinada. Porque hace falta una visión del futuro, de un futuro deseable. Una visión así relaciona las acciones que adoptamos ahora con los valores importantes, básicos, a largo plazo. Otorga relevancia a las acciones del presente y nos proporciona unos parámetros para limitar la incertidumbre y la ansiedad.

No se trata, pues, de una visión. Es, por el contrario, ceguera voluntaria. La peor clase de mentira. Es algo sutil, algo que siempre se escuda en algún tipo de racionalización sencilla. La ceguera voluntaria es la negativa a saber algo que podría saberse. Es la negativa a admitir el timbre que indica que hay alguien en la puerta. Es la negativa a admitir que hay un gorila de tres toneladas y media en mitad de la habitación, que hay un elefante debajo de la alfombra, que hay un esqueleto colgado en el ropero. Es la negativa a reconocer un error para seguir aplicando el plan. Todo juego cuenta con unas reglas, y algunas de las más importantes son implícitas. Las aceptas a partir del momento en el que empiezas a jugar. La primera de ellas es que el juego es importante, porque, si no lo fuera, no estarías jugando. El mero hecho de participar en un juego lo define como algo importante. La segunda es que las jugadas que realizas son válidas si te ayudan a ganar. Si realizas una jugada que no te ayuda a ganar, entonces, por definición, es mala y tienes que intentar otra cosa. Y ya lo sabes, es absurdo hacer una y otra vez lo mismo y esperar resultados diferentes.

Si tienes suerte, al fracasar pruebas algo nuevo y entonces consigues salir adelante. Si eso tampoco funciona, vuelves a intentar otra cosa. Una pequeña modificación basta en algunas circunstancias. Por eso es prudente empezar con pequeños ajustes y ver si sirven de algo. Sin embargo, en ocasiones el problema reside en toda la jerarquía de valores, por lo que hay que abandonar el edificio entero. Hay que cambiar todo el juego, lo que supone una revolución, con todo el caos y el terror que eso supone. No es algo a lo que uno deba lanzarse a la ligera, pero a veces resulta necesario. El error requiere el sacrificio que supone corregirlo, con lo que un error grave necesita un sacrificio igual de grave. Aceptar la verdad es un sacrificio, y si has estado rechazándola durante mucho tiempo, entonces has acumulado una deuda enorme en lo que se refiere a sacrificios. Los incendios queman la madera seca y hacen que las sustancias que estaban atrapadas en su interior vuelvan a la tierra. No obstante, a veces los fuegos se evitan de forma artificial y la madera seca sigue acumulándose. Pero antes o después se declarará un fuego y entonces arderá con tal furia que todo quedará destruido, incluso la tierra en la que el bosque crece.

A la mente orgullosa y racional, instalada en sus certezas y embriagada de su brillantez, no le cuesta nada ignorar el error y barrer todo debajo de la alfombra. Los filósofos existencialistas, empezando por Søren Kierkegaard, señalaron este modo de vida como «inauténtico». Una persona inauténtica sigue percibiendo las cosas y actuando de formas que su propia experiencia ha demostrado que son falsas. No habla con su propia voz.

«¿Ha ocurrido lo que quería? No. Entonces, o bien mi objetivo o bien mi estrategia no eran adecuados. Me quedan todavía cosas por aprender». Esa es la voz de la autenticidad.

«¿Ha ocurrido lo que quería? No. Entonces, el mundo es injusto, y la gente, celosa y demasiado estúpida como para comprender. Es culpa de algo o de alguien». Esa es la voz de lo inauténtico. De ahí no queda mucho para llegar a «tendrían que desaparecer», «hay que hacerles daño» o «hay que destruirlos». Cuando escuchas cosas que resultan de una brutalidad incomprensible, entonces es que este tipo de ideas se ha manifestado.

No puede achacarse nada de esto a la inconsciencia o a la represión. Cuando un individuo miente, lo sabe. Puede que quiera ignorar las consecuencias de sus acciones, puede que sea incapaz de analizar y articular su pasado y que así no lo entienda, puede incluso que olvide que ha mentido y no sea por tanto consciente. Pero en ese preciso instante, cuando cometió cada uno de los errores en cuestión o cuando obvió cada una de sus responsabilidades, sí lo era. En ese momento sabía lo que estaba haciendo. Los pecados de los individuos inauténticos corrompen el Estado.

Supongamos que alguien sediento de poder crea una nueva regla en tu lugar de trabajo, algo innecesario y contraproducente, algo irritante que te hace perder parte del placer y del sentido que le ves a lo que haces. Pero te dices que no pasa nada, que quejarse será inútil. Y entonces vuelve a ocurrir, pero ya te entrenaste para tolerar este tipo de cosas puesto que la primera vez no fuiste capaz de reaccionar. Así que eres un poco menos valiente y tu oponente, al que nadie se opone, un poco más fuerte. Como resultado, la institución es un poco más corrupta y el proceso de estancamiento burocrático y opresión ya está en marcha, proceso al que tú has contribuido fingiendo que no pasaba nada. ¿Por qué no protestar? ¿Por qué no tomar partido? Si lo haces, otras personas que también tienen miedo de alzar la voz puede que acudan en tu defensa. Y si no, quizá ha llegado la hora de la revolución. Quizá tendrías que buscar otro trabajo, donde tu alma corra menos peligro de verse corrompida.

Pues ¿de qué le sirve a un hombre ganar el mundo entero y perder su alma? (Marcos 8:36)

Uno de los elementos principales de *Archipiélago Gulag*, la obra maestra de Alexandr Solzhenitsyn, fue su análisis de la relación causal directa entre la patología del Estado soviético que dependía del sistema de prisiones-campos de trabajo —donde millones de personas sufrieron y murieron— y la casi universal tendencia del ciudadano soviético a falsear sus experiencias personales cotidianas, negar el sufrimiento infligido por el régimen y, de esta forma, apoyar los dictados del sistema racional comunista, poseído por la ideología. Fue esta especie de mala fe, este empecinamiento, lo que —en opinión de Solzhenitsyn— secundó y respaldó los crímenes del gran asesino de masas paranoico Josef Stalin. Solzhenitsyn escribió la verdad, su verdad, que, aprendida como resultado de sus horrendas experiencias en los campos, exponía las mentiras del Estado soviético. Ninguna persona instruida se atrevió a seguir defendiendo esa ideología una vez que se publicó *Archipiélago Gulag*. Nadie pudo volver a decir: «Lo que Stalin hizo no era el verdadero comunismo».

Viktor Frankl, el psiquiatra austriaco que sobrevivió a los campos de concentración nazis y escribió el clásico *El hombre en busca de sentido* (1946), llegó a una conclusión sociopsicológica similar: una existencia deshonesta, carente de autenticidad, conduce al totalitarismo social. Por su parte, Sigmund Freud consideraba que la represión contribuía de forma relevante al desarrollo de enfermedades mentales (y la diferencia entre la represión de la verdad y una mentira es cuestión de distintos niveles de intensidad, no de tipologías diferentes). Alfred Adler sabía que las mentiras eran un caldo de cultivo para las enfermedades. C. G. Jung sabía que sus pacientes estaban aquejados de problemas morales y que estos los causaba la falsedad. Todos estos pensadores, todos ellos estudiosos de las patologías individuales y culturales, llegaron a la misma conclusión: la mentira pervierte la estructura del Ser. La falsedad corrompe tanto el alma como el Estado, puesto que una forma de corrupción alimenta la otra.

En repetidas ocasiones he observado cómo la traición y el engaño transforman la miseria existencial común en un infierno absoluto. La crisis apenas soportable de un paciente terminal se puede convertir, por ejemplo, en algo indescriptiblemente horrendo como consecuencia de las inapropiadas pero banales peleas de sus hijos adultos. Obsesionados por un pasado no resuelto, se arremolinan como ánimas en torno al lecho de muerte tiñendo la tragedia de unas tonalidades innecesarias de cobardía y resentimiento.

La incapacidad de un joven para abrirse camino la puede explotar una madre que tenga como prioridad proteger a sus hijos de todo dolor y decepción. Así, él nunca se va y ella nunca está sola. Es una conspiración perversa, que se trama poco a poco, a medida que la patología se desarrolla por medio de millares de guiños y asentimientos. Ella se hará la mártir, condenada a apoyar a su hijo, y se alimentará cual vampiro de la compasión que le proporcionen sus amistades. Él, por su parte, seguirá en su nido del sótano, imaginando que está oprimido y deleitándose con fantasías acerca de la venganza que podría infligir al mundo que lo rechazó por su cobardía, su torpeza y su incapacidad. Y, precisamente por eso, a veces comete la venganza en cuestión. Y entonces todos se preguntan el porqué. Podrían haberlo visto venir, pero se negaron a hacerlo.

Es cierto que también una vida bien vivida puede verse desgarrada por la enfermedad, las dolencias o cualquier catástrofe inevitable. La depresión, el trastorno bipolar o la esquizofrenia, igual que el cáncer, están relacionados con factores biológicos que están más allá del control inmediato del individuo. Las dificultades que son intrínsecas a la vida bastan por sí solas para debilitar y abrumar a cualquiera de nosotros, empujándonos más allá de nuestros límites y asestándonos un golpe allí donde más nos duele. Ni la vida mejor vivida puede sustraernos totalmente de nuestra vulnerabilidad. Pero la familia que se pelea entre las ruinas de su hogar devastado por un terremoto tiene muchas menos probabilidades de reconstruir algo que la familia fortalecida por la confianza y la devoción mutuas. Cualquier debilidad natural, cualquier desafío existencial, por pequeño que sea, puede magnificarse y convertirse en una crisis grave si se alimenta de una cantidad suficiente de engaño a nivel individual, familiar o cultural.

Puede que un espíritu humano honesto fracase una y otra vez en todos sus intentos por traer el paraíso en la Tierra. Pero quizá sí consiga reducir el sufrimiento característico de la existencia a niveles admisibles. La tragedia del Ser es consecuencia de nuestras limitaciones y de la vulnerabilidad que define la experiencia humana. Puede incluso tratarse del precio que pagamos por el propio Ser, ya que la existencia, para producirse, ha de estar limitada.

Vi cómo un marido se iba adaptando de forma honesta y valiente mientras su mujer se hundía en la demencia terminal. Paso a paso, fue realizando los ajustes necesarios. Aceptó ayuda cuando la necesitó y se negó a obviar la triste degradación de su esposa, de tal forma que pudo adaptarse gradualmente. Vi a la familia de esa mujer agruparse cuando ella agonizaba, los vi forjando nuevas conexiones entre ellos —hermano, hermanas, nietos y padre— como compensación parcial pero genuina de su pérdida. Vi a mi hija adolescente vivir todo el proceso de destrucción de su cadera y su tobillo y cómo sobrevivió a dos años de dolor intenso y constante para volver a emerger con su espíritu intacto. Vi cómo su hermano pequeño sacrificó de forma voluntaria, sin resentimiento alguno, numerosas oportunidades sociales, numerosos compromisos con amigos para estar a su lado, a nuestro lado, cuando estaba sufriendo. Con amor, con ánimos y con un carácter intacto, un ser humano puede aguantar mucho más de lo que imaginamos. Sin embargo, lo que no se puede soportar es la ruina absoluta que producen la tragedia y el engaño.

La capacidad de la mente racional para falsear, manipular, tramar, hacer trampas, falsificar, minimizar, confundir, prevaricar, denegar, omitir, racionalizar, tergiversar, exagerar y complicar es tan inagotable, tan excepcional, que siglos enteros de pensamiento precientífico, centrados en clarificar la naturaleza del esfuerzo moral, lo consideraron algo verdaderamente diabólico. Esto no se debe a la propia racionalidad en tanto que proceso, puesto que ese mismo proceso puede generar claridad y progreso. Es porque la racionalidad está sujeta a la peor tentación de todas, a saber, elevar lo que conoce al estatuto de algo absoluto.

Podemos apoyarnos de nuevo en las palabras del gran poeta John Milton para aclarar lo que esto significa. A lo largo de millares de años de historia, el mundo occidental fue hilvanando en torno a su esencia religiosa una fantasía onírica acerca de la naturaleza del mal. Esa fantasía contaba con un protagonista, una personalidad adversaria, dedicada de forma absoluta a la corrupción del Ser. Milton se propuso organizar, escenificar y articular la esencia de este sueño colectivo y le dio vida en la figura de Satán o Lucifer, «el portador de luz». Escribe acerca de su tentación primigenia y sus consecuencias inmediatas:[3]

Confiando al Altísimo igualarse,
si con él se enfrentaba, y ambiciosa,
contra el trono de Dios y monarquía,
levantó la impía guerra de los Cielos
y la altiva lid con vano esfuerzo.
A Satán el Poder Omnipotente
arrojó de cabeza, envuelto en llamas,
en horrorosa combustión y ruina,
de la mansión etérea a la insondable
perdición, a vivir allí en cadenas
irrompibles y el castigo del fuego,
por armarse contra el Omnipotente.

A decir de Milton, Lucifer —el espíritu de la razón— era el más excelso de los ángeles que Dios creó a partir de la nada, algo que puede interpretarse desde una perspectiva psicológica. La razón es algo vivo, algo que vive en cada uno de nosotros, algo con muchos más años que cualquiera. Es mejor entenderla como una personalidad más que como una capacidad. Es algo que posee sus objetivos, sus tentaciones y sus debilidades. Vuela más alto y consigue ver mucho más lejos que cualquier otro espíritu. Pero la razón se enamora de sí misma y, peor todavía, de aquello que ella misma produce, que eleva e idolatra como algo de carácter absoluto. Así pues, Lucifer es el espíritu del totalitarismo. Si acaba arrojado del cielo al infierno es precisamente porque ese encumbramiento, esa rebelión en contra del Altísimo, del Incomprensible, inevitablemente desencadena el infierno.

Dicho de otra forma, la gran tentación de la facultad racional es glorificar su propia capacidad y sus propias obras para declarar después que frente a sus teorías no existe nada trascendente, nada que escape a su dominio. Esto significa que todas las cosas importantes ya se han descubierto, que no queda nada por saber. Pero, sobre todo, niega la necesidad de enfrentarse al Ser, individualmente y con valentía. ¿Qué va a salvarte? Desde el totalitarismo se viene a decir: «La fe en lo que ya sabes». Pero no es eso lo que te salva. Lo que te salva es la voluntad de aprender de aquello que no sabes. Esa es la fe en la posibilidad de la transformación humana, en el sacrificio de la versión actual de uno mismo para alcanzar la versión que podríamos ser. La persona totalitaria niega la necesidad de que el individuo asuma la responsabilidad última del Ser.

Esa negación es lo que significa rebelarse contra «el Altísimo». «Totalitario» significa eso, que todo lo que había que descubrir ya se ha descubierto, que todo ocurrirá tal y como se ha planeado, que todos los problemas se desvanecerán cuando se acepte el sistema perfecto. El gran poema de Milton era una profecía. A medida que la racionalidad se elevaba de las cenizas del cristianismo, la gran amenaza de los sistemas totales la acompañaba. El comunismo, en particular, no resultaba tan atractivo a los trabajadores oprimidos, sus hipotéticos beneficiarios, como a los intelectuales, a aquellos cuyo arrogante orgullo en el intelecto les aseguraba que siempre llevaban razón. Pero la utopía prometida nunca se materializó. En su lugar, la humanidad vivió el infierno de la Rusia de Stalin, la China de Mao y la Camboya de Pol Pot, y los ciudadanos de esos Estados tuvieron que traicionar su propia experiencia, enfrentarse a sus compatriotas y ver morir a decenas de millones.

Un viejo chiste soviético cuenta la historia de un estadounidense que muere y va al infierno. Satán le está enseñando el lugar y pasan delante de una enorme caldera. El recién llegado echa un vistazo al interior y ve que está llena de almas que sufren, achicharradas en alquitrán ardiente, que intentan escapar, pero en vano, puesto que unos diablos sentados en los bordes los repelen a golpe de tridente. El estadounidense queda muy impresionado y Satán le dice: «Ahí ponemos a los pecadores ingleses». El paseo continúa y poco después llegan a un segundo caldero, ligeramente más grande y más caliente. El hombre vuelve a mirar dentro y ve que también está lleno de almas que sufren, aunque estas llevan boina. Igual que en la otra, hay diablos que mantienen a raya con tridentes a aquellos que intentan salir. «Aquí es donde ponemos a los pecadores franceses», dice Satán. A lo lejos se ve un tercer caldero, mucho más grande y que reluce del calor que emana. El estadounidense apenas puede acercarse, pero, ante la insistencia de Satán, lo hace y echa un vistazo. Se encuentra abarrotado de almas que apenas se pueden distinguir bajo la superficie del líquido en ebullición. No obstante, de vez en cuando hay alguna que consigue emerger del alquitrán en un intento desesperado por alcanzar el borde del recipiente. Y curiosamente, aunque en este caso no hay diablos sentados, el alma que trepa acaba precipitándose de nuevo al líquido. El estadounidense pregunta: «¿Por qué aquí no hay ningún diablo para evitar que la gente escape?». Satán contesta: «Aquí es donde ponemos a los rusos. Si alguno intenta escapar, los demás lo impiden».

Milton pensaba que la negativa vehemente a cambiar frente al error no solo suponía la expulsión del cielo y la consiguiente degeneración en un infierno cada vez más profundo, sino también el rechazo a la misma redención. Satán sabe perfectamente que incluso si estuviera dispuesto a buscar la reconciliación y Dios tuviera intención de propiciarla, terminaría rebelándose de nuevo, porque no puede cambiar. Es quizá esta orgullosa terquedad lo que constituye el misterioso pecado imperdonable contra el Espíritu Santo:

> ¡Adiós, felices campos, donde mora
> para siempre la dicha! ¡Salve, horrores,
> salve, mundo infernal, y, tú, profundo
> Averno, recibe a tu nuevo señor,
> aquel cuyo designio nunca puede
> alterarse con el lugar y el tiempo.[4]

No se trata de una fantasía del más allá, ni ningún reino perverso de tortura de ultratumba para enemigos políticos. Es más bien una idea abstracta y a menudo las abstracciones son más reales que aquello que representan. La idea de que el infierno existe de cierta forma metafísica no es solo antigua y recurrente, sino también cierta. El infierno es eterno, siempre ha existido y existe todavía. Es la parte más árida, hostil y perversa del inframundo del caos, ahí donde quedan condenadas para la eternidad las personas decepcionadas y resentidas.

> La mente es su propio lugar y puede
> hacer en ella un cielo del infierno [...][5]
> podemos pues reinar seguros.
> Y en mi opinión reinar vale la pena,
> aunque sea en el infierno: mejor es
> reinar aquí que servir en el cielo.[6]

Aquellos que han mentido lo suficiente, tanto de palabra como de acto, viven ahí, en el infierno, ahora. Ponte a andar por cualquier calle frecuentada de una ciudad. Mantén los ojos bien abiertos y presta atención. Verás a gente que está ahí, ahora. Son las personas a las que tiendes a evitar de forma instintiva, las que se enfadan de forma automática en cuanto las miras, si bien en algunos casos prefieren girarse avergonzadas. Vi una vez en la calle a un alcohólico que se encontraba en un estado lamentable hacer justamente eso en presencia de mi hija. Lo que ante todo quería era evitar ver su degradación reflejada de forma incontestable en los ojos de la niña.

Es el engaño lo que hace que las personas sientan una miseria mayor de lo que pueden soportar. Es el engaño lo que llena el alma humana de resentimiento y ansias de venganza. Es el engaño lo que produce el terrible sufrimiento de la humanidad: los campos de la muerte nazis, las cámaras de tortura y los genocidios de Stalin, y ese monstruo aún mayor que fue Mao. Fue el engaño lo que mató a centenares de millones de personas en el siglo XX. Fue el engaño lo que casi condena por completo a la civilización. Es lo que aún hoy en día nos amenaza de forma total y absoluta.

Y EN LUGAR DE ESO, LA VERDAD

¿Qué ocurre si, en lugar de eso, decidimos dejar de mentir? ¿Qué significa algo así? Al fin y al cabo, nuestro conocimiento es limitado. Tenemos que adoptar decisiones aquí y ahora, aunque nunca podamos discernir con seguridad cuáles son los mejores medios y los mejores fines. Un objetivo, una ambición proporciona la estructura necesaria para actuar. Un objetivo proporciona un destino, un punto de contraste respecto al presente y un marco dentro del cual se pueden evaluar las cosas. Un objetivo define el progreso y lo convierte en algo emocionante. Un objetivo reduce la ansiedad porque, si no tienes ninguno, todo puede significar cualquier cosa o nada en absoluto y ninguna de estas dos opciones permite a un espíritu estar tranquilo. Así pues, tenemos que pensar, planificar, limitar y proponer para poder vivir. ¿Cómo podemos, por tanto, contemplar el futuro y establecer nuestra dirección sin caer en las redes de la tentación que representa la certidumbre totalitaria?

Puede que apoyarnos en la tradición nos sirva en cierta medida para establecer objetivos. Resulta razonable hacer aquello que otras personas han hecho siempre, a menos que contemos con un buen motivo para no hacerlo. Resulta razonable educarse, trabajar, encontrar el amor y formar una familia. Así es como la cultura se mantiene. Pero es necesario apuntar al objetivo que se determine, por tradicional que sea, con los ojos bien abiertos. Tienes una dirección, pero quizá no sea la más acertada. Tienes un plan, pero a lo mejor no está bien concebido. Puede que sea tu ignorancia la que te haya extraviado o, peor aún, la corrupción con la que cargas y que desconoces. Así pues, tienes que acercarte a aquello que no sabes y a lo que ya sabes. Tienes que estar bien despierto para poder verte venir. Tienes que quitarte la viga del ojo antes de preocuparte por la paja que tiene tu hermano. De esta manera fortalecerás tu espíritu, que gracias a ello podrá tolerar la carga de la existencia, y así el Estado rejuvenecerá gracias a ti.

Es algo que los antiguos egipcios ya descubrieron hace miles de años, si bien conservaron este conocimiento dramatizándolo.[7] Adoraban a Osiris, fundador mitológico del Estado y dios de la tradición. Sin embargo, Osiris fue derrocado y desterrado al inframundo por su malvado hermano, el taimado Set. Los egipcios representaron por medio de una historia el hecho de que las organizaciones sociales se oxidan con el tiempo y tienden a la ceguera voluntaria. Osiris se negaba a ver el verdadero carácter de su hermano cuando podría haberlo hecho. Set espera y, llegado el momento adecuado, ataca. Despedaza a Osiris y desperdiga por todo el reino los restos divinos. Además, manda al espíritu de su hermano al inframundo y así hace que le sea muy complicado recomponerse.

Afortunadamente, el gran rey no tenía que enfrentarse a Set él solo. Los egipcios también adoraban a Horus, el hijo de Osiris. Horus adoptaba las formas gemelas de un halcón, la criatura que posee la mayor agudeza visual entre todas ellas, y la del jeroglífico célebre que aún hoy en día se representa con un gran ojo (como se señalaba en la séptiema regla). Osiris es la tradición, de avanzada edad y voluntariamente ciego. Por el contrario, Horus, su hijo, podía y quería ver. Era el dios de la atención, lo que no es lo mismo que la racionalidad. Puesto que prestaba atención, Horus pudo percibir y triunfar ante las maldades de su tío Set, si bien pagó por ello un gran precio. Cuando Horus se enfrenta a Set, se produce una enorme batalla. Antes de que Set sea derrotado y abandone desterrado el reino, consigue arrancarle un ojo a su sobrino. Pero el victorioso Horus consigue recuperarlo. Entonces hace algo verdaderamente inesperado: se adentra voluntariamente en el inframundo y le da el ojo a su padre.

¿Esto qué significa? Primero, que el encuentro con la perversidad y la maldad produce un terror suficiente como para dañar la visión de un dios. Segundo, que un hijo atento puede devolver la vista a su padre. La cultura se encuentra siempre en un estado comatoso, a pesar de que la fundó el espíritu de grandes personas que vivieron en el pasado. Lo que ocurre es que el presente no es el pasado. Así pues, la sabiduría del pasado se deteriora o se caduca, como reflejo de las genuinas diferencias que existen entre las condiciones del presente y las del pasado. No es sino una consecuencia natural del paso del tiempo, así como del cambio que acarrea de forma inevitable. Pero también es verdad que la cultura y su sabiduría son particularmente vulnerables a la corrupción, a la ceguera voluntaria y deliberada, así como a la intriga mefistofélica. Por eso, la inevitable decadencia funcional de las instituciones que nuestros ancestros nos transmitieron se ve acelerada por nuestro mal proceder, por nuestra incapacidad de estar a la altura en el presente.

Es nuestra responsabilidad ver lo que tenemos delante de los ojos, con valentía, y aprender de ello, incluso si parece horrible, incluso si el horror de verlo hiere nuestra consciencia y nos deja medio ciegos. El acto de ver es particularmente importante cuando sirve para desafiar lo que sabemos, aquello en lo que confiamos, cuando nos ofusca y nos desestabiliza. Es el acto de ver lo que proporciona información a un individuo, lo que moderniza un Estado. Fue por este motivo que Nietzsche dijo que el valor de un hombre lo determinaba la cantidad de verdad que podía tolerar. No eres de forma alguna tan solo lo que ya sabes, también eres todo lo que podrías saber si así lo quisieras. Así pues, nunca tendrías que sacrificar lo que podrías ser por lo que ya eres. Nunca tendrías que renunciar a lo mejor que habita en tu interior por la seguridad con la que ya cuentas, desde luego no una vez que ya has entrevisto con toda seguridad que hay algo más allá.

En la tradición cristiana, Cristo se identifica con el Logos. El Logos es la palabra divina. Esa palabra transformó el caos en orden al principio de los tiempos. En su forma humana, Cristo se sacrificó voluntariamente por la verdad, por el bien, por Dios. Como resultado, murió y resucitó. La palabra que crea el orden a partir del caos sacrifica todo, incluso a sí misma, por Dios. Esa simple frase, de una sabiduría inaprensible, resume el cristianismo. Cualquier pequeño aprendizaje supone una pequeña muerte. La más mínima información que incorporamos desafía una concepción previa, a la que sumerge a la fuerza en el caos antes de que pueda renacer como algo mejor. En ocasiones, estas muertes prácticamente nos destruyen. A veces en esos casos nunca conseguimos recuperarnos, pero cuando lo hacemos, cambiamos de forma drástica. Un buen amigo mío descubrió que su esposa, con la que llevaba décadas casado, tenía un amante. No se lo esperaba en absoluto y se vio arrastrado a una profunda depresión. Descendió al inframundo. En una ocasión me dijo: «Siempre había pensado que la gente deprimida simplemente tenía que sacudirse esa tristeza de encima. No tenía ni idea de lo que estaba hablando». En cualquier caso, acabó emergiendo de las profundidades. En muchos sentidos es un hombre nuevo, quizá un hombre más sabio y mejor. Perdió casi veinte kilos, corrió un maratón, viajó a África y escaló el monte Kilimanjaro. Prefirió resucitar antes que precipitarse al infierno.

Determina tus ambiciones, incluso si no tienes claro cuál va a ser su contenido. Las mejores ambiciones tienen que ver con el desarrollo del carácter y las propias capacidades, más que con el estatus y el poder. Puedes perder el estatus, pero el carácter lo llevas encima allí donde vayas y te permite plantar cara a la adversidad. Teniendo esto en mente, ata una cuerda a una gran roca. Elígela con cuidado, plántala delante de ti y ve avanzando hacia ella tirando de la cuerda. Presta atención a medida que te aproximas. Explica lo que sientes con la mayor claridad y atención posibles, tanto a ti como a los demás. De este modo aprenderás a acercarte de forma más eficiente y eficaz a tu objetivo. Y mientras lo haces, no mientas. Sobre todo no te mientas a ti.

Si prestas atención a lo que haces y a lo que dices, puedes aprender a sentir un estado de desgarro interno y de debilidad cada vez que actúes y hables de forma incorrecta. Se trata de una sensación física, no de un pensamiento. Cada vez que demuestro laxitud en mis acciones y palabras, en lugar de solidez y fuerza, siento por dentro que me hundo, que me disgrego. Es algo que parece originarse en el plexo solar, donde se encuentra un núcleo importante de tejido nervioso. De hecho, aprendí a darme cuenta de que estaba mintiendo al percibir esta sensación, que me permitía inferir la presencia de algo falso. A veces me costaba bastante averiguar dónde se encontraba el engaño. A veces estaba utilizando las palabras por pura ostentación, a veces intentaba ocultar mi ignorancia sobre el tema sobre el cual se debatía, y a veces utilizaba las palabras de los demás para evitar la responsabilidad de tener que pensar por mí mismo.

Si prestas atención, cuando busques algo, irás aproximándote a tu objetivo. Sin embargo, lo más importante todavía es que conseguirás la información que le permite a tu objetivo transformarse. Alguien totalitario nunca se pregunta: «¿Y si la ambición que poseo es un error?». Todo lo contrario, la trata como si fuera algo absoluto. Se convierte en un dios. Constituye su valor supremo, regula sus emociones y estados de ánimo, determina sus pensamientos. Todas las personas sirven a su ambición. A este respecto no existen ateos, tan solo hay personas que saben, y al mismo tiempo no saben, a qué dios están sirviendo.

Si voluntariamente y con vehemente ceguera haces que todo tenga como único propósito alcanzar un objetivo y solo ese objetivo, nunca estarás en condiciones de descubrir si hay otro que te convendría mejor, a ti y al mundo. Eso es lo que sacrificas cuando no dices la verdad. Si en lugar de eso dices la verdad, tus valores se transforman mientras progresas. Si permites que la realidad que se va manifestando te transmita información a medida que persistes en tu combate, las nociones que posees de lo que es importante cambiarán. Te reorientarás, a veces de forma gradual, y en ocasiones repentina y radicalmente.

Imagina que estudias Ingeniería porque tus padres así lo desean, pero tú no quieres hacerlo. Puesto que lo que haces contraría lo que a ti te gustaría, acabarás desmotivado, acabarás fracasando. Intentarás concentrarte y disciplinarte, pero no funcionará. Tu alma rechazará la tiranía impuesta por tu voluntad, no hay otra forma de decirlo. ¿Por qué estás obedeciendo? Puede que no quieras decepcionar a tus padres, si bien acabarás haciéndolo si no apruebas. Puede que te falte valor para iniciar el conflicto necesario que te permitiría liberarte. Puede que no quieras sacrificar tu creencia infantil en la omnisciencia paterna y que quieras entregarte devotamente a la convicción de que hay alguien que te conoce mejor de lo que tú te conoces y que también sabe cómo es el mundo. De esta forma quieres protegerte de la desencarnada soledad existencial del Ser individual y su consiguiente responsabilidad. Pero sufres porque lo cierto es que no estás hecho para ser un ingeniero.

Hasta que un día ya no aguantas más y abandonas los estudios. Entonces decepcionas a tus padres y tienes que aprender a vivir con ello. Te consultas solo a ti mismo, incluso si eso implica que tienes que confiar en tus propias decisiones. Te gradúas en Filosofía. Aceptas la carga de tus propios errores y te conviertes en la persona que tienes que ser. Al rechazar la visión de tu padre, desarrollas la tuya propia. Y así, a medida que tus padres envejecen, te haces lo suficientemente adulto para venir en su ayuda cuando te necesiten. Así, ellos también salen ganando, pero las dos victorias tuvieron que pagarse con el precio del conflicto que tu verdad engendró. Como dijo Cristo ensalzando el papel de la verdad hablada: «No penséis que he venido a la tierra a sembrar paz; no he venido a sembrar paz, sino espada» (Mateo 10:34).

Mientras sigues viviendo de acuerdo con la verdad, a medida que se te revela, tendrás que aceptar los conflictos que esa forma de Ser irá generando y deberás lidiar con ellos. Si lo haces, seguirás madurando y haciéndote más responsable de maneras sutiles (que no hay que subestimar) y de otras más significativas. Cada vez te acercarás más y más a tus nuevos objetivos, formulados con mayor sabiduría, y cada vez sabrás mejor cómo formularlos cuando vayas descubriendo y rectificando tus inevitables errores. Tu concepción de lo que es importante se irá refinando cada vez más a medida que incorpores la sabiduría de tu experiencia. Dejarás de tambalearte y caminarás de forma cada vez más directa hacia el bien, un bien que nunca podrías haber comprendido si hubieras seguido insistiendo a pesar de todas las pruebas que demostraban que tenías razón, toda la razón, desde el principio.

Si la existencia es buena, entonces la relación más pura, limpia y correcta con ella también lo es. Y si la existencia no es buena, entonces estás perdido. Nada podrá salvarte, desde luego no las pequeñas rebeliones, los pensamientos enrevesados y la ceguera oscurantista que constituyen el engaño. ¿La existencia es buena? Tienes que asumir un riesgo enorme para descubrirlo. Vive en la verdad o en el engaño, enfréntate a las consecuencias y saca tus conclusiones.

Este es el «acto de fe» en cuya necesidad insistía el filósofo danés Kierkegaard. Nunca puedes saber lo que va a pasar. Incluso un buen ejemplo no resulta una prueba suficiente si se tienen en cuenta las diferencias entre las personas. Siempre se puede atribuir el éxito cosechado por un buen ejemplo a la mera suerte. Así pues, tienes que arriesgar tu propia vida, la tuya en particular, para descubrir. Era este riesgo lo que los antiguos describían como el sacrificio de la voluntad personal a la voluntad divina. No se trata de un acto de sumisión, o por lo menos no de lo que ahora se entiende así. Se trata, por el contrario, de un acto de valentía. Es la fe en que el viento propulsará las velas de tu barco en dirección a un puerto mejor. Es la fe en que el Ser puede corregirse transformándose. Es el mismo espíritu de la exploración.

Quizá sea mejor conceptualizarlo de la siguiente forma: todo el mundo necesita un objetivo concreto, específico —una ambición y una intención— para limitar el caos y explicitar el sentido de su propia vida. Pero todos esos objetivos concretos tendrían que subordinarse a lo que podría considerarse un objetivo global, que es una forma de aproximarse a los objetivos y formularlos. El objetivo global podría ser «vive en la verdad». Vivir en la verdad significa lo siguiente: «Actúa de forma disciplinada hacia una meta oportuna, bien articulada y definida. Define claramente tus criterios para el triunfo, al menos para ti mismo, aunque es todavía mejor si los demás los entienden y pueden ayudarte a evaluar lo que estás haciendo. Pero a medida que lo haces, deja que el mundo y tu espíritu se desplieguen como les parezca, a la vez que representas y articulas la verdad». Se trata al mismo tiempo de una ambición pragmática y de la fe más valiente de todas.

La vida es sufrimiento. Buda lo afirmó de forma explícita. Los cristianos representan este mismo sentimiento de forma simbólica mediante el divino crucifijo. La fe judía cuenta con innumerables recordatorios a este respecto. El hecho de que la vida supone una limitación constituye el primero de la existencia, primario e inevitable. La vulnerabilidad de nuestro Ser nos deja expuestos a los dolores que conllevan el desprecio y las condenas sociales, así como a la irremediable descomposición de nuestros cuerpos. Pero todas esas formas de sufrimiento, por terribles que sean, no son suficientes para corromper el mundo, para transformarlo en el infierno, del modo en el que los nazis, los maoístas y los estalinistas corrompieron el mundo y lo convirtieron en el infierno. Para eso, tal y como Hitler indicó con absoluta claridad, es necesaria la mentira:[8]

> Resulta de la propia naturaleza de las cosas que en el volumen de la mentira existe una razón para ser aquella más fácilmente creída, pues la masa popular, en sus más profundos sentimientos, no siendo mala, consciente y deliberadamente, está menos corrompida y, debido a la sencillez de su carácter, es más frecuentemente víctima de las grandes mentiras que de las pequeñas. En pequeñas cosas ella también miente, pero de las grandes mentiras se avergüenza.
>
> Una mentira semejante nunca le hubiera pasado por la cabeza ni tampoco creería que alguien fuese capaz de la inaudita indecencia de tan infame calumnia. Incluso después de explicaciones sobre el particular, las masas, durante mucho tiempo, se mantienen en la duda, vacilando, antes de aceptar como verdaderas cualesquiera causas.

Para la gran mentira antes necesitas la pequeña mentira. La pequeña mentira es, hablando metafóricamente, el cebo que usa el Padre de las Mentiras para pescar a sus víctimas. La capacidad humana para la imaginación nos permite imaginar y concebir mundos alternativos. Esta es la fuente suprema de nuestra creatividad. Sin embargo, esta capacidad viene acompañada de su opuesto, del otro lado de la moneda: podemos engañarnos a nosotros mismos y a los demás para creer y actuar como si las cosas fueran diferentes, como si no fueran como sabemos que son.

¿Y por qué no mentir? ¿Por qué no retorcer y distorsionar las cosas para conseguir el menor beneficio, o para facilitar las cosas, o para mantener la calma, o para evitar herir sentimientos? La realidad ya tiene un aspecto horrible, ¿de verdad tenemos que enfrentarnos a su cabeza de víbora en cada uno de los momentos de nuestra consciencia, en cada uno de los trances de nuestra vida? ¿Por qué no apartar la mirada, por lo menos, cuando resulta demasiado doloroso mirar?

La razón es sencilla. Las cosas se derrumban. Lo que ayer funcionó no funcionará necesariamente hoy. Hemos heredado el gran engranaje del Estado y la cultura de nuestros antepasados, pero ellos están muertos y no pueden enfrentarse a los cambios que trae el presente. Los vivos sí podemos. Podemos abrir los ojos y modificar lo que tenemos cuando resulte preciso y conseguir que la máquina siga funcionando. O podemos fingir que todo va bien, mostrarnos incapaces de realizar los ajustes necesarios y después maldecir nuestra fortuna cuando nada salga como queremos.

Las cosas se derrumban: he aquí uno de los principales descubrimientos de la humanidad. Y aceleramos la degradación natural de las cosas más importantes con nuestra ceguera, nuestra pasividad y nuestros engaños. Sin la atención debida, la cultura degenera y muere y el mal vence.

Lo que consigues ver de una mentira cuando la representas (y la mayor parte de las mentiras no se cuentan, se representan) es en realidad una ínfima parte de lo que es realmente. Una mentira está conectada a todo lo demás. Produce el mismo efecto en el mundo que una simple gota de aguas fecales vertida dentro de la mejor botella de champán. Hay que concebirlo como algo vivo, algo que se expande.

Cuando la mentira es lo suficientemente grande, todo el mundo se echa a perder. Pero, si la miras de cerca, compruebas que la mayor de las mentiras se compone de otras más pequeñas, que cada una de estas se compone de mentiritas, y que la menor de ellas es el origen de la gran mentira. No se trata de una afirmación errónea, sino más bien de un acto que se asemeja a la mayor de las conspiraciones para dominar a la raza humana. Su carácter aparentemente inocuo, su maldad trivial, la tibia arrogancia que la motiva, su forma supuestamente banal de evitar una responsabilidad..., todo esto consigue efectivamente camuflar su verdadera naturaleza, su genuino peligro y su correspondencia al mismo nivel que los actos más crueles que el ser humano es capaz de perpetrar y que a menudo disfruta. Las mentiras corrompen el mundo, pero peor aún es su propósito.

Primero, es una mentirita; acto seguido, surgen muchas más para secundarla. Luego, es el turno de las ideas distorsionadas que sirven para evitar la vergüenza producida por esas pequeñas mentiras y, después, el de unas cuantas más para camuflar las consecuencias de todas esas ideas. Entonces, y de la forma más terrible, esas mentiras que ahora resultan necesarias se transforman mediante la práctica en una forma de comportamiento, en acciones automatizadas, especializadas, estructurales, formuladas neurológicamente y de carácter inconsciente. Y así la experiencia vital se emponzoña a medida que la acción emprendida desde la falsedad no consigue los resultados que se propone. Por mucho que no creas en las paredes de ladrillo, acabarás haciéndote mucho daño si te estrellas contra una. Y entonces echarás la culpa a la realidad por haber creado la pared.

Después de eso aparece la arrogancia y el sentido de superioridad que inevitablemente acompañan a la producción de mentiras logradas, esto es, mentiras hipotéticamente logradas. Y esto representa uno de los principales peligros: «Todo el mundo parece engañado, así que todos menos yo son unos estúpidos, puedo engañar a todo el mundo y salirme con la mía». Por último se postula lo siguiente: «Puedo manipular al mismo Ser, así que no merece ningún respeto».

Es así como las cosas se derrumban, al igual que Osiris, despedazadas. Es así como se descompone la estructura de una persona o del Estado bajo la influencia de una fuerza maligna. Es así como emerge el caos del inframundo, desbordando, inundando toda la tierra conocida. Pero todavía no estamos en el infierno.

El infierno llega después. Llega cuando las mentiras han dinamitado la relación entre el individuo o el Estado y la misma realidad. Todo se desmorona y la vida degenera. Todo se convierte en frustración y desengaño. La esperanza traiciona una y otra vez y el individuo deshonesto intenta de forma desesperada realizar cualquier sacrificio, como Caín, pero no consigue satisfacer a Dios. Y es entonces cuando el drama entra en su acto final.

Torturado por su continuo fracaso, el individuo se amarga. Se acumulan las decepciones y los fracasos y se forja una fantasía: «El mundo se empeña en hacerme sufrir, en degradarme, en destruirme. Necesito y merezco venganza, tengo que conseguirla». Y esa es la entrada al infierno. Es entonces cuando el inframundo, ese lugar ignoto y terrorífico, se convierte en puro sufrimiento.

En el origen de los tiempos, de acuerdo con la gran tradición occidental, la Palabra divina transformó, al enunciarse, el caos en Ser. Esa misma tradición se basa en la noción de que el hombre y la mujer están hechos a imagen y semejanza de Dios. También nosotros convertimos el caos en Ser mediante la palabra. Transformamos las numerosas posibilidades del futuro en las realidades del pasado y del presente.

Decir la verdad supone incorporar al Ser la realidad más habitable. La verdad construye edificios que pueden resistir en pie durante miles de años. La verdad da ropa y alimentos a los pobres y hace que las naciones disfruten de prosperidad y seguridad. La verdad reduce la terrible complejidad de una persona a la simplicidad de su palabra, de tal forma que pueda estar a nuestro lado y no en contra de nosotros. La verdad hace que el pasado se quede de verdad en el pasado y consigue sacar el mayor provecho de nuestras posibilidades futuras. La verdad es el mayor recurso natural, aquel que nunca se puede agotar. Es la luz en las tinieblas. Ve la verdad. Di la verdad.

La verdad no se manifestará en forma de opiniones en boca de otros, puesto que la verdad no es ni una sucesión de eslóganes ni una ideología. Será, por el contrario, algo personal. Tu verdad es algo que solo tú puedes determinar, puesto que se basa en las circunstancias únicas de tu vida. Entiende tu verdad personal. Exprésala con cuidado, articúlala bien, tanto a ti mismo como a los demás. Así conseguirás en lo inmediato una vida más abundante y una mayor seguridad, al tiempo que tomas posesión de la estructura de tus creencias actuales. Y así conseguirás la benevolencia del futuro, que posiblemente se aleje de las certezas del pasado.

La verdad siempre emana permanentemente renovada del manantial más profundo del Ser. Impedirá que tu alma se marchite y agonice cuando tengas que hacer frente a la inevitable tragedia que es la vida. Así no sentirás la necesidad de cobrar venganza por esa tragedia, que es parte necesaria del terrible pecado del Ser, que toda cosa creada ha de soportar con entereza para poder simplemente existir.

Si tu vida no es lo que podría ser, intenta decir la verdad. Si te aferras de forma desesperada a una ideología o si te regodeas en el nihilismo, intenta decir la verdad. Si te sientes débil, rechazado, desesperado y confundido, intenta decir la verdad. En el paraíso todo el mundo dice la verdad. Eso es lo que lo convierte en el paraíso.

Di la verdad, o por lo menos no mientas.

DA POR HECHO QUE LA PERSONA
A LA QUE ESCUCHAS PUEDE SABER
ALGO QUE TÚ NO SABES

NO SON CONSEJOS

La psicoterapia no es dar consejos. Un consejo es lo que te dan cuando la persona a quien le estás contando algo horrible y complicado tan solo quiere que te calles y que la dejes en paz. Un consejo es lo que te dan cuando la persona con la que hablas quiere recrearse en su inteligencia superior. Después de todo, si no fuera por tu estupidez, no tendrías problemas tan estúpidos.

La psicoterapia es una auténtica conversación, es decir, exploración, articulación y creación de estrategias. Cuando participas en una auténtica conversación, escuchas y hablas, pero sobre todo escuchas. Y escuchar significa prestar atención. Es increíble lo que las personas te cuentan cuando eres capaz de escuchar. A veces, si escuchas a alguien, puede que incluso te cuente qué problema tiene. Puede que incluso te cuente cómo piensa resolverlo. Y, en ocasiones, todo eso te sirve para arreglar algún problema que tienes. En una ocasión me ocurrió algo sorprendente (y solo es un ejemplo entre muchos) mientras escuchaba a alguien con gran atención. En el espacio de unos minutos me contó: a) que era una bruja y b) que en su aquelarre solían juntarse para visualizar la paz mundial. Durante mucho tiempo había sido una funcionaria de baja posición en el organigrama de alguna estructura burocrática. Nunca se me habría ocurrido que fuera una bruja ni sabía para nada que los aquelarres pudiesen pasar ni un minuto visualizando la paz mundial. Tampoco tenía la menor idea de cómo interpretar todo eso, pero, eso sí, no era nada aburrido, y eso ya es algo.

En mi práctica clínica hablo y escucho. A algunas personas les hablo más y a otras las escucho más. Muchas de las personas a las que escucho no tienen nadie más con quien hablar. Algunas están verdaderamente solas en el mundo, algo que le ocurre a mucha más gente de lo que crees. No las conoces porque están solas. Otras viven rodeadas de tiranos, narcisistas, borrachos, gente traumatizada o víctimas profesionales. A algunas no se les da bien expresarse y se escapan por la tangente, se repiten, dicen cosas demasiado vagas y contradictorias, y resulta complicado seguir lo que están contando. Hay quien vive en medio de cosas horribles, como padres con alzhéimer o niños enfermos, y no disponen de demasiado tiempo para ocuparse de sus propias preocupaciones.

Una vez, una paciente a la que había visitado durante unos meses acudió a mi consulta* para su cita habitual. Tras unos breves comentarios iniciales, me anunció: «Creo que me violaron». No es fácil saber qué se puede responder a algo así, aunque a menudo hay cierto misterio alrededor de este tipo de sucesos. Frecuentemente hay alcohol de por medio, como sucede en la mayoría de las agresiones sexuales. El alcohol puede producir cierta ambigüedad, la cual, en parte, es la razón de que la gente beba. El alcohol le saca de encima a la gente durante unos momentos la tremenda carga que supone la consciencia de uno mismo. Los borrachos saben lo que les va a pasar en el futuro, pero no les importa. Es algo fascinante. Los borrachos pueden entregarse a la fiesta como si no hubiera un mañana. Pero el problema es que

---

* Aquí de nuevo he ocultado muchos detalles del caso para proteger la intimidad de las personas implicadas y, al mismo tiempo, conservo el significado fundamental de lo que ocurrió.

—casi siempre— sí hay un mañana y por eso los borrachos también se meten en problemas. Acaban inconscientes, van a lugares peligrosos con personas que no merecen su confianza y se divierten, pero también sufren violaciones. Así que inmediatamente pensé que algo así podía haber sucedido. ¿Cómo, si no, interpretar el «creo»? Pero la historia no acababa ahí. Añadió un detalle más: «Cinco veces». Si la primera frase ya era lo suficientemente horrible, la segunda planteaba algo inconcebible. ¿Cinco veces? ¿Qué podía querer decir?

Mi paciente me contó que solía ir a un bar y tomarse unas copas. Entonces alguien solía ponerse a hablar con ella y normalmente acababa en la casa del hombre o con este en su propio domicilio. La velada conducía de forma inevitable a su clímax sexual y al día siguiente se despertaba sin saber bien lo que había ocurrido, sin saber ni qué quería ella, ni qué quería él, ni de qué iba el mundo en general. La llamaremos Señora S y era un ser tan confuso, tan indeterminado que prácticamente no existía. Era un espectro. No obstante, se vestía de forma muy profesional. Sabía cómo presentarse, cómo causar una primera impresión. Así pues, se las había arreglado para ocupar un puesto en una junta asesora gubernamental que tenía que decidir acerca de la construcción de una importante infraestructura de transporte, a pesar de que no tenía la menor idea acerca de política, ni sobre consultorías o construcción. Asimismo era la presentadora de un programa de la radio pública local dedicado a las pequeñas empresas, a pesar de que nunca había tenido un verdadero trabajo ni sabía lo más mínimo acerca de cómo crear un negocio. Durante toda su edad adulta había vivido de ayudas sociales.

Sus padres nunca le habían prestado la más mínima atención. Tenía cuatro hermanos que no eran nada buenos con ella. En esos tiempos no tenía amigos ni los había tenido anteriormente. No tenía pareja. No tenía a nadie con quien hablar y no sabía cómo pensar por su cuenta, lo que no es algo poco común. No tenía entidad individual. Era, por el contrario, una cacofonía andante de experiencias sin integrar. Previamente la había intentado ayudar a encontrar trabajo. Le pregunté si tenía un currículum y me dijo que sí. Le pedí que me lo trajera, cosa que hizo en la siguiente sesión. Ocupaba cincuenta páginas. Venía en una carpeta, dividida en secciones con separadores de papel manila, de esos que llevan en los extremos pequeños marcadores de colores. Las secciones incluían temas como «Mis sueños» o «Libros que he leído». En la primera había descrito docenas de sueños que había tenido mientras dormía, y la siguiente consistía en una relación de resúmenes y críticas de sus lecturas. Esto era lo que tenía intención de enviar a posibles procesos de contratación o quizá, cómo saberlo, ya lo había hecho. Resulta imposible entender hasta qué punto una persona tiene que llegar a ser nadie para poder existir en un mundo en el que una carpeta con cincuenta páginas llenas de categorías acerca de descripciones oníricas y comentarios sobre novelas pueden constituir un currículum. La Señora S no sabía nada de ella misma ni de otras personas. No sabía nada del mundo. Era como una película desenfocada. Y ansiaba de forma desesperada encontrar algún tipo de historia sobre ella misma que le permitiera entenderlo todo.

Si echas azúcar en agua fría y la remueves, el azúcar se disolverá. Si calientas el agua, conseguirás disolver más. Si la hierves hasta el punto de ebullición, puedes añadir mucho más azúcar y lograr que se disuelva. Y si después la enfrías lentamente sin sacudirla ni removerla, puedes engañarla (no se me ocurre otra forma de decirlo) para que acepte mucho más azúcar disuelto del que habría tolerado si hubiera estado fría todo el tiempo. Esto se llama «una solución sobresaturada». Si añades un solo grano de azúcar a esa solución sobresaturada, todo el exceso de azúcar se cristalizará de forma repentina y absoluta, como si estuviera suplicando que se instaurara un orden. Mi paciente se encontraba así. La gente como ella son la razón por la cual muchas formas de psicoterapia que se practican en la actualidad funcionan. Las personas pueden llegar a estar tan confundidas que sus psiques se organizan y sus vidas mejoran en cuanto adoptan cualquier método de interpretación mínimamente sistemático. Así se ensamblan los elementos dispares que componen sus vidas de una forma disciplinada, sea la que sea. Así pues, si te has deshilachado, o si nunca has conocido ningún tipo de cohesión, puedes reestructurar tu vida apoyándote en los principios de comportamiento de Freud, Jung, Adler o Rogers. Entonces, consigues al menos resultar comprensible. Tienes al menos cierta coherencia. Puede que al menos sirvas para hacer algo, aunque quizá no cualquier cosa. No puedes arreglar un coche con un hacha, pero sí que puedes cortar un árbol. Y eso ya es algo.

Más o menos por esos años, los medios de comunicación andaban enloquecidos con historias acerca de personas que sacaban a la luz recuerdos lejanos, sobre todo relacionados con agresiones sexuales. La polémica giraba en torno al hecho de si se trataba de relatos auténticos acerca de un trauma pasado o bien montajes fabricados *a posteriori*, forjados a consecuencia de una presión deliberada o involuntaria a cargo de terapeutas poco precavidos que exprimían a pacientes clínicos particularmente dispuestos a encontrar una razón simple para todos sus problemas. Unas veces, quizá se trataba del primer caso; otras, más bien del segundo. En todo caso, en cuanto mi paciente me reveló el carácter incierto de sus experiencias sexuales, entendí de forma mucho más clara y precisa lo fácil que podía resultar insuflar un falso recuerdo dentro del panorama mental de una persona. El pasado nos parece algo fijo, pero no lo es, al menos no en un sentido psicológico importante. El pasado contiene muchísimas cosas, al fin y al cabo, y la forma en la que lo organizamos puede verse sujeta a revisiones drásticas.

Imagina, por ejemplo, una película en la que solo suceden cosas terribles, pero, al final, todo acaba bien y se resuelve. Un final suficientemente feliz puede cambiar el significado de todos los acontecimientos anteriores. Un final así puede hacer que parezca que todo ha merecido la pena. Ahora imagínate otra película. Pasan muchas cosas, todas ellas de gran interés, pero resultan excesivas. Al cabo de noventa minutos empiezas a preocuparte. «Es una película estupenda —piensas—, pero están sucediendo muchas cosas. Espero que el director consiga encajar todo». Aunque no es eso lo que ocurre. En su lugar, la historia termina de forma abrupta, sin resolverse, o bien tiene un final fácil, estereotípico. Así que te vas fastidiado e insatisfecho y se te olvida que durante casi toda la proyección estuviste siguiendo la película con atención y la disfrutaste. El presente puede cambiar el pasado y el futuro puede cambiar el presente.

Asimismo, cuando recuerdas el pasado, recuerdas algunas cosas y olvidas otras. Recuerdas con gran claridad algunas cosas que sucedieron, pero no otras que pueden haber sido de la misma relevancia, de la misma forma que ahora eres consciente de algunos aspectos de lo que te rodea e ignoras otros. Clasificas tu experiencia agrupando ciertos elementos y separándolos del resto. Hay una misteriosa arbitrariedad al respecto. No recopilas un registro exhaustivo y objetivo. Lo cierto es que no puedes hacerlo porque ni sabes ni percibes lo suficiente. Tampoco eres objetivo. Estás vivo, así que eres subjetivo y tienes determinados intereses, centrados normalmente, por lo menos, en ti mismo. ¿Qué es entonces lo que habría que incluir en la historia? ¿Dónde está exactamente la frontera que separa las cosas que suceden?

El abuso sexual de niños resulta lamentablemente común.[1] Sin embargo, no lo es tanto como piensan los psicoterapeutas que no han recibido una buena formación, ni tampoco genera siempre adultos totalmente perturbados.[2] Las personas presentan capacidades de resistencia muy distintas. Lo que puede anular por completo a una persona puede dejar indiferente a otra. Pero un terapeuta que cuente con un conocimiento superficial de Freud tenderá a asumir como axioma que un paciente con problemas necesariamente sufrió abuso infantil. ¿Si no por qué iba a tener problemas? Así que indaga, infiere, sugiere, propone, exagera, predispone y acaban haciendo que la balanza se incline. Magnifica la importancia de algunos acontecimientos y relativiza la de otros. Va moldeando los hechos para que se ajusten a su propia teoría.[3] Convence a sus pacientes de que se abusó de ellos sexualmente y que, si pudieran, se acordarían. Entonces el paciente empieza a recordar y comienza a acusar. Y en algunas ocasiones, lo que recuerda nunca sucedió y las personas acusadas son inocentes. ¿Cuáles son las buenas noticias? Pues que por lo menos la teoría del terapeuta se mantiene intacta, lo que es bueno... para el terapeuta, claro. Pero el daño colateral resulta considerable. Es cierto, de todos modos, que la gente a menudo se muestra dispuesta a producir cualquier daño colateral si así consigue aferrarse a su teoría.

Ya sabía todo esto cuando la Señora S vino a hablar conmigo acerca de su experiencia sexual. Cuando me relató sus salidas a bares de solteros y lo que solía suceder después, me vinieron a la cabeza unas cuantas cosas a la vez. Pensé: «Eres tan difusa, tan inexistente. Habitas en el caos y en el inframundo. Vas a diez lugares distintos al mismo tiempo. Cualquiera te puede tomar de la mano y llevarte por el camino que le parezca». Después de todo, si tú no eres quien protagoniza tu propia película, no eres más que un personaje secundario en la de otra persona y puede que te toque representar un papel lúgubre, solitario y trágico. Cuando la Señora S hubo contado su historia, nos quedamos allí sentados. Pensé: «Tienes deseos sexuales normales. Estás extremadamente sola. Te sientes insatisfecha sexualmente. Tienes miedo de los hombres, no tienes ni idea de cómo es el mundo y no sabes nada de ti misma. Vas dando tumbos como un accidente que está siempre a punto de suceder, un accidente que termina por suceder y hasta aquí hemos llegado».

Pensé: «Hay una parte de ti que quiere que se la lleven. Hay una parte que quiere ser una niña. Tus hermanos te maltrataron y tu padre te ignoró, así que una parte de ti quiere vengarse de los hombres. Hay una parte de ti que se siente culpable y otra que siente vergüenza. Otra parte siente entusiasmo, emoción. ¿Quién eres? ¿Qué hiciste? ¿Qué ocurrió?». ¿Cuál era la verdad objetiva? No había forma alguna de averiguarla y nunca la habría. No había habido ningún testigo objetivo y nunca habría uno. No había una historia completa y precisa. Algo así ni existía ni podría existir. Sí había, y hay, versiones parciales y perspectivas incompletas. Pero algunas son mejores que otras. La memoria no es una descripción del pasado objetivo, sino una herramienta. La memoria es la guía del pasado para el futuro. Si recuerdas que algo malo sucedió y puedes averiguar por qué, entonces puedes evitar que vuelva a suceder. Esa es la razón de ser de la memoria. No es «recordar el pasado», sino evitar que la misma historia se repita una y otra vez.

Pensé: «Podría simplificar la vida de la Señora S. Podría decirle que sus sospechas de violación estaban plenamente justificadas y que sus dudas acerca de lo sucedido no son sino una prueba más del acoso implacable y sostenido al que se vio sometida. Podría insistir en que las personas con las que se acostó tenían la obligación legal de asegurarse de que no se encontraba lo suficientemente perjudicada por alcohol como para expresar su consentimiento. Podría decirle que no cabía la menor duda de que había sufrido actos violentos ilícitos a menos que hubiera verbalizado explícitamente su aceptación de cada uno de los pasos del acto sexual. Podría decirle que había sido una víctima inocente». Le podía haber dicho todo eso y habría sido verdad. Y ella lo habría aceptado como verdad y lo habría recordado el resto de su vida. Habría sido una persona nueva, con una nueva historia y un nuevo destino.

Pero también pensé: «Podría decirle a la Señora S que es un desastre con patas. Podría decirle que entra en los bares como una prostituta en coma, que es un peligro para ella y para los demás, que tiene que despertar, que si va a bares de solteros, bebe demasiado, se la llevan a casa y practica sexo salvaje y violento —o aunque todo sea cuidado y ternura—, ¿qué diablos espera?». En otras palabras, podría haberle dicho, en términos más filosóficos, que era «el pálido criminal» de Nietzsche, la persona que en un momento dado se atreve a romper la ley sagrada e inmediatamente después se escabulle para no tener que pagar el precio. Y eso también habría sido verdad, ella lo habría aceptado como tal y lo habría recordado.

Si hubiera sido un adepto de algún tipo de ideología izquierdista de justicia social, le habría contado la primera historia. Si hubiera seguido una ideología conservadora, le habría dicho la segunda. Y sus respuestas después de haber escuchado tanto la primera como la segunda habrían demostrado para mi satisfacción y la suya que lo que le había contado era cierto, total e irrefutablemente cierto. Y eso habría sido un consejo.

AVERÍGUALO TÚ MISMO

En vez de hacer todo eso, decidí escuchar. He aprendido a no robarles sus problemas a mis pacientes. No quiero ser el héroe redentor o el *deus ex machina*, al menos no en la historia de otra persona. No quiero sus vidas. Así pues, le pedí que me contara lo que pensaba y la escuché. Habló largo y tendido. Cuando acabamos, todavía no sabía si la habían violado, ni yo tampoco. La vida es muy complicada.

A veces tienes que cambiar la manera de entenderlo todo para poder entender debidamente algo. «¿Me violaron?» puede ser una pregunta muy complicada. El mero hecho de que la pregunta se formule de esa forma indica la existencia de infinitas capas de complejidad, y eso ya sin pasar a hablar del «cinco veces». Hay innumerables preguntas que se esconden dentro del «¿Me violaron?». ¿Qué es una violación? ¿Qué es el consentimiento? ¿Qué precaución resulta adecuada en lo que se refiere al sexo? ¿Cómo tendría que defenderse una persona? ¿Quién tiene la culpa? «¿Me violaron?» es una hidra. Si le cortas la cabeza a una hidra, le surgen otras siete en su lugar. Así es la vida. La Señora S habría tenido que estar veinte años hablando para averiguar si la habían violado. Y tendría que haber alguien a su lado escuchándola. Yo comencé el proceso, pero las circunstancias me impidieron terminarlo. Cuando abandonó la terapia conmigo, era apenas un poco menos deforme y difusa que cuando vino a verme por primera vez, pero por lo menos no se fue siendo una personificación de mi dichosa ideología.

La gente a la que escucho necesita hablar, porque esa es la manera en la que logra pensar. La gente necesita pensar o, de lo contrario, va dando palos de ciego y acaba cayéndose en cualquier pozo. Cuando la gente piensa, realiza una simulación del mundo y planifica cómo actuar. Si la simulación es buena, puede llegar a identificar las estupideces que no debería hacer. Y entonces, al no hacerlas, no tiene que sufrir sus consecuencias. Esa es la razón de ser del pensar, pero no podemos hacerlo solos. Realizamos simulaciones del mundo y planificamos cómo actuar, que es algo que únicamente podemos hacer los seres humanos. Así de brillantes somos. Creamos pequeñas versiones de nosotros mismos y las colocamos en mundos ficticios para ver qué es lo que ocurre. Si nuestra miniatura sale adelante, entonces replicamos esa misma acción en el mundo real y salimos adelante (o eso esperamos que ocurra). Si nuestra versión ficticia fracasa y tenemos un mínimo de sentido común, no vamos por el mismo camino. Dejamos que muera en el mundo paralelo de tal forma que no tengamos que morir en el de verdad.

Imagínate a dos niños que están hablando. El más joven dice: «¿Sería divertido subirse al techo?». Lo único que ha hecho es colocar una pequeña versión de sí mismo en un mundo ficticio. Pero su hermana mayor se opone y le responde: «Qué tontería. ¿Y si te caes? ¿Y si papá te descubre?». El niño puede entonces modificar su simulación original, sacar la conclusión correspondiente y dejar que todo ese mundo ficticio se desvanezca. O quizá no. A lo mejor vale la pena asumir el riesgo. Pero al menos ahora puede tenerlo en consideración. En ese caso, el mundo ficticio es ahora algo más complejo, y su miniatura, algo más sabia.

La gente piensa que piensa, pero no es así. Cuando creemos que pensamos, lo que solemos hacer es criticarnos de alguna forma. Pero pensar de verdad es algo poco común, igual que escuchar de verdad. Pensar es escucharte a ti mismo. Es algo difícil porque, para pensar, tiene que haber por lo menos dos personas al mismo tiempo y es necesario que no estén de acuerdo. Pensar es un diálogo interno entre dos o más formas distintas de ver el mundo. El punto de vista número 1 es una miniatura en un mundo simulado, con sus propias representaciones del pasado, el presente y el futuro, así como sus propias ideas acerca de cómo actuar. Lo mismo ocurre con los puntos de vista 2, 3 y 4. Pensar es el proceso mediante el cual estas miniaturas internas imaginan y articulan los mundos de las otras. Tampoco se trata de enfrentar peleles, porque en ese caso no estarías pensando, estarías racionalizando *a posteriori*. Estarías enfrentando aquello que quieres a un oponente débil para así no tener que cambiar de opinión. Estarías haciendo propaganda, desarrollando un doble discurso. Estarías utilizando tus conclusiones para justificar las pruebas. Estarías huyendo de la verdad.

Pensar de verdad es algo complejo y exigente. Algo que requiere al mismo tiempo ser un orador elocuente y escuchar de forma atenta y sensata. Algo que implica conflicto, así que tienes que saber tolerarlo. El conflicto, a su vez, implica negociación y compromiso, así que tienes que aprender a ceder, a modificar tus argumentos y a ajustar lo que piensas, incluso si se trata de tus percepciones del mundo. A veces se produce una derrota y la eliminación de una o más de tus miniaturas. Y hay que decir que no les hace gracia perder ni que las eliminen. Cuesta mucho construirlas y tienen mucho valor. Están vivas y quieren seguir estándolo, así que lucharán. Más te vale, pues, escucharlas. Si no lo haces, se ocultarán bajo tierra para convertirse en demonios que te torturarán. Así pues, pensar es emocionalmente doloroso, así como fisiológicamente exigente, más que cualquier otra cosa, con la excepción de no pensar. Pero tienes que ser muy elocuente y sofisticado para conseguir que todo esto ocurra dentro de tu cabeza. ¿Qué puedes hacer entonces si no se te da muy bien pensar, si no consigues ser dos personas al mismo tiempo? Es fácil. Habla. Pero entonces necesitas a alguien que te escuche, porque una persona que escucha es al mismo tiempo tu colaborador y tu oponente.

Una persona que escucha somete a examen lo que dices (y lo que piensas) sin necesidad de pronunciar una sola palabra. Una persona que escucha representa a la humanidad, es portavoz de la multitud. Es cierto que las multitudes no siempre llevan la razón, ni mucho menos, pero por lo general normalmente sí la llevan. Si dices algo que espanta a todo el mundo, tendrías que reconsiderarlo. Lo digo sabiendo perfectamente que las opiniones controvertidas son en ocasiones las correctas, hasta el punto de que, algunas veces, todas esas multitudes acabarán aniquiladas si se niegan a escucharlas. Por este motivo, entre otras cosas, el individuo tiene la obligación moral de levantarse y proclamar su propia verdad, aquella que ha construido a partir de su experiencia. Pero, a pesar de eso, algo nuevo y radical es casi siempre algo errado. Hacen falta razones buenas, muy buenas, para ignorar o desafiar la opinión pública general. Piensa que tu cultura es como un enorme roble. Si te cuelgas de una de sus ramas y se rompe, caerás desde muy alto, más alto quizá de lo que piensas. Si estás leyendo este libro, es más que probable que seas una persona privilegiada: sabes leer y tienes tiempo para hacerlo. Así pues, te estás meciendo en las nubes. Hicieron falta innumerables generaciones para llegar donde estás ahora, con lo que quizá sería conveniente demostrar un poco de gratitud. Si insistes en imponerle al mundo tu forma de ver las cosas, tienes que apoyarte en buenas razones. Si te niegas a moverte de donde estás, tienes que contar con fundamentos y más te vale haberlos pensado lo suficiente. De lo contrario puede que te espere un aterrizaje muy complicado. Así pues, tendrías que hacer lo que hacen los demás, a no ser que tengas un motivo muy bueno para no hacerlo. Si sigues una senda, por lo menos sabes que otras personas han recorrido ese mismo camino. Fuera de la senda te sales de la ruta, y el desierto que espera allí está lleno de bandidos y monstruos.

Eso es lo que dice la sabiduría.

UNA PERSONA QUE ESCUCHA

Incluso sin hablar, una persona que escucha puede representar a la multitud. Puede conseguirlo simplemente dejando que la persona que habla se escuche a sí misma. Eso es lo que Freud recomendaba. Hacía que sus pacientes se tumbaran en un sofá mirando al techo, y dejaba que divagaran y que dijeran lo que les pasara por la cabeza. En eso consiste el método de la libre asociación. Es así cómo el psicoanalista freudiano evita transferir sus propios prejuicios y opiniones al paisaje interno del paciente. Esta era la razón por la cual Freud no se ponía enfrente de sus pacientes, ya que no quería que las mediaciones espontáneas de aquellos se vieran alteradas por sus propias expresiones emocionales, por sutiles que fueran. Le preocupaba, y con razón, que sus propias opiniones —o, peor todavía, sus propios problemas por resolver— se reflejaran de forma incontrolada en sus respuestas y reacciones, tanto conscientes como inconscientes. Temía perjudicar así el desarrollo de sus pacientes. Por los mismos motivos, Freud insistía en que los propios psicoanalistas debían someterse a la terapia. Quería que aquellos que practicaban este método descubrieran y eliminaran algunos de sus peores puntos ciegos y prejuicios, para que así no ejercieran su labor de forma deshonesta. En eso Freud tenía razón. Al fin y al cabo era un genio, algo evidente por el mero hecho de que la gente lo sigue odiando. Pero el enfoque imparcial y hasta cierto punto distante que preconizaba Freud también tiene sus desventajas. Muchas de las personas que buscan terapia desean y necesitan una relación más cercana, más personal, algo que por otro lado también tiene sus peligros. Es por ello, en parte, que en mi práctica me decanté por la conversación en lugar del método freudiano, al igual que la mayoría de los psicólogos clínicos.

A mis pacientes les puede resultar de cierto provecho ver mis reacciones. Para protegerlos de la influencia indebida que algo así podría producir, procuro establecer mi propósito de forma conveniente, de tal modo que mis respuestas surjan de la motivación apropiada. Hago lo que puedo para desearles lo mejor (sea lo que sea). Intento tener la mente despejada y dejar a un lado mis propias preocupaciones. De esta forma me concentro en lo que es mejor para mis pacientes y al mismo tiempo me mantengo alerta para detectar cualquier indicio de que estoy malinterpretando qué es lo que es mejor. Se trata de algo que hay que negociar, que no puedo asumir por mi cuenta. Algo que hay que manejar con mucho cuidado para mitigar los riesgos que conlleva una interacción personal íntima. Mis pacientes hablan y yo escucho. A veces respondo. Normalmente de forma sutil. Ni siquiera verbalmente. Mis pacientes y yo nos sentamos uno enfrente del otro. Establecemos contacto visual y podemos ver las expresiones del otro. Ellos pueden observar los efectos de sus palabras en mí, y yo puedo observar los efectos que las mías tienen en ellos. Y pueden responder a mis respuestas.

Quizá un paciente me diga: «Odio a mi mujer». Una vez que lo ha dicho, ahí queda, flotando en el aire. Ha surgido del inframundo, se ha materializado a partir del caos y se ha manifestado. Ahora es algo perceptible y concreto que no puede ignorarse fácilmente. Ahora se ha vuelto real y quien lo ha dicho se ha sorprendido a sí mismo. Ve lo mismo reflejado en mis ojos y, al notarlo, avanza en el camino hacia la sensatez. «Espera —dice—. Volvamos atrás. Eso sonó muy fuerte. A veces odio a mi mujer. La odio cuando no me quiere decir qué es lo que quiere. Mi madre también hacía lo mismo, todo el rato, y volvía loco a mi padre. Nos volvía a todos locos, la verdad, ¡incluso a ella misma! Era una buena persona, pero era muy rencorosa. Bueno, por lo menos mi mujer no está tan mal como mi madre. Para nada. ¡Espera! Creo que a mi mujer en realidad se le da bastante bien decirme lo que quiere, pero me molesto mucho cuando no lo hace porque mi madre nos torturó a todos casi hasta la muerte haciéndose la mártir. Y eso es algo que me afectó mucho. Quizá ahora tiendo a exagerar cuando ocurre, por poco que ocurra. Fíjate, me estoy portando exactamente como lo hacía mi padre cuando mi madre lo enfadaba. Pero yo no soy así. Y no tiene nada que ver con mi mujer. Más me vale decírselo». Observo a partir de todo esto que hasta entonces mi paciente no había conseguido diferenciar debidamente a su mujer de su madre. Y veo también que estaba poseído de forma inconsciente por el espíritu de su padre. Y él ve todo eso también. Ahora es una persona un poco más diferenciada, ahora es un poco menos un bloque tosco sin tallar, ahora está un poco menos perdido entre la niebla. Dice: «Ha sido una buena sesión, doctor Peterson». Yo asiento. Puedes ser bastante listo si te quedas callado.

Soy un colaborador y un oponente incluso cuando no hablo. Es algo que no puedo evitar. Mis expresiones anuncian mi respuesta, incluso cuando son sutiles. De esta forma me comunico, tal y como señalaba Freud con acierto, a pesar de estar en silencio. Pero también hablo durante mis sesiones. ¿Entonces cómo sé cuándo hay que decir algo? En primer lugar, como he dicho antes, me pongo en una disposición apropiada. Defino bien mi objetivo. Quiero que las cosas vayan mejor. Mi mente se orienta en función de esa meta e intenta producir respuestas al diálogo terapéutico que contribuye a ese objetivo. Internamente veo qué es lo que sucede y revelo mis respuestas. Esa es la primera regla. Por ejemplo, un paciente dice algo y yo tengo cierta ocurrencia o bien una fantasía me atraviesa la cabeza. Frecuentemente tiene que ver con algo que ese mismo paciente explicó un poco antes o en una sesión anterior. Entonces le cuento tal pensamiento o fantasía. Con indiferencia le digo: «Dijiste esto y me di cuenta de que luego me percaté de esto otro». Entonces lo hablamos. Tratamos de determinar la relevancia del significado de mi reacción. A veces, quizá, tiene que ver conmigo. Ahí es adonde iba Freud. Pero en ocasiones se trata simplemente de la reacción de un ser humano imparcial, pero favorablemente predispuesto a una declaración que revela algo, formulada por otro ser humano. Es algo que posee un significado, en ocasiones incluso correctivo. En otras, sin embargo, se me corrige a mí.

Tienes que llevarte bien con otras personas. Un terapeuta es una de esas otras personas. Si es bueno, te dirá la verdad acerca de lo que piensa, lo cual no es lo mismo que decirte que lo que piensa es verdad. Entonces podrás contar al menos con la opinión honesta de una persona, algo que no es tan fácil de conseguir. No es tema menor. Es la llave que abre todo el proceso psicoterapéutico: dos personas contándose la verdad y escuchándose.

¿CÓMO DEBERÍAS ESCUCHAR?

Carl Rogers, uno de los grandes psicoterapeutas del siglo XX, sabía unas cuantas cosas acerca de cómo escuchar. Escribió lo siguiente: «La gran mayoría de nosotros no sabe escuchar; nos vemos obligados a evaluar, porque escuchar es muy peligroso. En primer lugar hace falta valentía y no siempre la tenemos».[4] Rogers sabía que escuchar podía transformar a la gente. A propósito de eso comentó: «Puede que algunos piensen que escuchan bien a las personas y que nunca han visto semejantes resultados. Es más que probable que no hayan escuchado de la forma que he descrito». Proponía a sus lectores que realizaran un pequeño experimento la próxima vez que se encontraran en una discusión: «Detén la discusión un momento e introduce esta regla: "Cada persona puede decir lo que piensa solo después de repetir las ideas y sentimientos de la persona que acaba de hablar de forma minuciosa, con una formulación que esa persona apruebe"». Esta regla me ha resultado de gran utilidad, tanto en mi vida privada como en mi práctica clínica. Suelo resumir lo que la gente me ha dicho y les pregunto si he entendido correctamente. Unas veces, aceptan el resumen; otras, me sugieren una pequeña corrección. De vez en cuando me equivoco por completo. Y está bien saber todo eso.

Este proceso de resúmenes comporta varias ventajas básicas. La primera es que termino entendiendo realmente lo que la otra persona me está diciendo. Sobre esto, Rogers señala: «Parece sencillo, ¿no? Pero, si lo pruebas, descubrirás que es una de las cosas más difíciles que jamás hayas hecho. Si de verdad entiendes a una persona de esta forma, si estás dispuesto a entrar en su mundo privado y ver cómo se le presenta a él la vida, corres el riesgo de quedar transformado. Puede que acabes viendo las cosas de la misma forma, puede que te veas influido en tus actitudes o en tu personalidad. Este riesgo de transformación es una de las perspectivas más aterradoras que la mayor parte de nosotros puede encarar». Pocas veces se han escrito palabras más acertadas.

La segunda ventaja de realizar estos resúmenes es que ayudan a la persona a consolidar y utilizar la memoria. Partamos de la siguiente situación: un paciente, hombre o mujer, me refiere un relato largo, disperso y cargado de emociones acerca de un periodo complicado de su vida. Lo resumimos una y otra vez. Esa historia se va acortando y finalmente queda resumida en la mente de los dos con el formato que hemos intercambiado. En muchos sentidos ahora es un recuerdo diferente; con un poco de suerte, incluso un recuerdo mejor. Ahora pesa menos, ya que se ha destilado hasta dejarlo en su esencia. Hemos sacado la moraleja de la historia y se ha transformado en la causa y el resultado de lo que ocurrió, formulada de tal forma que repetir la tragedia y el dolor parece menos probable en el futuro. «Esto es lo que pasó y este es el porqué. Esto es lo que tengo que hacer para evitar estas cosas de ahora en adelante». Eso es utilizar bien la memoria. Ese es el objetivo de la memoria. Digámoslo una vez más: si recuerdas el pasado no es para «registrarlo con exactitud», sino para estar preparado para el futuro.

La tercera ventaja que comporta utilizar el método de Rogers es que resulta muy complicado construir alegremente argumentos mediocres. Cuando alguien se opone a ti, resulta muy tentador simplificar, parodiar o tergiversar su posición. Es un juego contraproducente, diseñado al mismo tiempo para dañar al adversario y aumentar injustificadamente tu propio estatus. Por el contrario, si se te pide que resumas la posición de la otra persona de tal forma que esta lo apruebe, quizá tengas que formular el argumento de una manera aún más clara y concisa de lo que tu interlocutor ha conseguido hacer. Si accedes a mirar los argumentos presentados desde la perspectiva opuesta, puede que 1) encuentres cierto valor en ellos y que aprendas algo en el proceso o 2) te sirvas de esas perspectivas para refinar tus propios argumentos si aún piensas que la otra persona está equivocada, con lo que saldrán reforzados. Tú también serás mucho más fuerte. Entonces ya no tendrás que deformar la posición de tu contrincante y, además, es muy posible que sus posiciones se hayan aproximado al menos parcialmente. También se te dará mucho mejor resistir a tus propias dudas.

Hace falta mucho tiempo, en algunos casos, para averiguar lo que una persona quiere decir de verdad cuando está hablando. Esto se debe a que frecuentemente está articulando sus ideas por primera vez. No puede hacerlo sin perderse por callejones sin salida o declarar cosas contradictorias, incluso abiertamente absurdas. Se debe, en parte, a que hablar (y pensar) a menudo tiene que ver más con olvidar que con recordar. Hablar de algo que ocurrió, sobre todo si posee una carga emocional, algo como una muerte o una enfermedad grave, significa escoger detenidamente qué se va dejando atrás. Cuando se empieza, no obstante, mucho de lo que no es necesario tiene que verbalizarse. La persona que habla con gran emoción tiene que relatar toda la experiencia con todo lujo de detalles. Solo entonces puede pasar a enfocar o consolidar el hilo central, las causas y consecuencias. Solo entonces se puede extraer la moraleja de la historia.

Imagina que alguien tiene un montón de billetes, algunos de los cuales son falsos. Habrá que extender todos los billetes en la mesa para poder examinar cada uno y advertir las diferencias antes de poder distinguir los auténticos de los falsos. Este es el tipo de enfoque metodológico que tienes que adoptar cuando realmente escuchas a alguien para intentar resolver un problema o comunicar algo importante. Si tras descubrir que algunos de los billetes son falsos te limitas a tirarlos todos —como harías si tuvieras prisa o si por algún motivo no estuvieras en disposición de dedicar el tiempo necesario—, nunca aprenderás a separar el grano de la paja.

Si en lugar de eso escuchas sin prejuicios, la gente tenderá a contarte todo lo que piensa, con muy pocas mentiras. La gente te contará las cosas más sorprendentes, absurdas e interesantes que puedas imaginar. Tendrás muy pocas conversaciones aburridas. De hecho, así es como puedes saber si realmente estás escuchando de verdad o no. Si la conversación es aburrida, probablemente no lo estás haciendo.

LA DOMINACIÓN DEL PRIMATE, LAS MANIOBRAS DE JERARQUÍA Y EL INGENIO

No siempre hablar es pensar, ni siempre que se escucha se propicia una transformación. Para ambas cosas existen otros motivos, algunos de los cuales producen resultados contraproducentes, mucho menos valiosos e incluso peligrosos. Está, por ejemplo, el tipo de conversación en el que alguien habla simplemente para establecer o confirmar su posición dentro de una jerarquía de dominación. Una persona empieza contando una anécdota a propósito de algo interesante que le ha sucedido ahora o hace tiempo, algo lo suficientemente bueno, malo o sorprendente como para que merezca la pena escuchar. La otra persona, que ahora está preocupada por su estatus potencialmente subordinado en tanto que individuo menos interesante, piensa inmediatamente en algo mejor, peor o más sorprendente que contar. No me estoy refiriendo a una de esas situaciones en las que dos participantes de una conversación están desafiándose de verdad, desvariando sobre los mismos temas para su mutuo disfrute, así como para el de todos los que escuchan. Aquí de lo que se trata es simplemente de competir por una posición. Es fácil identificar cuándo se produce este tipo de conversaciones porque suscitan cierto sentimiento de bochorno entre los interlocutores, así como a cualquier persona que sepa que se acaba de decir algo falso y exagerado.

Hay otra forma de conversación estrechamente relacionada con esta en la que ninguno de los hablantes escucha en absoluto al otro. En lugar de ello, cada uno utiliza el tiempo que emplea la otra persona en hablar para rebuscar lo que va a decir a continuación, algo que probablemente esté fuera de lugar porque, al esperar con ansia su turno para volver a intervenir, no escuchó lo que dijo su interlocutor. Esto es algo que normalmente detiene en seco todo el tren que forma la conversación. Llegados a este punto, las personas que iban en los vagones cuando se produjo el choque normalmente permanecen en silencio, quizá se miran con cierto rubor, hasta que todos se van o a alguien se le ocurre algo ingenioso y consigue recomponer el estropicio.

También está la conversación en la que uno de los participantes intenta conseguir que su punto de vista se alce con la victoria. Se trata de otra variante de la conversación de dominación y jerarquía. Durante este tipo de conversaciones, que suelen aproximarse a cuestiones ideológicas, la persona que posee el turno de palabra: 1) se esfuerza por denigrar o ridiculizar el punto de vista de cualquiera que mantenga una postura distinta a la suya; 2) utiliza para ello pruebas cuidadosamente seleccionadas; y 3) impresiona a los interlocutores, muchos de los cuales comparten su mismo espacio ideológico con la validez de sus afirmaciones. El objetivo es recabar apoyo para una cosmovisión global, unitaria y simplista. Así pues, el propósito de la conversación es demostrar que lo que hay que hacer es no pensar. La persona que habla de esta forma cree que ganando la discusión demuestra que tiene razón, y que de esta forma se valida necesariamente la estructura de conjeturas propia de la jerarquía de dominación con la que más se identifica. A menudo y sin sorpresas se trata de la jerarquía en la que ha logrado su mayor éxito, o de aquella con la que se ha alineado. Prácticamente todas las discusiones sobre política o economía se desarrollan de esta forma: cada uno de los participantes intenta justificar una posición establecida *a priori*, en vez de intentar aprender algo o adoptar una perspectiva distinta, aunque solo sea por cambiar. Por este motivo, tanto los conservadores como los progresistas consideran que sus postulados son obvios, cada vez más a medida que se radicalizan. Y a partir de determinadas conjeturas basadas en el temperamento, emerge una conclusión previsible, eso sí, solo una vez que se obvia el hecho de que las propias conjeturas pueden cambiar.

Estas conversaciones son muy distintas de aquellas en las que se escucha. Cuando de verdad se escucha, las personas se suceden en la tribuna una detrás de otra y mientras tanto todos escuchan. A la persona que habla se le da la oportunidad de abordar de forma seria aquello que le ha sucedido, a menudo algo triste o incluso trágico. Todos los demás responden con empatía. Este tipo de conversaciones son importantes porque quien habla está organizando en su cabeza la vivencia dolorosa a medida que la narra. Se trata de un hecho lo suficientemente importante como para repetirlo: la gente organiza su cabeza conversando. Y si no tienen a nadie para contarle su historia, pierden la cabeza. Son como personas que van acumulando objetos de forma compulsiva y no pueden deshacerse de nada ellas solas. Se requiere el aporte de la comunidad para mantener la integridad de la psique individual o, dicho de otra forma, es necesario todo un pueblo para organizar una sola cabeza.

Una gran parte de lo que consideramos funciones mentales saludables es el resultado de nuestra capacidad de utilizar las reacciones de los demás para poder seguir siendo operativos en toda nuestra complejidad. De esta forma externalizamos el problema de nuestra cordura. De ahí que la responsabilidad fundamental de los padres consista en conseguir que sus hijos sean socialmente aceptables. Si el comportamiento de una persona resulta tolerable a las demás, lo único que tiene que hacer es situarse en un contexto social. Entonces las personas le indicarán si lo que hace y dice es aceptable, simplemente al mostrarse interesadas o aburridas ante lo que dice, al reírse o no de sus chistes, sus bromas y sus burlas, o incluso solo al arquear una ceja. Todo el mundo proclama a todos los demás su deseo de encontrarse con lo ideal. Nos castigamos y recompensamos los unos a los otros precisamente en la medida en que cada uno se ajusta a ese deseo, a no ser, desde luego, que tan solo estemos buscándonos problemas.

Las respuestas empáticas que se ofrecen durante una verdadera conversación indican que se valora a la persona que habla y que la historia que se cuenta es importante y seria, que merece consideración y resulta comprensible. Los hombres y las mujeres a menudo se malinterpretan cuando estas conversaciones se concentran en un problema particular. Se acusa a menudo a los hombres de querer «arreglar las cosas» en un punto demasiado apresurado del debate. Esto suele frustrar a los hombres, a quienes les gusta resolver los problemas de forma eficiente y a los que las mujeres llaman a menudo precisamente con ese objetivo en mente. En todo caso, puede que les resultara más fácil a mis lectores varones entender por qué esto no funciona si fueran capaces de darse cuenta y luego de recordar que antes de poder resolver un problema hay que formularlo de forma precisa. Las mujeres suelen insistir en formular el problema cuando tratan un asunto y necesitan que se les escuche, e incluso que se les contradiga, para conseguir que esa formulación sea lo más clara posible. Entonces, sea cual sea el problema, si es que hay alguno, puede resolverse mucho mejor. Y en todo caso habría que señalar antes de nada que, cuando nos precipitamos para resolver un problema, en ocasiones no hacemos más que indicar nuestro deseo de ahorrarnos el esfuerzo que supone entablar una conversación para formularlo.

Otro tipo de variante de conversación es la lección magistral. Impartir una clase, por sorprendente que sea, también es una conversación. El ponente habla, pero su auditorio se comunica con él o con ella de forma no verbal. Una cantidad asombrosa de interacción humana, como por ejemplo la que posee un carácter emocional, se produce de esta forma, adoptando posturas y expresiones faciales, tal y como señalé cuando hablaba de Freud. Quien sabe dar una clase no solo comunica hechos, que quizá constituyan la parte menos importante del conjunto, sino que también cuenta historias a propósito de esos hechos, adecuándolas exactamente al nivel de comprensión de su público, algo que calibra en función del interés que demuestran. La historia que cuenta transmite a quienes lo escuchan no solo los hechos que aborda, sino por qué resultan relevantes, esto es, por qué es importante saber algunas cosas que por el momento desconocen. Demostrar la importancia de una serie de hechos supone transmitir a quien compone ese público en qué medida el conocimiento en cuestión podría cambiar su comportamiento o su forma de ver el mundo, algo que les permitiría evitar determinados obstáculos y progresar más rápidamente hacia objetivos todavía mejores.

Quien sabe impartir bien una lección habla, pues, con quienes lo escuchan, y no a ellos o hacia ellos. Para conseguirlo, tiene que prestar extrema atención al mínimo gesto del público, a cada uno de sus gestos y sus sonidos. Y lo curioso es que esto no es algo que pueda realizarse mirando al público en su conjunto. Lo que hace es hablar directamente con algunas personas concretas e identificables* y observar su respuesta, en vez de hacer algo tan tradicional como «una presentación» al público. Todo lo que encierra esta idea está equivocado. No presentas nada, hablas. Y «una presentación» viene a ser algo enlatado, algo que habría que evitar. Tampoco hay un «público», sino individuos que tienen que ser incluidos en la conversación. Un orador público competente y con tablas se dirige a una persona concreta e identificable, mira cómo asiente, mueve la cabeza, frunce el ceño o muestra confusión, y responde de forma apropiada y directa a cada uno de esos gestos y expresiones. Así, tras unas frases acerca de una idea determinada, pasa a fijarse en otro miembro del público y hace exactamente lo mismo. De esta forma, puede inferir y reaccionar a la actitud de todo el grupo, en la medida en que algo así exista.

* La estrategia de hablar con personas concretas no es tan solo esencial para transmitir cualquier mensaje, resulta también un antídoto muy útil para combatir el miedo a hablar en público. A nadie le gusta que lo estén observando centenares de miradas hostiles dispuestas a juzgarlo. Sin embargo, prácticamente todo el mundo puede hablar con una sola persona que está prestando atención. Así que, si tienes que pronunciar un discurso (otra expresión horrible), haz eso. Habla a las personas que componen el público y no te escondas, ni detrás del estrado, ni bajando la mirada, ni hablando demasiado bajo o muy rápido, ni tampoco disculpándote por tu falta de preparación o de genialidad, ni utilizando ideas que no son tuyas o lugares comunes.

Y hay otro tipo más de conversaciones que funcionan esencialmente como demostraciones de ingenio. También incluyen un elemento de dominación, pero el objetivo es ser el más divertido, un logro del que también disfrutarán todos los demás que participan en el intercambio. El propósito de este tipo de conversaciones, tal y como me comentó en una ocasión un amigo mío particularmente ingenioso, es decir «cualquier cosa que sea o cierta o divertida». Puesto que la verdad y el humor son a menudo aliados íntimos, se trata de una combinación afortunada. Opino que podría definirse como la conversación del obrero inteligente. He participado en muchas de ellas, recitales de sarcasmo, sátira, improperios e intercambios jocosos absolutamente delirantes, primero entre la gente con la que crecí en el norte de Alberta y más tarde con algunos soldados estadounidenses de operaciones especiales que conocí en California. Eran amigos de un escritor que conozco, autor de historias de ficción muy populares y bastante aterradoras. Todo el mundo estaba encantado de decir cualquier cosa, por escandaloso que resultara, a condición de que fuera algo divertido.

Hace no mucho acudí a la fiesta por el cuarenta cumpleaños de este escritor en Los Ángeles. Había invitado a uno de aquellos soldados. Sin embargo, unos meses antes, a la mujer del escritor le habían diagnosticado una grave enfermedad que requería una intervención cerebral. Así pues, llamó a su amigo soldado, le informó de las circunstancias y le dio a entender que la fiesta tendría que cancelarse. «Conque ustedes dos piensan que tienen un problema —le respondió—, ¿y yo qué, que acabo de comprarme un boleto de avión que no admite devolución del importe para ir a la fiesta?». No me queda claro a qué porcentaje de la población mundial una respuesta de ese tipo le parecería divertida. Hace poco conté esta historia a un grupo de personas que acababa de conocer y el tema les resultó mucho más indignante que divertido. Intenté defender la gracia como una indicación del respeto que el soldado tenía por la habilidad de la pareja para resistir y vencer a la tragedia, pero lo cierto es que no lo conseguí. No obstante, creo que era eso exactamente lo que se proponía y me parece de un ingenio tremendo. Su respuesta era osada, anárquica hasta la imprudencia, que es exactamente el punto en el que ocurren las cosas verdaderamente divertidas. Mi amigo y su mujer reconocieron el cumplido y se dieron cuenta de que su amigo sabía que eran lo suficientemente duros como para soportar ese nivel de, llamémoslo así, humor competitivo. Fue una prueba de carácter que aprobaron con honores.

Me di cuenta de que ese tipo de conversaciones se daban cada vez menos a medida que avanzaba en mi educación superior, a medida que subía la escalera formativa y social. Quizá no era una cuestión de clase, si bien tengo mis sospechas de que sí era el caso. Quizá simplemente es que ahora soy más viejo o que los amigos que una persona hace en la etapa adulta, o después de la adolescencia, carecen de la demencial cercanía competitiva y de esas ganas perversas de jugar que caracterizaban aquellos vínculos tribales. No obstante, cuando volví a mi pueblo natal para celebrar mis cincuenta años, mis amigos me hicieron reír tanto que tuve que refugiarme en otra habitación en varias ocasiones para recobrar el aliento. Aquellas conversaciones eran divertidísimas y las echo de menos. Tienes que conseguir estar al nivel o, de lo contrario, arriesgarte a sufrir una dura humillación, pero no hay nada más gratificante que conseguir superar la historia, el chiste, el insulto o el improperio que ha soltado el último gracioso. Tan solo hay una regla que vale: no aburras (aunque es verdad que tampoco está nada bien visto golpear de verdad a alguien cuando solo estás fingiendo que lo golpeas).

UNA CONVERSACIÓN EN MARCHA

El último tipo de conversación, el que se asemeja a escuchar, es una forma de exploración mutua. Requiere una verdadera reciprocidad por parte de los que escuchan y hablan y permite a todos los participantes expresar y organizar sus pensamientos. Una conversación de exploración mutua tiene un tema, generalmente complejo, que interesa realmente a los participantes. Todos ellos intentan resolverlo, en vez de insistir en la validez apriorística de sus respectivas posturas. Todos ellos actúan a partir de la premisa de que tienen algo que aprender. Este tipo de conversación constituye una filosofía activa, la forma más elevada de pensamiento y la mejor preparación para una verdadera vida.

La gente que participa en una conversación de este tipo tiene que debatir acerca de ideas que realmente utiliza para estructurar sus percepciones, para guiar lo que hace y lo que dice. Tiene que implicarse a nivel existencial con su filosofía, es decir, tiene que estar viviéndola, no simplemente creyendo en ella o entendiéndola. También tienen que haber invertido, por lo menos de forma temporal, la típica preferencia humana por el orden en lugar del caos, y no me refiero al caos que caracteriza a una típica rebelión antisocial. Todos los otros tipos de conversación intentan apuntalar algún tipo de orden existente. Por el contrario, una conversación de exploración mutua requiere a personas que hayan decidido que lo desconocido es un amigo más valioso que lo conocido.

Después de todo, lo que sabes ya lo sabes y, a menos que tu vida sea perfecta, no te basta. Sigues estando amenazado por la enfermedad, el autoengaño, la infelicidad, la maldad, la traición, la corrupción, el dolor y las limitaciones. En última instancia, si estás expuesto a todas estas cosas es porque eres demasiado ignorante como para protegerte. Si supieras lo suficiente, estarías más sano y serías más honesto. Sufrirías menos. Podrías reconocer, resistir e incluso vencer a la perversidad y al mal. No traicionarías a un amigo, ni te entregarías al engaño en los negocios, la política o el amor. Sin embargo, tu conocimiento actual ni te ha elevado a la perfección ni garantiza ninguna seguridad. Así pues, por definición, es insuficiente, radical y fatalmente insuficiente.

Todo esto lo tienes que aceptar antes de poder conversar filosóficamente, en lugar de convencer, oprimir, dominar o incluso entretener. Lo tienes que aceptar antes de poder tolerar una conversación en la que esté operando, en términos psicológicos, la palabra que media eternamente entre el orden y el caos. Para tener este tipo de conversación es necesario respetar la experiencia personal de tus interlocutores. Tienes que asumir que han alcanzado conclusiones minuciosas, meditadas y auténticas y que probablemente hayan realizado todo el trabajo que una conjetura así requiere. Tienes que creer que, si comparten contigo sus conclusiones, quizá te ahorres parte del dolor que supondría tener que descubrirlas por tu propia cuenta, ya que aprender a partir de las experiencias de los demás puede resultar más rápido y mucho menos peligroso. También tienes que reflexionar en vez de dedicarte a trazar estrategias para alcanzar la victoria. Si no lo consigues o te niegas a hacerlo, entonces te limitarás a repetir de forma automática aquello en lo que ya crees, tratando de validarlo e insistiendo en su pertinencia. Pero si reflexionas a medida que conversas, escucharás a la otra persona y de tu boca saldrán todas las cosas nuevas y originales que, por su propia inercia, irán surgiendo desde lo más profundo.

En este tipo de conversaciones es como si te estuvieras escuchando de la misma forma que escuchas a la otra persona. Describes cómo vas respondiendo a la nueva información que la persona que habla te transmite. Declaras lo que esa información te ha suscitado: qué nuevas cosas ha hecho aparecer en tu interior, cómo han cambiado tus presunciones, cómo ha hecho que te plantees nuevas preguntas. Y todo eso se lo dices directamente a esa misma persona y entonces tiene el mismo efecto en ella. De esta forma, ambos avanzan hacia un lugar más nuevo, más amplio y mejor. Ambos cambian, a medida que dejas que tus antiguos supuestos mueran, a medida que te desprendes de tu antigua piel y te renuevas.

En una conversación de este tipo reside el deseo de la verdad, el que poseen las dos personas, que es escuchar de verdad y hablar. De ahí que resulte algo cautivador, necesario, interesante y lleno de significado. Ese sentido de significado es una señal de las partes más profundas y antiguas de tu Ser. Te encuentras donde tienes que estar, con un pie en el orden y otro que se extiende vacilante hacia el caos y lo desconocido. Estás inmerso en el Tao, siguiendo el gran camino de la vida, allí donde cuentas con la suficiente estabilidad para sentirte seguro, pero estás lo suficientemente flexible como para transformarte. Allí permites que la nueva información te informe —te dé forma sustancial—, que permee tu estabilidad, que repare y mejore su estructura, que extienda su dominio. Allí los elementos constitutivos de tu Ser pueden encontrar su disposición más elegante. Una conversación así te sitúa en el mismo lugar en el que te sitúas cuando escuchas música excepcional, fundamentalmente por la misma razón. Una conversación así te envía al ámbito en el que conectan las almas, un lugar bien real. Te deja pensando: «Sí valió la pena, conocimos de verdad». Las máscaras se cayeron y revelaron a las personas ávidas de descubrimientos.

Así pues, escucha, escúchate a ti y escucha a aquellas personas con las que hablas. A partir de ahí, tu sabiduría no se compondrá de aquello que ya sabes, sino de la búsqueda continua de conocimiento, que constituye la forma más elevada de sabiduría. Esa era la razón de que la sacerdotisa del oráculo del Delfos, en la Antigua Grecia, tuviera en tan alta estima a Sócrates, que siempre buscaba la verdad. Lo describió como el hombre vivo más sabio, porque sabía que lo que sabía no era nada.

Da por hecho que la persona a la que escuchas puede saber algo que tú no sabes.

A LA HORA DE HABLAR,
EXPRÉSATE CON PRECISIÓN

¿POR QUÉ MI LAPTOP HA QUEDADO OBSOLETA?

¿Qué ves cuando miras tu computadora portátil, para ser más precisos? Ves una caja plana, delgada, gris y negra. De forma menos evidente, ves algo en lo que puedes escribir y con lo que puedes ver cosas. Sin embargo, aun incluyendo esta segunda percepción, lo que ves no es para nada la computadora. Esa caja gris y negra resulta ser una computadora ahora mismo, en este espacio y tiempo, puede que incluso una cara. Sin embargo, dentro de poco será algo tan absolutamente distinto a una computadora que será complicado hasta regalarlo.

Todos nos desharemos de computadoras durante los próximos cinco años, incluso si todavía funcionan a la perfección, incluso si las pantallas, teclados, ratones y conexiones a internet cumplen con sus funciones de forma impecable. Dentro de cincuenta años, las computadoras de principios del siglo XXI serán rarezas como los artilugios científicos de latón de finales del siglo XIX, que ahora causan la misma impresión que los accesorios esotéricos de la alquimia, diseñados para computar fenómenos cuya existencia ni siquiera reconocemos hoy en día. ¿Cómo es posible que máquinas de alta tecnología, cada una de las cuales posee mayor capacidad de procesamiento que todo el programa espacial Apolo, pierdan su valor en un espacio de tiempo tan rápido? ¿Cómo pueden unas máquinas tan útiles, que suscitan ilusión y aumentan el estatus de una persona, transformarse tan rápido en complicadas piezas de chatarra? Pues ocurre a causa de la naturaleza de nuestras propias percepciones y de la interacción, a menudo invisible, entre esas mismas percepciones y la complejidad subyacente del mundo.

Tu computadora es una nota dentro de una sinfonía que está tocando ahora mismo una orquesta de dimensiones incalculables. Es una parte minúscula de un conjunto mucho mayor. La mayor parte de su capacidad reside más allá de su carcasa. Si funciona, es tan solo porque una gran cantidad de otros dispositivos están activados de forma continua y armoniosa. Así, por ejemplo, se alimenta de una red eléctrica cuya operatividad depende de forma invisible de la estabilidad de incontables sistemas complejos de carácter físico, biológico, económico e interpersonal. Las fábricas que producen sus componentes todavía están en activo. El sistema operativo que le permite funcionar se basa en esos componentes y no en otros que todavía están por crearse. Sus dispositivos de video utilizan la tecnología con la que trabajan los creadores que publican su contenido en la red. Tu computadora se comunica con un ecosistema específico formado por otros aparatos y servidores de internet.

Y, por último, todo esto es posible gracias a un elemento aún menos visible: el contrato social basado en la confianza, los sistemas políticos y económicos de interconexión fundamentalmente honestos que hacen que sea posible contar con una red eléctrica fiable. Esta interdependencia de la parte en el todo, invisible en los sistemas que funcionan, resulta prácticamente obvia para aquellos que no lo consiguen. Los sistemas globales de mayor rango que posibilitan la informática al nivel de los usuarios apenas existen en los corruptos países del Tercer Mundo, puesto que el cableado eléctrico, los interruptores, las tomas de corriente y todos los otros dispositivos que definen una red de este tipo o no existen o se encuentran en riesgo, de tal modo que apenas consiguen que se suministre electricidad a los hogares o a las fábricas. En semejantes circunstancias se acaban percibiendo los aparatos electrónicos y todos aquellos que en principio funcionan gracias a la electricidad como unidades operativas distintas, como algo frustrante en el mejor de los casos y, en el peor, directamente imposible. En parte es resultado de las carencias técnicas, puesto que son sistemas que, sencillamente, no funcionan. Pero también, y en buena medida, de la falta de confianza que resulta característica de las sociedades sistemáticamente corruptas.

Con otras palabras: lo que percibes como tu computadora no es más que una hoja en el conjunto de un árbol dentro de un bosque. O mejor dicho, no es sino el tacto de tus dedos, que pasa rápidamente a lo largo de esa hoja. Una simple hoja puede arrancarse de la rama. Puede percibirse, de forma breve, como una entidad individual e independiente, pero una percepción de este tipo más que aclarar nos confunde. En el espacio de unas semanas, la hoja se desintegrará y quedará dispersa. Si no fuera por el árbol, nunca habría estado allí. No puede seguir existiendo en ausencia del árbol. Esta es la posición de los portátiles con relación al mundo. Una gran parte de lo que son se encuentra tan lejos de sus límites que los aparatos con pantallas que llevamos a todas partes únicamente pueden mantener su fachada de computadoras durante unos pocos años.

Casi todas las cosas que vemos y que sostenemos en las manos son así, aunque a menudo no de forma tan evidente.

HERRAMIENTAS, OBSTÁCULOS Y LA EXTENSIÓN HACIA EL MUNDO

Damos por hecho que vemos objetos o cosas cuando miramos el mundo, pero no es así como las cosas funcionan de verdad. Nuestros desarrollados sistemas de percepción transforman el mundo interconectado, complejo y estratificado en el que vivimos no tanto en «cosas en sí mismas» como en «cosas útiles» (o en sus archienemigas, cosas que nos complican la vida). Se trata de una reducción necesaria y práctica del mundo. Es la transformación de la complejidad casi infinita de las cosas mediante la identificación concreta de nuestro objetivo. Es así como la precisión consigue que el mundo se manifieste de forma razonable. No es en absoluto lo mismo que percibir «objetos».

No vemos entidades carentes de valor y luego les atribuimos significado, sino que percibimos directamente ese significado.[1] Vemos suelos para caminar, puertas para escabullirnos y sillas para sentarnos. Por este motivo, un puf y un tocón de árbol, por poco que objetivamente tengan en común, entran en esta misma categoría. Vemos piedras porque podemos lanzarlas, nubes porque puede que nos empiece a llover encima, manzanas para comer y los automóviles de otras personas porque se nos ponen delante y nos molestan. Vemos herramientas y obstáculos, no objetos o cosas. Es más, vemos herramientas y obstáculos al nivel de análisis accesible que los hace más útiles (o peligrosos) en función de nuestras necesidades, habilidades y limitaciones perceptivas. El mundo se nos revela como algo que utilizar, algo por donde transitar y no meramente como algo que tan solo está ahí.

Vemos las caras de las personas con las que hablamos porque necesitamos comunicarnos con esas personas en cuestión y cooperar con ellas. No vemos sus subdivisiones más microscópicas, sus células, o los orgánulos subcelulares, a saber, las moléculas y los átomos que forman esas células. Tampoco vemos el macrocosmos que las rodea: los familiares y amigos que componen sus círculos sociales inmediatos, los sistemas económicos en los que se encuentran insertas o la ecología que las contiene a todas ellas. Por último, y de forma igual de importante, no las vemos a través del tiempo. Las vemos en el inmediato, restringido y apabullante ahora, en vez de aparecer rodeadas por sus ayeres y mañanas, que puede que constituyan una parte más importante que cualquier cosa que esté ocurriendo ahora y que se manifieste de forma obvia. Y tenemos que verlas de esta manera, porque de lo contrario resultaría abrumador.

Cuando miramos al mundo, percibimos tan solo lo que nos basta para que nuestros planes y acciones funcionen y para poder salir adelante. El ambiente donde vivimos compone, pues, lo que nos basta. Se trata de una simplificación del mundo radical, funcional e inconsciente y nos resulta casi imposible no confundirla con el mismo mundo. Pero los objetos que vemos no solo están ahí, en el mundo, para que podamos percibirlos de forma simple y directa.* Existen dentro de una relación compleja y multidimensional los unos con los otros y no como objetos manifiestamente separados, delimitados e independientes. No son ellos lo que percibimos, sino su utilidad funcional, y de esta forma los simplificamos lo suficiente para estar en condiciones de entenderlos. De ahí que debamos ser precisos a la hora de seleccionar nuestros objetivos. Si no es el caso, nos ahogamos en la complejidad del mundo.

Esto es válido incluso para las percepciones que tenemos de nosotros mismos, de nuestras propias individualidades. Damos por hecho que terminamos en la superficie de nuestra piel porque eso es lo que percibimos. Pero por poco que nos pongamos a pensar conseguimos entender lo provisorio de ese límite. Por decirlo de alguna forma, cambiamos lo que tenemos por debajo de la piel a medida que el contexto en el que vivimos se altera.

---

* Esta es la razón, por ejemplo, de que nos haya hecho falta mucho más tiempo de lo que pensábamos en un principio para construir robots que pudieran funcionar de forma autónoma en el mundo. El problema de la percepción es mucho más complicado de lo que nuestro acceso inmediato y natural a nuestras propias percepciones nos permite suponer. De hecho, es algo tan difícil que frenó de forma casi absoluta (desde la perspectiva de aquel entonces) las primeras etapas de progreso de la inteligencia artificial, a medida que descubrimos que una razón abstracta incorpórea no estaba en condiciones de resolver los problemas reales más simples. Los precursores como Rodney Brooks —uno de los «padres» de la robótica moderna, profesor de Ciencias de la Computación y director, desde 2004 hasta 2007, del Laboratorio de Informática e Inteligencia Artificial del Instituto Tecnológico de Massachusetts (MIT, por sus siglas en inglés)— sugirieron a finales de la década de 1980 y principios de la siguiente que un cuerpo que actuara resultaba un prerrequisito para dividir el mundo en elementos manejables. A partir de entonces, la revolución de la inteligencia artificial recuperó su confianza y su impulso.

Incluso cuando hacemos algo tan aparentemente simple como sujetar un desarmador, nuestro cerebro ajusta automáticamente lo que considera nuestro cuerpo para incluir esa herramienta.[2] Literalmente, podemos sentir cosas tocándolas con el extremo de ese desarmador. Cuando extendemos una mano y tenemos agarrado el desarmador, automáticamente pasamos a tomar en consideración toda su extensión. Podemos rastrear recovecos y rendijas con esta extremidad extendida y entender lo que estamos explorando. Es más, de forma instantánea pasamos a considerar el desarmador que agarramos como «nuestro» y nos comportamos al respecto de forma posesiva. Hacemos lo mismo con las herramientas mucho más complejas que utilizamos en situaciones mucho más complicadas. Los coches que conducimos se vuelven instantánea y automáticamente nosotros mismos. Por eso cuando alguien golpea irritado el cofre de nuestro coche durante una discusión en un paso de peatones, nos lo tomamos a nivel personal. No es algo que resulte siempre razonable. Sin embargo, sin la extensión del yo en la máquina, nos sería imposible conducir.

Nuestros límites extensibles también se expanden para incluir a otras personas, tales como familiares, parejas y amigos. Así, una madre se sacrifica por sus hijos. ¿Acaso nuestro padre, nuestro hijo o nuestra mujer representa menos para nuestra integridad que un brazo o una pierna? Podemos responder en parte preguntándonos cuál de los dos preferiríamos perder. ¿Para evitar cuál de las dos pérdidas seríamos capaces de sacrificar más? Practicamos para este tipo de extensión permanente —de compromiso permanente— cuando nos identificamos con los personajes de ficción de libros y películas. Con rapidez y convicción, hacemos nuestros sus tragedias y triunfos. Sin movernos de nuestros asientos representamos numerosas realidades paralelas, extendiéndonos de forma experimental y tanteando múltiples caminos potenciales antes de determinar aquel que acabaremos tomando. Absortos en una obra de ficción podemos incluso llegar a ser cosas que no existen de verdad. Así, en un abrir y cerrar de ojos, dentro de la magia de una sala de cine, nos podemos transformar en criaturas fantásticas. Nos sentamos en la oscuridad delante de una rápida sucesión de imágenes parpadeantes y nos convertimos en brujas, superhéroes, extraterrestres, vampiros, leones, elfos o marionetas de madera. Sentimos lo mismo que ellos y nos encanta pagar para disfrutar de ese privilegio, incluso cuando lo que experimentamos es dolor, miedo o terror.

Algo similar, pero más extremo, es lo que ocurre cuando nos identificamos no con un personaje de una película, sino con todo un grupo dentro de una competencia. Piensa en lo que pasa cuando un equipo favorito gana o pierde en un partido de cierta importancia delante de su mayor rival. El gol de la victoria hará que todos los seguidores del mundo se pongan en pie como autómatas, como si fueran una única persona. Es como si todos sus sistemas nerviosos estuvieran directamente conectados al partido que se desarrolla delante de ellos. Los seguidores se toman las victorias y derrotas de sus equipos de forma muy personal, luciendo las camisetas de sus héroes y a menudo celebrando esos partidos ganados o perdidos más que cualquier otro acontecimiento de los que realmente ocurren en sus existencias cotidianas. Esta identificación se manifiesta de forma profunda, incluso a nivel bioquímico y neurológico. Así, las experiencias indirectas de victoria o derrota elevan y reducen los niveles de testosterona entre los seguidores que «participan» en la competencia.[3] Nuestra capacidad de identificación es algo que se manifiesta en cada uno de los niveles de nuestro Ser.

De la misma forma, en la medida en que somos patrióticos, no es que nuestro país sea importante para nosotros, sino que *es* nosotros mismos. Así, puede que lleguemos a sacrificar toda nuestra pequeña entidad en una batalla para mantener su integridad. Durante gran parte de la historia, esta disposición a la muerte se ha considerado algo admirable y valiente, parte de las obligaciones humanas. Pero, paradójicamente, se trata de una consecuencia directa, no de nuestra hostilidad, sino de nuestra extrema sociabilidad y nuestra voluntad de cooperación. Si podemos llegar a ser no solo nosotros, sino también nuestras familias, nuestros equipos y nuestros países, entonces es que tendemos a la cooperación, algo que se apoya en los mismos mecanismos intrínsecamente innatos que nos llevan a nosotros y a otras criaturas a proteger nuestros cuerpos.

EL MUNDO ES SIMPLE SOLO CUANDO SE PORTA BIEN

Es muy difícil encontrarle sentido al caos interconectado que supone la realidad tan solo mirándola. Se trata de un acto muy complejo que quizá requiera la mitad de nuestro cerebro. En el mundo real todo se altera y cambia. Cada elemento hipotéticamente independiente está compuesto de otros más pequeños, también hipotéticamente independientes, y al mismo tiempo forma parte de entidades mayores hipotéticamente independientes. Los límites que existen entre esos niveles, así como entre los elementos que pertenecen al mismo nivel, ni están claros ni resultan obvios de forma objetiva. Tienen que establecerse práctica y pragmáticamente y solo conservan su validez en condiciones específicas muy concretas. La ilusión consciente de una percepción suficiente y completa tan solo se sustenta, tan solo nos basta para nuestros objetivos, cuando todo funciona de acuerdo a lo establecido. En este tipo de circunstancias, lo que vemos es suficientemente exacto, de tal modo que no hay necesidad alguna de mirar más allá. Para ser capaz de conducir no es necesario entender, ni siquiera percibir, el complejo engranaje de nuestros automóviles. Las complejidades ocultas de nuestros respectivos coches tan solo irrumpen en nuestra consciencia cuando parte de la maquinaria deja de responder o cuando de forma imprevista chocamos con algo (o algo choca con nosotros). Incluso en el caso de un simple fallo mecánico (por no hablar de un accidente de cierta gravedad), este tipo de intrusión siempre se percibe, al menos en un principio, como motivo de ansiedad. Es la consecuencia de una incertidumbre que aparece.

Un coche, tal y como lo percibimos, no es una cosa ni un objeto. Es más bien algo que nos lleva allí donde queremos ir. De hecho, solo cuando deja de hacerlo le prestamos cierta atención. Es tan solo cuando un coche, de forma repentina, deja de funcionar, o bien se ve inmerso en un accidente y tienen que arrastrarlo al acotamiento, que nos vemos obligados a aprehender y analizar la enorme cantidad de componentes de los que depende en tanto que cosa que se mueve. Cuando nuestro coche se descompone, se pone de manifiesto de forma instantánea nuestra ignorancia al respecto de su complejidad. Es algo que posee implicaciones prácticas, ya que no llegamos allí donde nos proponíamos, pero también psicológicas, ya que nuestra tranquilidad se esfuma en el mismo momento en el que el vehículo deja de funcionar. Por lo general, tenemos que recurrir a expertos que viven en garajes y talleres para que restauren tanto la funcionalidad de nuestro vehículo como la simplicidad de nuestras percepciones. Es así como el mecánico cumple una función de psicólogo.

Es precisamente en esos momentos cuando podemos comprender, si bien raramente lo ponderamos de verdad, la bajísima resolución de nuestra visión y lo inadecuado de nuestra consiguiente capacidad de comprensión. Durante una crisis, cuando ya nada funciona, recurrimos a aquellas personas cuyo conocimiento supera con creces el nuestro para que restablezcan la correspondencia entre lo que deseamos ardientemente y lo que ocurre en la realidad. Esto significa que una falla de nuestro coche nos puede obligar a enfrentarnos a la incertidumbre del contexto social más amplio, que a menudo nos resulta invisible y en el cual la máquina (y su mecánica) no son sino simples componentes. Cuando nos traiciona nuestro coche, tenemos que hacer frente a todo lo que desconocemos. ¿Ha llegado el momento de comprar otro vehículo? ¿Me equivoqué cuando compré este? ¿El mecánico es competente, honesto y merece confianza? ¿El taller donde trabaja es un lugar fiable? A veces, tenemos que contemplar incluso cosas peores, de carácter más amplio y profundo. ¿Las carreteras se han vuelto demasiado peligrosas? ¿Me he vuelto demasiado torpe, o siempre lo he sido? ¿Demasiado disperso y descentrado? ¿Demasiado viejo? Las limitaciones de todas nuestras percepciones de las cosas y de nosotros mismos se manifiestan cuando deja de funcionar algo en lo que normalmente nos apoyamos dentro de nuestro mundo simplificado. Entonces, el mundo más complejo que siempre había estado ahí, invisible y convenientemente ignorado, hace acto de aparición. Y es entonces cuando el jardín amurallado en el que vivimos de forma ideal revela sus serpientes ocultas, que siempre habían estado ahí.

TÚ Y YO SOMOS SIMPLES SOLO CUANDO EL MUNDO SE PORTA BIEN

Cuando las cosas se desintegran, irrumpe como un torbellino aquello que se había ignorado. Cuando las cosas ya no están especificadas con precisión, las paredes se vienen abajo y el caos se manifiesta. Hemos sido descuidados y hemos dejado que se fueran colando cosas, así que todo aquello que nos habíamos negado a resolver se acumula, adopta forma de serpiente y nos golpea, por lo general en el momento menos oportuno. Es entonces cuando somos conscientes de todo lo que nos podemos proteger si contamos con un propósito delimitado, si establecemos con precisión nuestros objetivos y prestamos atención de forma minuciosa.

Imagínate a una mujer fiel y honesta que de repente se enfrenta a la revelación de la infidelidad de su marido, con quien ha vivido durante años. Lo veía tal y como cree que es: una persona que merece confianza, que trabaja con abnegación, que la quiere y de quien puede depender. Su matrimonio se apoya en una roca sólida, o al menos eso es lo que piensa. Pero con el tiempo va prestando menos atención, va distrayéndose. Como dictan los tópicos, él empieza a prolongar sus jornadas laborales y a veces lo irritan de forma injustificable algunos pequeños comentarios que ella hace. Un día, la esposa lo ve en un café del centro con otra mujer, interactuando con ella de una forma que resulta difícil de racionalizar e ignorar. Las limitaciones y la inexactitud de sus percepciones anteriores resultan de repente dolorosamente evidentes.

La teoría que tenía acerca de su marido se derrumba. ¿Qué ocurre como consecuencia? Primero, algo —o alguien— aparece en su lugar: un desconocido, complejo y espantoso. Es algo ya de por sí lo suficientemente malo, pero en realidad no es más que la mitad del problema. Así, su teoría acerca de sí misma también se hace añicos como resultado de la traición, con lo que el problema ya no es un desconocido, sino dos. Su marido no es quien percibía que era, pero tampoco lo es ella, la mujer engañada. Ya no es la mujer amada y equilibrada, la valiosa compañera. Por extraño que resulte, puede que nunca lo haya sido, a pesar de nuestra creencia en el carácter permanente e inmutable del pasado.

El pasado no es necesariamente lo que era, aunque ya lo haya sido. El presente es caótico e indeterminado. La tierra gira continuamente bajo los pies de la mujer, y también bajo los nuestros. De la misma forma, el futuro, que aún no ha llegado, se convierte en algo que no tenía que ser. ¿Aquella que antes pasaba por esposa razonablemente satisfecha es ahora una «inocente engañada» o, más bien, una «pobre ilusa»? ¿Tendría que verse a sí misma como una víctima o bien como cómplice en la conspiración que supone un engaño compartido? ¿Y su marido, qué es? ¿Una pareja insatisfecha? ¿Una víctima seducida? ¿Un mentiroso psicópata? ¿El mismo diablo? ¿Cómo ha podido ser tan cruel? ¿Cómo podría alguien hacer algo así? ¿En qué tipo de hogar ha estado viviendo? ¿Cómo ha podido ser tan ingenua? ¿Cómo lo habría podido ser cualquier otra persona? Se mira en el espejo. ¿Quién es ella? ¿Qué está pasando? ¿Acaso alguna de sus relaciones es de verdad? ¿En algún momento lo han sido? ¿Qué le ha ocurrido al futuro? Cuando las realidades más profundas del mundo se nos revelan de forma inesperada, todo se vuelve incierto.

Todo resulta de una complejidad que supera nuestra capacidad de imaginación. Todo se ve afectado por el resto de las cosas. Percibimos una parte muy estrecha de una matriz interconectada de forma caótica, si bien hacemos todo lo posible para no tener que encarar, para no tener que ser conscientes de lo limitado de esa percepción. Sin embargo, el fino barniz de la suficiencia perceptiva se resquebraja cuando algo fundamental sale mal y entonces se revela la estrepitosa ineptitud de nuestros sentidos. Todo aquello a lo que nos aferramos se desmorona y nos quedamos congelados, petrificados. ¿Qué es lo que vemos entonces? ¿Dónde podemos mirar cuando precisamente lo que vemos ha resultado insuficiente?

¿QUÉ VEMOS CUANDO NO SABEMOS QUÉ ESTAMOS MIRANDO?

¿En qué se ha convertido el mundo tras la destrucción de las Torres Gemelas? ¿Qué queda en pie, si es que queda algo? ¿Qué horrible monstruo surge de las ruinas cuando los pilares invisibles que sustentan el sistema financiero mundial se estremecen y se derrumban? ¿Qué vemos cuando nos encontramos atrapados en el fuego y la exaltación de una manifestación nacionalsocialista o cuando estamos aterrorizados y muertos de miedo en medio de una masacre en Ruanda? ¿Qué vemos cuando no podemos entender lo que nos está ocurriendo, cuando no podemos determinar dónde estamos, cuando ya no sabemos quiénes somos ni entendemos lo que nos rodea? Lo que no vemos es el mundo conocido y reconfortante de las herramientas —de los objetos útiles—, de las personalidades. Ni siquiera vemos los obstáculos que nos resultan familiares y que podemos evitar, esos que, por desestabilizantes que sean en tiempos normales, ya hemos aprendido a dominar.

Lo que percibimos cuando las cosas se derrumban ya no es el mismo escenario ni los mismos parámetros del orden habitable. Es, retomando los términos bíblicos, el eterno y líquido *tohu va bohu*, el vacío informe, y el *tehom*, el abismo, es decir, el caos, que se mantiene permanentemente al acecho tras los endebles contornos de nuestra seguridad. A partir de ese caos la sagrada palabra divina extrajo el orden al principio de los tiempos, de acuerdo con las opiniones más antiguas expresadas por la humanidad. Y a imagen y semejanza de esa misma palabra fuimos creados, hombre y mujer, de acuerdo con esos mismos pareceres. A partir del caos emergió originalmente cualquier tipo de estabilidad que hayamos tenido la suerte de disfrutar, por un espacio de tiempo limitado, cuando aprendimos a percibir. Es el caos lo que vemos cuando las cosas se derrumban, incluso si no podemos verlo de verdad. ¿Y qué significa todo esto?

Se trata de una emergencia, en el doble sentido de la palabra. Es decir, de la repentina manifestación proveniente de un lugar desconocido de un fenómeno (palabra que viene del griego *phainesthai*, «resplandecer») previamente desconocido. Es la reaparición del dragón eterno, que sale de su eterna cueva tras haber despertado de su duermevela. Es el inframundo, con sus monstruos que se elevan desde las profundidades. ¿Cómo nos preparamos para una emergencia cuando no sabemos qué es lo que ha emergido o de dónde? ¿Cómo nos preparamos para la catástrofe cuando no sabemos qué esperar o cómo actuar? De alguna forma dejamos a un lado nuestras mentes, que son demasiado lentas y pesadas, y recurrimos a nuestros cuerpos, que pueden reaccionar con mucha mayor rapidez.

Cuando las cosas se derrumban a nuestro alrededor, nuestra percepción desaparece y actuamos. Las antiguas respuestas reflexivas que cientos de millones de años han convertido en automáticas y eficientes nos protegen en esos momentos nefastos en los que falla no solo el pensamiento, sino también la percepción. En tales circunstancias, nuestros cuerpos reaccionan ante posibles eventualidades.[4] En un primer momento, nos quedamos congelados. Los reflejos del cuerpo se empiezan a transformar entonces en emociones, el siguiente paso de las percepciones. ¿Es algo que da miedo? ¿Algo útil? ¿Algo contra lo que hay que luchar? ¿Algo que se puede ignorar? ¿Cómo y cuándo vamos a determinarlo? No lo sabemos. Ahora nos encontramos en un estado de alerta muy costoso y exigente. En nuestros cuerpos se disparan el cortisol y la adrenalina. El latido del corazón se nos acelera y respiramos de forma más rápida. Con dolor, nos damos cuenta de que nuestro sentido de ser competentes, de estar completos, se ha esfumado, que no era más que un sueño. Entonces echamos mano de recursos físicos y psicológicos que habíamos acumulado abnegadamente justo para estas situaciones y con los que afortunadamente podemos contar. Nos preparamos para lo peor o para lo mejor. Apretamos con furia el acelerador y al mismo tiempo nos apresuramos a echar el freno. Gritamos o reímos, sentimos asco o terror, lloramos. Y entonces empezamos a diseccionar el caos.

Y así, la esposa engañada, cada vez más inestable, siente la motivación de revelarlo todo —a sí misma, a su hermana, a su mejor amiga, a un extraño en un autobús— o se repliega en el silencio y le da vueltas al tema de forma obsesiva con el mismo objetivo: «¿Qué salió mal? ¿Qué hizo que fue tan imperdonable? ¿Quién es esa persona con la que ha estado viviendo? ¿Qué clase de mundo es este en el que pueden ocurrir cosas semejantes? ¿Qué clase de dios podría crear un lugar así? ¿Qué conversación podría entablar con esta nueva persona tan irritante que habita la piel de quien antes era su marido? ¿Qué clase de venganza podría satisfacer su furia? ¿A quién podría seducir en respuesta a tal insulto?». Por momentos oscila entre la rabia, el terror, el dolor insoportable y la euforia ante las posibilidades que se le abren con la libertad que ha descubierto.

Los últimos cimientos sobre los que se sintió segura no eran en realidad estables, no eran incuestionables, no eran en absoluto unos cimientos. Su casa estaba levantada sobre una estructura de arena. El hielo sobre el que estaba patinando era demasiado fino. Se cayó a través de él dentro del agua y ahora se está ahogando. Ha sufrido un golpe tan fuerte que su rabia, su terror y su dolor la consumen. Su sentido de la traición se ensancha hasta que engloba el mundo entero. ¿Dónde está? En el inframundo, con todos sus terrores. ¿Cómo ha llegado ahí? Esta experiencia, este viaje a la subestructura de las cosas..., todo no es más que percepción en su forma primigenia; esta consideración de lo que podría haber sido y de lo que todavía podría ser, toda esta emoción y fantasía. Hablamos de toda la percepción profunda que ahora es necesaria antes de que los objetos familiares que conocía reaparezcan, si es que vuelven a hacerlo, en su forma simplificada y cómoda. Es la percepción que existe antes de que el caos de la posibilidad se vuelva a articular en las realidades funcionales del orden.

«¿Realmente ha sido tan inesperado?», se pregunta y pregunta a los demás a medida que piensa sobre el tema. ¿Debería sentirse culpable por haber ignorado todas las advertencias, por sutiles que fueran, por motivos que tuviera para pasarlas por alto? Recuerda el inicio de su matrimonio, cuando cada noche ardía en deseos de estar con su marido para hacer el amor. Quizá las expectativas eran demasiado elevadas, quizá algo así habría sido incluso difícil de soportar, pero ¿tan solo una vez en los últimos seis meses? Y antes que eso, ¿una vez cada dos o tres meses durante años? ¿Acaso alguien a quien pudiera respetar, ella incluida, soportaría una situación semejante?

Hay un cuento infantil que me encanta, *There's No Such Thing as a Dragon* («Los dragones no existen»), de Jack Kent. Es una historia muy simple, o al menos eso parece. En una ocasión le leí unas páginas a un grupo de antiguos alumnos de la Universidad de Toronto y les expliqué su significado simbólico.[*] Trata de un niño, Billy Bixbee, que una mañana se encuentra con un dragón sentado en su cama. Tiene más o menos el tamaño de un gato doméstico y es muy amable. Se lo cuenta a su madre, pero ella le responde que los dragones no existen. Pero el dragón va crecien-

---

[*] La grabación de mi conferencia «Slaying the dragon within us», retransmitida por el canal TVO, está disponible en <www.youtube.com/watch?v=REjUkEj1O_o>.

do. Se come todos los pastelitos de Billy y pronto ocupa toda la casa. La madre intenta pasar la aspiradora, pero tiene que entrar y salir de la casa por la ventana porque el dragón está por todas partes, así que tarda muchísimo tiempo. Y después el dragón se escapa con la casa encima. El papá de Billy vuelve a casa y no encuentra más que un lugar vacío allí donde solía vivir. El cartero le cuenta dónde está ahora la casa, así que va a buscarla, trepa por la cabeza y el cuello del dragón, que ahora se extiende por toda la calle, y allí encuentra a su mujer y a su hijo. La madre todavía insiste en que el dragón no existe, pero Billy, que a estas alturas ya está un poco harto, no se rinde: «Mamá, hay un dragón». De repente, la criatura empieza a achicarse y al rato vuelve a tener el tamaño de un gato. Todo el mundo se pone de acuerdo en que los dragones de esas dimensiones 1) existen y 2) resultan muy preferibles a los que son gigantes. La madre, que en este punto ya ha abierto los ojos, no sin recelo, pregunta de forma algo llorosa por qué tuvo que hacerse tan grande. Billy responde tranquilamente: «Quizá quería llamar la atención».

¡Quizá! Esa es la moraleja de muchas, muchas historias. El caos emerge en un hogar poco a poco. La infidelidad general y el resentimiento se van acumulando. Todo lo que no está en orden se barre debajo de la alfombra, donde los dragones se ponen las botas comiendo migajas. Pero nadie dice nada a medida que la sociedad compartida y el orden negociado del hogar ponen de manifiesto su inadecuación o se desintegran cuando se produce algo inesperado o amenazante. En su lugar, todos hacen como si nada ocurriera. La comunicación requeriría admitir toda una serie de emociones terribles: el resentimiento, el terror, la soledad, la desesperación, los celos, la frustración, el odio, el aburrimiento... A corto plazo, es más fácil mantener la paz. Pero en el fondo, en la casa de Billy Bixbee y en todas las que son así, el dragón va creciendo. Hasta que, un día, da un salto que nadie puede ignorar. Levanta de cuajo toda la casa. Y entonces es una relación extramarital o un litigio por la custodia que dura décadas y que adquiere proporciones ruinosas económica y psicológicamente. Así se manifiesta de forma concentrada toda la amargura que podría haberse extendido de manera tolerable, tema tras tema, durante años de falso paraíso matrimonial. Cada una de los cientos de miles de cuestiones ocultas sobre las que se ha ido mintiendo, que se han evitado, racionalizado, que se han escondido como un ejército de esqueletos acumulados en una especie de inmenso armario de los terrores, todas ellas explotan como si fuera el diluvio de Noé y lo anegan todo. Y aquí no hay arca, porque nadie la ha construido, aunque todo el mundo pudo ver cómo la tormenta se acercaba.

Nunca menosprecies el poder destructivo de los pecados de omisión.

Quizá la pareja dinamitada podría haber tenido una conversación, o dos, o doscientas acerca de su vida sexual. Quizá la intimidad física que sin duda antes compartían tendría que haberse correspondido, como a menudo no sucede, con una intimidad psicológica análoga. Quizá podrían haber luchado por definir los roles que desempeñaban en la relación. Durante las últimas décadas muchos hogares han visto cómo se ponía fin a la división tradicional de tareas, a menudo en nombre de la liberación y la libertad. No obstante, esta demolición no ha producido tanta gloria como caos, conflicto e indeterminación. A menudo, la huida de la tiranía no conduce al paraíso, sino a una estancia en el desierto, sin rumbo, en la confusión y la privación. Además, en ausencia de una tradición consensuada, con los impedimentos que conlleva —a menudo incómodos e irracionales—, solo existen tres opciones difíciles: la esclavitud, la tiranía o la negociación. El esclavo o la esclava se limita a hacer lo que le indican, feliz, quizá, de evitar la responsabilidad, y resuelve así el problema de la complejidad. Pero no es sino una solución temporal, ya que el espíritu esclavizado se rebela. El tirano lo único que hace es decirle al esclavo qué tiene que hacer y resuelve así el problema de la complejidad. Pero de nuevo es una solución temporal, porque el tirano se aburre del esclavo. No tiene delante a nadie ni nada más que la obediencia más previsible y taciturna. ¿Quién puede vivir siempre así? Pero negociar es algo que exige a ambos jugadores que admitan con franqueza que existe un dragón. Se trata de una dificultad a la que no es fácil plantarle cara, incluso cuando todavía es demasiado pequeño como para poder devorar al caballero que se atreve a enfrentarse a él.

Quizá la pareja dinamitada podría haber especificado de manera más precisa su forma deseada de Ser. Quizá de ese modo podrían haber impedido juntos que las aguas del caos se desbordaran incontrolablemente y los ahogaran. Quizá habrían podido hacer todo eso en vez de replegarse en la agradable, perezosa y cobarde excusa del «está bien así, no vale la pena ponerse a pelear». Pocas cosas en un matrimonio son tan pequeñas que no merezca la pena discutirlas. El matrimonio significa estar atrapado como dos gatos dentro de un barril, unidos el uno al otro por una promesa que en teoría dura hasta que uno de los dos muere. Esta promesa sirve para que se tome ese maldito tema con suficiente seriedad. ¿De verdad quieres que el mismo conflicto insignificante te atormente cada día de tu matrimonio durante todas las décadas de su existencia?

«Bueno, es algo que puedo aguantar», piensas. Y quizá está bien que lo hagas. No eres ningún modelo de tolerancia auténtica. Y quizá, si sacaras a colación cómo la risita de tu pareja cada vez te suena más como unas uñas arañando un pizarrón, él o ella te mandaría al cuerno con toda la razón del mundo. Y quizá tú tienes la culpa y tendrías que madurar un poquito y tener la boca cerrada. Pero a lo mejor reírte como un burro en mitad de una reunión social no es la mejor impresión que puede causar tu pareja, con lo que no tendrías que dejar pasar el tema. En tales circunstancias, no hay nada tan útil como una pelea, una que tenga la paz como objetivo, para revelar la verdad. Pero te quedas en silencio y te convences de que lo haces porque eres una persona buena, pacífica y paciente, cuando lo cierto es que nada podría estar más lejos de la verdad. Y así el monstruo que vive debajo de la alfombra engorda unos kilos más.

Quizá una conversación franca acerca de la insatisfacción sexual hubiera sido pertinente de haberse realizado en el momento adecuado, por difícil que hubiera resultado entonces. Puede que ella prefiriese ocultamente poner fin a ese tipo de intimidad porque en lo más profundo y secreto vivía el sexo de forma ambivalente. Dios sabe que hay muchas razones para ello. Puede que él fuera un amante horrible y egoísta. Quizá los dos lo fueran. Aclarar algo así bien merece una pelea, ¿no es así? Es una parte importante de la vida, ¿o no? Puede que abordar el problema y, vete a saber, resolverlo, justifiquen dos meses de auténtica miseria diciéndose verdades, pero no con el objetivo de destruir o de vencer, porque en ese caso no serían verdades, sino que se trataría de una guerra abierta.

Quizá no era el sexo. Quizá todas las conversaciones entre marido y mujer se habían convertido en una rutina tediosa, en la ausencia de cualquier tipo de aventura común que pudiera animar a la pareja. Quizá era más fácil soportar ese deterioro momento tras momento, día tras día, que asumir la responsabilidad de mantener la relación a flote. Después de todo, las cosas vivas se mueren cuando no se les presta atención. Vivir significa realizar una labor constante de mantenimiento. Nadie encuentra una pareja tan a su medida que desaparece la necesidad de perseverar en el trabajo y la atención, y, de todas formas, si encontraras a esa persona perfecta, acabaría huyendo de tu absoluta imperfección. Lo cierto es que lo que necesitas o, a fin de cuentas, lo que te mereces es alguien exactamente tan imperfecto como tú.

Quizá el marido que engañó a su mujer era espantosamente inmaduro y egoísta. Quizá ese egoísmo acabó por imponerse. Quizá ella no se opuso a esta inclinación suya con suficiente fuerza y vigor. Quizá no podían ponerse de acuerdo a propósito de la forma más adecuada para disciplinar a los niños y ella terminó por apartarlo de sus vidas como consecuencia. Quizá eso le sirvió a él para librarse de algo que le resultaba una responsabilidad desagradable. Quizá los niños alimentaron auténtico odio en su interior al presenciar esta batalla soterrada, castigados por el resentimiento de su madre y enajenados poco a poco del bueno de papá. Quizá las cenas que ella le había preparado —o que él le había preparado a ella— estaban frías y se comieron con cierto rencor. Quizá todo ese conflicto que nunca se abordó los dejó a ambos cargados de resentimiento, de una forma que nunca se verbalizó, pero que se materializó invariablemente en acciones. Quizá todos esos problemas mantenidos en silencio comenzaron a erosionar las redes invisibles que sostenían el matrimonio. Quizá el respeto se fue transformando lentamente en desprecio y nadie se molestó en darse cuenta. Quizá el amor se fue transformando lentamente en odio, sin que nadie dijera nada.

Todo lo que se aclara y se articula se vuelve visible. Quizá ni la mujer ni el marido querían ver ni comprender y dejaron a propósito que todo permaneciera en la niebla. Quizá fueron ellos los que crearon la niebla, para esconder lo que no querían ver. ¿Qué es lo que ganó la señora cuando pasó de amante a sirvienta o madre? ¿Fue para ella un alivio que desapareciera su vida sexual? ¿Le resultaba más conveniente quejarse con los vecinos y con su madre cuando su marido no estaba mirando? Quizá, en secreto, eso le resultaba más gratificante que cualquier cosa que pudiera derivarse de un matrimonio, por perfecto que fuera. ¿Qué puede llegar a compararse con los placeres de un martirio sofisticado y bien ejercitado? «Es una auténtica santa, casada con un tipo horrible. Se merecía algo mucho mejor». Es un mito muy gratificante con el que vivir, incluso si se ha elegido de forma inconsciente, por mucho que se lamente la realidad de la situación en cuestión. Quizá nunca le gustó de verdad su marido. Quizá nunca le hayan gustado de verdad los hombres, ni ahora tampoco. Quizá era culpa de su madre, o de su abuela. Quizá no hizo más que reproducir su comportamiento, reproduciendo los mismos problemas que se fueron transmitiendo de forma inconsciente e implícita de generación en generación. Quizá estaba vengándose de su padre, de su hermano o de toda la sociedad.

¿Qué es lo que consiguió su marido, por su parte, cuando agonizó la vida sexual en casa? ¿Lo aceptó de forma voluntaria como un mártir y se lamentó amargamente a sus amigos? ¿Lo utilizó como la excusa que necesitaba de cualquier modo para buscarse una amante? ¿Lo utilizó para justificar el resentimiento que todavía experimentaba hacia las mujeres, en general, por todas las veces que lo habían rechazado antes de caer en el matrimonio? ¿Aprovechó la oportunidad para dejarse llevar por la falta de esfuerzo, engordar y volverse vago, ya que de todos modos nadie lo deseaba?

Quizá los dos, tanto la mujer como el marido, aprovecharon la oportunidad de echar a perder el matrimonio para vengarse de Dios, acaso el único Ser que podría haber resuelto toda la situación.

Aquí está la terrible verdad de estas cuestiones: cada una de las razones del fracaso marital que voluntariamente no se procesaron ni se entendieron, sino que por el contrario se ignoraron, se agravará, conspirará y terminará acechando el resto de su vida a esa mujer que fue traicionada por su marido y por sí misma. Lo mismo ocurre con el marido. Todo lo que ella, o él, o ellos, o nosotros debemos hacer para asegurarnos un resultado semejante es simplemente nada: no darnos cuenta, no reaccionar, no vigilar, no discutir, no sopesar, no buscar la paz, no asumir responsabilidades. No te enfrentes al caos para transformarlo en orden, sino que limítate a esperar, sin ningún asomo de ingenuidad o inocencia, a que el caos se desborde y te arrastre.

¿Por qué evitar las cosas si así envenenamos de forma inevitable el futuro? Porque la posibilidad de que exista un monstruo acecha por debajo de cada uno de nuestros desacuerdos y nuestros errores. Quizá la pelea que tienes (o que no tienes) con tu mujer o tu marido significa el principio del final de su relación. Quizá tu relación está acabándose porque eres una mala persona. Es probable, al menos en parte. ¿No es así? Así pues, desencadenar la discusión necesaria para resolver un problema real requiere aunar la voluntad necesaria de enfrentarse a la vez a dos formas con un potencial miserable y peligroso: el caos (la fragilidad potencial de la relación, de todas las relaciones y de la misma vida) y el infierno (el hecho de que tú y tu pareja puedan ser la persona lo suficientemente mala para destruir todo con su pereza y rencor). Hay poderosos motivos para entregarse a evitarla, pero hacerlo no nos ayuda.

¿Por qué mantenerse en la indefinición cuando así la vida se estanca y se enturbia? Bueno, si no sabes quién eres, puedes esconderte en la duda. Quizá no eres una persona mala, egoísta y mezquina. ¿Quién sabe? Desde luego tú no. Sobre todo si te niegas a pensarlo y tienes todas las razones para no hacerlo. Pero dejar de pensar sobre algo que no quieres saber no sirve para que eso desaparezca. Lo único que haces es intercambiar un conocimiento ajustado, particular y específico de la lista probablemente finita de tus defectos reales por otra lista mucho más larga de incompetencias indefinidas y carencias potenciales.

¿Por qué negarse a investigar cuando el conocimiento de la realidad permite dominarla como un maestro; o si no dominarla, al menos contemplarla desde la altura de un honesto aficionado? Bueno, ¿y si de verdad algo está podrido en Dinamarca? ¿Entonces qué? ¿No es mejor en tales circunstancias vivir voluntariamente ciego y disfrutar la bendición de la ignorancia? Pues no si el monstruo es real. ¿De verdad te parece que es buena idea retirarse, abandonar la posibilidad de armarse ante la marea creciente de problemas y de esta forma rebajarte ante ti mismo? ¿De verdad te parece una sabia decisión dejar que la catástrofe vaya ganando fuerza en las tinieblas mientras te encoges, menguas y sientes cada vez más miedo? ¿Acaso no es mejor que te prepares, que afiles tu espada, que escrutes la oscuridad y entonces desafiar al león en su guarida? Puede que acabes herido. De hecho, es lo más probable. Después de todo, la vida es sufrimiento. Pero quizá la herida no sea mortal.

Si en lugar de eso esperas hasta que aquello que te niegas a investigar vaya a golpear tu puerta, seguro que las cosas no irán muy bien. Acabará ocurriendo aquello que no deseas de ninguna forma y será cuando estés menos preparado. Aquello que no quieres encontrarte de ninguna forma se revelará justo cuando estés más débil, justo cuando posea la mayor fuerza. Y te derrotará.

Dando vueltas y vueltas en la espiral creciente
no puede ya el halcón oír al halconero;
todo se desmorona; el centro cede;
la anarquía se abate sobre el mundo,
se desata la marea ensangrentada, y por doquier
se anega el ritual de la inocencia;
los mejores están sin convicción, y los peores
llenos de apasionada intensidad.

(William Butler Yeats, *El segundo advenimiento*)[5]

¿Por qué negarse a ser específicos, cuando especificar el problema nos permitiría solucionarlo? Porque especificar el problema significa admitir su existencia. Porque así te permites saber lo que quieres, digamos, de un amigo o de tu pareja; y entonces sabrás, de forma clara, transparente, lo que no te están dando; y eso hará daño de manera aguda y específica. Pero aprenderás algo y lo utilizarás en el futuro. Y la alternativa de ese dolor agudo es la molestia sorda de la desesperanza continua, del fracaso difuso y del sentimiento de que el tiempo, el valioso tiempo, se te escapa de las manos.

¿Por qué negarse a ser específicos? Porque al mismo tiempo que no consigues definir el triunfo, que así se vuelve imposible, también te niegas a definir el fracaso a ti mismo, de tal forma que cuando fracases no te darás cuenta y no te dolerá. ¡Pero algo así no puede funcionar! No te puedes engañar tan fácilmente, a no ser que lo hayas llevado muy lejos. Por el contrario, cargarás con un permanente sentimiento de decepción en tu Ser, así como con el desprecio por ti mismo que conlleva y el odio cada vez mayor hacia el mundo que como resultado se genera (o se degenera).

Alguna revelación se aproxima;
se aproxima el Segundo Advenimiento.
¡El Segundo Advenimiento! Lo digo,
y ya una vasta imagen del Spiritus Mundi
turba mi vista; allá en las arenas del desierto
una figura con cuerpo de león y cabeza de hombre,
una mirada en blanco y despiadada como el sol,
mueve sus lentos muslos, y en rededor planean
sombras de airadas aves del desierto.
Con la oscuridad de nuevo, mas ahora sé
que a veinte siglos de obstinado sueño
meció en su cuna una pesadilla,
¿y qué escabrosa bestia, llegada al fin su hora,
se arrastra a Belén para nacer?

¿Y si la mujer que ha sido engañada y ahora se ve consumida por la desesperación, de repente se siente determinada a encarar toda la incoherencia del pasado, del presente y del futuro? ¿Y si se decide a desenmarañar todo el lío, a pesar de que eso es precisamente lo que ha evitado hasta ahora, justo cuando está más débil y confusa que nunca? Quizá el esfuerzo acabe con ella, pero de todas formas ya está siguiendo un camino que es peor que la propia muerte. Para resurgir, para escapar, para resucitar, tiene que articular de forma meditada la realidad que cubrió bajo un velo de ignorancia de forma cómoda pero peligrosa tan solo para fingir cierta paz. Tiene que separar los detalles individuales de su catástrofe particular de la intolerable condición general del Ser, en un mundo en el que todo se ha derrumbado. Bueno, quizá todo es demasiado. Fueron tan solo cosas específicas las que se derrumbaron, no todo. Las convicciones identificables fracasaron y las acciones particulares fueron falsas y artificiales. ¿Cuáles eran? ¿Ahora cómo pueden resolverse? ¿Cómo puede llegar a ser mejor en el futuro? Nunca volverá a tierra firme si se niega o si es incapaz de averiguarlo. Puede reconstruir el mundo mediante cierta precisión en lo que piensa, cierta precisión en lo que dice, cierta confianza en sus palabras y cierta confianza en la Palabra. Pero quizá sea mejor dejar que todo permanezca entre tinieblas. Quizá por el momento no quede mucho de ella, quizá una gran parte ha quedado sin revelarse, sin desarrollarse. Quizá simplemente ya no tenga la energía suficiente...

Si hubiera prestado cierta atención antes, si hubiera tenido valor y sido honesta a la hora de expresarse, quizá se habría ahorrado todos estos problemas. ¿Y si hubiera comunicado su infelicidad respecto al declive de su vida romántica justo cuando empezó a decaer? ¿Y si lo hubiera hecho con precisión, con exactitud cuando por primera vez lo vivió como una molestia? O bien, en el caso de que no fuera así, ¿y si hubiera manifestado que no la estaba molestando tanto como quizá tendría que molestarla? ¿Y si hubiera encarado con precaución la forma que tenía su marido de despreciar todos sus esfuerzos domésticos? ¿Habría descubierto que estaba resentida con su padre y con la sociedad y que eso emponzoñaba su vida de pareja? ¿Y si hubiera arreglado todo eso? ¿Cuán fuerte se habría vuelto? ¿No le habría costado mucho menos enfrentarse a las dificultades como consecuencia? ¿Y cómo habría podido contribuir entonces a ayudarse a sí misma, a su familia y al mundo?

¿Y si se hubiera expuesto de forma continua y honesta al conflicto en el presente, en honor a la verdad a largo plazo y la paz? ¿Y si hubiera tratado los pequeños desplomes de su matrimonio como demostraciones de una inestabilidad subyacente, algo que verdaderamente requería atención, en vez de ignorarlos, soportarlos con una sonrisa de una forma tan correcta y agradable? Quizá sería diferente ahora, igual que su marido. Quizá seguirían casados legal y también emocionalmente. Quizá ambos serían mucho más jóvenes de lo que son ahora física y mentalmente. Quizá los cimientos de su casa serían más de piedra y menos de arena.

Cuando las cosas se derrumban y el caos vuelve a aparecer, podemos darle forma y volver a establecer el orden mediante la palabra. Si hablamos con cuidado y de forma precisa, podemos resolver las cosas y dejarlas en el lugar que les corresponde, y después fijarnos un nuevo objetivo y dirigirnos hacia él, a menudo de forma colectiva si negociamos, si alcanzamos un consenso. Si, por el contrario, hablamos de forma descuidada e imprecisa, todo se mantendrá en la indefinición. No podremos anunciar destino alguno. La niebla de la incertidumbre no se disipa y no nos resulta posible avanzar por el mundo negociando.

LA CONSTRUCCIÓN DEL ALMA Y DEL MUNDO

Tanto la psique (el alma) como el mundo se organizan en los niveles superiores de la existencia humana con el lenguaje, a través de la comunicación. Las cosas no son como lo parecen cuando el resultado que se alcanza no es el que se esperaba o el que se deseaba. Cuando el Ser no se comporta bien, lo que ocurre es que no se han establecido sus categorías oportunas. Cuando algo sale mal, hay que cuestionar hasta la propia percepción y, al mismo tiempo, evaluar, pensar y actuar. Cuando un error se anuncia, el caos indiscriminado queda de manifiesto. Su forma de reptil paraliza y confunde. Pero los dragones, que sí existen —más, quizá, que cualquier otra cosa—, también ocultan grandes cantidades de oro. Al mismo tiempo que el derrumbe nos conduce al horrible desbarajuste de un Ser desconcertante, también supone una oportunidad para forjar un orden nuevo y positivo. Y hace falta claridad a la hora de pensar —una claridad valiente— para invocar algo así.

Hay que admitir la existencia del problema tan pronto como sea posible después de que aparezca. «No soy feliz» es un buen comienzo, mientras que «Tengo derecho a no ser feliz» no lo es porque resulta cuestionable, aún más a la hora de comenzar el proceso de resolución de problemas. Quizá tu infelicidad esté justificada dadas las circunstancias actuales. Quizá cualquier persona razonable estaría insatisfecha y deprimida si se encontrara donde tú te encuentras. O, por el contrario, quizá seas una persona quejosa e inmadura. Parte del principio de que las dos opciones son igual de probables, por espantoso que algo así te pueda parecer. ¿Exactamente qué tan inmaduro puedes ser? Es algo que potencialmente no tiene límites, pero al menos puedes conseguir rectificarlo si eres capaz de admitirlo.

Diseccionamos el caos complejo y enrevesado y especificamos la naturaleza de las cosas, nosotros incluidos. Es así como nuestra exploración creativa y comunicativa genera y regenera el mundo. Aquello que vamos encontrando nos moldea y nos informa y, en ese encuentro, moldeamos lo que ocupamos. Es algo difícil, pero la dificultad no resulta relevante, puesto que la alternativa es peor.

Quizá este marido descarriado ignoraba lo que su mujer le contaba a la hora de la cena porque odiaba su trabajo y estaba cansado y lleno de resentimiento. Quizá odiaba su trabajo porque su padre le había impuesto esa carrera y había sido demasiado débil o demasiado «leal» para protestar. Quizá ella toleró toda esa falta de atención porque pensaba que protestar con franqueza era algo maleducado e inmoral. Quizá no soportaba el temperamento iracundo de su padre y decidió cuando era muy joven que toda forma de agresividad y firmeza estaba mal moralmente. Quizá pensaba que su marido dejaría de quererla si ella tenía ideas propias. Es muy difícil ordenar todas estas cosas, pero un engranaje descompuesto seguirá estropeado si no se detectan y se reparan sus problemas.

SEPARAR EL GRANO DE LA PAJA

La precisión especifica. Cuando sucede algo horrible, es la precisión lo que separa esa cosa horrible concreta que realmente ha ocurrido de todas las otras cosas igual de horribles que podían haber ocurrido pero que no lo hicieron. Si te levantas un día sintiendo dolor, puede que te estés muriendo. Puede que te estés muriendo de forma lenta y espantosa de una de las muchas enfermedades dolorosas y horribles que existen. Si te niegas a contárselo al médico, entonces lo que tienes sigue sin determinarse: podría ser cualquiera de esas enfermedades. Es, desde luego, algo innombrable, puesto que has evitado la conversación que establecería un diagnóstico, esto es, el mero acto de articularlo. Pero si vas a hablar con el médico, todas esas horribles enfermedades posibles se esfumarán y solo quedará, con suerte, una sola enfermedad, horrible o no, o incluso nada en absoluto. Entonces podrás reírte de tus temores previos; y en el caso de que ocurra algo realmente malo, podrás hacerlo porque ya estás preparado. Puede que la precisión no alivie en nada la tragedia, pero sí sirve para exorcizar los espíritus malignos y los demonios.

Lo que oyes en el bosque pero no puedes ver quizá sea un tigre. Puede incluso que sean muchos, cada uno más hambriento y feroz, unidos todos en una conspiración y encabezados por un cocodrilo. Pero también es posible que no sea nada de eso. Si te giras y miras, quizá veas que tan solo es una ardilla. (Conozco a alguien, por cierto, a quien lo persiguió una ardilla). Lo cierto es que hay algo ahí, en el bosque, y eso lo sabes con total certeza. Pero a veces es tan solo una ardilla. Sin embargo, si te niegas a mirar, acaba por ser un dragón y no eres precisamente un caballero. Eres más bien un ratón que se enfrenta a un león o un conejo paralizado por la mirada de un lobo. Y no digo que siempre sea una ardilla, porque con frecuencia se trata de algo verdaderamente terrible. Pero a menudo incluso lo que hoy resulta terrible no es nada si se lo compara con aquello que en nuestra imaginación resulta terrible. Y a menudo es posible enfrentarse a aquello que nos aterroriza cuando lo imaginamos simplemente reduciéndolo a sus dimensiones auténticas, por muy terribles que puedan seguir siendo.

Si rehúyes la responsabilidad de enfrentarte a lo inesperado, incluso cuando se manifiesta en proporciones manejables, la propia realidad se volverá insosteniblemente desorganizada y caótica. Y después irá creciendo hasta absorber todo orden, todo sentido, toda previsibilidad. La realidad ignorada se transforma, se revierte, en la gran diosa del caos, el gran monstruo reptil de lo desconocido, la gran bestia depredadora contra la cual la humanidad ha combatido desde el inicio de los tiempos. Si no se examina la distancia entre aspiraciones y realidad, no hará más que ensancharse, acabarás por caer en ella y las consecuencias no serán nada buenas. La realidad ignorada se manifiesta en un abismo de confusión y sufrimiento.

Ten cuidado con lo que te cuentas a ti y lo que les cuentas a los demás acerca de lo que has hecho, lo que estás haciendo y lo que vas a hacer. Busca las palabras correctas, organízalas en las frases correctas y estas, a su vez, en los párrafos correctos. Se puede redimir el pasado cuando, utilizando la lengua de forma precisa, se le reduce a su esencia. El presente puede seguir su paso sin arrebatarle espacio al futuro si sus realidades se enuncian claramente. Pensando y hablando con cuidado, el destino único, excelso, que justifica la existencia puede identificarse entre la multitud de futuros turbios y desagradables que con mucha más probabilidad se manifestarán por sí mismos. Es así como el ojo y la palabra crean un orden habitable.

No escondas monstruos debajo de la alfombra porque se harán fuertes e irán creciendo en la oscuridad. Y entonces, cuando menos te lo esperes, se abalanzarán sobre ti y te devorarán. Descenderás a un infierno indeterminado y confuso, en vez de ascender al cielo de la virtud y la claridad. Las palabras valientes y verdaderas harán que tu realidad sea simple, inmaculada, bien definida y habitable.

Si con una atención esmerada y con el lenguaje identificas cosas, entonces las impulsas como objetos viables y obedientes, separándolas de la conexión casi universal en la que están ancladas. Las simplificas. Las conviertes en específicas y útiles y reduces su complejidad. Haces que resulte posible vivir con ellas y usarlas sin morir a causa de esa complejidad, con la incertidumbre y la ansiedad que conllevan. Si dejas las cosas en la indefinición, nunca sabrás distinguirlas unas de otras. Todo quedará desteñido en un mismo tono. Y así resulta demasiado complejo lidiar con el mundo.

Tienes que definir de forma consciente el tema de una conversación, sobre todo si esta es difícil. De lo contrario acabará tratando de todo al mismo tiempo, y todo es demasiado. Por eso tan a menudo las parejas dejan de comunicarse. Todas las discusiones degeneran en cada uno de los problemas que surgieron en el pasado, en cada problema que existe ahora y en cada una de las cosas terribles que es probable que ocurran en el futuro. Nadie puede debatir acerca de todo. Pero, en lugar de eso, puedes decir: «Esta cosa exacta y precisa es lo que me está haciendo infeliz. Esta cosa exacta y precisa es lo que quiero como alternativa, aunque acepto propuestas si son específicas. Esta cosa exacta y precisa es lo que me podrías dar para que así deje de amargarte la vida a ti y a mí». Pero para hacer algo así tienes que pensar en qué es exactamente lo que no funciona y qué es exactamente lo que quieres. Tienes que hablar con franqueza e invocar el mundo habitable que se encuentra en el caos. Y para eso tienes que hablar de forma honesta y precisa. Si en lugar de ello te escabulles y te escondes, aquello de lo que huyes terminará por transformarse en el dragón gigante que acecha debajo de tu cama, en tu bosque y en los recovecos oscuros de tu mente. Y te devorará.

Tienes que determinar dónde has estado en tu vida, de tal modo que puedas saber dónde estás ahora. Si no sabes precisamente dónde estás, entonces podrías estar en cualquier parte. Y cualquier parte es en verdad demasiados lugares para estar al mismo tiempo, algunos de los cuales, además, son muy malos. Tienes que determinar dónde has estado en tu vida, porque de otro modo no puedes averiguar adónde estás yendo. No puedes ir hasta el punto B a no ser que ya estés en el punto A, y si estás «en cualquier parte» no hay demasiadas probabilidades de que te encuentres ese punto inicial.

Tienes que determinar hacia dónde te diriges en la vida porque no puedes llegar ahí a menos que avances en esa dirección. Vagando sin rumbo, no conseguirás ir adelante. Por el contrario: te decepcionarás, te frustrarás y harás de ti una persona ansiosa e infeliz, alguien con quien será complicado llevarse bien. Y a partir de ahí, alguien lleno de resentimiento y de ansias de venganza, y luego algo todavía peor.

Di lo que quieres decir para que así puedas descubrir qué es lo que quieres decir. Luego, lleva a la acción lo que dices para que así puedas descubrir lo que ocurre. Y entonces presta atención. Advierte tus errores y exprésalos. Haz lo posible por corregirlos. Es así como descubrirás el significado de tu vida. Y te protegerá de la tragedia. ¿Cómo podría ser de otra forma?

Enfréntate al caos del Ser. Apunta bien a medida que te adentras en un mar de problemas. Especifica tu destino y traza el recorrido. Admite lo que quieres y diles a las personas que te rodean quién eres. Ajústalo al máximo, mira fijamente y avanza todo recto.

A la hora de hablar, exprésate con precisión.

REGLA 11

DEJA EN PAZ A LOS CHICOS
QUE ANDAN EN PATINETA

EL PELIGRO Y EL DOMINIO

Hubo una época en la que había chicos que andaban en patineta en el lado oeste del auditorio Sidney Smith de la Universidad de Toronto, donde trabajo. En ocasiones me quedaba ahí de pie mirándolos. Los peldaños que hay que subir para llegar a la entrada delantera del edificio son irregulares, amplios y de poca elevación, y están enmarcados por barandales de hierro de forma tubular de unos seis o siete centímetros de diámetro y seis metros de longitud. Casi siempre eran chicos, que se alejaban más de diez metros del borde superior de las escaleras, colocaban un pie en la tabla y patinaban como locos para tomar impulso. Justo antes de golpearse con el barandal, se agachaban, agarraban con una sola mano la tabla y se encaramaban de un salto al borde para deslizarse a lo largo y acabar propulsándose antes de aterrizar, unas veces con gran elegancia, encima de la patineta, otras, fuera de ella, y no sin dolor. Fuera como fuera, no tardaban en volver arriba para repetirlo.

Habrá quien lo encuentre estúpido y quizá lo era. Pero también era valiente. A mí me parecía que esos muchachos eran increíbles y que se merecían una palmadita en la espalda y cierta admiración sincera. Desde luego que se trataba de algo peligroso. Ahí estaba toda la gracia: querían triunfar ante el peligro. Habrían estado mucho más seguros de llevar algún tipo de equipo protector, pero así se habría fastidiado todo. No era la seguridad aquello a lo que aspiraban, sino a ser competentes. Y la competencia es, precisamente, lo que hace que la gente adquiera la seguridad que necesita.

No me atrevería a hacer lo que hacían esos chicos. No solo eso, es que no podría. Desde luego sería incapaz de trepar por una grúa como hacen ciertos temerarios contemporáneos a los que se puede ver en YouTube, por no mencionar a la gente que trabaja en esas mismas grúas. No me gustan las alturas, aunque los más de 7 500 metros a los que asciende un avión son tantos que ya deja de molestarme. En varias ocasiones he volado con una avioneta acrobática de fibra de carbono, incluso haciendo una caída del ala —una espectacular y arriesgada maniobra—, y no me pasó nada, aunque sí es cierto que cansa mucho, tanto física como mentalmente. Para la maniobra en concreto a la que me refiero es necesario pilotar el avión hacia arriba de forma vertical hasta que la fuerza de la gravedad lo detiene. Entonces cae en tirabuzón hasta que acaba girándose con el frente hacia abajo, y después tienes que frenar porque, de lo contrario, ya no podrás repetir la pirueta. Sea como sea, no soy capaz de andar en patineta, menos aún por un barandal, y tampoco puedo escalar encima de una grúa.

El auditorio Sidney Smith da a una calle diferente en su lado este. A lo largo de esta vía —que, no sin ironía, está dedicada a san Jorge—, la universidad instaló una serie de maceteros de cemento, irregulares y llenos de aristas, que descendía hasta el pavimento. Allí también iban los muchachos con sus patinetas, con los que recorrían los bordes de los maceteros y lo mismo hacían por encima del contorno de cemento de una escultura contigua al edificio. No duró mucho tiempo, ya que pronto aparecieron a intervalos de un metro pequeños soportes de acero diseñados precisamente para evitar que se patinara. La primera vez que los vi, me acordé de algo que había ocurrido en Toronto muchos años antes. Dos semanas antes del inicio del curso escolar, todos los columpios y resbaladillas de los parques desaparecieron. Había cambiado la legislación que regulaba este tipo de mobiliario urbano y cundió el pánico acerca de los riesgos que suponía el hecho de que no estuvieran asegurados. Así pues, se desmantelaron inmediatamente todos los parques infantiles a pesar de que resultaban lo bastante seguros, de que estaban exentos de la aplicación de esta nueva normativa y de que a menudo (recientemente, además) los habían pagado los padres. Esto significaba que no habría parques durante, por lo menos, un año. Durante ese periodo, a menudo vi a niños aburridos pero admirables que correteaban por el tejado de nuestra escuela local. Era eso o escarbar en la basura con los gatos y los niños menos intrépidos.

Digo que eran «lo suficientemente seguros» al referirme a los parques infantiles desmantelados porque, cuando los hacen demasiado seguros, los niños dejan de frecuentarlos o bien se ponen a utilizarlos como menos se puede esperar. Los niños necesitan que sus parques sean lo bastante peligrosos para que sigan suponiendo un reto. La gente, niños incluidos, ya que también son gente al fin y al cabo, no pretende minimizar el riesgo, sino optimizarlo. La gente conduce, anda, ama y juega de tal forma que pueda alcanzar aquello que desea, pero al mismo tiempo se pone en una situación un poco incómoda para poder seguir desarrollándose. Así pues, si las cosas son demasiado seguras, la gente (niños incluidos) empieza a encontrar formas de volver a hacerlas peligrosas.[1]

Si no nos ponen trabas, y si además se nos anima a ello, preferimos vivir al límite. Es ahí donde podemos al mismo tiempo sentir la confianza que nos otorga la experiencia y enfrentarnos al caos que nos ayuda a desarrollarnos. Por eso, de forma innata, disfrutamos el riesgo, aunque algunos más que otros. Nos sentimos llenos de energía y entusiasmo cuando, actuando en el presente, trabajamos para optimizar nuestro futuro desempeño. De lo contrario, vagamos desorientados, como perezosos, inconscientes, inmaduros y descuidados. Si se nos sobreprotege, fracasaremos cuando surja algo peligroso, inesperado y cargado de oportunidades, tal y como acabará ocurriendo de forma inevitable.

Los soportes que impiden patinar no resultan nada atractivos. Los niños de la patineta habrían tenido que destrozar a conciencia el contorno de la escultura en cuestión para que tuviera una pinta tan lamentable como la que tiene ahora, tachonada con trozos de metal como el collar de un pitbull. Los grandes maceteros están cubiertos de aleros metálicos colocados a intervalos irregulares, lo que, sumado al desgaste causado por las patinetas, produce un efecto deprimente de algo mal diseñado, de resentimiento, de ocurrencia mal ejecutada. El área, que la escultura y la vegetación debían embellecer, acaba teniendo así un aspecto genérico de industria-cárcel-manicomio-campo de trabajo, el aspecto que aparece cuando a los constructores y a los funcionarios no les gusta la gente para la que trabajan ni confían en ella.

La cruda y absoluta fealdad de la solución invalida las razones que justificaron su instalación.

EL ÉXITO Y EL RESENTIMIENTO

Si lees a los llamados «psicólogos de la profundidad» —como Freud y Jung, o su precursor, Friedrich Nietzsche—, descubres que todo tiene su lado oscuro. Freud se sumergió en lo más profundo del contenido latente e implícito de los sueños que, en su opinión, a menudo servían para expresar algún tipo de deseo inadecuado. Jung pensaba que todo acto de decoro social iba acompañado de su gemelo malvado, su sombra inconsciente. Nietzsche investigó el papel que desempeñaba lo que denominaba «ressentiment» a la hora de motivar acciones abiertamente egoístas, tan a menudo exhibidas en público.[2]

> Porque es preciso que el hombre sea redimido de la venganza; esto es para mí el puente que conduce a las más elevadas esperanzas y un arcoiris luego de prolongadas tempestades. No lo entienden así

las tarántulas. Ellas sostienen: «Lo que nosotros llamamos justicia es precisamente el mundo lleno de las tempestades de nuestra negrura. Nos vengaremos y difamaremos a todos los que no están hechos a nuestra medida. Los cubriremos con nuestros insultos. ¡Voluntad de igualdad: en adelante daremos este nombre a la virtud. Queremos elevar nuestras protestas contra todo lo que es poderoso!». Sacerdotes de la igualdad: la tiránica locura de su impotencia reclama a grandes gritos «la igualdad». ¡Su más secreta concupiscencia de tiranos se oculta detrás de las palabras de virtud!

El incomparable escritor inglés George Orwell sabía muy bien todo esto. En 1937 escribió *El camino a Wigan Pier*, que era en parte un ataque frontal a los socialistas británicos de clase alta, a pesar de que él mismo tenía simpatías por el socialismo. En la primera mitad del libro, Orwell retrata las espantosas condiciones en las que vivían los mineros en el Reino Unido durante los años treinta del siglo XX:[3]

> Varios dentistas me han dicho que, en los distritos industriales, se está convirtiendo en una rareza la persona de más de treinta años que conserva alguno de sus dientes. En Wigan varias personas me expresaron su opinión de que lo mejor es «sacarse» los dientes lo más joven posible. «Los dientes solo sirven para dar tormento», me dijo una mujer en una ocasión.

Un minero de carbón de Wigan Pier tenía que andar —o más bien gatear, teniendo en cuenta la altura de los túneles— unos cinco kilómetros bajo tierra golpeándose la cabeza y rasguñándose la espalda tan solo para llegar al punto donde cumplía sus siete horas y media de turno de deslome cotidiano. Después, gateaba de vuelta. «Es comparable, quizá, a escalar una pequeña montaña antes y después de tu jornada laboral», apuntó Orwell. Ni un minuto del tiempo dedicado a gatear se pagaba.

Orwell escribió *El camino a Wigan Pier* para el Left Book Club, un grupo editorial socialista que publicaba un selecto volumen cada mes. Tras leer la primera mitad de su libro, que se centra en las circunstancias personales de los mineros, resulta imposible no sentir compasión por los trabajadores pobres. Tan solo un monstruo podría permanecer con el corazón de piedra mientras lee las historias de vida que describe Orwell:

> No hace mucho tiempo, las condiciones de trabajo de las minas eran peores que las de ahora. Aún viven algunas mujeres muy ancianas que trabajaron allí en su juventud, arrastrando a cuatro patas vagonetas de carbón con una correa en torno a la cintura y una cadena entre las piernas. Seguían trabajando así incluso cuando estaban embarazadas.

Sin embargo, en la segunda mitad del libro, Orwell se ocupó de un problema distinto: la relativa impopularidad del socialismo en el Reino Unido en aquella época, a pesar de la clara y dolorosa injusticia que se observaba por todas partes. Llegaba a la conclusión de que esa clase de reformistas sociales con trajes de pana, esos filósofos de salón que con tanta lástima y condescendencia se identificaban con las víctimas, no tenían en gran estima a los pobres, contrariamente a lo que aseguraban. Más bien odiaban a los ricos. Lo que hacían era disfrazar su resentimiento y su envidia de devoción, santurronería y superioridad moral. Hoy las cosas no han cambiado mucho a nivel del inconsciente, ni en los frentes izquierdistas que distribuyen justicia social. Es por Freud, Jung, Nietzsche (y Orwell) que siempre me pregunto: «¿Y entonces contra qué estás luchando?» cada vez que oigo a alguien proclamar bien alto «¡Lucho por esto!». Es una pregunta que resulta particularmente relevante si esa misma persona se queja, critica o intenta cambiar el comportamiento de otros.

Creo que fue Jung quien formuló una máxima psicoanalítica con la genialidad más quirúrgica: si no puedes entender por qué alguien hizo algo, fíjate en las consecuencias e infiere la motivación. Es un bisturí psicológico. Se trata de un instrumento que no siempre resulta adecuado, ya que puede cortar de forma demasiado profunda o en el lugar incorrecto. Puede que sea la última opción a la que haya que recurrir. Sin embargo, en algunas ocasiones su utilización resulta esclarecedora.

Si, por ejemplo, el colocar en maceteros y basamentos de esculturas piezas metálicas que impiden que nadie se suba en patineta tiene como consecuencia adolescentes infelices y una desconsideración absoluta por la belleza, entonces quizá fuera eso lo que se pretendía conseguir. Cuando alguien asegura que actúa en nombre de los principios más elevados, por el bien de los demás, no hay ningún motivo para suponer que dichas motivaciones sean genuinas. A las personas motivadas para mejorar las cosas normalmente no les interesa cambiar a los demás y, si es el caso, asumen la responsabilidad de aplicarse a ellos mismos y en primer lugar esos mismos cambios. Tras la creación de reglas para evitar que los amantes de la patineta hagan maniobras habilidosas, valientes y peligrosas, veo la mano de un espíritu insidioso y profundamente antihumano.

MÁS COSAS SOBRE CHRIS

Mi amigo Chris, del que ya he hablado antes, estaba poseído por un espíritu de este tipo, con el consiguiente menoscabo para su salud mental. Rebosaba, en parte, de culpa. Había asistido a la escuela primaria y secundaria en diferentes localidades de las gélidas inmensidades que componen la planicie del norte de Alberta, antes de terminar en el Fairview sobre el que antes he escrito. Las peleas con niños indígenas componían una parte recurrente de su existencia durante aquel periodo de tanto movimiento. No es ninguna exageración señalar que esos niños solían ser más duros que los blancos o que eran más susceptibles, no sin motivo. Lo sabía bien por mi propia experiencia.

En la escuela primaria yo tenía una amistad algo inestable con un niño mestizo, Rene Heck.* Digo inestable porque la situación era compleja. Entre él y yo existía una gran diferencia cultural. Su ropa estaba más sucia y se comportaba con brusquedad, incluso al hablar. A mí me habían adelantado un curso en la escuela y además era pequeño para mi edad. Rene era grande, listo, guapo y también duro. Estábamos juntos en sexto y nos daba clase mi padre. Una vez, pilló a Rene mascando chicle. «Rene —le dijo—, escupe ese chicle. Pareces una vaca». Yo me reí en voz baja: «Ja, ja, Rene la vaca». Puede que Rene fuera una vaca, pero no tenía ningún problema auditivo. «Peterson—me dijo—, después de la escuela estás muerto».

Antes, esa misma mañana, Rene y yo habíamos quedado para ver una película por la noche en un cine local, el Gem. Ahora parecía que la cita quedaba cancelada. De cualquier modo, el resto del día transcurrió de forma rápida y desagradable, como ocurre cuando te acechan las amenazas y el dolor. Rene era muy capaz de darme una buena golpiza. Cuando acabó el colegio, salí tan rápido como pude para recoger la bicicleta, pero Rene me alcanzó. Empezamos a dar vueltas corriendo alrededor de las bicis, cada uno a un lado. Parecíamos sacados de una escena de cine mudo. Mientras siguiera dando vueltas no me agarraría, pero mi estrategia no podía durar para siempre. Grité que lo sentía, aunque eso no sirvió para ablandarlo. Había herido su orgullo y quería que pagara por ello.

Me agaché y me escondí detrás de unas bicis sin perder de vista a Rene. «Rene —grité—, siento haberte llamado vaca. Dejemos de pelearnos». Empezó a acercarse a mí de nuevo. Le dije: «Rene, siento habértelo dicho, de verdad. Y aún quiero que vayamos al cine». Esto no era solo táctica, era algo sincero. Si no hubiera sido así, lo que ocurrió a continuación no habría ocurrido. Rene dejó de dar vueltas. Me miró fijamente y se puso a llorar. Y entonces salió corriendo. Era todo un resumen de las relaciones entre blan-

---

* Se han cambiado nombres y detalles para respetar la intimidad.

cos e indígenas en nuestro pequeño y complicado pueblo. Nunca fuimos juntos al cine.

Cuando mi amigo Chris empezó a discutir con chicos indígenas, no devolvía los golpes. No sentía que defenderse estuviera moralmente justificado, así que se llevó unas cuantas palizas. «Nos quedamos con su tierra —escribiría más adelante—. Eso estuvo mal. Es lógico que estén enfadados». Con el tiempo, poco a poco, Chris se apartó del mundo. Lo hizo, en cierta medida, por la culpa que sentía. Desarrolló un odio profundo por la masculinidad y las actividades masculinas. Para él, ir a la escuela, trabajar o encontrar novia formaban parte del mismo proceso que había llevado a la colonización de Norteamérica, al horrible callejón sin salida que suponía la Guerra Fría y a la depredación del planeta. Había leído algunos libros sobre el budismo y sentía que la negación de su propio Ser era éticamente necesaria teniendo en cuenta la situación por la que atravesaba el mundo. Terminó pensando que era una conclusión válida para los demás.

Cuando estaba en la universidad, compartí habitación con Chris durante un tiempo. Una noche, fuimos a un bar cercano y después volvimos a casa andando. En el camino empezó a partir uno detrás de otro los espejos retrovisores de los coches estacionados. Le dije: «Deja de hacer eso, Chris. ¿Qué vas a conseguir fastidiando a los propietarios de esos coches?». Me dijo que todos formaban parte de la frenética actividad humana que estaba estropeándolo todo y que se merecían exactamente eso. Le dije que vengarse de personas que simplemente vivían una vida normal no iba a resolver nada.

Años más tarde, cuando estaba haciendo mi posgrado en Montreal, Chris apareció para lo que en principio era una visita. Sin embargo, andaba desorientado y perdido. Le pregunté si podía ayudarlo y terminó instalándose en casa. En esa época yo estaba casado y vivía con mi mujer, Tammy, y nuestra hija Mikhaila, que en ese entonces tenía un año. Chris también fue amigo de Tammy en la época de Fairview, e incluso había alimentado esperanzas de algo más que una amistad. Esto complicaba la situación todavía más, pero no exactamente de la forma que quizá supones. Chris había empezado por odiar a los hombres, pero terminó odiando a las mujeres. Las deseaba, aunque había rechazado los estudios, la carrera y el apetito sexual. Fumaba mucho y estaba desempleado, con lo que, como cabía esperar, no resultaba de particular interés para las mujeres. Y eso lo amargaba. Intenté convencerlo de que la senda que había elegido tan solo iba a llevarlo a un lugar más miserable. Tenía que cultivar cierta humildad. Tenía que buscarse una vida.

Una noche le tocaba a Chris hacer la cena. Cuando mi mujer llegó a casa, el apartamento estaba lleno de humo. Había unas hamburguesas achicharrándose en un sartén y Chris estaba a cuatro patas intentando reparar algo que se había soltado del mueble de la cocina. Mi mujer lo conocía bien. Sabía que estaba quemando la cena adrede. Le fastidiaba tener que hacerla. Le fastidiaba asumir el papel femenino, a pesar de que las tareas domésticas estaban distribuidas de forma razonable y de que lo sabía perfectamente. Estaba arreglando la cocina para tener un pretexto plausible e incluso encomiable para haber quemado la comida. Cuando mi mujer le puntualizó lo que en realidad estaba haciendo, se hizo la víctima, pero estaba profunda y peligrosamente furioso. Una parte de él, que no era la buena, estaba convencida de que era más listo que todos los demás. Su orgullo no podía soportar que ella pudiera desenmascarar sus trucos. Era una situación espantosa.

Al día siguiente Tammy y yo fuimos paseando hasta un parque cercano. Teníamos que salir del apartamento, aunque la temperatura exterior era de −35 °C, es decir, hacía un frío gélido e inmisericorde, cargado de humedad, niebla y viento. Era un tiempo hostil para la vida. Tammy dijo que vivir con Chris era demasiado. Entramos en el parque. Los árboles extendían sus ramas desnudas hacia arriba a través del aire gris y húmedo. Una ardilla negra, sin pelo en la cola por la sarna, se aferraba a una rama sin hojas y se agitaba con violencia mientras intentaba resistir la fuerza del viento. ¿Qué hacía allí fuera en medio del frío? Las ardillas hibernan parcialmente, es decir, tan solo salen en invierno cuando remite el frío. Entonces vimos otra, y otra, y otra, y otra, y otra. Alrededor de nosotros en el parque había ardillas por todas partes. A todas ellas les faltaba pelo, en la cola y en el cuerpo, todas luchaban contra el viento desde las ramas y todas se sacudían congeladas en un frío mortal. No había nadie más alrededor. Era algo imposible, inexplicable. Era absolutamente apropiado. Estábamos en el escenario de una obra de teatro del absurdo dirigida por Dios. Poco después, Tammy se fue con nuestra hija a pasar unos días a otro lado.

Cuando se acercaban las navidades de ese mismo año, mi hermano pequeño y su flamante esposa vinieron a visitarnos desde la parte occidental de Canadá. Mi hermano también conocía a Chris. Los tres se pusieron ropa invernal para salir a pasear por el centro de Montreal. Chris se puso un abrigo de invierno oscuro y largo. Llevaba también un gorro negro, una boina de punto que estiró hasta cubrir gran parte de su cabeza. Su abrigo era negro, al igual que sus pantalones y sus botas. «Chris —le dije de broma—, pareces un asesino en serie». Maldita la gracia que le hizo. Cuando volvieron del paseo, Chris parecía decaído. Había extraños en su territorio, más concretamente una pareja feliz. Era como echar sal en sus heridas.

La cena fue bastante agradable. Estuvimos hablando hasta que llegó el final de la velada. Pero yo no podía dormir. Había algo que no estaba bien, algo que flotaba en el aire. A las cuatro de la madrugada, me harté. Me deslicé fuera de la cama, toqué con delicadeza en la puerta de Chris y entré en la habitación sin esperar respuesta. Él estaba en la cama despierto, mirando al techo tal y como sabía que lo encontraría. Me senté a su lado. Lo conocía muy bien, así que hablé con él y apacigüé su rabia asesina. Entonces volví a la cama y me dormí. A la mañana siguiente mi hermano me llevó aparte para hablar. Nos sentamos y me dijo: «¿Qué diablos pasó anoche? No pude pegar ojo. ¿Había algún problema?». Le dije a mi hermano que Chris no se encontraba muy bien. Lo que no le dije es que tenía suerte de seguir vivo, que todos la teníamos. El espíritu de Caín había visitado nuestra casa, pero habíamos salido ilesos.

Quizá olfateé algo esa noche, en ese aire impregnado de muerte. Chris tenía un olor muy penetrante. Se duchaba a menudo, pero las toallas y las sábanas absorbían el olor. Era imposible limpiarlas. Era el producto de una psique y un cuerpo que no funcionaban de forma armoniosa. Una trabajadora social que conocía, que también conocía a Chris, me contó que ese olor le resultaba muy familiar. Todo el mundo en su trabajo lo conocía, aunque solo lo mencionaban entre cuchicheos. Lo llamaban «el olor de los que no sirven para ningún trabajo».

Poco después terminé mi posdoctorado y Tammy y yo nos mudamos de Montreal a Boston. Tuvimos a nuestro segundo hijo y, de vez en cuando, Chris y yo hablábamos por teléfono. En una ocasión vino a visitarnos y la cosa fue bien. Había encontrado trabajo en una tienda de refacciones de coches y estaba intentando que las cosas le fueran mejor. En ese momento no andaba mal. Pero la cosa no duró. No lo volví a ver en Boston. Casi diez años más tarde, la noche antes de que cumpliera cuarenta años exactamente, me volvió a llamar. Para entonces me había mudado con la familia a Toronto. Él tenía noticias. Se iba a publicar una historia que había escrito en una colección a cargo de una editorial pequeña pero respetable y quería contármelo. Escribía buenos relatos. Yo los había leído todos y habíamos hablado de ellos con todo lujo de detalles. También era un buen fotógrafo, con una mirada hábil y creativa. Al día siguiente Chris condujo su vieja furgoneta —la misma carcacha maltratada de la época de Fairview— hasta un lugar perdido en el bosque. Colocó un extremo de una manguera en el desvencijado tubo de escape y el otro en la cabina del conductor. Me lo puedo imaginar, mirando a través del parabrisas resquebrajado, fumando, esperando. Encontraron su cuerpo unas semanas más tarde. Llamé a su padre. «Mi querido hijo», sollozaba.

Hace poco me invitaron a una universidad cercana para dar una charla en el marco del programa TEDx, presente en diferentes países y en el que algunos de los pensadores, científicos y emprendedores más importantes del mundo comparten sus conocimientos sobre tecnología, entretenimiento y diseño. Otro profesor intervenía antes que yo. Lo habían invitado a causa de su trabajo técnico, verdaderamente fascinante, sobre superficies con inteligencia computacional, algo así como pantallas táctiles de computadoras que se pueden colocar en todas partes. Pero en lugar de hablar de eso, disertó sobre la amenaza que los seres humanos representan para el planeta. Como Chris, como otras muchas personas, se había vuelto antihumano hasta la médula. No había llegado tan lejos como mi amigo, pero a ambos los animaba el mismo espíritu de terror.

Se plantó delante de una pantalla que mostraba una interminable, lentísima toma de una inmensa fábrica de alta tecnología china. Había cientos de trabajadores vestidos de blanco alineados como robots, inhumanos y estériles, detrás de sus cadenas de ensamblaje, insertando en absoluto silencio la pieza A en la ranura B. Contó a la audiencia, repleta de jóvenes mentes brillantes, que él y su mujer habían decidido tener un único hijo. Dijo que era algo que todos tendrían que plantearse si querían considerarse personas éticas. Me pareció una decisión acertada, aunque solo en este caso particular, en el que menos de uno habría sido incluso mejor. Los numerosos estudiantes chinos que asistían aguantaron de forma estoica su discurso moralizante. Quizá pensaban en cómo sus padres habían escapado de los horrores de la Revolución Cultural de Mao y su política del hijo único. Quizá pensaban en las grandes mejoras del nivel de vida y la libertad que proporcionaban esas mismas fábricas. Un par de ellos lo mencionaron en el tiempo de preguntas que se abrió a continuación.

¿El profesor se habría replanteado sus opiniones de haber sabido adónde conducían semejantes ideas? Me gustaría decir que sí, pero no lo creo. Creo que podría haberlo sabido, pero que se negó. O peor todavía, quizá: lo sabía, pero no le importaba, o lo sabía y era ahí adonde se dirigía de forma voluntaria.

LOS AUTOPROCLAMADOS JUECES DE LA RAZA HUMANA

No hace tanto tiempo, la Tierra parecía infinitamente más grande que la gente que la poblaba. Fue apenas a finales del siglo XIX cuando el brillante biólogo Thomas Huxley (1825-1895), un firme defensor de Darwin y abuelo del escritor Aldous Huxley, declaró ante el Parlamento británico que le era literalmente imposible a la humanidad secar los océanos. Hasta donde alcanzaban sus estimaciones, estos poseían un poder de regeneración enorme comparado incluso con las depredaciones humanas más persistentes Y ha pasado aún menos tiempo desde que el libro de la bióloga marina Rachel Carson *Primavera silenciosa*, publicado en 1962, sirviera para impulsar el movimiento ecologista.[4] ¡Menos de sesenta años! ¡No es nada! No es ni siquiera ayer.

Y es que apenas acabamos de desarrollar las herramientas conceptuales y la tecnología que nos permiten entender los misterios de la vida, aunque sea de forma imperfecta. Nos merecemos, pues, cierta comprensión por las hipotéticas atrocidades que nuestro destructivo comportamiento haya engendrado. Algunas veces no podemos hacer otra cosa. Otras sí podemos, pero aún no hemos formulado ninguna alternativa práctica. Al fin y al cabo, la vida no es precisamente fácil para los seres humanos, ni siquiera hoy en día, y eso que hace apenas unas décadas la mayoría de la humanidad moría de hambre en medio de la enfermedad y el analfabetismo.[5] Por muy prósperos que seamos ahora (y cada vez lo somos más, en todas partes), tan solo alcanzamos a vivir unas décadas que podemos contar con los dedos. Incluso en la actualidad, rara y afortunada es la familia que no cuenta por lo menos con un miembro aquejado de una seria enfermedad, y todas acabarán enfrentándose a ese problema. Desde nuestra vulnerabilidad y nuestra fragilidad, hacemos lo que podemos para sacar adelante las cosas de la mejor forma posible, y el planeta es más duro con nosotros de lo que nosotros somos con él. Así pues, podríamos ser un poco permisivos con nosotros mismos.

Después de todo, los seres humanos somos criaturas verdaderamente excepcionales. Nadie se nos puede comparar y ni siquiera está claro que tengamos límites reales. Hoy en día ocurren cosas que parecían humanamente imposibles incluso en el mismo momento del pasado reciente en el que empezamos a tomar consciencia de las responsabilidades que nos correspondían a nivel planetario. Unas semanas antes de escribir estas líneas, vi por casualidad dos videos yuxtapuestos en YouTube. En uno aparecía la actuación que consiguió la medalla de oro de salto de potro en los Juegos Olímpicos de 1956 y en el otro la que obtuvo la plata en 2012. Ni siquiera parecía ser el mismo deporte, o el mismo aparato. Lo que hizo la gimnasta estadounidense McKayla Maroney en 2012 se habría considerado sobrehumano en los años cincuenta del siglo pasado. El *parkour*, un deporte derivado de las carreras de obstáculos realizadas como entrenamiento en el ejército francés, es increíble, como lo es el *freerunning*. Veo compilaciones de este tipo de actuaciones —en las que los participantes utilizan elementos del entorno urbano o rural para realizar movimientos y acrobacias en ellos— con la más absoluta admiración. Algunos de esos chicos saltan desde edificios de tres pisos sin sufrir ninguna lesión. Es peligroso y también asombroso. Los que escalan grúas son tan valientes que resulta inquietante, y lo mismo cabría decir de los que practican ciclismo extremo de montaña o *snowboard* de estilo libre, los surfistas que se encaraman a olas de más de quince metros y los que montan en patineta.

Los chicos que protagonizaron la masacre de la escuela secundaria de Columbine, de los que he hablado con anterioridad, se habían autoproclamado jueces de la raza humana, igual que el profesor de la charla TEDx, pero a un nivel mucho más extremo, como Chris, mi desgraciado amigo. Para Eric Harris, el más cultivado de los dos asesinos de Columbine, los seres humanos eran una especie fracasada y corrupta. Una vez que se acepta un postulado de este tipo, su lógica interna terminará por manifestarse inevitablemente. Si algo constituye una plaga, tal y como afirma el naturalista David Attenborough,[6] o un cáncer, como señalaba el Club de Roma,[7] quien lo erradique será un héroe, o un verdadero salvador planetario en este caso. Puede que un auténtico mesías aplique esta severa lógica moral y termine eliminándose a sí mismo. Es lo que suelen hacer los autores de masacres, a quienes mueve un resentimiento casi infinito. Ni siquiera su propio Ser justifica la existencia de la humanidad. De hecho, se matarán precisamente para demostrar la pureza de su compromiso con la exterminación. Nadie en el mundo moderno puede expresar sin objeciones ideas tales como que la existencia sería mejor si no hubiera judíos, negros, musulmanes o ingleses. ¿Por qué, entonces, resulta virtuoso postular que el planeta estaría mejor si hubiera menos gente viviendo en él? No puedo evitar ver una calavera sonriente, complacida ante la posibilidad del apocalipsis que se esconde no muy lejos detrás de afirmaciones semejantes. ¿Y por qué tan a menudo son precisamente las personas que se manifiestan con tanta vehemencia contra los prejuicios las que parecen verse en la obligación de condenar a toda la humanidad?

He visto a estudiantes universitarios, sobre todo de Humanidades, padecer auténticos declives en su salud mental tras recibir los regaños filosóficos de estos defensores del planeta por el mero hecho de existir como miembros de la especie humana. Es peor aún, me parece, si son varones. Como beneficiarios privilegiados del patriarcado, sus logros se consideran inmerecidos. Como posibles adeptos de la cultura de la violación, son sospechosos sexualmente. Sus ambiciones los convierten en saqueadores del planeta. No se les ve con buenos ojos. En la secundaria, el bachillerato y la universidad, se quedan rezagados en el plano educativo. Cuando mi hijo tenía catorce años, nos sentamos a hablar de sus notas. Me dijo, como si tal cosa, que para ser hombre le iba muy bien. Le pregunté qué quería decir y me contestó que todo el mundo sabía que las chicas eran mejores que los chicos en la escuela. Su entonación indicaba sorpresa ante mi ignorancia de algo tan manifiestamente obvio. Cuando estaba escribiendo estas líneas (a finales de mayo de 2015), recibí la última edición del semanario *The Economist*. ¿Qué protagonizaba la portada? «El sexo débil», en referencia a los hombres. En las universidades modernas, las mujeres totalizan más de la mitad de los estudiantes en más de dos tercios de todas las disciplinas.

Los chicos sufren en el mundo moderno. Son más desobedientes —un rasgo negativo— o más independientes —un rasgo positivo— que las chicas y sufren a causa de ello durante los años de formación preuniversitaria. Resultan menos simpáticos (la simpatía es un rasgo de personalidad asociado con la compasión, la empatía y la capacidad de evitar los conflictos), pero también menos susceptibles de sufrir ansiedad y depresión,[8] al menos una vez que ambos sexos han alcanzado la pubertad.[9] Los intereses de los chicos tienden a relacionarse con cosas, y los de las chicas, con gente.[10] Sorprendentemente, estas diferencias, fuertemente influidas por factores biológicos, están más pronunciadas en las sociedades escandinavas, donde se ha implementado con más rigor la igualdad de género, en contra de lo que esperarían quienes insisten, cada vez con mayor fuerza, en que el género es un constructo social. Pero no lo es. Y no se trata de un debate: hay datos que lo demuestran.[11]

A los varones les gusta competir y no obedecer, sobre todo en la adolescencia. Durante ese periodo se sienten impulsados a escapar de sus familias y establecer su propia existencia independiente. No hay gran diferencia entre hacer eso y desafiar a la autoridad. A las escuelas, que se establecieron a finales del siglo XIX precisamente para inculcar obediencia,[12] no les hacen ninguna gracia los comportamientos provocativos y osados, por mucha convicción y competencia que demuestre el chico (o la chica) en cuestión. Pero hay otros factores que intervienen en el declive de los chicos. Las chicas, por ejemplo, juegan a juegos de chicos, pero a los chicos les cuesta mucho más jugar a cosas de chicas. Esto se debe, en parte, a que se considera admirable que una chica gane cuando compite contra un chico, y no pasa nada si pierde. Sin embargo, para los chicos, ganarle a una chica a menudo no está bien, pero peor todavía es perder. Imagina que un chico y una chica, de nueve años, se ponen a pelear. Tan solo por ponerse a pelear, el chico ya resulta sospechoso. Si gana, es patético; si pierde…, bueno, si pierde su vida puede que haya terminado para siempre. Una chica le ha ganado.

Las chicas pueden vencer ganando en su propia jerarquía, es decir, siendo buenas haciendo lo que las chicas valoran en tanto que chicas. Pueden aumentar esta victoria ganando en la jerarquía de los chicos. Por el contrario, ellos solo pueden ganar en la jerarquía masculina. Si son buenos en lo que las chicas valoran, entonces pierden estatus entre las chicas y también entre los chicos. Su reputación empeora entre sus amigos y dejan de resultarles atractivos a las chicas. A las chicas no les atraen los chicos que son sus amigos, aunque sí pueden quererlos del modo que ellas lo entienden. Les atraen los chicos que ganan competencias de estatus frente a otros chicos. Sin embargo, si eres varón, no puedes pegarle a una chica tan fuerte como le pegarías a un chico. Tampoco pueden jugar a algo verdaderamente competitivo con las chicas, o si pueden no lo harán, porque no queda claro cómo podrían ganar. Así pues, cuando el juego se convierte en un juego de chicas, se retiran. ¿Y si las universidades, sobre todo los estudios humanísticos, se están convirtiendo en un juego de chicas? ¿Es eso lo que queremos?

La situación en las universidades (y en las instituciones educativas en general) resulta mucho más problemática de lo que indican las estadísticas al uso.[13] Si se excluyen los programas STEM (acrónimo inglés de «Ciencia, Tecnología, Ingeniería y Matemáticas»), destinados a la enseñanza conjunta de estas cuatro disciplinas y que no incluyen la psicología, la proporción mujeres-hombres está mucho más desequilibrada.[14] Casi el ochenta por ciento de los estudiantes que se especializan en atención sanitaria, administración pública, psicología y educación, enseñanzas que abarcan a la cuarta parte de los titulados, son mujeres. La disparidad sigue creciendo con rapidez. A este ritmo habrá muy pocos hombres en la mayoría de las disciplinas universitarias dentro de quince años. Esto no son buenas noticias para los hombres.

Puede incluso que sean catastróficas. Pero tampoco son buenas noticias para las mujeres.

LA CARRERA Y EL MATRIMONIO

Las mujeres que estudian en instituciones de educación superior dominadas por mujeres hallan cada vez mayores dificultades para encontrar una pareja para salir, incluso durante un periodo moderado. Como resultado, tienen que conformarse, si es que les da la gana, con un ligue o con una sucesión de ligues. Quizá esto representa un paso adelante en términos de liberación sexual, pero lo dudo. Opino que es algo nefasto para las chicas.[15] Una relación amorosa estable es algo extremadamente conveniente tanto para los hombres como para las mujeres. Sin embargo, para las mujeres, es a menudo aquello que más desean. De 1997 a 2010, de acuerdo con el Centro de Investigaciones Pew —una institución estadounidense dedicada al estudio de problemáticas, actitudes y tendencias tanto en el país como en el resto del mundo—,[16] el número de mujeres de entre 18 y 34 años que afirmó que un buen matrimonio constituía una de las cosas más importantes en la vida pasó del veintiocho al treinta y siete por ciento, lo que suponía un incremento del treinta y dos por ciento con relación al número de participantes. El número de hombres jóvenes que se manifestaron en esos términos bajó un quince por ciento —con relación al número de entrevistados— en ese mismo periodo, pasando del treinta y cinco al veintinueve por ciento. Y durante esos años la proporción de personas casadas de más de dieciocho años de edad siguió cayendo, desde los tres cuartos que representaba en la década de 1960 hasta la mitad en la actualidad.[17] Por último, entre los adultos de treinta a cincuenta y nueve años de edad que nunca han estado casados, los hombres tienen tres veces más probabilidades que las mujeres de decir que no se quieren casar nunca (un veintisiete por ciento frente a un ocho por ciento).

¿Quién decidió, en todo caso, que la carrera es más importante que el amor y la familia? ¿Acaso vale la pena sacrificar todo lo que hay que sacrificar para trabajar ochenta horas a la semana en un exclusivo bufete de abogados? Y si vale la pena, ¿por qué es así? Una minoría de personas (en su mayoría hombres, que, recordémoslo, resultan menos simpáticos) es profundamente competitiva y quiere ganar a cualquier precio. Una minoría considerará el trabajo intrínsecamente fascinante. Pero la mayoría de las personas ni son así ni ven las cosas de esta manera, y el dinero no parece que mejore la vida de la gente una vez que se cuenta con lo suficiente para pagar todas las facturas. Es más, la mayoría de las mujeres que trabajan en ambientes de alto rendimiento y alta retribución tienen parejas que también rinden mucho y ganan mucho, y eso es algo que cuenta más para las mujeres. Los datos del Centro Pew también indican que una pareja con un buen empleo constituye una prioridad esencial para casi el ochenta por ciento de las mujeres que nunca se han casado pero aspiran al matrimonio, frente a menos del cincuenta por ciento de los hombres.

Cuando llegan a los treinta años de edad, la mayor parte de las abogadas de primera línea renuncian a unas carreras con enorme presión.[18] Tan solo el quince por ciento de los socios capitalistas de los doscientos mayores bufetes de los Estados Unidos son mujeres.[19] Esta cifra no ha cambiado mucho en los últimos cincuenta años, aunque hay muchísimas abogadas en las nóminas de esas empresas. Tampoco es porque los bufetes no quieran que las mujeres estén presentes y triunfen. Hay muy pocas personas excelentes, sea cual sea su sexo, y los bufetes hacen todo lo posible para que no se les escapen.

Las mujeres que renuncian quieren un trabajo (y una vida) que les deje algo de tiempo. Después de la universidad, la pasantía y los primeros pocos años de trabajo, desarrollan otros intereses. En las grandes empresas todo el mundo lo sabe, si bien no es algo que resulte fácil expresar en público, ya sea por parte de hombres o de mujeres. Hace poco vi cómo una profesora de la

Universidad McGill sermoneaba a un auditorio lleno de abogadas asociadas o a punto de alcanzar ese nivel acerca de cómo la falta de servicios de guardería y «la definición masculina del éxito» frustraban su progreso profesional y forzaban su abandono. Yo conocía a la mayoría de las presentes y era algo de lo que habíamos hablado en numerosas ocasiones. Y sabía, como ellas, que nada de esto era el verdadero problema. Tenían niñeras y se lo podían permitir. Ya habían delegado todas sus obligaciones y necesidades domésticas. También entendían, y perfectamente, que era el mercado lo que definía el éxito y no los hombres con los que trabajaban. Si ganas 650 dólares por hora en Toronto como abogado de primera línea y tu cliente que está en Japón te llama a las cuatro de la mañana de un domingo, respondes. Inmediatamente. Respondes inmediatamente incluso si acabas de acostarte después de haberle dado de comer al bebé. Respondes porque algún abogado de ambición desmedida de Nueva York estaría encantado de responder si tú no lo haces. He aquí por qué es el mercado el que define el trabajo.

El suministro cada vez menor de hombres con formación universitaria presenta un problema cada vez más grave para las mujeres que quieren casarse o simplemente salir con alguien. En primer lugar, las mujeres muestran una clara preferencia por casarse con hombres del mismo nivel de la jerarquía económica de dominación o que estén por encima. Prefieren una pareja que posea el mismo o mejor estatus, algo consistente si se comparan diferentes culturas.[20] Por cierto, no ocurre lo mismo con los hombres, que no tienen problema alguno en casarse con personas del mismo nivel o más bajo, tal y como indican los datos del Centro Pew, aunque sí muestran cierta preferencia por las parejas más jóvenes. La tendencia actual hacia la reducción de la clase media también se ha hecho más pronunciada a medida que las mujeres con recursos abundantes tienden, cada vez más,[21] a emparejarse con hombres de recursos abundantes. A causa de ello, y también por la disminución de puestos de trabajo masculinos con altos salarios en la industria (uno de cada seis hombres en edad activa está actual mente desempleado en los Estados Unidos), el matrimonio es algo cada vez más exclusivo de los ricos. Y no puedo dejar de encontrarlo divertido, de una forma perversamente irónica. La institución opresiva patriarcal del matrimonio ahora se ha convertido en un lujo. ¿Y por qué querrían los ricos tiranizarse?

¿Por qué las mujeres quieren una pareja con trabajo y, si es posible, de estatus elevado? En gran medida se debe a que las mujeres se vuelven más vulnerables cuando tienen hijos. Necesitan a alguien competente que apoye tanto a la madre como al hijo cuando resulte necesario. Es un acto compensatorio perfectamente racional, si bien puede que tenga también una base biológica. ¿Por qué una mujer que decide asumir la responsabilidad de uno o más menores querría cuidar también de un adulto? Así pues, el hombre activo desempleado es un ejemplar indeseable y la maternidad en soltería, una alternativa indeseable. Los niños que crecen en casas sin padre tienen cuatro veces más posibilidades de ser pobres, lo que significa que sus madres también lo son. Los niños sin padre tienen un riesgo mucho mayor de caer en la drogodependencia o el alcoholismo. Los niños que viven con sus padres biológicos casados son menos ansiosos, depresivos y delincuentes que los que viven con uno o más padres no biológicos. Los niños de familias monoparentales también tienen el doble de posibilidades de suicidarse.[22]

El marcado giro en las universidades hacia la corrección política ha exacerbado el problema. Parece que las voces que claman contra la opresión han subido el volumen, exactamente en la misma proporción en la que la igualdad ha avanzado en los centros, que ahora están incluso cada vez más orientados contra los hombres. En las universidades hay disciplinas enteras abiertamente hostiles hacia los hombres. Son las áreas de estudio dominadas por la pretensión posmoderna y neomarxista de que la cultura occidental en particular es una estructura opresiva, creada por hombres blancos para dominar y excluir a las mujeres (así como a otros grupos particulares), una estructura que ha triunfado gracias a la dominación y la exclusión.[23]

EL PATRIARCADO: ¿AYUDA U OBSTÁCULO?

La cultura es, desde luego, una estructura opresiva. Siempre lo ha sido. Es una realidad existencial fundamental y universal. El rey tiránico es una verdad simbólica, una constante arquetípica. Lo que heredamos del pasado está deliberadamente ciego y desfasado. Es un fantasma, una máquina y un monstruo. Hay que rescatarlo, repararlo y mantenerlo controlado, y para ello se requiere la atención y el esfuerzo de los vivos. Es algo que aplasta, que nos moldea a fuerza de golpes hasta darnos una forma socialmente aceptable, y así se echa a perder un gran potencial. Pero también nos ofrece grandes beneficios. Cada palabra que pronunciamos es un regalo de nuestros antepasados. Cada pensamiento que nos pasa por la cabeza se le ocurrió antes a alguien más inteligente. La infraestructura extremadamente funcional que nos rodea, sobre todo en Occidente, es un regalo de nuestros antepasados: los sistemas políticos y económicos relativamente poco corruptos, la tecnología, la riqueza, la esperanza de vida, la libertad, el lujo y la oportunidad. Cuando la cultura arrebata algo con una mano, en algunos lugares afortunados da mucho más con la otra. Por eso pensar en la cultura exclusivamente como algo opresivo resulta ignorante e ingrato, así como peligroso. Pero no quiero con esto decir (como espero que el contenido de este libro ya haya dejado sumamente claro) que no se deba criticar la cultura.

Hablando de la opresión, piensa también en esto: cualquier jerarquía engendra ganadores y perdedores. Los ganadores, obviamente, tienen más probabilidades de justificar la jerarquía y los perdedores, de criticarla. Pero 1) la búsqueda colectiva de cualquier objetivo valorado produce una jerarquía (puesto que a algunos les irá mejor y a otros peor, sea lo que sea lo que se busque) y 2) es la búsqueda de objetivos lo que en gran parte otorga a la vida su significado fundamental. Experimentamos casi todas las emociones que hacen que la vida resulte profunda e interesante como consecuencia de nuestro satisfactorio progreso hacia algo que deseamos profundamente y que valoramos. El precio que pagamos por nuestra implicación es la inevitable creación de jerarquías de éxitos, mientras que la consecuencia inevitable es la diferencia de resultados. La igualdad absoluta requeriría, pues, el sacrificio del propio valor y entonces no habría nada por lo que valiera la pena vivir. Por el contrario, podemos señalar con gratitud que una cultura compleja y sofisticada permite muchos juegos y muchos jugadores que ganan, y que una cultura bien estructurada permite a aquellos individuos que la componen jugar y ganar de formas muy diferentes.

También es perverso considerar que la cultura es una creación de los hombres. La cultura es simbólica, arquetípica, míticamente masculina. En parte por eso la gente se traga tan fácilmente la idea del «patriarcado». Pero la cultura es sin duda la creación de la humanidad, y no de los hombres (y no hablemos ya de los hombres blancos, que en todo caso sí realizaron el aporte que les correspondía). La cultura europea tan solo ha dominado, si es que se puede afirmar que ha llegado a dominar, durante unos cuatrocientos años. En la escala de la evolución cultural, que se ha de medir por lo menos en miles de años, nos referimos a un periodo de tiempo que apenas se puede computar. Es más, incluso si las mujeres no hubieran hecho ninguna aportación sustancial al arte, la literatura o la ciencia hasta la década de 1960 y el advenimiento de la revolución feminista (aunque no pienso que haya sido así), el papel que desempeñaron criando a niños y trabajando en las granjas resultó igualmente vital para sacar adelante a los niños y liberar de obligaciones a los hombres —solo a unos pocos—, de tal modo que la humanidad pudo propagarse y prosperar.

He aquí otra teoría alternativa: a lo largo de la historia, tanto los hombres como las mujeres lucharon de forma titánica en pos de la libertad desde los estremecedores horrores de la privación y la necesidad. A menudo las mujeres se encontraban en desventaja en esa lucha, puesto que tenían las mismas vulnerabilidades que los hombres, a las que se sumaban la carga reproductiva y una menor fuerza física. Además de la suciedad, la miseria, la enfermedad, el hambre, la crueldad y la ignorancia que caracterizaban las vidas de ambos sexos antes del siglo XIX (cuando incluso en el mundo occidental la gente subsistía con lo que hoy equivaldría a un dólar o un euro), las mujeres también tenían que lidiar con la importante molestia práctica que supone la menstruación, la elevada probabilidad de un embarazo no deseado, el riesgo de muerte o de graves daños durante el parto y la carga que representaban demasiados niños pequeños. Quizá esto constituya motivo suficiente para explicar el diferente trato a hombres y mujeres a nivel legal y práctico que caracterizaba a la mayor parte de las sociedades antes de las recientes revoluciones tecnológicas, entre las que se incluye la invención de la píldora anticonceptiva. Por lo menos se trata de elementos que habría que tomar en consideración antes de dar por hecho como verdad aceptada que los hombres oprimieron a las mujeres.

Me parece que la supuesta opresión del patriarcado era en realidad un intento colectivo imperfecto por parte de hombres y mujeres, extendido a lo largo de milenios, para liberarse recíprocamente de la privación, la enfermedad y el trabajo más arduo. El caso reciente de Arunachalam Muruganantham lo ilustra de forma muy oportuna. Este hombre, «el rey del tampón» en la India, sufría porque su mujer tenía que utilizar trapos sucios durante su periodo menstrual. Ella le dijo a su marido que debía elegir entre las caras toallas sanitarias o la leche para la familia. El hombre pasó los siguientes catorce años en un estado de locura, en opinión de sus vecinos, intentando subsanar el problema. Hasta su mujer y su madre lo abandonaron durante un breve periodo, aterradas por las dimensiones que estaba adquiriendo su obsesión. Cuando se le acabaron las voluntarias para probar su producto, se aficionó a llevar una vejiga llena de sangre de cerdo para continuar haciendo pruebas. No veo bien cómo algo semejante podía mejorar su popularidad o su estatus. Hoy en día, sus productos higiénicos de bajo costo y elaborados localmente se distribuyen a lo largo de toda la India, manufacturados por grupos de solidaridad gestionados por mujeres. A sus usuarias se les ha concedido una libertad que nunca antes habían experimentado. En 2014 este hombre que ni siquiera terminó la educación básica fue nombrado por la revista *Time* una de las cien personas más influyentes del mundo. Me resisto a considerar que el lucro personal fuese la principal motivación de Muruganantham. ¿Forma él parte del patriarcado?

En 1847, el médico escocés James Young Simpson utilizo éter para ayudar a una mujer con la pelvis deformada a dar a luz. Más adelante, se pasó al cloroformo, que daba mejores resultados. Al primer bebé que vino al mundo bajo sus efectos se le dio el nombre de «Anaesthesia», es decir, «Anestesia». Para 1853, el cloroformo gozaba de una reputación suficiente como para que lo utilizara la reina Victoria, que recurrió a él en el parto de su octavo hijo. Muy poco tiempo después, la opción de dar a luz sin dolor estaba disponible en todas partes. Algunas personas advirtieron acerca del peligro que suponía oponerse a la sentencia de Dios contra las mujeres: «Mucho te haré sufrir en tu preñez, parirás hijos con dolor, tendrás ansia de tu marido, y él te dominará» (Génesis 3:16). Otros también se opusieron a su uso en hombres, puesto que los hombres jóvenes, sanos y valientes simplemente no necesitaban anestesia, aunque este tipo de oposición no resultó muy efectiva. El uso de la anestesia se extendió con extrema rapidez (mucho más rápido de lo que sería posible hoy en día). Incluso destacadas figuras eclesiásticas se pronunciaron a su favor.

El primer tampón funcional, Tampax, no llegó hasta los años treinta del siglo XX. Fue inventado por el doctor estadounidense Earle Cleveland Haas. Lo hizo con algodón comprimido y diseñó un aplicador con cilindros de papel. Esto ayudó a vencer la resistencia al producto opuesta por aquellos que miraban con recelo los tocamientos que de otra forma se habrían producido. A finales de la década de 1940, el veinticinco por ciento de las mujeres ya los utilizaba. Treinta años más tarde, lo hacía el setenta por ciento. Hoy en día los usan cuatro de cada cinco mujeres, mientras que el resto recurre a las toallas sanitarias, que ahora absorben mucho más y se mantienen en su sitio por medio de eficaces adhesivos, contrariamente a las toallitas de la década de 1970, incómodas y abultadas, que se abrochaban como pañales. ¿Muruganantham, Simpson y Haas oprimieron a las mujeres o las liberaron? ¿Y qué decir del biólogo estadounidense Gregory Goodwin Pincus, que inventó la píldora anticonceptiva? ¿De qué forma estos hombres prácticos, inspirados y constantes formaban parte de un patriarcado represivo?

¿Por qué enseñamos a nuestros jóvenes que nuestra increíble cultura es el resultado de la opresión masculina? Cegadas por esta conjetura fundamental, disciplinas tan diversas como la didáctica, el trabajo social, la historia del arte, los estudios de género, la literatura, la sociología y, cada vez más, el derecho presentan con insistencia a los hombres como los opresores y la actividad masculina como inherentemente destructiva. A menudo también incitan de forma directa a acciones políticas radicales (radicales para las normas de las sociedades dentro de las cuales se encuentran) que no distinguen de la educación. El Instituto Pauline Jewett de Estudios de la Mujer y de Género, integrado en la Universidad Carleton de Ottawa, por ejemplo, invita al activismo como parte de la formación. El Departamento de Estudios de Género de la Queen's University de Kingston, en Ontario, «enseña teorías feministas, antirracistas y *queer*, así como los métodos que se centran en el activismo para el cambio social», secundando así la suposición de que la formación universitaria tendría que propiciar ante todo un compromiso político de cierta naturaleza.

EL POSMODERNISMO Y LA ALARGADA SOMBRA DE MARX

Estas disciplinas derivan su filosofía de múltiples fuentes, todas ellas fuertemente influidas por los humanistas marxistas. A este grupo pertenece el filósofo y sociólogo judío alemán Max Horkheimer, quien desarrolló la teoría crítica en la década de 1930. Cualquier resumen sucinto de sus ideas terminará resultando una simplificación inapropiada, pero Horkheimer se consideraba un marxista. Pensaba que los principios occidentales de libertad individual o de mercado libre no eran sino simples máscaras que servían para ocultar las verdaderas condiciones de Occidente: la desigualdad, la dominación y la explotación. Creía que la actividad intelectual debería dedicarse al cambio social, en vez de a la simple comprensión, y aspiraba a emancipar a la humanidad de su esclavitud. Horkheimer y su Escuela de Frankfurt, compuesta de pensadores asociados (primero en Alemania y luego en Estados Unidos), aspiraban a realizar una crítica a gran escala y transformar la civilización occidental.

Más importante en los últimos tiempos ha resultado el trabajo del filósofo francés Jacques Derrida, líder de los posmodernistas, que se pusieron de moda a finales de la década de 1970. Derrida describía sus propias ideas como una forma radicalizada del marxismo. Marx intentó reducir la historia y la sociedad a la economía, considerando como cultura la opresión de los pobres por parte de los ricos. Cuando el marxismo se llevó a la práctica en la Unión Soviética, China, Vietnam, Camboya y en cualquier otro lugar, se redistribuyeron de forma brutal los recursos económicos. Se eliminó la propiedad privada y se colectivizó a la fuerza el mundo rural. ¿El resultado? Decenas de millones de personas murieron. Centenares de millones más fueron víctimas de una opresión comparable con la que todavía existe en Corea del Norte, el último baluarte del comunismo clásico. Los sistemas económicos resultantes eran corruptos e insostenibles. El mundo entró en una guerra fría prolongada y extremadamente peligrosa. Los ciudadanos de esas sociedades vivieron una existencia llena de mentiras, traicionando a sus familias, delatando a sus vecinos, existiendo en la miseria, sin quejarse (y más les valía).

Las ideas marxistas resultaron muy atractivas para los intelectuales utópicos. Uno de los principales artífices de los horrores de los Jemeres Rojos, Khieu Samphan, recibió un doctorado en la Sorbona antes de convertirse en el líder nominal de Camboya a mitad de los años setenta del siglo pasado. En su tesis doctoral, escrita en 1959, defendía que el trabajo realizado por aquellos que no se dedicaban a la agricultura en las ciudades de Camboya no era productivo: los banqueros, los burócratas y los hombres de negocio no aportaban nada a la sociedad. Por el contrario, parasitaban el valor genuino que producían la agricultura, la pequeña industria y la artesanía. Las ideas de Samphan encontraron una buena acogida entre los intelectuales franceses que le concedieron su doctorado. De vuelta en Camboya, se le ofreció la oportunidad de llevar a la práctica sus teorías. Los Jemeres Rojos evacuaron las ciudades de Camboya, expulsaron a todos los habitantes a las zonas rurales, cerraron los bancos, prohibieron el uso de la moneda y destruyeron todos los mercados. A un cuarto de la población camboyana se le hizo trabajar hasta reventar en la agricultura, en los «campos de la muerte».

NO LO OLVIDEMOS: LAS IDEAS TIENEN CONSECUENCIAS

Cuando los comunistas establecieron la Unión Soviética tras la Primera Guerra Mundial, se le podía perdonar a la gente su deseo de que los sueños utópicos colectivistas propuestos por sus nuevos líderes fueran posibles. El decadente orden social de finales del siglo XIX condujo a las trincheras y las masacres de la Gran Guerra. El abismo entre los ricos y los pobres era enorme y la mayoría de las personas se encontraba esclavizada en condiciones peores que las que luego describiría Orwell. Y aunque en Occidente se supo del horror perpetrado por Lenin tras la Revolución rusa, resultaba difícil evaluar sus acciones con cierto distanciamiento. Rusia se encontraba en un caos posmonárquico y las noticias acerca de un desarrollo industrial generalizado, así como de la redistribución de la propiedad entre aquellos que hasta hacía tan poco habían sido siervos, invitaban a la esperanza. Para complicar aún más las cosas, la Unión Soviética (y México) apoyó a la democrática República española cuando estalló en 1936 la Guerra Civil. Se combatía contra los llamados «nacionales», esencialmente fascistas, que habían derribado la frágil democracia establecida apenas cinco años antes y que recibían el apoyo de los nazis y de los fascistas italianos.

Los intelectuales en Estados Unidos, Reino Unido y otros lugares se sentían enormemente frustrados con la neutralidad adoptada por sus países. Miles de extranjeros se dirigieron a España para luchar junto a los republicanos e integraron las Brigadas Internacionales. George Orwell fue uno de ellos. Ernest Hemingway, que también apoyaba a los republicanos, escribió desde allí como periodista. Los jóvenes estadounidenses, canadienses y británicos interesados por la política sentían la obligación moral de dejar de hablar y empezar a luchar.

Todo esto sirvió para distraer la atención acerca de lo que ocurría en aquel momento en la Unión Soviética. En la década de 1930, durante la Gran Depresión, los soviéticos estalinistas enviaron a Siberia a dos millones de *kulaks*, los campesinos más ricos (aquellos que poseían algunas vacas, que tenían a alguien contratado o que disponían de más tierra de lo que era común). Desde el punto de vista comunista, estos *kulaks* habían acumulado su riqueza abusando de aquellos que se encontraban a su alrededor y se merecían este castigo. La riqueza significaba opresión y la propiedad privada era un robo. Había llegado el momento de que existiera cierta igualdad. Más de 30 000 *kulaks* fueron fusilados directamente. Muchos más serían víctimas de sus vecinos más celosos, resentidos e improductivos, que utilizaron sus ideales de colectivización comunista para enmascarar su propósito asesino.

Los *kulaks* eran «enemigos del pueblo», simios, escoria, alimañas, basura, cerdos. «Haremos jabón con los *kulaks*», proclamaba un sector particularmente brutal de los habitantes de las ciudades, a quienes movilizaron el partido y los comités ejecutivos soviéticos para enviarlos al campo. Se sacaba a los *kulaks* desnudos a la calle, se los golpeaba y se los obligaba a cavar sus propias tumbas. Las mujeres eran violadas. Se «expropiaban» sus posesiones, lo que en la práctica significaba que se saqueaban sus casas hasta dejar tan solo las vigas y los travesaños. En muchos lugares los campesinos que no eran *kulaks* resistieron, particularmente las mujeres, que protegían a las familias perseguidas formando un escudo con sus cuerpos. Pero este tipo de acciones de resistencia resultó inútil. A los *kulaks* que no murieron se les mandó al exilio en Siberia, a menudo en mitad de la noche. Los trenes arrancaron durante el mes de febrero, en mitad del severo frío del invierno ruso. A su llegada a la desierta taiga se los alojaba en estructuras rudimentarias. Muchos murieron, sobre todo niños, de fiebres tifoideas, sarampión y escarlatina.

Los «parásitos» *kulaks* eran, por lo general, los agricultores más hábiles y trabajadores. Una pequeña minoría de personas está detrás de la mayor parte de la producción de cualquier ámbito y la agricultura no era una excepción. Los resultados del sector agrícola se hundieron y lo poco que quedaba se arrebataba a la fuerza y se enviaba a las ciudades. En el mundo rural, aquellos que salían a los campos tras la cosecha para rebuscar granos de trigo con los que alimentar a sus hambrientas familias se arriesgaban a ser ejecutados. En Ucrania, de donde salía el pan de toda la Unión Soviética, seis millones de personas murieron de hambre en los años treinta. «Comerte a tus propios hijos es un acto de barbarie», proclamaban los carteles del régimen soviético.

A pesar de que la información sobre semejantes atrocidades iba más allá de los meros rumores, las actitudes hacia el comunismo se mantuvieron invariablemente positivas entre muchos intelectuales occidentales. Había otras cuestiones de las que preocuparse y la Segunda Guerra Mundial hizo que la Unión Soviética se aliara con los países occidentales que se oponían a Hitler, Mussolini e Hirohito. Sin embargo, algunos ojos siguieron abiertos y atentos. El periodista y escritor británico Malcolm Muggeridge publicó en el *Manchester Guardian* una serie de artículos que ya en 1933 describían la aniquilación del campesinado. George Orwell entendió lo que ocurría bajo Stalin e hizo que se supiera. En 1945 publicó *Rebelión en la granja*, una fábula que satirizaba la Unión

Soviética, si bien para ello tuvo que hacer frente a una considerable resistencia. Muchos que no tenían por qué mantener su ignorancia persistieron en su ceguera durante mucho tiempo después. En ningún otro lugar esto quedó más de manifiesto que en Francia, particularmente entre los intelectuales.

El filósofo francés más famoso de mediados del siglo XX, Jean-Paul Sartre, era un conocido comunista, aunque no estaba afiliado, hasta que denunció la incursión soviética en Hungría en 1956. No obstante, siguió defendiendo el marxismo y no rompió definitivamente con la Unión Soviética hasta 1968, cuando se reprimió con violencia a los checoslovacos durante la Primavera de Praga.

No mucho después se publicó *Archipiélago Gulag* de Alexandr Solzhenitsyn, del que ya he hablado profusamente en capítulos anteriores. Tal y como se señaló (y vale la pena hacerlo de nuevo), este libro demolió totalmente la credibilidad moral del comunismo, primero en Occidente y después en el propio sistema soviético. Circulaba gracias al *samizdat*, un método basado en la copia y distribución clandestinas. Los rusos contaban con veinticuatro horas para leer una de las escasísimas copias —generalmente manuscritas o mecanografiadas— y pasársela a la siguiente mente inquieta. Radio Liberty —una organización de radiodifusión financiada por Estados Unidos que difundía información en los países de la órbita soviética— retransmitió a la URSS una lectura en ruso del libro.

Solzhenitsyn sostenía que el sistema soviético nunca habría podido sobrevivir sin tiranía y trabajos forzados, que las semillas de sus peores excesos se habían sembrado sin ningún género de dudas en la época de Lenin (a quien los comunistas occidentales seguían exaltando) y que se apoyaba en interminables mentiras, tanto individuales como públicas. No se podía achacar sus males al simple culto de la personalidad, tal y como seguían argumentando sus defensores. Solzhenitsyn documentó el persistente maltrato de los prisioneros políticos, su sistema legal corrupto y sus masacres y detalló con dolorosa minuciosidad cómo no se trataba de aberraciones, sino de expresiones directas de la filosofía comunista que servía de base. Nadie pudo defender el comunismo tras *Archipiélago Gulag*, ni siquiera los propios comunistas.

Esto no significa que remitiera la fascinación por las ideas marxistas entre los intelectuales, particularmente en Francia. Simplemente se transformó. Algunos se negaron en redondo a aprender. Sartre acusó a Solzhenitsyn de ser «un elemento peligroso». Derrida, más sutil, sustituyó la idea de poder por la de dinero y siguió adelante tan campante. Este ejercicio de prestidigitación lingüística proporcionó a todos los marxistas que acababan de arrepentirse y que todavía poblaban las élites intelectuales de Occidente la oportunidad de mantener su visión del mundo. La sociedad ya no era la represión de los pobres por parte de los ricos. Ahora se trataba de la opresión de todo el mundo por parte de los poderosos.

Según Derrida, las estructuras jerárquicas surgieron solo para incluir (a los beneficiarios de dicha estructura) y excluir (al resto de las personas, que de esta forma eran oprimidas). Pero ni siquiera esta argumentación resultaba lo suficientemente radical. Derrida sostenía que la división y la opresión se trasponían al lenguaje, a las mismas categorías que utilizamos para simplificar pragmáticamente el mundo y transitar por él. Si hay «mujeres» es solo porque los hombres ganan excluyéndolas. Si hay «hombres y mujeres» es solo porque los miembros de ese grupo más heterogéneo se benefician de la exclusión de la pequeña minoría cuya sexualidad biológica resulta amorfa. La ciencia tan solo beneficia a los científicos, y la política, a los políticos. En opinión de Derrida, las jerarquías existen porque salen ganando al oprimir a aquellos que quedan fuera. Y es gracias a este beneficio perversamente obtenido que consiguen prosperar.

Como es bien sabido (aunque más tarde lo negó), Derrida dijo: «Il n'y a pas de hors-texte», lo que a menudo se traduce como «No hay nada fuera del texto». Sus adeptos dicen que se trata de una mala traducción y que la auténtica equivalencia sería «No hay texto-exterior». Sea como sea, resulta complicado entender esta máxima como otra cosa que no sea «Todo es interpretación», y así es como se ha interpretado generalmente la obra de Derrida.

Es casi imposible sobrestimar la naturaleza nihilista y destructiva de esta filosofía, que llega a cuestionar el mismo acto de la categorización. Niega la idea de que se puedan establecer distinciones entre las cosas por otros motivos que no sean el puro poder. ¿Y las distinciones biológicas entre hombres y mujeres? A pesar de la existencia de estudios científicos irrefutables y multidisciplinarios que indican que las diferencias de sexo están poderosamente influidas por factores biológicos, para Derrida y sus acólitos posmarxistas la ciencia no es sino otro juego de poder que realiza aseveraciones para beneficiar a aquellos que se encuentran en los estratos superiores del mundo científico. No existen los hechos. ¿Y qué hay de la posición jerárquica y la reputación como consecuencia de la habilidad y la competencia? Sencillamente, todas las definiciones de habilidad y competencia las elaboran aquellos que salen beneficiados para excluir a los demás, para beneficiarse personal y egoístamente.

Los planteamientos de Derrida encierran la suficiente verdad como para explicar, en parte, su carácter insidioso. El poder es una fuerza motivacional fundamental («una», no «la»). La gente compite para llegar hasta lo más alto y se preocupa por el lugar en el que se encuentra dentro de las jerarquías de dominación. Pero (y aquí es donde, filosóficamente, se separa a los niños metafóricos de los hombres) el hecho de que el poder desempeñe un papel en la motivación humana no significa que este sea el único, ni siquiera el esencial. De la misma forma, que nunca podamos saberlo todo hace que todo lo que observamos o decimos esté relacionado con lo que tenemos en cuenta y lo que obviamos (tal y como explicamos en la décima regla). Esto no justifica la aseveración de que todo es interpretación o de que categorizar equivalga a excluir. Mucho cuidado con las interpretaciones de causa única y también con las personas que las formulan.

Si bien los hechos no pueden hablar por sí solos (al igual que el terreno que se extiende a los pies de un viajero no puede decirle cómo tiene que recorrerlo), y aunque existe una multitud de formas de interactuar —e incluso de percibir— con un pequeño número de objetos, eso no significa que todas las interpretaciones sean igual de válidas. Algunas hacen daño, a ti y a los demás. Otras te colocan en una trayectoria de colisión con la sociedad. Otras no se pueden sostener con el paso del tiempo. Otras no te llevan allí donde quieres ir. Muchas de estas limitaciones las llevamos incorporadas en nuestro interior como consecuencia de miles de millones de años de procesos evolutivos. Otras aparecen a medida que nos socializamos para cooperar y competir pacífica y productivamente con los demás. Y aún surgen más interpretaciones a medida que aprendemos y nos deshacemos de estrategias contraproducentes. Hay, ciertamente, un número interminable de interpretaciones, y eso equivale a decir que hay un número interminable de problemas. Pero también hay un número verdaderamente restringido de soluciones viables. De otro modo, la vida sería fácil. Y no lo es.

Ahora bien, algunas de mis convicciones pueden considerarse como próximas a la izquierda. Pienso, por ejemplo, que la tendencia de los productos de valor a distribuirse de una forma pronunciadamente desigual constituye una amenaza permanente para la estabilidad de la sociedad. Estoy convencido de que es algo más que demostrado, lo que no significa que su solución resulte obvia. No sabemos cómo redistribuir la riqueza sin abrir la puerta a toda una horda de nuevos problemas. Las diferentes sociedades occidentales han probado diferentes métodos. Los suecos, por ejemplo, llevan la igualdad hasta el límite. Los Estados Unidos adoptan la dirección contraria, dando por hecho que la creación neta de riqueza de un capitalismo salvaje engendra una marea creciente que permite que floten todos los barcos. No se cuenta todavía con todos los resultados de estos experimentos y los países presentan importantes diferencias entre sí. Las diferencias históricas, de área geográfica, de número de población y de diversidad étnica complican enormemente las comparaciones. Pero lo que resulta incuestionable es que la redistribución forzada en nombre de la igualdad utópica constituye un remedio peor que la enfermedad.

También pienso (otra cosa que puede considerarse de izquierdas) que las sucesivas reformas de las administraciones universitarias para resultar análogas a las de las empresas privadas constituyen un error. Opino que la ciencia de la gestión es una pseudodisciplina. Creo que el Gobierno puede, en ocasiones, ser una fuerza positiva, así como el árbitro necesario que establezca una pequeña relación de reglas necesarias. Sin embargo, no entiendo por qué nuestra sociedad financia con dinero público a instituciones y docentes cuyo objetivo confeso y consciente es la demolición de la cultura que los respalda. Son personas que tienen todo el derecho a pensar y actuar como les parezca, siempre y cuando se mantengan dentro del ámbito de la ley. Pero no pueden mantener ninguna pretensión razonable de obtener financiación pública. Si los partidarios de la extrema derecha recibieran fondos públicos para realizar operaciones disfrazadas de cursos universitarios, como hacen los de la izquierda radical, el clamor de los progresistas de toda Norteamérica sería ensordecedor.

Hay otros serios problemas ocultos en las disciplinas radicales, más allá de la falsedad de sus teorías y sus métodos y su insistencia en la obligatoriedad moral del activismo político. No existe ni el más mínimo rastro de una prueba sólida que apoye ninguno de sus principales postulados: que la sociedad occidental es patológicamente patriarcal; que la principal lección de la historia es que los hombres, y no la naturaleza, fueron la fuente principal de opresión para las mujeres (y no, como ocurre en la mayor parte de los casos, sus compañeros, sus apoyos); que todas las jerarquías se basan en el poder y que tienen como objetivo la exclusión. Las jerarquías existen por muchos motivos, algunos de los cuales puede que sean válidos y otros no, y son increíblemente antiguas si hablamos desde el punto de vista evolutivo. ¿Acaso los crustáceos machos oprimen a los crustáceos hembras? ¿Habría que acabar con sus jerarquías?

En las sociedades que funcionan bien, en comparación no con una utopía hipotética, sino con otras culturas que existen o que han existido, la competencia y no el poder constituye un factor determinante para el estatus. La competencia. La habilidad. La destreza. No el poder. Es algo que resulta obvio tanto a nivel de las anécdotas como de los hechos. Ninguna persona que sufra un cáncer cerebral, por muy igualitariamente que piense, rechaza los servicios de un médico que cuenta con la mejor formación, la mejor reputación y, quizá, el mejor salario. Es más, los rasgos de personalidad que mejor predicen el éxito a largo plazo en los países occidentales son la inteligencia (computable como habilidad cognitiva o con test de coeficiente intelectual) y la meticulosidad (un rasgo caracterizado por la laboriosidad y el orden).[24] Hay excepciones. Los emprendedores y los artistas puntúan más alto en su apertura a la experiencia,[25] otro rasgo fundamental de la personalidad. Pero la apertura está relacionada con la inteligencia verbal y la creatividad, con lo que dicha excepción resulta apropiada y comprensible. El poder predictivo de estos rasgos, matemática y económicamente hablando, es excepcionalmente alto, de los más altos en términos de poder entre cualquier cosa que nunca se haya medido en los confines más complicados de las ciencias sociales. Una buena batería de test cognitivos y de personalidad puede hacer que la probabilidad de contratar a alguien más competente que la media aumente del 50:50 al 85:15. Estos son los hechos, y cuentan con el mismo respaldo que cualquier otra cosa en ciencias sociales (y eso es más de lo que quizá pienses, puesto que las ciencias sociales son disciplinas más eficaces de lo que sus críticos más cínicos dan a entender). Así pues, el Estado no solo está apoyando cierta forma de radicalismo, sino también el adoctrinamiento. No les enseñamos a nuestros hijos que la Tierra es plana. Tampoco deberíamos enseñarles teorías sustentadas en la ideología y carentes de respaldo acerca de la naturaleza de los hombres y las mujeres, o de la naturaleza de la jerarquía.

No deja de ser razonable apuntar (si los deconstruccionistas se quedaran ahí) que la ciencia puede quedar distorsionada por los intereses del poder y advertir acerca de ese peligro, así como señalar que lo que se considera verdad probada es demasiado frecuentemente aquello que deciden los poderosos, científicos incluidos. Después de todo, los científicos también son personas y a las personas les gusta el poder, de la misma forma que a las langostas les gusta el poder, de la misma forma que a los deconstruccionistas les gusta que se les conozca por sus ideas y tienen como legítima ambición ocupar lo más alto de las jerarquías académicas. Pero eso no significa que la ciencia, o incluso el deconstructivismo, solo estén relacionados con el poder. ¿Por qué habría que pensar algo así? ¿Por qué insistir en ello? Quizá sea esto: si el poder es lo único que existe, entonces el uso del poder resulta totalmente justificable. No hay forma de limitar tal uso mediante pruebas, métodos, la lógica o incluso la necesidad de coherencia. No hay forma de limitarlo mediante nada que esté «fuera del texto». Eso deja la opinión y la fuerza, y el uso de esta última resulta demasiado atractivo en tales circunstancias, de la misma forma que se puede dar por hecho su utilización al servicio de tal opinión. La insistencia delirante e incomprensible del posmodernismo en que las diferencias de género están construidas socialmente, por ejemplo, resulta muy comprensible cuando se capta su imperativo moral, cuando se entiende de una vez por todas su justificación de la fuerza: la sociedad debe alterarse o los prejuicios eliminarse hasta que todos los resultados sean equitativos. Pero el fundamento del constructivismo social es el deseo de que ocurra esto último y no la creencia en la justicia del cambio social. Puesto que han de eliminarse todas las desigualdades en los resultados (dado que la desigualdad se encuentra en el centro de todo mal), entonces las diferencias de género tienen que considerarse como algo socialmente construido. De otro modo, el impulso igualitario resultaría demasiado radical, y la doctrina, abiertamente propagandística. Así pues, se altera el orden de la lógica, de tal modo que se pueda camuflar la ideología. Nunca se incide en cómo este tipo de planteamientos conducen inmediatamente a inconsistencias internas dentro de la ideología. El género está construido, pero el individuo que desee una operación de reasignación sexual debe considerarse sin discusión alguna un hombre atrapado en el cuerpo de una mujer (o viceversa). Se ignora el hecho de que ambas cosas no puedan ser lógicamente ciertas de forma simultánea, o bien se racionaliza mediante otra espantosa afirmación posmoderna: que la misma lógica, así como las técnicas de la ciencia, forman parte del sistema patriarcal opresivo.

Además, por supuesto, resulta que no se pueden igualar todos los resultados. Primero, hay que medirlos. Comparar los salarios de las personas que ocupan la misma posición resulta relativamente fácil (si bien se complica de forma significativa con elementos como la fecha de contratación, teniendo en cuenta, por ejemplo, la diferente demanda de trabajadores en diferentes momentos). Pero hay otras dimensiones de comparación que resultan igualmente pertinentes, tales como la antigüedad, el índice de promoción y la influencia social. La introducción del argumento «el mismo salario para el mismo trabajo» complica inmediatamente la comparación de forma imposible por un simple motivo: ¿quién decide qué trabajo es igual? No es posible. Por eso existe el mercado laboral. Todavía peor es el problema de la comparación por grupos: las mujeres deberían ganar tanto como los hombres. De acuerdo. Las negras deberían ganar tanto como las blancas. De acuerdo. ¿Habría entonces que ajustar los salarios a todos los parámetros raciales? ¿A qué nivel de resolución? ¿Qué categorías raciales son «reales»?

El Instituto Nacional de Salud estadounidense, por poner un ejemplo burocrático concreto, reconoce (en el momento de escribir estas líneas) las categorías de indio norteamericano o nativo de Alaska, asiático, negro, hispano, nativo hawaiano o de otras islas del Pacífico, y blanco. Pero hay más de quinientas tribus indoamericanas distintas. ¿En virtud de qué posible lógica tendría que considerarse «indio norteamericano» una categoría canónica? Los miembros de la tribu osage tienen unos ingresos medios anuales de 30 000 dólares, mientras que los tohono o'odham declaran solo 11 000. ¿Se los oprime de la misma forma? ¿Y qué decir sobre las discapacidades? Las personas discapacitadas tendrían que ganar lo mismo que aquellas que no lo están. De acuerdo. A primera vista, se trata de una reivindicación noble, solidaria y justa. ¿Pero quién está discapacitado? ¿Una persona que vive con su padre o madre con alzhéimer está discapacitada? Si no lo está, ¿por qué no? ¿Y alguien que tiene un coeficiente de inteligencia menor? ¿Y alguien menos atractivo? ¿Y alguien con sobrepeso? Hay personas que de forma manifiesta avanzan por la vida cargadas de problemas que no se encuentran bajo su control, pero rara es la persona que no sufre al menos en un momento particular una catástrofe seria, sobre todo si incluyes en la ecuación a las respectivas familias. ¿Y por qué no habría que hacerlo? Aquí está el problema fundamental: la identidad de grupo puede fragmentarse hasta el nivel del individuo. Se trata de una frase que habría que escribir con mayúsculas. Cada persona es única y no solo de forma trivial, única de una forma importante, significativa y llena de significado. La pertenencia a un grupo no puede captar tal variabilidad. Y punto.

Los pensadores posmodernos-marxistas nunca dicen nada acerca de toda esta complejidad. En lugar de ello, su perspectiva ideológica determina un punto de verdad, como la Estrella Polar, y hace que todo gire a su alrededor. La pretensión de que todas las diferencias de género son una consecuencia de la socialización no puede demostrarse ni refutarse en cierto sentido, puesto que se puede aplicar la cultura con tanta fuerza a grupos o individuos que resulte posible prácticamente cualquier resultado, si se está dispuesto a asumir los costos. Sabemos, por ejemplo, a partir de estudios de gemelos adoptados de forma separada,[26] que la cultura puede producir un incremento de quince puntos (o una desviación estándar) de coeficiente intelectual (aproximadamente la diferencia entre un estudiante medio de escuela secundaria y otro de universidad) por el costo de tres desviaciones estándar más en riqueza.[27] Esto significa que dos gemelos idénticos separados al nacer presentarán diferencias de coeficiente mental de unos quince puntos si el primero crece en una familia más pobre que el ochenta y cinco por ciento de las familias, y el segundo, en una más rica que el noventa y cinco por ciento. Se ha demostrado un resultado similar con la educación en vez de la riqueza.[28] No se sabe qué costo en riqueza o educación diferencial tendría producir una transformación más extrema.

Lo que este tipo de estudios da a entender es que probablemente podríamos minimizar las diferencias innatas que existen entre chicos y chicas si estuviéramos dispuestos a ejercer presión suficiente. Algo así no garantizaría en absoluto que liberásemos a las personas de cualquiera de los dos géneros para que eligieran por su cuenta. Pero la elección no ocupa lugar alguno en el plano ideológico: si los hombres y las mujeres actúan de forma voluntaria para producir resultados que son desiguales desde la perspectiva del género, dichas opciones tienen que haber estado determinadas por sesgos culturales. Por tanto, todo el mundo es una víctima a la que le han lavado el cerebro, en todos los sitios existen diferencias de género, y el teórico crítico de cierto rigor se ve en la obligación moral de corregirlas. Esto significa que los hombres escandinavos convencidos de la igualdad que no estén particularmente predispuestos a ejercer la enfermería necesitan aún más reeducación. Lo mismo resulta válido en principio para las mujeres escandinavas que no se sientan atraídas por la ingeniería.[29] ¿Y en qué podría consistir una reeducación de ese tipo? ¿Dónde tendría sus límites? Se trata de cuestiones que a menudo se llevan más allá de cualquier límite razonable antes de abandonarlas. Es algo que la Revolución Cultural de Mao debería habernos enseñado ya.

CHICOS QUE SEAN MÁS CHICAS

Una idea que se ha convertido en uno de los principales postulados de cierta forma de teoría social construccionista es que el mundo mejoraría mucho si se socializara a los chicos como a las chicas. Quienes sostienen tales teorías dan por hecho, en primer lugar, que la agresividad es un comportamiento que se aprende

—y que, por tanto, podemos limitarnos a no enseñarlo— y, en segundo (por citar un ejemplo particular), que «habría que socializar a los chicos de la misma forma que se ha socializado tradicionalmente a las chicas y que se les debería animar a desarrollar cualidades socialmente positivas tales como la ternura, la sensibilidad a los sentimientos, el cuidado, la cooperación y la apreciación estética». En opinión de estos pensadores, tan solo podrá reducirse la agresividad cuando los adolescentes y los adultos jóvenes «se avengan a los mismos criterios de comportamiento que tradicionalmente se han ensalzado para las mujeres».[30]

Hay tantas cosas falsas en esta idea que resulta difícil saber por dónde empezar. Primero, no es cierto que la agresividad sea algo que simplemente se aprenda. Hay circuitos biológicos antiguos, por decirlo de alguna forma, que subyacen a la agresividad defensiva y predadora.[31] Son tan fundamentales que siguen operando incluso en los gatos decorticados, animales a los que se les han extraído por completo las partes más grandes y más recientemente evolucionadas de su cerebro, es decir, un porcentaje abrumadoramente elevado del total de este órgano. Esto apunta a que no solo la agresividad es innata, sino que además es consecuencia de una actividad que se produce en áreas básicas del cerebro, extremadamente fundamentales. Si el cerebro es un árbol, entonces la agresividad (junto al hambre, la sed y el apetito sexual) está en el mismo tronco.

Y, siguiendo en la misma línea, parece ser que un subgrupo determinado de niños de dos años de edad, alrededor del cinco por ciento, son particularmente agresivos por temperamento. Les quitan los juguetes a otros niños, dan patadas, muerden y pegan. A pesar de todo, la mayoría de ellos ya está satisfactoriamente socializadas cuando llega a los cuatro años.[32] Esto no se debe, en todo caso, a que se les haya animado a comportarse como niñas. Por el contrario, durante su temprana niñez se les ha enseñado o bien han aprendido de otra forma a integrar sus tendencias agresivas dentro de rutinas de comportamiento más sofisticadas. La agresividad está detrás del impulso de destacar, de ser imparable, de competir, de ganar, es decir, de ser activamente virtuoso, al menos en una dimensión. La determinación constituye su cara admirable y sociable. Los niños agresivos que no consiguen sofisticar su comportamiento al final de su infancia se ven condenados a la impopularidad, puesto que su antagonismo primitivo ya no les resulta útil socialmente a edades más avanzadas. Sus congéneres los rechazan, se ven privados de más oportunidades de socialización y tienden a estatus sociales de marginados. Estos individuos son los que siguen estando mucho más inclinados a comportamientos antisociales y delictivos cuando llegan a la adolescencia y la época adulta. Pero esto no significa para nada que el impulso agresivo carezca de utilidad o de valor. En un nivel mínimo, es necesario para protegerse.

LA COMPASIÓN COMO VICIO

Muchas de las pacientes (quizá incluso la mayoría) que atiendo en mi práctica clínica tienen problemas en sus trabajos y vidas familiares no por ser demasiado agresivas, sino porque no lo son lo suficiente. Los terapeutas cognitivo-conductistas llaman «entrenamiento de firmeza»[33] al tratamiento que reciben estas personas, generalmente caracterizadas por los rasgos más femeninos de simpatía (cortesía y compasión) e inestabilidad (ansiedad y dolor emocional). Las mujeres insuficientemente agresivas, así como los hombres, aunque resulta menos común, hacen demasiado por los demás. Tienden a tratar a quienes las rodean como si fueran niños desamparados. Tienden a ser ingenuas. Dan por hecho que la cooperación tendría que estar en la base de toda transacción social y evitan el conflicto (lo que significa que evitan enfrentarse a problemas en sus relaciones, así como en el trabajo). Se sacrifican continuamente por los demás. Quizá parezca virtuoso (y se trata sin duda de una actitud que posee ciertas ventajas sociales), pero puede convertirse, como a menudo ocurre, en algo contraproducente y no correspondido. Puesto que las personas demasiado simpáticas se contorsionan de cualquier forma por los demás, no son capaces de permanecer erguidas cuando se trata de defenderse a ellas mismas. Al dar por hecho que los demás piensan como ellas, esperan, pero no se garantizan, cierta reciprocidad por sus atentas acciones. Cuando no sucede así, no protestan. No exigen directamente reconocimiento o no son capaces de hacerlo. El lado oscuro de sus personalidades emerge, a causa de su subyugación, y se vuelven resentidas.

A las personas que son demasiado simpáticas les enseño a percibir la aparición de este tipo de resentimiento, que es una emoción muy importante pero también muy tóxica. Tan solo hay dos razones fundamentales para el resentimiento: que alguien se haya aprovechado de ti (o que hayas permitido que se aprovecharan de ti) o la incapacidad llorona de adoptar responsabilidades y crecer. Si estás resentido, busca los motivos y, quizá, háblalo con alguien en quien confíes. ¿Te sientes maltratado de forma inmadura? Si, después de cierta reflexión honesta, entiendes que no es el caso, puede que alguien esté aprovechándose de ti. Esto significa que ahora te encuentras en la obligación moral de levantarte en tu defensa. Puede que esto implique enfrentarte a tu jefe, o a tu marido, o a tu mujer, o a tu hijo, o a tus padres. Puede que implique hacer acopio de algunas pruebas de forma estratégica, de tal modo que cuando te enfrentes a la persona puedas darle numerosos ejemplos de su mal comportamiento (al menos tres) y que así no pueda escabullirse tan fácilmente de tus acusaciones. Puede que implique negarse a rendirse cuando presenten sus contraargumentos. La gente no suele tener a mano más de cuatro. Si no te inmutas, se enojan, lloran o salen corriendo. Resulta muy útil prestar atención a las lágrimas en este tipo de situaciones. Pueden utilizarse para propiciar la culpa por parte del acusador, puesto que, en teoría, habría herido los sentimientos de la otra persona y le habría hecho daño. Pero a menudo se llora de rabia. Una cara enrojecida es una buena pista. Si puedes mantenerte firme en tu argumentación más allá de las cuatro primeras respuestas, y si no te dejas vencer por la emoción resultante, te ganarás la atención —y quizá el respeto— de la persona en cuestión. Se trata, en cualquier caso, de un verdadero conflicto, algo que no resulta fácil ni agradable.

También tienes que tener claro qué es lo que quieres sacar de la situación y estar preparado para expresar sin ambigüedad lo que deseas. Es una buena idea decirle a la persona a la que te enfrentas exactamente lo que querrías que hiciera en vez de lo que ya ha hecho o lo que aún hace. Puede que pienses: «Si me quisieran, sabrían qué hacer». Esa es la voz del resentimiento. Da por hecho que se trata de ignorancia y no de maldad. Nadie cuenta con una línea directa conectada a tus deseos y necesidades, ni siquiera tú. Si intentas determinar exactamente lo que quieres, puede que descubras que es más difícil de lo que piensas. Quien te oprime probablemente no es más sabio que tú, sobre todo acerca de tu persona. Mejor dile de manera directa lo que preferirías, una vez que lo hayas identificado. Formula una petición lo más pequeña y razonable posible, pero asegúrate de que, si se cumple, estarás satisfecho. De esta forma vas a la discusión con una solución en vez de únicamente con un problema.

Las personas simpáticas, compasivas, contrarias al conflicto (rasgos todos ellos que están agrupados) dejan que la gente las pise y luego sienten rencor. Se sacrifican por los demás, a veces de forma excesiva, y no pueden entender por qué no se les corresponde de la misma forma. Las personas simpáticas son obedientes y esto les arrebata su independencia. El peligro que va asociado puede amplificarse con una estabilidad emocional exacerbada. Las personas simpáticas irán detrás de cualquiera que realice una sugerencia, en vez de persistir, al menos en algunas ocasiones, en su propio camino. Así pues, pierden su camino y se vuelven indecisas y fáciles de desestabilizar. Si además se las asusta y hiere con facilidad, cuentan aún con menos motivos para atacar por su cuenta, ya que así quedarían expuestas a las amenazas y al peligro (al menos a corto plazo). Esa es la senda hacia el trastorno de personalidad dependiente, dicho en términos técnicos.[34] Podría considerarse el opuesto absoluto del trastorno de personalidad antisocial, que presenta el conjunto de rasgos característicos de la delincuencia en la infancia y la adolescencia y de la criminalidad en la época adulta. Sería bonito que lo contrario de un criminal fuera un santo, pero no es así. Lo contrario de un criminal es una madre edípica, que también es, a su manera, criminal.

La madre edípica (los padres pueden desempeñar el mismo papel, pero es mucho menos común) le dice a su hijo: «Tan solo vivo para ti». Les hace todo a sus hijos: les ata los cordones, les corta la comida y les deja demasiado a menudo que se deslicen dentro de la cama que comparte con su pareja. Se trata, por cierto, de un buen método, nada conflictivo, de evitar un interés sexual no deseado.

La madre edípica hace un pacto consigo misma, con sus hijos y con el mismo diablo. Este es el trato: «Sobre todo, no me dejes nunca. A cambio, te lo haré todo. A medida que crezcas sin madurar, te convertirás en alguien inútil y amargado, pero nunca tendrás que asumir ninguna responsabilidad y todas las cosas que hagas que estén mal serán siempre culpa de otra persona». Los niños pueden aceptarlo o rechazarlo, y tienen cierta capacidad de elección en la cuestión.

La madre edípica es la bruja de Hansel y Gretel. En este cuento infantil, los dos niños tienen una nueva madrastra. Esta le ordena al marido que los abandone en el bosque, ya que hay una hambruna y piensa que comen demasiado. El hombre obedece, se lleva a sus hijos a lo más profundo del bosque y los abandona allí a su propia suerte. Errando solos y muertos de hambre, se encuentran con un milagro. Una casa, y no una casa cualquiera. Una casa de golosinas, hecha de bizcocho. Puede que una persona a quien no hayan vuelto demasiado atenta, empática, compasiva y cooperativa muestre cierto escepticismo y se pregunte: «¿No es demasiado bueno para ser verdad?». Pero los niños son demasiado jóvenes y están demasiado desesperados.

Dentro de la casa hay una amable anciana que rescata a niños en apuros, a quien le encanta darles palmaditas en la cabeza y sonarles la nariz, una señora de generosos pechos y caderas, dispuesta a sacrificarse por cualquier deseo que tengan de forma inmediata. Da de comer a los niños todo lo que deseen, cuando quieran, y nunca tienen que hacer nada. Pero ser así de servicial acaba por darle hambre. Mete a Hansel en una jaula para engordarlo de forma aún más rápida. El niño la engaña y le hace pensar que sigue delgado sacando un hueso viejo cada vez que ella quiere tocarle la pierna para ver si ya puede palpar la ternura deseada. La espera termina por exasperarla y aviva el horno preparándose para cocinar y comerse al objeto de todas sus atenciones. Gretel, a quien aparentemente no se ha reducido a una sumisión absoluta, espera un momento de descuido y empuja a la amable anciana dentro del horno. Los niños se escapan y se reúnen con su padre, que ya se ha arrepentido debidamente de sus malas acciones.

En este tipo de hogares el bocado más preciado de los niños es su espíritu, y es siempre el que se devora primero. Las protecciones excesivas destruyen el alma que está desarrollándose.

La bruja del cuento de Hansel y Gretel es la madre terrible, la mitad oscura de lo simbólicamente femenino. Siendo como somos en nuestra esencia profundamente sociales, tendemos a ver el mundo como una historia, cuyos personajes son la madre, el padre y el hijo. Lo femenino, en su totalidad, es la naturaleza desconocida que se extiende más allá de los límites de la cultura, la creación y la destrucción: son los brazos protectores de la madre y el elemento destructivo del tiempo, la bella madre-virgen y la vieja bruja que vive en una ciénaga. Esta entidad paradigmática fue confundida con una realidad objetiva e histórica allá a finales del siglo XIX por un antropólogo suizo llamado Johann Jakob Bachofen. Bachofen propugnaba que la humanidad había atravesado una serie de etapas de desarrollo a lo largo de su historia.

La primera, a grandes rasgos (tras un inicio bastante anárquico y caótico), era el matriarcado *(Das Mutterrecht)*,[35] una sociedad en la que las mujeres ocupaban las posiciones dominantes de poder, respeto y honor, en la que predominaban la poligamia y la promiscuidad, y en la que no existía la menor certeza sobre la paternidad. La segunda, la dionisiaca, fue una fase de transición, durante la cual se derrocaron estos cimientos matriarcales originales y los hombres se hicieron con el poder. La tercera fase, la apolínea, llega hasta el día de hoy. Impera el patriarcado y cada mujer pertenece de forma exclusiva a un hombre. Las ideas de Bachofen se volvieron profundamente influyentes en determinados círculos a pesar de la ausencia de cualquier tipo de demostración histórica que las sustentara. La arqueóloga lituano-estadounidense Marija Gimbutas, por ejemplo, se hizo célebre en las décadas de 1980 y 1990 por asegurar que una pacífica cultura centrada en una diosa y en las mujeres caracterizó antaño la Europa neolítica.[36] Afirmaba que esta había sido suplantada y eliminada por una cultura guerrera invasora, la cual había establecido las bases de la sociedad moderna. La historiadora del arte y escritora estadounidense Merlin Stone retomó el mismo razonamiento en su libro *When God Was a Woman* («Cuando Dios era mujer»), publicado en 1976.[37] Toda esta serie de ideas esencialmente arquetípicas y mitológicas se convirtieron en piedras angulares de la teología del movimiento feminista y de los estudios matriarcales del feminismo de los años setenta del siglo pasado. Sin embargo, Cynthia Eller las criticó en su libro *The Myth of Matriarchal Prehistory* («El mito de la prehistoria matriarcal»), en el que calificó esta teología de «mentira ennoblecedora».[38]

Carl Jung se había topado con las ideas de Bachofen acerca del matriarcado primordial décadas antes. No obstante, Jung se dio cuenta enseguida de que la progresión de desarrollo descrita por el antiguo pensador suizo representaba una realidad más psicológica que histórica. Identificó en el pensamiento de Bachofen los mismos procesos de proyección de fantasía imaginativa hacia el mundo exterior que habían llevado a poblar el cosmos de constelaciones y dioses. Un colaborador de Jung, Erich Neumann, desarrolló en *Los orígenes de la historia de la consciencia*[39] y *La Gran Madre*[40] el análisis de su maestro. Neumann reconstruyó la emergencia de la consciencia, simbólicamente masculina, y la comparó con sus orígenes materiales simbólicamente femeninos (madre, matriz), inscribiendo la teoría de Freud sobre la crianza edípica dentro de un modelo arquetípico más amplio. Para Neumann y Jung, la consciencia (siempre simbólicamente masculina, incluso en las mujeres) lucha por escalar hacia arriba, hacia la luz. Su desarrollo es doloroso y provoca ansiedad, ya que conlleva el reconocimiento de la vulnerabilidad y la muerte. Se ve tentada constantemente a volver a caer en la dependencia y la inconsciencia y sacudirse su carga existencial. Se trata de un deseo patológico apoyado por todo aquello que se oponga a la iluminación, a la expresión, a la racionalidad, a la autodeterminación, a la fuerza y a la competencia, esto es, todo aquello que proteja demasiado y que, de esta manera, asfixie y devore. Este tipo de sobreprotección es la pesadilla de la familia edípica de Freud, algo que estamos convirtiendo rápidamente en política social.

La Madre Terrible es un antiguo símbolo. Se manifiesta, por ejemplo, en Tiamat, que aparece en la historia escrita más antigua que se ha podido recuperar, el poema babilónico *Enûma Elish* (redactado probablemente entre los siglos XVII y XVI a. C.). Tiamat es la madre de todo, tanto de los dioses como de los hombres. Es lo desconocido, el caos y la naturaleza que engendra todas las cosas. Pero es también la deidad dragona que se apresura a destruir a sus propios hijos cuando asesinan a su padre despreocupadamente e intentan vivir en lo que quedaba de su cadáver. La Madre Terrible es el espíritu de la inconsciencia despreocupada, que tienta al siempre esforzado espíritu de la conciencia y la iluminación a que descienda al abrazo protector en forma de vientre del inframundo. Es el terror que los jóvenes sienten ante las mujeres atractivas, tan dispuestas a rechazarlos, de la forma más íntima y en el nivel más profundo posible. No hay nada que inspire mayor inseguridad, que quebrante más la valentía, que suscite mayores sentimientos de nihilismo y odio (excepto, quizá, el abrazo demasiado apretado de una madre demasiado atenta).

La Madre Terrible aparece en muchos cuentos infantiles, así como en muchas historias de adultos. En *La bella durmiente* es la Reina Malvada, la misma oscura naturaleza, Maléfica en la versión de Disney. A los padres de la princesa Aurora se les olvida invitar a esta fuerza de la noche al bautizo de su hija. Así pues, la protegen excesivamente del lado destructivo y peligroso de la realidad, prefiriendo que crezca alejada de todo este tipo de problemas. ¿Y qué consiguen? Cuando llega a la pubertad, sigue estando inconsciente. El espíritu masculino, su príncipe, es al mismo tiempo un hombre que podría salvarla, arrebatándosela a sus padres, y su propia consciencia, encerrada en una mazmorra por las maquinaciones del lado oscuro de la feminidad. Cuando ese príncipe escapa y se enfrenta frontalmente a la Reina Malvada, esta se convierte en el mismo Dragón del Caos. Lo simbólicamente masculino la derrota con la verdad y la fe, y entonces encuentra a la princesa, a la que despierta con un beso.

Puede objetarse (tal y como ocurre con otra producción de Disney, más reciente y profundamente propagandística, *Frozen*) que una mujer no necesita a un hombre que la rescate. Puede que sea verdad y puede que no. Quizá tan solo la mujer que quiera (o tenga) un niño necesite a un hombre que la rescate, o al menos que la apoye y la ayude. De cualquier modo, es cierto que una mujer necesita que se rescate la consciencia y, tal y como se apuntó anteriormente, esta última es simbólicamente masculina y así lo ha sido desde el inicio de los tiempos (bajo la apariencia tanto del orden como del Logos, el principio mediador). El príncipe bien podría ser un amante, pero también podría ser la atenta vigilia de la propia mujer, su claridad de visión y su independencia llena de determinación. Todos estos rasgos son masculinos, tanto en la realidad como simbólicamente, puesto que los hombres suelen ser, por lo general, menos sensibles y simpáticos que las mujeres y menos propensos a sufrir de ansiedad o de malestar emocional. E insisto: 1) es algo que en ningún sitio es más cierto que en aquellas naciones escandinavas donde más pasos se han dado hacia la igualdad de género, y 2) no se trata de pequeñas diferencias atendiendo a las escalas con las que estas cosas se miden.

La relación entre lo masculino y la consciencia también aparece representada de forma simbólica en la película de Disney *La sirenita*. Ariel, la protagonista, es bastante femenina, pero también posee un fuerte espíritu de independencia. Por este motivo es la favorita de su padre, si bien también es la que le causa más problemas. Su padre, Tritón, es el rey y representa lo conocido, la cultura y el orden (con un punto también de soberano opresor y tirano). Puesto que el orden siempre se opone al caos, Tritón tiene como adversaria a Úrsula, un pulpo de grandes tentáculos (una serpiente, una gorgona, una hidra). Así pues, Úrsula se encuentra en la misma categoría arquetípica que el dragón-reina Maléfica de *La bella durmiente* (o la vieja reina celosa de *Blancanieves*, la madrastra de *La Cenicienta*, la Reina de Corazones de *Alicia en el país de las maravillas*, la Cruella de Vil de *101 dálmatas*, la Madame Medusa de *Los rescatadores* o la Madre Gothel de *Enredados*).

Ariel quiere empezar una historia de amor con el príncipe Eric, al que antes rescató en un naufragio. Úrsula engaña a Ariel para que le entregue su voz a cambio de tres días como humana. Pero Úrsula sabe perfectamente que una Ariel sin voz será incapaz de entablar ningún tipo de relación con el príncipe. Privada de su capacidad de hablar (sin el Logos, sin la divina palabra), permanecerá bajo el agua inconsciente para siempre.

Una vez que Ariel fracasa en su intento de unirse al príncipe Eric, Úrsula le roba su alma, que coloca en su gran colección de seres inertes, consumidos y retorcidos, bien custodiada por sus gracias femeninas. Cuando el rey Tritón se presenta para exigir que regrese su hija, Úrsula le propone algo terrible: puede ocupar el puesto de Ariel. Evidentemente, la eliminación del rey sabio (que representa, digámoslo una vez más, el lado benevolente del patriarcado) siempre ha sido el malvado objetivo de Úrsula. Así, Ariel es liberada, pero Tritón queda reducido a una patética sombra de lo que era antes. Y, lo que es más importante, Úrsula ahora tiene el tridente mágico de Tritón, la fuente de su poder casi divino.

Por suerte para todos los implicados (menos Úrsula), el príncipe Eric regresa y distrae a la malvada reina del inframundo con un arpón. De este modo Ariel cuenta con una oportunidad para atacar a Úrsula, que responde cambiando de tamaño hasta alcanzar proporciones monstruosas, de la misma forma que Maléfica, la reina malvada de *La bella durmiente*. Úrsula crea una enorme tormenta y hace que emerja desde el fondo del océano toda una armada de navíos hundidos. Cuando se dispone a matar a Ariel, Eric aparece capitaneando un barco naufragado y acaba con la malvada atravesándola con un mástil partido. Tritón y todas las demás almas prisioneras quedan liberadas. El rey, ahora rejuvenecido, transforma a su hija en un ser humano para que pueda quedarse con Eric. Según afirman estas historias, para que una mujer esté completa tiene que entablar una relación con la consciencia masculina y luchar contra el terrible mundo (que en ocasiones se manifiesta, fundamentalmente, en la forma de una madre demasiado presente). Puede que sea un hombre quien la ayude a conseguirlo, hasta cierto punto, pero es mejor para todas las personas implicadas que nadie sea demasiado dependiente.

Una vez, cuando era niño, estaba jugando al balón prisionero con unos amigos. Los equipos estaban formados por chicos y chicas. Todos teníamos la edad suficiente para empezar a estar interesados por el otro sexo de una forma que nos resultaba desconocida. El estatus se estaba convirtiendo en algo más relevante e importante. Mi amigo Jake y yo estábamos a punto de pelearnos, empujándonos al lado del montículo donde estaba el lanzador, cuando mi madre pasó por allí. Aunque ella estaba a unos treinta metros de distancia, supe enseguida por su lenguaje corporal que sabía lo que estaba pasando. Obviamente los otros niños también la vieron. Y prosiguió su camino. Sé que le costó hacerlo. Una parte de ella estaba preocupada pensando que yo podría volver a casa sangrando por la nariz y con un ojo morado. Le habría sido muy fácil dar un grito y decir: «¡Niños, dejen de hacer eso!», o incluso acercarse e intervenir. Pero no lo hizo. Unos años después, cuando yo tenía problemas de adolescente con mi padre, mi madre me dijo: «Si todo estuviera demasiado bien en casa, nunca te irías».

Mi madre es una mujer con un corazón lleno de ternura. Siente empatía, coopera y es simpática. En ocasiones deja que los demás la zarandeen. Cuando volvió a trabajar después de su baja de maternidad, le resultaba difícil mantener a raya a sus compañeros hombres. A veces acumulaba resentimiento, algo que también siente en ocasiones hacia mi padre, que tiene una tendencia muy marcada a hacer lo que quiere cuando quiere. A pesar de todo eso, no es una madre edípica. Propició la independencia de sus hijos, aunque a menudo le resultara duro. Hizo lo correcto, aunque ello la desestabilizara emocionalmente.

NO SEAS GALLINA, COBARDE

Pasé un verano de mi juventud en las planicies del centro de Saskatchewan trabajando en una cuadrilla ferroviaria. A cada uno de los hombres de ese grupo exclusivamente masculino lo examinaban los otros obreros durante las dos primeras semanas, más o menos. Muchos de esos otros trabajadores eran indios del pueblo cree, gente en su mayor parte silenciosa y pacífica hasta que se les iba la mano con la bebida y dejaban entrever todo lo que llevaban encima. Habían pasado diferentes temporadas en la cárcel, como la mayor parte de sus familiares. No era algo que los avergonzara particularmente, puesto que lo consideraban una parte más del sistema del hombre blanco. Además, en invierno en la cárcel se estaba calientito y se los alimentaba frecuente y abundantemente. En una ocasión le presté cincuenta dólares a uno de esos tipos. En vez de devolvérmelos, me ofreció un par de sujetalibros confeccionados con fragmentos de vías del ferrocarril que atravesaba originalmente el oeste de Canadá, que todavía tengo. Era algo mejor que los cincuenta dólares.

Cuando llegaba alguien nuevo, los otros trabajadores de la cuadrilla lo llamaban siempre por un mote insultante. A mí me pusieron Howdy-Doody, el nombre del muñeco —un joven, pecoso y desgarbado vaquero— de un famoso ventrílocuo televisivo, un hecho que todavía me da algo de vergüenza confesar. Cuando le pregunté al que había tenido la idea por qué había elegido semejante apodo, me dijo con absurdo ingenio: «Porque no te pareces nada a él». Los obreros son a menudo extremadamente divertidos, de forma cáustica, mordaz e hiriente, algo que ya mencioné en la novena regla. Están todo el rato molestándose, en parte por diversión, en parte para marcar puntos en la eterna batalla de dominación que disputan, pero también en parte para ver qué hace el otro cuando es sometido a algún tipo de estrés social. Forma parte del proceso de evaluación del carácter y también de la camaradería. Cuando sale bien (cuando todos dan y reciben en proporciones semejantes y están en condiciones de hacerlo), es en buena medida gracias a este recurso que esos hombres soportan, e incluso disfrutan, su duro medio de ganarse la vida instalando tubos, trabajando en torres de perforación, como leñadores o en cocinas de restaurantes. En fin, cualquiera de esos trabajos sucios, extenuantes, peligrosos y en los que te asas de calor que de forma casi exclusiva siguen realizando hombres.

No mucho después de haber llegado a la cuadrilla me cambiaron el mote a Howdy, lo que estaba mucho mejor, ya que tenía cierta connotación del Oeste, pero no quedaba ya relacionado directamente con esa estúpida marioneta. El siguiente novato que llegó no tuvo tanta suerte. Llevaba una canasta muy vistosa, y eso fue un fallo, ya que, según la costumbre generalizada y sin pretensiones, se llevaban bolsas de papel marrón. Era demasiado bonita, demasiado nueva. Era como si su madre se la hubiera comprado y además se la hubiera llenado. Así que se convirtió en su apodo. Canasto no tenía muy buen humor. No hacía más que quejarse, y tenía una actitud bastante negativa. Todo era siempre culpa de otra persona. Era susceptible y no demasiado rápido a la hora de responder.

Canasto no consiguió aceptar su apodo ni tampoco adaptarse a su nuevo trabajo. Adoptaba una actitud de irritación condescendiente cuando alguien le dirigía la palabra y reaccionaba al trabajo de la misma forma. No era nada divertido estar a su lado. Era incapaz de aceptar una sola broma, y eso es algo desastroso dentro de una cuadrilla. A los tres días de persistir con su mal humor y sus aires generales de superioridad indignada, empezó a ser víctima de un acoso que iba mucho más allá del mote. Así, podía estar trabajando concentrado en la vía, rodeado de unos setenta hombres que cubrían una superficie de unos cuatrocientos metros. De repente, como salida de la nada, una pequeña piedra aparecía volando en dirección a su casco. Si le daba de lleno, salía un sonido sordo que resultaba profundamente placentero para todos los que estaban mirando la escena en silencio. Ni siquiera así se ponía de mejor humor. Así pues, las piedras fueron haciéndose más grandes. Canasto se atareaba con algo y se olvidaba de estar alerta. Y entonces, «¡pam!», una piedra tirada con mucha puntería acertaba, provocándole un ataque de furia e irritación totalmente inútil. Y a lo largo de toda la vía se extendía una risotada silenciosa. Tras unos cuantos días así, desapareció igual de ignorante y con unos cuantos moretones encima.

Los hombres se imponen entre sí un código de comportamiento cuando trabajan juntos. Haz tu trabajo. Carga con lo que te toca. Mantente despierto y presta atención. No lloriquees ni seas delicado. Defiende a tus amigos. No seas un servil ni un soplón. No te conviertas en esclavo de reglas estúpidas. Y, en las palabras inmortales de Arnold Schwarzenegger, no seas un amanerado. No seas dependiente. Para nada. Nunca. Y punto. Las provocaciones que forman parte de la aceptación en una cuadrilla de obreros son una prueba: ¿eres duro, divertido, competente y fiable? Si no, lárgate. Así de simple. No tenemos ninguna necesidad de tenerte lástima. No queremos aguantar tu narcisismo y no queremos tener que hacer tu trabajo.

Hubo un anuncio famoso, en forma de tira de cómic, que el culturista Charles Atlas hizo publicar entre las décadas de 1940 y 1980. Se titulaba *El insulto que convirtió a Mac en un hombre* y se podía encontrar en prácticamente todos los cómics, la mayoría de los cuales los leían chicos. Mac, el protagonista, está sentado en una toalla de playa con una atractiva joven. Pasa un maleante que, de una patada, les echa arena a la cara. Mac protesta. El otro, que es mucho más grande que él, lo agarra por el brazo y le dice: «Mira, te partiría la cara... Pero estás tan flaco que igual y salías volando». El patán se larga. Mac le dice a la chica: «¡Vaya tipo! Un día lo atraparé». Mac se va a casa, piensa en su lamentable físico y se compra el programa de ejercicios Atlas. En poco tiempo, consigue tener un cuerpo nuevo. Y la siguiente vez que va a la playa, le planta un puñetazo en la cara al patán. La chica, que ahora desborda admiración, se le agarra al brazo. «¡Oh, Mac! —le dice—. Después de todo eres un hombre de verdad».

Ese anuncio es famoso por algo. Resume la psicología sexual humana en siete viñetas muy claras. El joven enclenque se siente avergonzado e inseguro, como tiene que ser. ¿Para qué vale? Lo ningunean los otros hombres y, peor aún, las mujeres atractivas. Pero, en vez de dejarse llevar por el resentimiento y de recluirse en su guarida para ver videojuegos en ropa interior cubierto de restos de Cheetos, se ofrece a sí mismo lo que Alfred Adler, el colega más práctico de Freud, denominó «fantasía compensatoria».[41] El objetivo de este tipo de fantasía no es tanto satisfacer un deseo como identificar un verdadero camino que permita avanzar. Mac toma debida nota de su complexión de espantapájaros y decide que tendría que desarrollar un cuerpo más fuerte. Y lo que es aún más importante, aplica el plan. Se identifica con la parte de sí mismo que podría trascender su estado actual y se convierte en el héroe de su propia aventura. Vuelve a la playa y le pega un puñetazo en la cara al patán. Mac gana, pero también gana su futura novia, así como todos los demás.

Algo que supone una clara ventaja para las mujeres es que a los hombres no les hace ninguna gracia depender los unos de los otros. Uno de los motivos por los cuales una mujer de clase trabajadora ahora no se casa, tal y como he mencionado antes, es que no quiere cuidar de un hombre que esté intentando encontrar trabajo, como hace con sus propios hijos. Y tiene razón. Una mujer tendría que cuidar de sus hijos, si bien no es eso todo lo que tendría que hacer. Y un hombre tendría que cuidar de una mujer y de los niños, si bien no es eso todo lo que tendría que hacer. Pero una mujer no tendría que cuidar de un hombre porque tiene que cuidar de los niños, y un hombre no tendría que ser un niño. Esto significa que no tiene que ser dependiente. Es una de las razones por las cuales los hombres no tienen mucha paciencia con los hombres dependientes. Y no lo olvidemos: las mujeres malvadas pueden criar a hijos dependientes, pueden apoyarlos e incluso casarlos, pero las mujeres despiertas y conscientes quieren un compañero despierto y consciente.

Por este motivo Nelson Muntz, de *Los Simpson*, resulta tan necesario al pequeño grupo social que rodea al hijo de Homero, el antihéroe Bart. Sin Nelson, el rey de los patanes, la escuela enseguida estaría controlada por resentidos y delicados como Milhouse, por narcisistas e intelectuales como Martin Prince, por niños alemanes blandos que se ponen las botas con chocolate o por auténticos críos como Ralph Wiggum. Muntz es un correctivo, un niño duro y autosuficiente que utiliza su propia capacidad de desprecio para decidir dónde está el límite que no se puede traspasar en cuanto a comportamientos patéticos e inmaduros. Una parte de la genialidad de *Los Simpson* es la negativa de los guionistas a dibujar a Nelson como un patán sin remedio. Abandonado por un padre inútil y desatendido (afortunadamente) por una madre inconsciente y ligera de cascos, a Nelson no le va del todo mal, al fin y al cabo. Incluso suscita el interés romántico de la extremadamente progresista Lisa, algo que esta vive con consternación y confusión (más o menos por las mismas razones por las que *Cincuenta sombras de Grey* se convirtió en un fenómeno mundial).

Cuando la delicadeza y la incapacidad de hacer daño se convierten en las únicas virtudes conscientemente aceptables, entonces la insensibilidad y la dominación comienzan a ejercer una fascinación inconsciente. La implicación parcial que esto tiene para el futuro es que, si se insiste demasiado para que se feminicen, los hombres se irán interesando cada vez más por ideologías políticas hostiles y fascistas. *El club de la pelea*, quizá la película fascista más popular creada por Hollywood en los últimos años, con la posible excepción de la saga de Iron Man, proporciona una perfecta ilustración de este tipo de atracción irresistible. La oleada populista de apoyo a Donald Trump en los Estados Unidos forma parte del mismo proceso, al igual que (de forma mucho menos siniestra) el reciente auge de los partidos políticos de extrema derecha incluso en lugares tan moderados y liberales como Holanda, Suecia y Noruega.

Los hombres tienen que volverse más duros. Es algo que ellos mismos exigen y que las mujeres desean. Puede que estas no aprueben las actitudes severas y despectivas, pero son una parte integrante del proceso socialmente complicado que endurece a un hombre y luego lo refuerza. A algunas mujeres no les gusta perder a sus hijitos, así que se los quedan para siempre. A algunas mujeres no les gustan los hombres y preferirían tener una pareja sumisa, aunque sea un inútil. Así, además, cuentan con un buen motivo para compadecerse. Nunca hay que subestimar los placeres de la autocompasión.

Los hombres se vuelven duros empujándose a sí mismos y empujándose entre sí. Cuando era adolescente, los chicos tenían muchas más probabilidades de verse envueltos en accidentes de coche que las chicas (y todavía es así). Se debía a que se dedicaban a derrapar en estacionamientos cubiertos de hielo. Disputaban carreras de velocidad y conducían a campo traviesa por colinas que se extendían desde el cercano río hasta alturas que quedaban a cientos de metros por encima. Era más probable que llegaran a los golpes, que faltaran a clases, que se metieran con los profesores o que abandonaran el colegio porque estaban hartos de levantar la mano y pedir permiso para ir al baño cuando eran lo suficientemente grandes y fuertes como para trabajar en una torre de extracción petrolífera. Era más probable que echaran carreras de motos en un lago helado. Como los que andan en patineta, los que escalan grúas y los que practican el *freerunning*, hacían cosas peligrosas intentando ser útiles. Cuando este proceso va demasiado lejos, los chicos (y los hombres) derivan hacia el comportamiento antisocial que predomina mucho más entre los hombres que entre las mujeres.[42] Pero eso no significa que cualquier manifestación de osadía y valentía sea criminal.

Cuando los chicos se dedicaban a derrapar, también estaban probando los límites de sus coches, su habilidad como conductores, así como su capacidad de manejar situaciones incontrolables. Cuando se metían con los profesores, estaban rebelándose contra la autoridad para ver si había de verdad una autoridad, el tipo de autoridad en la que en principio se puede confiar en momentos de crisis. Cuando abandonaban el colegio, iban a trabajar en torres de perforación petrolífera con temperaturas de cuarenta malditos grados bajo cero. No era la debilidad lo que sacaba a tantos de la clase, donde teóricamente les esperaba un futuro mejor. Era la fuerza.

Si son sanas, las mujeres no quieren chicos, quieren hombres. Quieren a alguien con quien competir, alguien con quien luchar. Si son duras, quieren a alguien que lo sea más. Si son listas, quieren a alguien más listo. Desean a alguien que ponga encima de la mesa algo que ellas no puedan conseguir. Así las cosas, en ocasiones a las mujeres duras, listas y atractivas les resulta complicado encontrar pareja: no hay muchos hombres por ahí que puedan superarlas lo suficiente como para que les resulten interesantes (hombres que estén por encima, tal y como expresa un estudio, en «ingresos, formación, seguridad, inteligencia, dominio y posición social»).[43] Por tanto, el espíritu que interfiere cuando los chicos están tratando de hacerse hombres no les hace ningún favor a las mujeres ni a los hombres. Se entrometerá de la misma forma gritona y mojigata («no puedes hacerlo, es demasiado peligroso») cuando una niña pequeña intente ponerse de pie por sí sola. Es algo que niega la consciencia, algo inhumano que desea el fracaso, celoso, resentido y destructivo. Nadie que de verdad se encuentre del lado de la humanidad podría ponerse del lado de algo así. Nadie que pretenda prosperar podría permitirse quedar poseído por algo así. Y si piensas que los hombres duros son peligrosos, espera a ver de lo que son capaces los débiles.

Deja en paz a los niños que andan en patineta.

REGLA 12

SI TE ENCUENTRAS A UN GATO
EN LA CALLE, ACARÍCIALO

LOS PERROS TAMBIÉN VALEN

Voy a empezar este capítulo declarando directamente que tengo un perro, un esquimal americano, una de las muchas variaciones del tipo básico spitz. Se les conocía como spitzes alemanes hasta que la Primera Guerra Mundial hizo que estuviera *verboten*, «prohibido», admitir que algo bueno podía venir de Alemania. Los esquimales americanos están entre los perros más hermosos, con una clásica cara angulosa de lobo, orejas estiradas, un pelaje largo y espeso y una cola rizada. También son muy inteligentes. Nuestro perro se llama Sikko (que significa «hielo» en una lengua inuit, según mi hija, que fue quien le puso el nombre) y es muy rápido aprendiendo trucos, incluso ahora que ya está viejo. Le enseñé algo nuevo hace poco, cuando cumplió trece años. Ya sabía dar la pata y sostener una golosina con la nariz. Le enseñé a hacer ambas cosas a la vez. La verdad, no está muy claro que le acabe de gustar.

Compramos a Sikko para mi hija Mikhaila cuando ella tenía unos diez años. Era un cachorro extremadamente tierno, con su naricita y sus orejitas, su cara redonda, sus grandes ojos y sus torpes movimientos, características que despiertan automáticamente un comportamiento protector en los humanos, ya sean hombres o mujeres.[1] Así le ocurría desde luego a Mikhaila, que también se ocupaba de cuidar de dragones barbudos, salamandras, pitones reales, camaleones, iguanas y un conejo gigante de Flandes de nueve kilos de peso y medio metro de largo llamado George, que mordisqueaba todo lo que había en casa y que a menudo se escapaba (para gran consternación de aquellos que divisaban aterrados cómo su silueta de delirantes dimensiones aparecía por sus diminutos jardines suburbanos). Mikhaila tenía todos estos animales porque le daban alergia las mascotas más tradicionales, a excepción de Sikko, que tenía la ventaja adicional de ser hipoalergénico.

Sikko ha acumulado cincuenta apodos (los hemos contado), con significados emocionales muy diferentes y que reflejan tanto el afecto que le demostrábamos como la ocasional frustración que suscitaban sus costumbres animales. «Perro Pulgoso» era probablemente mi favorito, pero también me gustaban mucho «Rata Sabuesa», «Bola de Pelo» y «Chupaperros». Los niños utilizan sobre todo «Fisgón» y «Chillón», pero los alternan con cosas como «Dormilón», «Perrofeo» o «Snorfalopogus» (que podría ser algo así como «Perro Gremlin»), por horrible que resulte admitirlo. Ahora el que más le gusta a Mikhaila es «Snorbs» (así se llama un monstruo parecido al yeti que devora el cerebro de los niños mientras duermen), que utiliza para saludarlo después de una larga ausencia. Para que surta el mayor efecto posible, hay que pronunciarlo con una voz aguda y sorprendida.

Sikko también cuenta con su propio *hashtag* de Instagram: #judgementalsikko.

Estoy describiendo a mi perro en vez de escribir directamente sobre gatos porque no quiero transgredir el fenómeno conocido como «identificación del grupo mínimo», descubierto por Henri Tajfel.[2] Este psicólogo social llevó a las personas con las que realizó su experimento a un laboratorio y las sentó delante de una pantalla en la que se proyectaba un número de puntos. Pidió a los participantes que estimaran cuántos eran. A continuación, los clasificó entre aquellos que estimaban a la alta y aquellos que lo hacían a la baja y, por otro lado, entre exactos en su cálculo e inexactos. Después, los dividió en grupos en función de cómo lo hubieran hecho. Y luego les pidió que repartieran dinero entre los miembros de todos los grupos.

Tajfel descubrió que los participantes mostraban una clara preferencia por los miembros de su propio grupo, rechazando una estrategia de distribución equitativa y recompensando de forma desproporcionada a aquellos con los que ahora se identificaban. Otros investigadores han asignado personas a diferentes grupos siguiendo criterios aún más arbitrarios como lanzar una moneda al aire. Incluso cuando se informaba a los participantes del procedimiento seguido para crear los grupos daba igual: la gente seguía favoreciendo a los compañeros que componían su mismo grupo.

Los estudios de Tajfel demostraron dos cosas: primero, que la gente es social; segundo, que la gente es antisocial. La gente es social porque le gustan los miembros de su propio grupo. La gente es antisocial porque no le gustan los miembros de los otros grupos. El motivo exacto por el que esto es así ha sido objeto de un debate continuo. Pienso que puede tratarse de la solución a un complejo problema de optimización. Este tipo de problemas se plantean, por ejemplo, cuando dos o más factores son importantes, pero no se puede maximizar ninguno de ellos sin disminuir el resto. Un problema así aparece, por ejemplo, a causa del enfrentamiento entre cooperación y competencia, dos principios que resultan social y psicológicamente deseables. La cooperación, para la seguridad y la amistad. La competencia, para el crecimiento personal y el estatus. Sin embargo, si un grupo determinado es demasiado pequeño, no goza ni de poder ni de prestigio y no puede impresionar a los otros grupos. Así pues, no resulta útil formar parte de uno de ellos. Pero si el grupo es demasiado grande, la probabilidad de ascender hasta lo más alto o hasta un punto cercano resulta menor. Así pues, resulta muy difícil ponerse a la delantera. Quizá si las personas se identifican con grupos tras tirar una moneda al aire es porque sienten un ardiente deseo de organizarse, de protegerse y aún así de contar con oportunidades razonables para ascender en la jerarquía de dominación. Entonces favorecen a su propio grupo porque hacerlo les sirve para prosperar, ya que ascender en algo que va hundiéndose no resulta una estrategia muy útil.

En cualquier caso, a raíz de este descubrimiento de Tajfel sobre las condiciones mínimas, empecé este capítulo relacionado con los gatos con una descripción de mi perro. De otra forma, la simple mención de un gato en el título les bastaría a muchos amantes de los perros para volverse contra mí, tan solo por no haber incluido a los cánidos dentro del grupo de entidades que merecen una caricia. Y puesto que también me gustan los perros, no tengo ningún motivo para cargar con semejante sino. Así que si te gusta acariciar a los perros cuando te los encuentras por la calle, no te sientas en la obligación de odiarme. Todo lo contrario, puedes estar seguro de que se trata de una actividad que también aplaudo. Y ahora querría presentar mis disculpas a todos los amantes de los gatos que ahora se sientan desairados porque se esperaban una historia acerca de gatos, pero han tenido que leer toda esta exposición sobre los perros. Quizá se sientan satisfechos si les aseguro que los gatos ilustran el mensaje fundamental que quiero plantear y del que terminaré hablando más adelante. Pero, antes de eso, tengo que pasar a otras cosas.

EL SUFRIMIENTO Y LAS LIMITACIONES DEL SER

La idea de que la vida es sufrimiento es un principio que aparece, de una forma u otra, en todas las doctrinas religiosas, tal y como ya he analizado. Los budistas lo afirman explícitamente. Los cristianos lo ilustran con la cruz. Los judíos conmemoran el sufrimiento a lo largo de siglos. Este tipo de razonamiento caracteriza universalmente a los grandes credos, porque los seres humanos son intrínsecamente frágiles. Se nos puede herir, e incluso destrozar, emocional y físicamente, y todos estamos sujetos a las depredaciones del envejecimiento y las derrotas. Se trata de una realidad deprimente y resulta razonable preguntarse cómo podemos esperar prosperar y ser felices (o incluso tan solo desear existir, en algunos casos) en semejantes circunstancias.

Hace poco estuve hablando con una paciente cuyo marido había conseguido plantarle cara al cáncer durante unos agónicos cinco años. Ambos habían resistido este periodo con entereza y valentía. Sin embargo, él acabó siendo víctima de la metástasis propia de tan horrible enfermedad y le habían dado un tiempo de vida muy corto. Quizá el momento más duro para escuchar este tipo de horribles noticias sea cuando todavía te encuentras en el frágil estado de convalecencia que tiene lugar después de haber conseguido superar unas malas noticias anteriores. La tragedia en una situación semejante parece particularmente injusta. Es el tipo de cosas que pueden hacer que desconfíes hasta de la misma esperanza. A veces es motivo suficiente para causar un trauma verdadero. Mi paciente y yo hablamos de una serie de cuestiones, algunas filosóficas y abstractas y otras más concretas. Compartí con ella algunas de las opiniones que me había formado acerca de los porqués de la vulnerabilidad humana.

Cuando mi hijo Julian tenía unos tres años, era particularmente tierno. Ahora tiene veinte años más, pero sigue siendo bastante tierno (un cumplido que seguro que le hará una tremenda ilusión leer). A causa de él, pensé mucho acerca de la fragilidad de los niños pequeños. A un niño de tres años se le hace daño fácilmente. Los perros pueden morderlos, los coches los pueden atropellar y los niños malos pueden tirarlos al suelo. Puede enfermarse, como de hecho sucedió en algunas ocasiones. Julian era propenso a las fiebres altas y al delirio que en ocasiones producen. A veces lo tenía que llevar a la regadera y refrescarlo mientras estaba alucinando o incluso peleando conmigo en su estado febril. Pocas cosas hacen más difícil aceptar las limitaciones fundamentales de la existencia humana que un niño enfermo.

Mikhaila, que le lleva un año y unos meses a Julian, también tuvo sus problemas. Cuando tenía dos años, me la subía a los hombros y la llevaba de un lado a otro. A los niños les gustan estas cosas. Sin embargo, después, cuando la devolvía al suelo, se sentaba y se ponía a llorar. Así que dejé de hacerlo. Parecía así que el problema había terminado, pero con una diferencia en apariencia banal. Mi mujer, Tammy, me dijo que Mikhaila tenía algún problema cuando andaba. Yo no lo podía ver. Tammy pensó que a lo mejor estaba relacionado con su reacción cuando la llevaba a hombros.

Mikhaila era una niña luminosa, con la que era muy fácil llevarse bien. Un día, cuando tenía unos catorce meses y vivíamos en Boston, la llevé junto a su madre y sus abuelos a Cape Cod. Al llegar, Tammy y sus padres se adelantaron andando y me dejaron solo en el coche con Mikhaila. Estábamos en el asiento delantero y ella estaba tumbada bajo el sol balbuceando. Me incliné hacia delante para oír lo que estaba diciendo.

«Feliz, feliz, feliz, feliz, feliz».

Así era ella.

Sin embargo, cuando cumplió seis años, empezó a volverse más melancólica. Costaba mucho sacarla de la cama por las mañanas y se vestía muy lentamente. Cuando íbamos de paseo a algún lado, se quedaba rezagada. Se quejaba de que le dolían los pies y de que los zapatos no le quedaban bien. Le compramos diez pares diferentes, pero no sirvió de nada. Iba a la escuela, permanecía con la cabeza levantada y se portaba como es debido. Pero cuando volvía a casa y veía a su madre, rompía a llorar.

Acabábamos de mudarnos de Boston a Toronto, así que atribuimos estos cambios al estrés del desplazamiento. Pero la cosa no mejoró. Mikhaila empezó a subir y bajar escaleras escalón por escalón. Se empezó a mover como alguien mucho mayor y se quejaba si le cogías la mano. (Una vez, mucho después, me preguntó: «Papá, cuando jugábamos a "Este cerdito fue al mercado" con los dedos cuando era pequeña, ¿era algo que tenía que doler?». Las cosas de las que te das cuenta demasiado tarde...).

Un médico en nuestra clínica local nos dijo: «A veces los niños tienen dolores de crecimiento. Son normales. Pero podrían llevarla a un fisioterapeuta». Y eso es lo que hicimos. El fisioterapeuta intentó rotar el talón de Mikhaila, pero no se movió. No estaba bien. El fisioterapeuta nos dijo: «Su hija tiene reumatismo juvenil». No era lo que queríamos escuchar. No nos gustó ese fisioterapeuta y volvimos a la clínica. Otro médico nos dijo que lleváramos a Mikhaila al Hospital de Niños Enfermos. Nos dijo: «Llévenla a urgencias, así podrán ver rápidamente a un reumatólogo». Y resultó que Mikhaila tenía artritis. El fisioterapeuta, que había transmitido las malas noticias, tenía razón. Tenía 37 articulaciones afectadas. Una artritis idiopática juvenil poliarticular severa (AIJ). ¿La causa? Desconocida. ¿El diagnóstico? Múltiples prótesis articulares.

¿Qué clase de Dios podría crear un mundo en el que algo así ocurriera, sobre todo a una niña feliz e inocente? Es una cuestión de una trascendencia absolutamente fundamental, tanto para los creyentes como para los que no lo son. Es una cuestión que se plantea (como tantas otras temáticas complicadas) en *Los hermanos Karamázov*, la gran novela de Dostoievski que empecé a comentar en la séptima regla. Dostoievski expresa sus dudas acerca de la conveniencia del Ser mediante el personaje de Iván, que, si recuerdas, es el hermano elocuente, apuesto y sofisticado (y el mayor adversario) del novicio monástico Aliosha. «Entiéndeme —dice Iván—, no es a Dios a quien rechazo, sino al mundo, al mundo creado por Él; el mundo de Dios no lo acepto ni puedo estar de acuerdo en aceptarlo».

Iván le cuenta a Aliosha una historia acerca de una niña cuyos padres la castigaron encerrándola toda la noche en una letrina congelada (una historia que Dostoievski sacó de un periódico de la época). «¡Y esa madre podría dormir cuando por la noche se oían los gemidos de la pequeña criaturita encerrada en un lugar infamante! —dice Iván—. ¿Te imaginas al pequeño ser, incapaz de comprender aún lo que le pasa, dándose golpes a su lacerado pecho con sus puñitos, en el lugar vil, oscuro y helado, llorando con lágrimas de sangre, sin malicia y humildes, pidiendo al "Dios de los niños" que la defienda? [...] Imagínate que tú mismo construyes el edificio humano con el propósito último de hacer feliz al hombre, de proporcionarle, al fin, paz y sosiego; mas para lograrlo te es absolutamente necesario e inevitable torturar solo a una pequeña criaturita, digamos a esa pequeñuela que se daba golpes en el pecho, [...] ¿estarías de acuerdo en ser el arquitecto en estas condiciones?». Con voz quebrada, Aliosha responde: «No, no estaría de acuerdo».[3] No haría lo que Dios parece permitir sin reparos.

Me había dado cuenta de algo importante acerca de esta cuestión tiempo atrás, cuando Julian —¿se acuerdan de él? :)— tenía tres años. Pensaba: «Quiero a mi hijo. Tiene tres años, es muy tierno, pequeñito y gracioso. Pero también siento mucho miedo, porque se puede hacer daño. Si tuviera el poder de cambiarlo, ¿qué haría?». Pensaba: «Podría medir seis metros en vez de uno. Entonces nadie podría tirarlo al suelo. Podría estar hecho de titanio, en vez de carne y hueso. Entonces, si algún niño le lanzara algún camión de juguete a la cabeza, no se inmutaría. Podría tener un cerebro futurista informatizado y así, si se hiciera daño, de alguna forma sus componentes se repondrían inmediatamente. ¡Y problema resuelto!». Pero no, el problema no estaba resuelto, y no solo porque este tipo de cosas resulten imposibles hoy en día. Fortificar artificialmente a Julian habría sido lo mismo que destruirlo. En lugar de su pequeña versión de tres años, sería un robot frío y duro como el acero. Y ese no sería Julian, sería un monstruo. Acabé dándome cuenta mientras pensaba en estas cosas de que aquello que se puede amar de verdad en una persona está indisociablemente unido a sus limitaciones. Julian no habría sido tan tierno, pequeñito y gracioso si no pudiera sufrir enfermedades, pérdidas, dolores y ansiedad. Y puesto que lo quería mucho, decidí que estaba bien tal como era, a pesar de su fragilidad.

Con mi hija ha sido más duro. A medida que su enfermedad avanzaba, empecé a llevarla de caballito (pero no a hombros) cuando salíamos a andar. Empezó a tomar naproxeno por vía oral y metotrexato, un potente agente quimioterapéutico. Le dieron unas cuantas inyecciones de cortisona (muñecas, hombros, tobillos, codos, rodillas, caderas, dedos —de las manos y de los pies—

y tendones), todas con anestesia general. Fueron de ayuda temporalmente, pero siguió empeorando. Un día, Tammy llevó a Mikhaila al zoo. Tuvo que llevarla en silla de ruedas.

Aquel no fue un buen día.

Su reumatóloga sugirió administrarle prednisona, un corticosteroide que se ha utilizado durante mucho tiempo para las inflamaciones. Pero la prednisona tiene muchos efectos secundarios, y la hinchazón aguda de la cara no es el menor de ellos. No quedaba claro que algo así fuera mejor que la artritis, al menos en el caso de una niña. Afortunadamente, si es que se puede utilizar esta palabra, la reumatóloga nos habló de un nuevo fármaco. Se había utilizado previamente, pero solo con adultos, así que Mikhaila se convirtió en la primera niña canadiense que recibió etanercept, un medicamento «biológico» específicamente diseñado para las enfermedades autoinmunes. En las primeras inyecciones, Tammy le suministró accidentalmente unas dosis que multiplicaban por diez lo recomendado. ¡Pum! Mikhaila ya estaba bien. Unas semanas después de la salida al zoo, no se estaba quieta y jugaba futbol de sala. Tammy se pasó todo el verano viéndola correr.

Queríamos que Mikhaila controlara su vida tanto como le resultase posible. Siempre la había motivado mucho el dinero. En una ocasión nos la encontramos fuera, rodeada de sus primeros libros infantiles, vendiéndolos a la gente que pasaba. Una noche, me senté con ella y le dije que le pagaría cincuenta dólares si podía aplicarse ella misma las inyecciones. Tenía ocho años. Se pasó cuarenta y cinco minutos intentándolo, con la aguja al lado del muslo. Y al final lo hizo. En la siguiente ocasión le pagué veinte dólares, pero solo le di diez minutos. Después fueron diez.

Unos años más tarde, Mikhaila se libró de todos los síntomas. La reumatóloga sugirió empezar a suspender la medicación. Algunos niños superan la AIJ cuando alcanzan la pubertad. Nadie sabe por qué. Empezó a tomar metotrexato en pastillas en vez de inyectárselo. Las cosas fueron bien durante cuatro años. Y entonces, un día le empezó a doler el codo. La llevamos al hospital. «Solo tienes una articulación artrítica en proceso activo», dijo el asistente de la reumatóloga. Pero no era «solo» eso. Dos no es mucho más que uno, pero uno sí es mucho más que cero. Ese uno significaba que no había superado la artritis, a pesar de la interrupción. Las noticias la devastaron durante un mes, pero siguió yendo a clases de baile y jugando a la pelota con sus amigos en la calle delante de nuestra casa.

La reumatóloga tuvo más cosas desagradables que contarnos el mes de septiembre siguiente, cuando Mikhaila empezó el penúltimo año de escuela secundaria. Una resonancia magnética había revelado un deterioro en la articulación de la cadera. Le dijo a Mikhaila: «Antes de que cumplas treinta años, habrá que ponerte una prótesis en la cadera». ¿Quizá el daño se había producido antes del milagroso efecto del etanercept? No lo sabíamos. Eran muy malas noticias. Un día, unas semanas más tarde, Mikhaila estaba jugando al hockey en el gimnasio de su escuela secundaria cuando su cadera se trabó. Tuvo que salir de la pista cojeando. Y el dolor fue a más. La reumatóloga le dijo: «Parece que una parte de tu fémur está muerta. No vas a necesitar la prótesis de cadera a los treinta años. La necesitas ahora».

Sentado con mi paciente, mientras me hablaba de cómo avanzaba la enfermedad de su marido, debatimos sobre la fragilidad de la vida, la catástrofe de la existencia y el sentido de nihilismo que evoca el espectro de la muerte. Yo empecé con mis pensamientos acerca de mi hijo. Como hacen todas las personas en estas situaciones, ella se había preguntado: «¿Por qué a mi marido? ¿Por qué a mí? ¿Por qué esto?». Mi mejor respuesta era la conclusión a la que había llegado sobre la relación directa entre la vulnerabilidad y el Ser. Le conté una antigua historia judía que me parece que forma parte de la exégesis de la Torá. Comienza con una pregunta que está estructurada como un *koan*, uno de esos problemas que en la tradición zen el maestro plantea al alumno para comprobar sus progresos: imagina a un Ser que es omnisciente, omnipresente y omnipotente, ¿qué le falta a ese Ser?[4] ¿La respuesta? Limitación.

Si ya lo eres todo, siempre y en todas partes, no hay ningún lugar adonde ir ni nada más que ser. Todo lo que podría ser ya es, y todo lo que podría ocurrir ya ha ocurrido. Y por ese motivo, según cuenta la historia, Dios creó al hombre. Si no hay limitación, no hay historia. Y si no hay historia, no hay Ser. Es esta la idea que me ha ayudado a sobrellevar la terrible fragilidad del Ser. También ayudó a mi cliente. No quiero exagerar el significado que esto tuvo ni quiero dar a entender que de alguna forma así se resolvió todo. Mi paciente siguió enfrentándose al cáncer que afectaba a su marido de la misma forma que yo seguí enfrentándome a la terrible enfermedad de mi hija. Pero hay algo que decir una vez que se reconoce que la existencia y la limitación están indisolublemente relacionadas.

> Treinta radios de una rueda
> convergen en un centro
> es el vacío el que hace que la rueda sea útil.
> Mezcla arcilla y haz una vasija
> es el vacío el que hace que la vasija sea útil.
> Construye una habitación
> abre puertas y ventanas
> es el espacio abierto el que las hace útiles.
> Lo que hay es provechoso,
> lo que no hay, útil.[5]

Un descubrimiento similar se ha podido apreciar recientemente en el mundo de la cultura popular con la evolución de Superman, el icono cultural de DC Comics. Superman fue creado en 1938 por Jerry Siegel y Joe Shuster. Al principio podía mover coches, trenes e incluso barcos. Podía correr más rápido que una locomotora. Podía «de un solo salto pasar por encima de grandes edificios». Sin embargo, a medida que se desarrolló a lo largo de las cuatro décadas siguientes, sus poderes empezaron a expandirse. A finales de la década de 1960 podía volar más rápido que la luz. Tenía un oído prodigioso y vista de rayos X. Disparaba rayos de calor por los ojos, congelaba objetos y generaba huracanes con su aliento. Podía mover planetas enteros y las explosiones nucleares ni lo inmutaban. Y si en alguna ocasión llegaban a herirlo, sanaba de inmediato. Superman se había vuelto invulnerable.

Y entonces sucedió algo extraño. Se volvió aburrido. Cuanto más increíbles eran sus poderes, más difícil resultaba pensar en cosas interesantes que pudiera hacer. DC ya había superado este problema en la década de 1940. Superman se volvió vulnerable a la radiación producida por la kriptonita, un material sacado del planeta destrozado del que él era originario. Con el tiempo llegaron a aparecer hasta doce variantes distintas. La kriptonita verde debilitaba a Superman y, en una proporción determinada, podía incluso matarlo. La roja hacía que se comportara de forma extraña. La roja y verde hacía que mutara (en una ocasión le salió un tercer ojo en la nuca).

Hicieron falta otras técnicas para conseguir que la historia de Superman siguiera siendo atractiva. En 1976 tenía que enfrentarse a Spiderman. Era la primera vez que se cruzaban la advenediza Marvel Comics de Stan Lee y sus personajes menos idealizados con la DC, propietaria de Superman y Batman. Pero Marvel tenía que aumentar los poderes de Spiderman para que la batalla resultara plausible, algo que contravenía las reglas del juego. Si Spiderman es Spiderman es porque tiene los poderes de una araña. Si de repente se le atribuye cualquier otro poder tradicional, deja de ser Spiderman y el argumento se viene abajo.

A finales de la década de 1980, Superman sufría de un *deux ex machina* terminal, un término latino que significa «dios desde la máquina». En las obras griegas y romanas, este término se refería a la salvación del héroe en peligro gracias a la milagrosa aparición de un dios todopoderoso. Incluso hoy en día, en las historias mal escritas, un personaje en problemas puede salvarse y una historia a la deriva se puede redimir con un poco de magia improbable o algún tipo de artimaña alejada de las expectativas razonables del lector. Es justo lo que hace en ocasiones Marvel Comics para rescatar una historia. Salvavidas (o Lifeguard), por ejemplo, es un personaje de X-Men que puede desarrollar cualquier poder necesario para salvar una vida. Es muy útil tenerlo cerca. En la cultura popular abundan los ejemplos de este tipo. Así, al final del libro de Stephen King *Apocalipsis* (alerta, *spoiler*), el mismo Dios destruye a los malos de la novela. Toda la novena temporada (1985-1986) de la famosa telenovela *Dallas* acabó resultando un sueño. Los seguidores protestan ante este tipo de giros, y con razón. Los estafaron. La gente que sigue una historia está dispuesta a renunciar a su incredulidad mientras las limitaciones que permiten que la historia sea posible resulten coherentes y consistentes. Los guionistas, por su parte, aceptan ser coherentes con sus decisiones iniciales, y cuando no lo hacen, los seguidores se enfadan. Sienten ganas de tirar el libro a la hoguera o de lanzar un ladrillo a la pantalla.

Y ese fue el problema de Superman: desarrolló poderes tan extremos que podía convertirse en *deus* para salvarse de cualquier situación y en cualquier momento. Así pues, en la década de 1980, la franquicia estuvo a punto de morir. El historietista John Byrne consiguió reflotarla reescribiendo Superman, es decir, conservando su biografía pero eliminando muchos de los poderes que había acumulado. Ya no podía levantar planetas ni salir ileso de una bomba H. Asimismo, pasó a depender del sol para mantener su poder, como un vampiro inverso. Adquirió así algunas limitaciones razonables. Un superhéroe que puede hacer lo que sea acaba dejando de ser un superhéroe. No es nada específico, así que no es nada. No tiene nada contra lo que luchar, así que no puede resultar admirable. Cualquier clase de Ser parece requerir limitaciones. Quizá sea porque el Ser exige el llegar a ser, más allá de una existencia exclusivamente estática, y llegar a ser algo significa llegar a ser algo más o, al menos, algo diferente. Eso es algo que tan solo un ente limitado está en condiciones de realizar.

Estamos de acuerdo.

¿Pero qué decir sobre el sufrimiento que dichos límites producen? Quizá los límites impuestos por el Ser son tan extremos que habría que renunciar a todo el proyecto. Dostoievski expresa esta idea claramente en boca del protagonista de *Memorias del subsuelo*: «Resumiendo, se puede decir todo acerca de la historia universal, todo cuanto le venga a uno a la cabeza, máxime si se tiene la imaginación desatinada. Solo una cosa no se podría decir: que haya sido cuerda. Se atragantarían en la primera palabra».[6] El Mefistófeles de Goethe, el adversario del Ser, anuncia explícitamente su oposición a la creación de Dios en *Fausto*, tal y como hemos visto. Años más tarde, Goethe escribió la segunda parte de la obra e hizo que el diablo repitiera su credo de una forma ligeramente diferente, tan solo para insistir en el mismo mensaje:[7]

> ¡Finalizado y la nada absoluta son una y la misma cosa!
> ¿Qué nos importa entonces la creación eterna?
> ¿Crear acaso para transformarlo en nada?
> «¡Ha finalizado!». ¿Qué se deriva de ello?
> Vale lo mismo que si no hubiese existido,
> y da vueltas a la noria como si fuese algo.
> Preferiría el vacío eterno.

Cualquiera puede entender estas palabras cuando un sueño se derrumba, un matrimonio se termina o algún miembro de la familia contrae una enfermedad devastadora. ¿Cómo puede estructurarse la realidad de una forma tan insoportable? ¿Cómo puede ser posible algo así?

Quizá, tal como sugerían los chicos de Columbine (véase la sexta regla), sería mejor no ser y punto. Quizá sería incluso mejor si no existiese ningún tipo de Ser. Pero la gente que llega a la primera conclusión coquetea con el suicidio y los que alcanzan la segunda se acercan a algo todavía peor, algo verdaderamente monstruoso. Rondan la idea de la destrucción total. Especulan con el genocidio o alguna cosa más horrible. Hasta las zonas más oscuras tienen sus propios recovecos oscuros. Y lo verdaderamente terrorífico es que este tipo de conclusiones resultan comprensibles, quizá inevitables, si bien no resulta inevitable llevarlas a la práctica. ¿Qué ha de pensar una persona razonable cuando tiene que lidiar, por ejemplo, con un niño que sufre? ¿No son precisamente las personas razonables y compasivas las que verán cómo ese tipo de pensamientos les pasa por la cabeza? ¿Cómo podría un buen dios permitir que un mundo así existiera?

Puede que esas conclusiones sean lógicas, puede que sean comprensibles. Pero esconden una trampa terrible. Las acciones que engendran (si no los mismos pensamientos) tan solo sirven, de forma inevitable, para empeorar todavía más una situación que ya es mala de por sí. Odiar la vida, despreciarla, incluso si es por el incuestionable dolor que inflige, tan solo sirve para empeorarla aún más de manera insoportable. No supone una auténtica protesta ni tiene nada de bueno, no es sino el deseo de producir sufrimiento por producirlo. Y esa es la misma esencia del mal. La gente que llega a semejantes conclusiones se encuentra a un paso del caos absoluto. A veces tan solo le faltan las herramientas. A veces, como Stalin, controlan con el dedo el botón nuclear.

¿Pero acaso existe algún tipo de alternativa coherente, habida cuenta de los evidentes horrores de la existencia? ¿Acaso se puede justificar de verdad al Ser, con sus mosquitos de la malaria, sus niños soldados y sus enfermedades neurológicas degenerativas? No estoy seguro de que hubiera podido formular una respuesta adecuada para una pregunta así en el siglo XIX, antes de que se perpetraran monstruosamente los horrores totalitarios del siglo XX contra millones de personas. No creo que sin la realidad del Holocausto, las purgas estalinistas o el catastrófico Gran Salto Adelante de Mao[8] fuera posible entender por qué semejantes dudas no resultan moralmente permisibles. Tampoco pienso que sea posible responder a esta pregunta pensando. Pensar conduce de forma inexorable al abismo. No le sirvió a Tolstói y puede que tampoco le sirviera a Nietzsche, de quien podría decirse que pensó con mayor claridad que nadie en la historia sobre estas cosas. Pero si no se puede confiar en el pensamiento en las situaciones más desesperadas, ¿entonces qué nos queda? El pensamiento, al fin y al cabo, es el más elevado de los logros humanos, ¿o no?

Quizá no.

Hay algo que desbanca al pensamiento, a pesar de su poder verdaderamente asombroso. Cuando la existencia se revela como algo existencialmente intolerable, el pensamiento se hunde sobre sí mismo. En semejantes situaciones, en las profundidades, lo que te funciona no es pensar, sino darte cuenta. Quizá puedas empezar por darte cuenta de esto: cuando quieres a alguien, no es a pesar de sus limitaciones, sino a causa de ellas. Claro que es algo complicado. No tienes que estar enamorado de cada uno de los defectos y simplemente aceptarlos. No tendrías que dejar de intentar que la vida sea mejor o tolerar el sufrimiento tal y como está. Pero parece que, en la senda que nos lleva a mejorar, hay límites más allá de los cuales sería mejor no adentrarse a no ser que queramos sacrificar nuestra propia humanidad. Es cierto, una cosa es decir: «El Ser requiere limitaciones» y seguir tan contento cuando el sol brilla, tu padre no tiene alzhéimer, tus hijos están sanos y tu matrimonio es feliz. ¿Pero qué pasa cuando las cosas van mal?

LA DESINTEGRACIÓN Y EL DOLOR

Mikhaila pasó muchas noches en vela cuando sentía dolor. Cuando venía a visitarla su abuelo, le daba algunos de sus comprimidos de Tylenol 3, un analgésico y antiinflamatorio que lleva codeína. Entonces ella podía dormir, pero no mucho tiempo. Nuestra reumatóloga, gracias a la cual la enfermedad de Mikhaila había remitido, llegó al límite de su coraje enfrentándose al dolor de nuestra hija. En una ocasión había prescrito opiáceos a una chica, que se volvió adicta, así que se juró no volver a hacerlo nunca. Le dijo: «¿Alguna vez has probado el ibuprofeno?». Mikhaila descubrió así que los doctores no lo saben todo. Para ella el ibuprofeno era como migajas de pan para alguien que se muere de hambre.

Hablamos con un nuevo médico, que escuchó atentamente. Después ayudó a Mikhaila. Primero le prescribió Tylenol 3, la misma medicación que su abuelo había compartido con ella brevemente. Fue algo valiente, ya que los doctores se enfrentan a mucha presión para no prescribir opiáceos, sobre todo a niños. Pero los opiáceos funcionan. Enseguida, en cualquier caso, el Tylenol dejó de ser suficiente. Empezó a tomar oxicodona, un opioide que es conocido peyorativamente como «la heroína paleta». Sirvió para controlarle el dolor, pero produjo otros problemas. Tammy salió a comer con Mikhaila una semana después de que empezara el tratamiento. Parecía que iba borracha. Hablaba con dificultades y cabeceaba. Y eso no era bueno.

Mi cuñada es enfermera de cuidados paliativos. Le pareció que, además de oxicodona, podíamos administrarle Ritalin, una anfetamina que a menudo se utiliza con niños hiperactivos. El Ritalin le devolvió a Mikhaila la ludicez y también reveló cierto efecto calmante (algo muy bueno si alguna vez tienes que enfrentarte al sufrimiento intratable de alguien). Pero su dolor se volvió cada vez más atroz. Empezó a caerse. Y entonces la cadera se le volvió a trabar, en esta ocasión en el metro, un día que las escaleras mecánicas no funcionaban. Su novio la cargó escaleras arriba y volvió a casa en taxi. El metro dejó de ser un medio de transporte fiable. Ese mes de marzo le compramos a Mikhaila una motocicleta de 50 cc. Era peligroso dejar que se subiera a ella. Pero también era peligroso que se sintiera sin libertad. Así pues, elegimos el primer peligro. Aprobó el examen provisional, lo que le permitía utilizar el vehículo durante el día. Tenía unos meses para progresar y conseguir la licencia permanente.

En mayo le implantaron la prótesis de cadera. El cirujano pudo incluso ajustar una diferencia de medio centímetro preexistente en la longitud de la pierna. El hueso tampoco había muerto, solo se trataba de una sombra en la radiografía. Su tía y sus abuelos vinieron a verla. Tuvimos unos días mejores. Sin embargo, inmediatamente después de la intervención, Mikhaila fue ingresada en un centro de recuperación de adultos. Allí era la persona más joven del lugar, la siguiente le sacaba unos sesenta años. Su compañera de habitación, mayor y muy neurótica, no permitía que las luces estuvieran apagadas, ni siquiera de noche. La anciana no podía ir al baño y tenía que utilizar un orinal. Tampoco soportaba que la puerta de la habitación estuviera cerrada, pero se encontraban justo al lado del puesto de las enfermeras, con sus continuos timbres de alarma y conversaciones en voz alta. Era imposible dormir allí cuando hacía falta dormir. No se permitían las visitas después de las siete de la tarde. El fisioterapeuta, que era el único motivo para haberla trasladado, estaba de vacaciones. La única persona que la ayudaba era el conserje, que se ofreció a llevarla a una sala con varias camas cuando le contó a la enfermera de guardia que no podía dormir. Se trataba de la misma enfermera que se había reído cuando se enteró de qué habitación le había tocado a Mikhaila.

Se supone que debía permanecer allí seis semanas. Estuvo tres días. Cuando el fisioterapeuta volvió de sus vacaciones, Mikhaila trepó por las escaleras del centro de recuperación e inmediatamente controló los ejercicios adicionales que le indicaron. Mientras lo hacía, acondicionamos la casa con los pasamanos necesarios. Y después nos la llevamos a casa. Pudo soportar bien todo el dolor y la operación, pero ¿qué decir del horrible centro de recuperación? Le causó síntomas de estrés postraumático.

Mikhaila se inscribió en un curso completo de prácticas de conducción de motocicletas para poder seguir utilizando la suya de forma legal. A todos nos aterrorizaba que esto fuera necesario. ¿Y si se caía? ¿Y si tenía un accidente? El primer día, Mikhaila practicó con una motocicleta de verdad. Era pesada y se le cayó varias veces. Vio cómo otro conductor novato volcaba y salía rodando en medio del estacionamiento en el que se realizaba el curso. En la mañana del segundo día, tenía miedo de volver. No quería salir de la cama. Hablamos un buen rato y decidimos de común acuerdo que por lo menos iría con Tammy hasta el lugar donde se celebraba el curso. Si se veía incapaz, se quedaría en el coche hasta que terminara la sesión. En el camino recobró el valor. Cuando le dieron el certificado, todos sus compañeros se pusieron de pie y aplaudieron.

Y entonces su tobillo derecho se desintegró. Sus médicos querían fundir los huesos grandes afectados en una sola pieza, pero así se habrían deteriorado los huesos más pequeños del pie, pues tendrían que soportar una mayor presión. Quizá no es algo tan insufrible si se tiene ochenta años, aunque tampoco es precisamente un premio. Pero no es una solución válida para una persona que está en la adolescencia. Insistimos en una reconstrucción artificial, si bien se trataba de una intervención novedosa. La lista de espera era de tres años, algo totalmente inasumible. El tobillo afectado le dolía mucho más que los problemas anteriores de cadera. Una noche particularmente mala, empezó a delirar y a decir cosas absurdas. No podía calmarla. Sabía que había llegado al límite de su resistencia. Decir que fue un momento de gran estrés es quedarse muy corto.

Nos pasamos semanas y meses investigando de forma desesperada todo tipo de dispositivos de prótesis, intentando evaluar su conveniencia. Buscamos por todas partes para dar con la operación más rápida: India, China, España, Reino Unido, Costa Rica, Florida. Contactamos con el Ministerio de Salud de Ontario, donde fueron de gran ayuda. Localizaron a un especialista en la otra punta del país, en Vancouver. A Mikhaila le colocaron una prótesis de tobillo en noviembre. El posoperatorio fue una agonía absoluta. Tenía el pie mal colocado y la escayola le apretaba la piel contra el hueso. En la clínica no querían darle la oxicodona suficiente para controlar el dolor. Puesto que lo había utilizado previamente, ahora su nivel de tolerancia al analgésico era muy elevado.

Cuando volvió a casa, ya menos dolorida, Mikhaila empezó a disminuir los opiáceos. Odiaba la oxicodona, a pesar de su evidente utilidad. Decía que hacía que su vida se volviera gris. Dadas las circunstancias, a lo mejor era algo bueno. En cuanto le fue posible, dejó de tomarla. Sufrió el periodo de abstinencia durante meses, con sudores nocturnos y hormigueos, la sensación de que por debajo de la piel tienes hormigas subiéndote y bajándote por la pierna. Otro efecto de la abstinencia es que se volvió incapaz de disfrutar cualquier tipo de placer.

Durante gran parte de este periodo, nos vimos abrumados. Las exigencias del día a día no se detienen solo porque te haya arrollado una catástrofe. Todo lo que siempre habías tenido que hacer lo tienes que seguir haciendo. Así pues, ¿cómo te las arreglas? He aquí algunas de las cosas que aprendimos.

Resérvate un tiempo para hablar y pensar en la enfermedad o la crisis que sea y en cómo habría que gestionarla cada día. No hables ni pienses en ella de otra manera. Si no limitas su efecto, terminas agotado y todo acaba precipitándose en el abismo. Y esto no te ayuda. Mantén las fuerzas. Estás en guerra, no en una batalla, y la guerra se compone de muchas batallas. Tienes que mantenerte operativo a lo largo de todas ellas. Cuando irrumpan las preocupaciones relativas a la crisis en cualquier otro momento, recuérdate que le dedicarás todo el tiempo necesario en el momento que has elegido. Suele funcionar. A las partes de tu cerebro que generan la ansiedad les interesa más que haya un plan que los detalles de este. No programes este tiempo por la tarde o por la noche, porque después no podrás dormir. Y si no puedes dormir, todo acabará viniéndose abajo.

Cambia la unidad de tiempo que utilizas para enfocar la vida. Cuando brilla el sol, todo va bien y las vacas son gordas, puedes hacer planes para el mes que viene, para el año que viene y para los próximos cinco años. Puedes incluso soñar con la próxima década. Pero resulta imposible hacerlo cuando tienes la pierna metida en la mandíbula de un cocodrilo. «A cada día le basta su desgracia» (Mateo 6:34). A menudo se interpreta como «vive en el presente, no te preocupes por el mañana». Pero no es eso lo que quiere decir. Hay que interpretar esta orden en el contexto del Sermón de la Montaña, del cual forma parte fundamental. En este sermón se sintetizan las diez prohibiciones de los Mandamientos de Moisés en una única autorización prescriptiva. Cristo conmina a sus seguidores a que depositen su fe en el reino celestial de Dios y en la verdad. Se trata de una decisión consciente que implica aceptar el bien primordial del Ser. Es un acto de valentía. Aspira bien alto, como el Geppetto de Pinocho. Pídele un deseo a una estrella y entonces compórtate en consecuencia, de acuerdo con tal aspiración. Una vez que te encuentres alineado con el cielo, puedes concentrarte en el día de hoy. Ten cuidado. Ordena las cosas que puedes controlar. Arregla aquello que parezca defectuoso y mejora las cosas que ya están bien. Quizá, si vas con cuidado, puedas salir adelante. La gente es muy dura y puede sobrevivir a grandes dolores y derrotas. Pero para perseverar necesitan ver lo bueno que tiene el Ser. Si lo pierden, entonces están perdidos de verdad.

LOS PERROS, DE NUEVO..., Y LOS GATOS, POR FIN

Los perros son como las personas. Son los amigos y aliados de los seres humanos. Son sociales y jerárquicos y están domesticados. Están felices en lo más bajo de la pirámide familiar. Corresponden a la atención que reciben con lealtad, admiración y amor. Los perros son estupendos.

Los gatos, sin embargo, son criaturas particulares. No son ni sociales ni jerárquicos, o como mucho lo son puntualmente. Están domesticados a medias. No hacen trucos y son amistosos tan solo en sus propios términos. A los perros se los ha domado, pero los gatos han tomado una decisión. Parecen estar dispuestos a interactuar con los humanos por motivos extraños que solo ellos comprenden. Para mí los gatos son una manifestación de la naturaleza, del Ser, en una forma casi perfecta. Además son una forma del Ser que mira a los seres humanos y da su aprobación.

Cuando te encuentras a un gato en la calle, pueden pasar muchas cosas. Si veo un gato a distancia, por ejemplo, la parte malvada de mí quiere darle un susto con un grito bien alto, apretando los incisivos con el labio inferior. Algo así hace que al gato se le erice la piel nervioso y que se ponga de lado para parecer más grande. Quizá no tendría que reírme de los gatos, pero es difícil resistirse. El poder asustarlos es una de las mejores cosas que tienen (además del hecho de que se sienten inmediatamente contrariados y avergonzados por haber reaccionado de forma tan exagerada). Pero cuando puedo controlarme, me agacho y llamo al gato para poder acariciarlo. A veces se va corriendo. A veces me ignora por completo, porque para algo es un gato. Pero a veces el gato se acerca a mí, aprieta la cabeza contra la mano tendida y disfruta. A veces incluso se da la vuelta y arquea la espalda contra el cemento polvoriento (si bien los gatos que adoptan esta posición a menudo muerden y arañan incluso una mano amiga).

En el otro lado de la calle en la que vivo hay una gata que se llama Ginger. Ginger es una siamesa, una gata hermosa, muy tranquila y mansa. Se posiciona muy abajo en la escala de neuroticismo, uno de los cinco grandes rasgos de personalidad que funciona como índice de ansiedad, miedo y dolor emocional. A Ginger no le molestan lo más mínimo los perros. Nuestro perro, Sikko, es su amigo. En ocasiones, cuando la llamas (y a veces sin llamarla), Ginger cruza trotando la calle con la cola empinada y un poco retorcida en el extremo. Entonces se vuelca boca arriba delante de Sikko, que, al verla, agita feliz la cola. Después, si lo desea, puede que pase a visitarte como medio minuto. Es una pausa agradable. En un buen día, es un poco de luz adicional; en uno malo, un pequeño alivio.

Si prestas atención, incluso en un mal día puede que tengas la suerte de encontrarte con pequeñas oportunidades exactamente así. Quizá veas a una niñita bailando en la calle porque lleva puesto un vestido de ballet. Quizá disfrutes de un café particularmente bueno en una cafetería en la que les importan los clientes. Quizá puedas arañar diez o veinte minutos para hacer algo ridículo que te distraiga o que te recuerde que eres capaz de reírte de lo absurdo de la existencia. En mi caso, me gusta ver un episodio de *Los Simpson* a una velocidad de 1.5: así todas las risas se concentran en dos tercios del tiempo.

Y quizá cuando salgas a pasear y te dé vueltas la cabeza, aparezca un gato; y si le prestas atención, podrás recordar aunque solo sea durante quince segundos que la maravilla del Ser puede compensar el sufrimiento imposible de erradicar que lo acompaña.

Si te encuentras a un gato en la calle, acarícialo.

Post scriptum: Poco después de escribir este capítulo, el médico de Mikhaila le dijo que había que retirarle la prótesis de tobillo y fundirle el tobillo. La amputación se asomaba en el horizonte. Llevaba ocho años sufriendo dolores, desde que le implantaron la prótesis, y seguía teniendo una movilidad considerablemente limitada, si bien tanto con una cosa como con la otra le iba mucho mejor que antes. Cuatro días más tarde, se encontró por casualidad con un nuevo fisioterapeuta. Era un tipo alto y corpulento, que escuchaba con atención y se había especializado en tratamientos de tobillo en Londres. Le puso las manos alrededor del tobillo y lo apretó cuarenta segundos mientras Mikhaila movía el pie de un lado a otro. De repente, un hueso desplazado se deslizó de vuelta justo donde tenía que estar y su dolor desapareció. Nunca llora delante del personal médico, pero en esta ocasión le ganó el llanto. Su rodilla se quedó recta. Ahora puede andar largas distancias y caminar descalza por ahí. La pantorrilla de su pierna enferma se está recuperando de nuevo y puede flexionar mucho más la articulación artificial. Este año se casó y tuvo una niña, Elizabeth, que lleva el nombre de la difunta madre de mi esposa.

Las cosas van bien.

Por ahora.

CONCLUSIÓN

¿QUÉ DEBO HACER CON LA PLUMA CON LUZ QUE ACABO DE DESCUBRIR?

A finales de 2016 viajé al norte de California para visitar a un amigo y socio de negocios. Pasamos una tarde pensando y hablando. En un momento dado, sacó una pluma de la chamarra y tomó unas cuantas notas. Estaba equipado con un diodo led que proyectaba luz desde la punta, de tal forma que resultaba más fácil escribir en la oscuridad. «Otra chatarra más», pensé. Sin embargo, más tarde, cuando me encontraba en una disposición más metafórica, la idea de la pluma con luz me causó una profunda impresión. Tenía algo simbólico, algo metafísico. Al fin y al cabo, todos estamos en la oscuridad gran parte del tiempo y a todos nos vendría bien tener algo escrito con luz que nos guiara a través del camino. Cuando volvimos a hablar, le dije que quería escribir algo y le pregunté si me podía regalar la pluma. Cuando me la entregó, me sentí excepcionalmente complacido. ¡Ya podía escribir palabras iluminadas en la oscuridad! Obviamente algo así había que hacerlo en condiciones. Así que me dije a mí mismo con absoluta seriedad: «¿Qué debo hacer con la pluma con luz que acabo de descubrir?». Hay dos versículos del Nuevo Testamento que abordan estas cuestiones. Me han dado mucho que pensar:

Pedid y se os dará, buscad y encontraréis, llamad y se os abrirá; porque todo el que pide recibe, quien busca encuentra y al que llama se le abre. (Mateo 7:7-8)

A primera vista, no parece más que un testimonio de lo mágico de la oración, en el sentido que permite rogarle a Dios para que nos conceda favores. Pero Dios, sea lo que sea o sea quien sea, no se reduce a alguien que concede deseos. Cuando se vio tentado por el mismo diablo en el desierto —tal y como vimos en la séptima regla, «Dedica tus esfuerzos a hacer cosas con significado, no aquello que más te convenga»—, hasta Cristo se resistió a invocar a su padre para pedirle un favor. Es más, día tras día las oraciones de muchas personas desesperadas no son atendidas. Pero esto quizá se deba a que las preguntas que contienen no están correctamente planteadas. Quizá no sea razonable pedirle a Dios que infrinja las normas de la física cada vez que acabamos en la zanja de la carretera o cometemos un error serio. Quizá, en tales circunstancias, no tengas que poner el carro antes que los bueyes y limitarte a desear que tu problema se resuelva de alguna forma mágica. Quizá, en su lugar, podrías preguntar qué es lo que habría que hacer ahora mismo para aumentar tu determinación, reforzar tu carácter y encontrar la fuerza necesaria para seguir adelante. Quizá, en su lugar, podrías pedir ver la verdad.

En numerosas ocasiones a lo largo de nuestros casi treinta años de matrimonio, mi mujer y yo hemos tenido nuestras discrepancias, a veces graves. Nuestra unidad parecía estar rota a un nivel ignotamente profundo y no éramos capaces de resolver esa ruptura simplemente hablando. Por el contrario, nos veíamos atrapados en discusiones cargadas de emociones, de rabia y de ansiedad. Acordamos que cuando algo así ocurriera nos separaríamos brevemente, ella en una habitación y yo en otra. A menudo era algo bastante difícil porque resulta complicado apartarse en lo más álgido de una discusión, cuando la rabia engendra el deseo de derrotar y ganar. Pero parecía mejor que arriesgarse a las consecuencias de una pelea que amenazaba con salirse de las manos.

Solos cada uno, intentando calmarnos, nos hacíamos la misma pregunta: «¿Qué es lo que cada uno había hecho para contribuir a la situación por la que estábamos discutiendo? Por pequeño o distante que fuera, algún error habíamos cometido». Después nos volvíamos a juntar e intercambiábamos los resultados de nuestras reflexiones: «Aquí es donde me equivoqué...».

El problema de preguntarse algo así es que tienes que querer responder de verdad. Y el problema al hacerlo es que no te gustará la respuesta. Cuando discutes con alguien, quieres llevar la razón y quieres que la otra persona esté equivocada. Así, es esta quien tiene que sacrificar algo y cambiar, no tú, y eso resulta más deseable. Si eres tú quien está equivocado y tienes que cambiar, entonces tienes que cuestionarte a ti mismo, tus recuerdos del pasado, tu manera de ser en el presente y tus planes para el futuro. Y entonces tienes que tomar la determinación de mejorar y averiguar cómo puedes hacerlo. Y después tienes que hacerlo de verdad. Y es agotador. Es algo que requiere mucha práctica, para así encontrar ejemplos de las nuevas percepciones y convertir las nuevas acciones en costumbres. Resulta mucho más fácil no darse cuenta, ni admitir, ni implicarse. Resulta mucho más fácil apartar la mirada de la verdad y permanecer voluntariamente ciego.

Pero es justo en ese instante cuando tienes que decidir si quieres tener la razón o quieres estar en paz.[1] Tienes que decidir si quieres insistir en lo absolutamente correcto de tu opinión o bien escuchar y negociar. No consigues la paz teniendo la razón. Lo único que consigues es la razón, mientras que a la otra persona le toca estar equivocada, es decir, derrotada y equivocada. Haz eso diez mil veces y tu matrimonio se habrá acabado (o desearás que lo esté). Para elegir la alternativa (buscar la paz), tienes que decidir que prefieres saber cuál es la respuesta antes que tener la razón. Es así como se sale de la cárcel de las ideas preconcebidas que defiendes con tozudez. Y eso es lo que verdaderamente significa cumplir la segunda regla, «Trátate a ti mismo como si fueras alguien que depende de ti».

Mi mujer y yo descubrimos que si te haces esa pregunta y de verdad quieres conocer la respuesta (por lamentable, terrible y vergonzosa que resulte), entonces surgirá de las profundidades de tu mente el recuerdo de algo estúpido y errado que hiciste en un momento determinado de un pasado que todavía no está muy lejos. Y después puedes ir a buscar a tu pareja y revelarle por qué eres idiota, y disculparte (sinceramente), y entonces esa persona puede hacer lo mismo contigo y disculparse (sinceramente), tras lo cual los dos idiotas que son podrán volver a hablar. Quizá esa es la verdadera oración: la pregunta «¿En qué me he equivocado y qué puedo hacer ahora para arreglar por lo menos un poco las cosas?». Pero tu corazón tiene que estar abierto a la terrible verdad. Tienes que mostrarte receptivo a aquello que no quieres escuchar. Cuando decides descubrir cuáles son tus defectos para poder rectificarlos, abres una línea de comunicación con la fuente de todo pensamiento revelador. Quizá es lo mismo que consultar tu consciencia. Quizá es lo mismo, de alguna forma, que hablar con Dios.

Con eso en la cabeza y un papel delante de mí, me hice esta pregunta: «¿Qué debo hacer con la pluma con luz que acabo de encontrar?». Pregunté como si de verdad quisiera conocer la respuesta. Esperé una respuesta. Se trataba de una conversación entre dos elementos diferentes de mí mismo. Pensaba de verdad, o escuchaba, en el sentido descrito en la novena regla, «Da por hecho que la persona a la que escuchas puede saber algo que tú no sabes». Esta regla puede aplicarse tanto a ti mismo como a los demás. Era yo, desde luego, quien había hecho la pregunta, y yo también, desde luego, quien respondía. Pero esos dos «yo» no eran el mismo. No sabía cuál sería la respuesta. Esperaba que apareciera en el teatro de mi imaginación. Esperaba que las palabras surgieran del vacío. ¿Cómo es posible que a una persona se le ocurra algo que la sorprenda? ¿Cómo puede no saber ya lo que piensa? ¿De dónde salen los nuevos pensamientos? ¿Quién o qué los piensa?

Puesto que me habían dado nada más y nada menos que una pluma con luz, que podía escribir palabras iluminadas en la oscuridad, quería hacerlo lo mejor que pudiera. Así pues, me hice la pregunta adecuada y casi de inmediato se reveló una respuesta: «Escribe las palabras que quieres tener inscritas en el alma». Escribí eso. Tenía muy buena pinta, un poco romántica, desde luego, pero a eso estábamos jugando. Y entonces subí la apuesta. Decidí preguntarme las cosas más difíciles que se me pudieran ocurrir y esperar las respuestas. Después de todo, si tienes una pluma con luz, tendrías que utilizarla para responder preguntas difíciles. Esta fue la primera: «¿Qué debo hacer mañana?». Enseguida vino la respuesta: «El mayor bien posible en el tiempo más corto». También resultaba satisfactoria, algo que conjugaba un objetivo ambicioso con las exigencias de una eficiencia máxima. Un reto respetable. La segunda pregunta era del mismo cariz: «¿Qué debo hacer el próximo año? Tratar de asegurarme de que el bien que hago será solo superado por el que haré el año siguiente». También parecía sólida, una bonita extensión de las ambiciones detalladas en la respuesta anterior. Le dije a mi amigo que estaba probando un experimento muy serio escribiendo con la pluma que me había dado. Pregunté si podía leerle en voz alta lo que había redactado hasta el momento. Las preguntas, con las respuestas, también le calaron hondo. Era algo bueno. Era algo que me daba impulso para continuar.

Con la siguiente pregunta acabó el primer grupo: «¿Qué debo hacer con mi vida? Ten como objetivo el paraíso y concéntrate en el día de hoy». ¡Ajá! Eso sabía lo que significaba. Es lo que Geppetto hace en la película de Disney *Pinocho* cuando le pide un deseo a una estrella. El venerable carpintero alza la mirada hacia el diamante que centellea por encima del prosaico mundo de las preocupaciones humanas cotidianas y expresa su deseo más profundo: que la marioneta que ha creado se suelte de los hilos con los que otros la manipulan y se transforme en un niño de verdad. Ese es también el mensaje central del Sermón de la Montaña, tal y como vimos en la cuarta regla, «No te compares con otro, compárate con quien eras antes», pero vale la pena repetirlo aquí:

¿Quién de vosotros, a fuerza de agobiarse, podrá añadir una hora al tiempo de su vida? ¿Por qué os agobiáis por el vestido? Fijaos cómo crecen los lirios del campo: ni trabajan ni hilan. Y os digo que ni Salomón, en todo su fasto, estaba vestido como uno de ellos. Pues si a la hierba, que hoy está en el campo y mañana se arroja al horno, Dios la viste así, ¿no hará mucho más por vosotros, gente de poca fe? No andéis agobiados pensando qué vais a comer, o qué vais a beber, o con qué os vais a vestir. Los paganos se afanan por esas cosas. Ya sabe vuestro Padre celestial que tenéis necesidad de todo eso. Buscad sobre todo el reino de Dios y su justicia; y todo esto se os dará por añadidura. (Mateo 6:28-33)

¿Qué significa todo esto? Oriéntate correctamente. Entonces, y solo entonces, concéntrate en el día de hoy. Apunta a lo bueno, a lo bello, a lo verdadero, y entonces dirige tu atención de forma certera y cuidadosa a las preocupaciones de cada momento. Ten el cielo continuamente como objetivo mientras te esmeras en la tierra. Ocúpate así por completo del futuro, y al mismo tiempo ocúpate por completo del presente. Y así tendrás las mayores posibilidades de perfeccionar los dos.

Acto seguido pasé del uso del tiempo a mis relaciones con la gente, así que escribí y luego le leí a mi amigo estas preguntas y respuestas: «¿Qué debo hacer con mi mujer? Trátala como si fuera la sagrada madre de Dios, para que así pueda dar a luz al héroe que redima al mundo. ¿Qué debo hacer con mi hija? Mantente a su lado, escúchala, vigílala, forma su mente y déjale claro que no pasa nada si quiere ser madre. ¿Qué debo hacer con mis padres? Actúa de tal forma que tus acciones justifiquen el sufrimiento por el que pasaron. ¿Qué debo hacer con mi hijo? Anímalo para que sea un verdadero Hijo de Dios».

«Honrar a tu mujer como la madre de Dios» es reconocer y apoyar el elemento sagrado de su papel como madre (no solo de tus hijos, sino como tal). Una sociedad que olvida no puede sobrevivir. La madre de Hitler trajo al mundo a Hitler y la de Stalin, a Stalin. ¿Había algo errado en esas relaciones tan cruciales?

Parece probable, teniendo en cuenta la importancia del papel de la madre a la hora de establecer confianza,[2] por citar un único ejemplo de vital relevancia. Quizá no se subrayó lo suficiente la importancia de sus obligaciones maternas y de sus relaciones con los niños. Quizá lo que hacían las mujeres en su función de madres no era valorado de forma apropiada por parte del marido, del padre y de la sociedad. Pero, si no fuera así, ¿qué clase de hijo podría crear una mujer si se la tratara de forma adecuada, honrosa y atenta? Después de todo, el destino del mundo está en las manos de cada recién nacido, un ser diminuto, frágil y amenazado, pero que, con el tiempo, será capaz de pronunciar las palabras y realizar las acciones que mantienen el eterno y delicado equilibrio entre el caos y el orden.

«Mantenerme al lado de mi hija» significa animarla en todo lo que con valentía quiera realizar, pero también imprimir un aprecio genuino por la feminidad: reconocer la importancia del hecho de tener una familia e hijos y resistir a la tentación de denigrarlo o devaluarlo en contraposición con los logros profesionales o las ambiciones personales. No es por nada que la madre sagrada y el niño componen una imagen divina, tal y como he analizado. Las sociedades que dejan de honrar esa imagen, que dejan de considerarla una relación de importancia trascendente y fundamental, también dejan de existir.

«Actuar para justificar el sufrimiento de tus padres» es recordar los innumerables sacrificios que todos los que vivieron antes que tú (tus padres en particular) han realizado por ti durante todo el terrible pasado. Significa agradecer todo el progreso que se ha producido en consecuencia y después actuar de acuerdo con ese recuerdo y esa gratitud. La gente se sacrificó enormemente para conseguir lo que tenemos ahora. En muchos casos llegó a morir por ello, así que tendríamos que comportarnos con cierto respeto.

«Animar a mi hijo para que sea un verdadero Hijo de Dios» significa querer que ante todo haga lo que está bien y esforzarse por apoyarlo cuando así sea. Eso es, en mi opinión, parte del mensaje del sacrificio: valorar y apoyar el compromiso de tu hijo con el bien trascendental por encima de todas las cosas (incluido su progreso terrenal, por llamarlo de algún modo, así como su seguridad y quizá, incluso, su propia vida).

Seguí preguntando cosas. Las respuestas aparecían en cuestión de segundos. «¿Qué debo hacer con el extraño? Invitarlo a mi casa y tratarlo como un hermano, para que así se convierta en uno de nosotros». Eso significa extenderle la mano de la confianza a alguien de tal forma que se abra paso lo mejor que lleva en su interior y pueda corresponder. Es manifestar la hospitalidad sagrada que hace posible la vida entre aquellos que aún no se conocen. «¿Qué debo hacer con un alma caída? Ofrecerle ayuda de forma sincera y prudente, pero sin caer en el lodazal». Es un buen resumen de lo que engloba la tercera regla, «Traba amistad con aquellas personas que quieran lo mejor para ti». Es una orden para abstenerse tanto de echarle margaritas a los cerdos como de pretender que el vicio sea virtud. «¿Qué debo hacer con el mundo? Comportarme como si el Ser fuera más valioso que el No Ser». Actúa de tal forma que la tragedia de la existencia no te amargue ni te corrompa. Esa es la esencia de la primera regla, «Enderézate y mantén los hombros hacia atrás»: enfréntate de forma voluntaria a la incertidumbre del mundo y hazlo con fe y valor.

«¿Cómo debo educar a mi gente? Compartiendo con ellos las cosas que me parecen verdaderamente importantes». Esa es la octava regla, «Di la verdad, o por lo menos no mientas». Significa tener la sabiduría como objetivo, insuflar esa sabiduría en las palabras y pronunciarlas como si importaran, con verdadera atención y auténtico cuidado. Es algo que también afecta a la siguiente pregunta (y respuesta): «¿Qué tengo que hacer con un país desgarrado? Zúrcelo con palabras prudentes y con la verdad». La importancia de esta orden se ha vuelto aún más clara durante los últimos años: nos estamos dividiendo, polarizándonos y sumergiéndonos en el caos. En tales circunstancias es necesario, si queremos evitar la catástrofe, que cada uno de nosotros impulse la verdad tal y como la vemos: no los argumentos que justifican nuestras ideologías, no las maquinaciones que amplían nuestras ambiciones, sino los hechos de nuestra existencia en su absoluta pureza, revelados a los demás para que los puedan ver y contemplar, de tal forma que podamos hallar un espacio común y continuar juntos.

«¿Qué debo hacer por Dios mi padre? Sacrificar todo lo que más valoro en pos de una perfección aún mayor». Deja que arda la madera seca, para que así se imponga la nueva vegetación. Esa es la lección terrible de Caín y Abel, detallada en la reflexión sobre el significado que enmarca la séptima regla, «Dedica tus esfuerzos a hacer cosas con significado, no aquello que más te convenga». «¿Qué debo hacer con alguien que miente? Dejar que hable, para que así se revele a sí mismo». La novena regla («Da por hecho...») vuelve a resultar relevante aquí, así como otro pasaje del Nuevo Testamento:

> Por sus frutos los conoceréis. ¿Acaso se cosechan uvas de las zarzas o higos de los cardos? Así, todo árbol sano da frutos buenos; pero el árbol dañado da frutos malos. Un árbol sano no puede dar frutos malos, ni un árbol dañado dar frutos buenos. El árbol que no da fruto bueno se tala y se echa al fuego. Es decir, que por sus frutos los conoceréis. (Mateo 7:16-20)

Tiene que revelarse la putrefacción antes de que se pueda levantar en su lugar algo sólido, tal y como se indicó también en el desarrollo de la séptima regla. Todo esto resulta pertinente para entender la siguiente pregunta y respuesta: «¿Cómo debo enfrentarme al iluminado? Sustituyéndolo por aquel que busque de verdad iluminarse». No hay iluminado alguno, tan solo quien quiere iluminarse más. El verdadero Ser es un proceso, no un estado; un viaje, no un destino. Es la transformación continua de lo que sabes, mediante el encuentro con lo que no sabes, y no el aferrarse de forma desesperada a una seguridad que en todo caso siempre será insuficiente. Así se explica la importancia de la cuarta regla («No te compares...»). Pon siempre tu evolución por encima de tu estado actual. Eso significa que es necesario reconocer y aceptar tus carencias para que así puedan rectificarse continuamente. Es algo doloroso, desde luego, pero sales ganando.

Las siguientes preguntas y respuestas formaron un grupo bien cohesionado, que en este caso se concentró en la ingratitud: «¿Qué debo hacer cuando desprecio lo que tengo? Recordar a aquellos que no tienen nada y que aspiran a ser agradecidos». Estudia la situación que tienes delante de ti. Piensa en la doceava regla, «Si te encuentras a un gato en la calle, acarícialo», que podría parecer una broma. Piensa también que puede que te hayas quedado atascado en tu progreso no por falta de oportunidad, sino porque has sido demasiado arrogante como para aprovechar de verdad aquello que tienes delante. Esa es la sexta regla, «Antes de criticar a alguien, asegúrate de tener tu vida en perfecto orden».

Recientemente hablé con un joven acerca de estas cosas. Apenas se había alejado alguna vez de su familia y nunca había salido de su estado natal, pero viajó hasta Toronto para asistir a una de mis conferencias y venir a verme a mi casa. Se había aislado a sí mismo demasiado a lo largo de su corta vida y se veía sobrepasado por la ansiedad. Cuando nos conocimos, apenas podía hablar. Sin embargo, el año anterior había tomado la determinación de hacer algo al respecto. Empezó por aceptar un trabajo humilde lavando platos. Decidió hacerlo bien cuando podría haberlo cumplido con desprecio. Era lo suficientemente inteligente como para sentir rencor hacia un mundo que no reconocía sus capacidades, pero, en vez de eso, decidió aceptar aquello que pudiera encontrar con genuina humildad, que es la verdadera precursora de la sabiduría. Ahora se ha emancipado. Y eso ya está mejor que seguir viviendo con la familia. Ahora tiene algo de dinero. No mucho, pero más que nada. Y él se lo ha ganado. Ahora se está enfrentando al mundo social y está sacando provecho del consecuente conflicto.

Quien conoce al prójimo es inteligente
quien se conoce a sí mismo, iluminado.

Quien vence al otro es fuerte
quien se vence a sí mismo, poderoso.
Quien está satisfecho con lo que tiene es rico.
Quien se esfuerza tiene voluntad.
Quien permanece en su camino perdura.
Quien muere mas no perece
empieza la vida eterna.[3]

Mientras mi visitante, todavía ansioso pero en transformación y determinado, siga avanzando por el mismo camino, será cada vez más competente y cada vez estará más realizado, y para ello no le hará falta mucho tiempo. Pero esto solo sucederá porque aceptó su humilde situación y fue lo suficientemente agradecido como para dar un primer paso igualmente humilde hacia la salida. Y eso ya está mucho mejor que esperar de forma interminable la llegada mágica de Godot. Es mucho mejor que una existencia arrogante, estática e invariable, mientras se van congregando los demonios de la rabia, el resentimiento y la vida que no se vivió.

«¿Qué debo hacer cuando la avaricia me consuma? Recordar que es verdaderamente mejor dar que recibir». El mundo es un foro en el que se comparte y se comercia (de nuevo la séptima regla), no un palacio con tesoros que haya que desvalijar. Dar significa hacer lo que puedes para mejorar las cosas. El bien que la gente tiene en su interior responderá, lo apoyará, lo imitará, lo multiplicará, lo devolverá y lo propiciará, de tal modo que todo mejore y avance.

«¿Qué debo hacer si destrozo mis ríos? Buscar agua fresca y dejar que purifique la Tierra». Esta es una pregunta y una respuesta que surgieron de forma particularmente inesperada. Parece particularmente relacionada con la sexta regla, «Antes de criticar...». Quizá tengamos que analizar nuestros problemas ambientales técnicamente. Quizá sea mejor valorarlos en términos psicológicos. Cuantas más sean las personas que tratan de resolverlos, mayor será la responsabilidad que asuman con el mundo que las rodea y más problemas serán capaces de resolver.[4] Tal y como se dice, es mejor gobernar tu propio espíritu que gobernar una ciudad. Es más fácil subyugar a un enemigo exterior que al que llevamos dentro. Quizá el problema medioambiental sea en última instancia espiritual. Si somos capaces de imponer el orden en nuestro interior, quizá podamos hacer lo propio con el mundo. Aunque, claro, ¿qué otra cosa podría decir un psicólogo?

El siguiente grupo de preguntas estaba relacionado con cómo responder de forma adecuada a la crisis y al agotamiento.

«¿Qué debo hacer cuando mi enemigo triunfa? Apunta un poco más alto y muéstrate agradecido por la lección». Vuelvo a Mateo: «Habéis oído que se dijo: "Amarás a tu prójimo" y aborrecerás a tu enemigo. Pero yo os digo: Amad a vuestros enemigos y rezad por los que os persiguen, para que seáis hijos de vuestro Padre celestial, que hace salir su sol sobre malos y buenos, y manda la lluvia a justos e injustos» (5:43-45). ¿Qué significa esto? Aprende del éxito de tus enemigos, escucha su crítica (novena regla), de tal modo que te sea posible rescatar de su hostilidad aquellos fragmentos de sabiduría que puedas incorporar en tu desarrollo; adopta como ambición la creación de un mundo en el que aquellos que van en tu contra vean la luz, abran los ojos y triunfen, para que así ese bien mayor al que aspiras también los incluya a ellos.

«¿Qué he de hacer cuando esté cansado e impaciente? Aceptar con gratitud la mano tendida que te ofrece ayuda». Esto tiene un doble significado. Es, en primer lugar, una orden para reconocer la realidad de las limitaciones del individuo y, en segundo, para aceptar y mostrar gratitud ante el apoyo de los demás, ya se trate de familia, amigos, conocidos o extraños. El agotamiento y la impaciencia son inevitables. Hay mucho por hacer y muy poco tiempo para hacerlo. Pero no tenemos que luchar solos, y únicamente hay cosas buenas cuando nos repartimos las responsabilidades, cooperamos en nuestros esfuerzos y compartimos el mérito del trabajo productivo y lleno de significado que así se realiza.

«¿Qué debo hacer con el envejecimiento? Sustituir el potencial de mi juventud por los logros de mi madurez». Esto sirve para rememorar la reflexión acerca de la amistad que enmarcaba la tercera regla y la historia del juicio y la muerte de Sócrates, que se puede resumir de la siguiente forma: «Una vida que se ha vivido de forma plena justifica sus propias limitaciones». El joven sin nada tiene que comparar sus posibilidades con los logros de sus mayores. No tiene por qué ser un mal arreglo tampoco. «Un hombre viejo es algo miserable —escribió William Butler Yeats en *Rumbo a Bizancio*—, un andrajoso abrigo sobre un palo, a menos que el alma haga palmas, y cante, y cante para todos los andrajos en su traje mortal».[5]

«¿Qué debo hacer con la muerte de mi hijo? Abrazar a mis otros seres queridos y curar su dolor». Es necesario ser fuerte ante la muerte, porque la muerte es intrínseca a la vida. Por este motivo les digo a mis estudiantes: procuren ser la persona en la que todo el mundo, en el funeral de su padre, pueda encontrar apoyo en su dolor y tristeza. He aquí una ambición noble y valiosa: la fuerza ante la adversidad. Y es algo muy diferente a desear una vida exenta de problemas.

«¿Qué debo hacer en el próximo momento funesto en el que me encuentre? Concentrarme en el siguiente paso correcto». Se aproxima el diluvio. El diluvio siempre se está aproximando. El apocalipsis siempre nos acecha. De ahí que la historia de Noé sea paradigmática. Las cosas se derrumban, como subrayé en las reflexiones en torno a la décima regla, «A la hora de hablar, exprésate con precisión», y la parte central no puede mantenerse en pie. Cuando todo se ha vuelto caótico e incierto, puede que lo único que quede para guiarte sea el carácter que has construido previamente mientras aspirabas a subir y te concentrabas en el momento presente. Si no lo has conseguido, tampoco conseguirás salir adelante en el momento de crisis. Y entonces, que Dios te ayude.

Ese último grupo contenía las que creía que eran las preguntas más difíciles de todas las que me hice aquella noche. La muerte de un niño es, quizá, la peor de las catástrofes. Muchas relaciones se desmoronan tras una tragedia semejante. Pero la desintegración ante semejante horror no es inevitable, aunque sí comprensible. He visto a personas estrechar enormemente los lazos familiares que quedaban tras la muerte de un ser querido. Las he visto volverse hacia los que todavía estaban presentes y redoblar sus esfuerzos para conectar con ellos y apoyarlos. Gracias a ello, todos recuperaron al menos una parte de lo que la muerte les había arrebatado de una forma tan terrible. Tenemos que estar unidos ante la tragedia de la existencia. Nuestras familias pueden ser el salón con el fuego encendido, cómodo, acogedor y cálido, mientras en el exterior se desatan las inclemencias del invierno.

Profundizar en el conocimiento de nuestra fragilidad, de nuestra condición mortal, es algo que puede aterrar, amargar y separar. Pero también puede despertar. Puede recordar a aquellos que están sufriendo que no tienen que asumir que sus seres queridos siempre estarán ahí. En una ocasión realicé unos cálculos escalofriantes relacionados con mis padres, que tienen más de ochenta años. Era un ejemplo de la odiosa aritmética que apareció cuando hablaba de la quinta regla, «No permitas que tus hijos hagan cosas que detestes», e hice todas las operaciones necesarias para ser convenientemente consciente. Veo a mi madre y a mi padre dos veces al año. Normalmente pasamos juntos varias semanas. Entre una visita y otra hablamos por teléfono. Pero la esperanza de vida de las personas que van por los ochenta es de menos de diez años. Eso significa que, si tengo suerte, en principio veré a mis padres menos de veinte veces más. Es horrible saber algo así. Pero saberlo me sirve para dejar de dar por descontadas esas visitas.

El siguiente grupo de preguntas (y respuestas) estaba relacionado con el desarrollo del carácter. «¿Qué debo decirle a un hermano sin fe? El Rey de los Condenados es un mal juez del Ser». Estoy firmemente convencido de que la mejor forma de arreglar el mundo, el auténtico sueño de un reparador, es arreglarte a ti mismo, tal y como analicé en la sexta regla. Cualquier otra cosa resulta presuntuosa. Cualquier otra cosa puede causar daño, a causa de tu ignorancia y tu falta de habilidad. Pero no pasa nada.

Hay muchas cosas que hacer justo donde estás. Después de todo, tus defectos personales concretos afectan al mundo de forma negativa. Tus pecados conscientes y voluntarios (porque no se les puede llamar de otra manera) hacen que las cosas sean peores de lo que tienen que ser. Tu pasividad, tu inercia y tu cinismo apartan del mundo esa parte de ti que podría aprender a sofocar el sufrimiento y a establecer la paz. Y no es algo bueno. Hay infinitos motivos para perder toda esperanza a propósito del mundo, para enfadarse, acumular rencor y buscar venganza.

La incapacidad de realizar los sacrificios adecuados, la incapacidad de revelarte, la incapacidad de vivir y decir la verdad..., todo eso te debilita. Y en ese estado de debilidad serás incapaz de prosperar en el mundo y no resultarás de ningún provecho a los demás. Fracasarás y sufrirás de forma estúpida, y así tu alma se corromperá. ¿Y cómo podría ser si no? La vida ya es lo suficientemente dura cuando las cosas van bien. ¿Pero qué pasa cuando van mal? He descubierto, a través de experiencias dolorosas, que nunca van tan mal como para que no puedan ir todavía peor. Por eso el infierno es un pozo sin fondo. Por eso el infierno se asocia con el pecado ya mencionado. En el peor de los casos, el terrible sufrimiento de las almas más desgraciadas puede atribuirse a errores que cometieron deliberadamente en el pasado: actos de traición, engaño, crueldad, desidia, cobardía y, el más común de todos, ceguera deliberada. Sufrir de forma terrible y saber que tú eres la causa, he aquí lo que es el infierno. Y una vez que se está en el infierno, resulta muy fácil culpar al mismo Ser. Y no hay de qué extrañarse. Pero no se puede justificar. Y es por eso que el Rey de los Condenados es un mal juez del Ser.

«¿Cómo puedes hacer de ti alguien en el que puedas confiar, en los mejores y en los peores momentos, en la paz y en la guerra? ¿Cómo puedes moldearte un carácter que no se vaya a aliar en el sufrimiento y en la miseria con todo lo que mora en el infierno?». Las preguntas y las respuestas continuaron, todas ellas relacionadas de una forma u otra con las reglas que he presentado en este libro.

«¿Qué debo hacer para reforzar mi espíritu? No decir mentiras ni hacer aquello que desprecio».

«¿Qué debo hacer para ennoblecer mi cuerpo? Usarlo solo al servicio de mi alma».

«¿Qué debo hacer con la pregunta más difícil de todas? Considerarla la entrada al camino de la vida».

«¿Qué debo hacer con las penas del pobre? Esforzarme para dar el ejemplo apropiado y levantar su corazón roto».

«¿Qué debo hacer cuando las multitudes me intenten atraer? Mantenerme firme y proclamar mis desgarradas verdades».

Y eso fue todo. Todavía tengo mi pluma con luz, pero desde entonces no he vuelto a escribir nada. Quizá lo haga de nuevo cuando un día me sienta con el ánimo oportuno y algo surja desde lo más profundo de mí. Pero incluso si no ocurre nunca, me sirvió para encontrar las palabras apropiadas para cerrar este libro.

Espero que lo que he escrito te haya resultado útil. Espero que te haya revelado cosas que sabías que no sabías que sabías. Espero que la antigua sabiduría de la que he hablado te proporcione fuerza. Espero que haya alimentado la chispa que hay en tu interior. Espero que puedas corregirte, poner en orden tu familia y aportar paz y prosperidad a tu comunidad. Espero, de acuerdo con la onceava regla, «Deja en paz a los niños que andan en patineta», que des fuerzas y que motives a aquellos que dependen de tu cuidado en vez de protegerlos hasta debilitarlos.

Te deseo lo mejor y espero que puedas desear lo mejor a otros.

¿Qué escribirás tú con tu pluma con luz?

AGRADECIMIENTOS

Mientras escribía este libro pasé por una época cuando menos tumultuosa. Sin embargo, gracias a Dios, contaba a mi alrededor con un buen número de personas responsables, competentes y dignas de confianza. Querría dar las gracias ante todo a mi mujer, Tammy, mi gran amiga durante casi cincuenta años. Fue todo un pilar de honestidad, estabilidad, apoyo, ayuda práctica, organización y paciencia durante los años en los que escribí este libro, un proceso que continuó en cualquier situación, a través de todo lo que nos ha ocurrido, por urgente o importante que haya sido. Mi hija Mikhaila y mi hijo Julian, así como mis padres, Walter y Beverley, también estuvieron ahí a mi lado, prestando su cuidadosa atención, hablando conmigo acerca de los asuntos más complicados y ayudándome a organizar mis pensamientos, mis palabras y mis acciones. Lo mismo que mi cuñado, Jim Keller, el gran genio creador de chips de computadoras, y mi hermana Bonnie, fiable e intrépida como siempre. La amistad de Wodek Szemberg y Estera Bekier me ha sido inestimable en muchos sentidos durante muchos años, así como el sutil y discreto apoyo del profesor William Cunningham. La amistad y el calor que tanto el doctor Norman Doidge como su mujer Karen me han dispensado de forma continua ha sido algo que toda mi familia ha agradecido enormemente. Fue un placer colaborar con Craig Pyette, mi editor de Random House Canadá. Su minuciosidad y su habilidad para frenar de forma diplomática los excesivos arranques de pasión (y en ocasiones de irritación) en mis muy numerosos borradores han hecho posible un libro mucho más comedido y equilibrado.

Gregg Hurwirtz, novelista, guionista y amigo, utilizó en su superventas *Huérfano X* muchas de mis reglas para vivir bastante antes de que este libro se escribiera, lo que fue un gran halago, así como un indicio de su valor potencial y de su interés general. Gregg también se ofreció voluntario como editor dedicado, riguroso, perversamente incisivo y cómicamente cínico, y ejerció de comentarista mientras yo escribía y revisaba. Me ayudó a suprimir palabrería innecesaria (o al menos parte de ella) y a no salirme del hilo narrativo. Gregg también me recomendó a Ethan Van Sciver, quien realizó las bonitas ilustraciones que encabezan cada capítulo, y quiero agradecérselo, así como quitarme el sombrero ante el mismo Ethan, cuyos dibujos añaden un toque necesario de ligereza, extravagancia y calor a lo que de otro modo habría sido un volumen demasiado oscuro y dramático.

Por último, quiero darles las gracias a Sally Harding, mi agente, y a las estupendas personas con las que trabaja en Cooke-McDermid. Sin Sally, este libro nunca se habría escrito.

NOTAS

Nota preliminar

1. Solzhenitsyn, Alexandr, *Archipiélago Gulag I*, Barcelona, Tusquets, 2015.

Regla 1: Enderézate y mantén los hombros hacia atrás

1. Si de verdad quieres indagar acerca de las langostas, este es un buen lugar para empezar: Trevor Corson, *The secret life of lobsters: How fishermen and scientists are unveiling the mysteries of out favorite crustacean,* Nueva York, Harper Perennial, 2005.

2. Schjelderup-Ebbe, Thorleif, *Social behaviour of birds*, Clark University Press, 1935. Consultado en <psycnet.apa.org/psycinfo/1935-199007-007>. Véase también Price, J. S. y Sloman, L., «Depression as yielding behavior: An animal model based on Schjelderup-Ebbe's pecking order», *Ethology and Sociobiology*, 8, 1987, pp. 85-98.

3. Sapolsky, R. M., «Social status and health in humans and other animals», *Annual Review of Anthropology*, 33, 2004, pp. 393-418.

4. Rutishauser, R. L., Basu, A. C., Cromarty, S. I., y Kravitz, E. A., «Long-term consequences of agonistic interactions be-

tween socially naive juvenile American lobsters (*Homarus americanus*)», *The Biological Bulletin*, 207, 2004, pp. 183-187.

5. Kravitz, E. A., «Serotonin and aggression: Insight gained from a lobster model system and speculations on the role of amine neurons in a complex behavior», *Journal of Comparative Physiology*, 186, 2000, pp. 221-238.

6. Huber, R., y Kravitz, E. A., «A quantitative analysis of agonistic behavior in juvenile american lobsters *(Homarus americanus L.)*», *Brain, Behavior and Evolution*, 46, 1995, pp. 72-83.

7. Yeh, S.-R., Fricke, R. A., y Edwards, D. H., «The effect of social experience on serotonergic modulation of the escape circuit of crayfish», *Science*, 271, 1995, pp. 366-369.

8. Huber, R., Smith, K., Delago, A., Isakson, K., y Kravitz, E. A., «Serotonin and aggressive motivation in crustaceans: Altering the decision to retreat», *Proceedings of the National Academy of Sciences of the United States of America*, 94, 1997, pp. 5939-5942.

9. Antonsen, B. L., y Paul, D. H., «Serotonin and octopamine elicit stereotypical agonistic behaviors in the squat lobster *Munida quadrispina (Anomura, Galatheidae)*», *Journal of Comparative Physiology A: Sensory, Neural, and Behavioral Physiology*, 181, 1997, pp. 501-510.

10. Credit Suisse, *Global Wealth Report 2015*, octubre de 2015, p. 11. Extraído de: <publications.credit-suisse.com/tasks/render/file/?fileID=F2425415-DCA7-80B8-EAD989AF-9341D47E>.

11. Fenner, T., Levene, M., y Loizou, G., «Predicting the long tail of book sales: Unearthing the power-law exponent», *Physica A: Statistical Mechanics and Its Applications*, 389, 2010, pp. 2416-2421.

12. De Solla Price, Derek John, *Little science, big science*, Nueva York, Columbia University Press, 1963.

13. Teorizado por Wolff, J. O., y Peterson, J. A., «An offspring-defense hypothesis for territoriality in female mammals», *Ethology, Ecology & Evolution*, 10, 1998, pp. 227-239. Generalizado para los crustáceos por Figler, M. H., Blank, G. S., y Peek,

H. V. S., «Maternal territoriality as an offspring defense strategy in red swamp crayfish *(Procambarus clarkii, Gorard)*», *Aggressive Behavior*, 27, 2001, pp. 391-403.

14. Waal, Frans de, *La política de los chimpancés: El poder y el sexo entre los simios*, Alianza, Madrid, 1993, y *Bien natural: Los orígenes del bien y del mal en los humanos y otros animales*, Barcelona, Herder, 1997.

15. Bracken-Grissom, H. D., Ahyong, S. T., Wilkinson, R. D., Feldmann, R. M., Schweitzer, C. E., Breinholt, J. W., y Crandall, K. A., «The emergence of lobsters: Phylogenetic relationships, morphological evolution and divergence time comparisons pf an ancient group», *Systematic Biology*, 63, 2014, pp. 457-479.

16. Para un breve resumen, véase Ziomkiewicz-Wichary, A., «Serotonin and Dominance», en Shackelford, T. K., y Weekes-Shackelford, V. A. (eds)., *Encyclopedia of evolutionary psychological science*, 2016. DOI: 10.1007/978-3-319-16999-6_1440-1. Extraído de: <www.researchgate.net/publication/310586509_Serotonin_and_Dominance>.

17. Janicke, T., Häderer, I. K., Lajeunesse, M. J., y Anthes, N., «Darwinian sex roles confirmed across the animal kingdom», *Science Advances*, 2, 2016, e1500983. Extraído de: <advances.sciencemag.org/content/2/2/e1500983>.

18. Steenland, K., Hu, S., y Walker, J., «All-cause and cause-specific mortality by socioeconomic status among employed persons in 27 US states, 1984-1997», *American Journal of Public Health*, 94, 2004, pp. 1037-1042.

19. Crockett, M. J., Clark, L., Tabibnia, G., Lieberman, M. D., y Robbins, T. W., «Serotonin modulates behavioral reactions to unfairness», *Science*, 320, 2008, p. 1739.

20. McEwen, B., «Allostasis and allstatic load implications for neuropsychopharmacology», *Neurpsychopharmacology*, 22, 2000, pp. 108-124.

21. Salzer, H. M., «Relative hypoglycemia as a cause of neuropsychiatric illness», *Journal of the National Medical Association*, 58, 1966, pp. 12-17.

22. Peterson, J. B., Phil, R. O., Gianoulakis, C., Conrod, P., Finn, P. R., Stewart, S. H., Le Marquand, D. G., y Bruce, K. R., «Ethanol-induced change in cardiac and endogenous opiate function and risk for alcoholism», *Alcoholism: Clinical & Experiment Research*, 20, 1996, pp. 1542-1554.

23. Pynoos, R. S., Steinverg, A. M., y Piacentini, J. C., «A developmental psychopathology model of childhood traumatic stress and intersection with anxiety disorders», *Biological Psychiatry*, 46, 1999, pp. 1542-1554.

24. Olweus, Dan, *Conductas de acoso y amenaza entre escolares*, Madrid, Morata, 1998.

25. *Ibidem.*

26. Janoff-Bulman, Ronnie, *Shattered assumptions: Towards a new psychology of trauma*, Nueva York, The Free Press, 1992.

27. Weisfield, G. E., y Beresford, J. M., «Erectness of posture as an indicator of dominance or success in humans», *Motivation and Emotion*, 6, 1982, pp. 113-131.

28. Kleinke, C. L., Peterson, T. R., y Rutledge, T. R., «Effects of self-generated facial expressions on mood», *Journal of Personality and Social Psychology*, 74, 1998, pp. 272-279.

Regla 2: Trátate como si fueras alguien que depende de ti

1. Tamblyn, R., Tewodros, E., Huand, A., Winslade, N., y Doran, P., «The incidence and determinants of primary nonadherence with prescribed medication in primary care: a cohort study», *Annals of Internal Medicine*, 160, 2014, pp. 441-450.

2. Hice un resumen bastante detallado de esto en Peterson, Jordan B., *Maps of meaning: The architecture of belief*, Nueva York, Routledge, 1999.

3. Van Strien, J. W., Franken, I. H. A., y Huijding, J., «Testing the snake-detection hypothesis: Larger early posterior negativity in humans to pictures of snakes than to pictures of other reptiles, spiders and slugs», *Frontiers in Human Neuroscience*, 8,

2014, pp. 691-697. Para una exposición más general, véase: Ledoux, Joseph, *El cerebro emocional*, Barcelona, Planeta, 1999.

4. La referencia clásica al respecto es Gibson, James J., *An ecological approach to visual perception*, Nueva York, Psychology Press, 1986. Para una exposición sobre la relación entre palabra y acción, véase también Floel, A., Ellger, T., Breitenstein, C., y Knecht, S., «Language perception activates the hand motor cortex: implications for motor theories of speech perception», *European Journal of Neuroscience*, 18, 2003, pp. 704-708. Para un análisis más general sobre la relación entre acción y percepción, véase Pulvermüller, F., Moseley, R. L., Egorova, N., Shebani, Z., y Boulenger, V., «Motor cognition-motor semantics: Action perception theory of cognition and communication», *Neuropsychologia*, 55, 2014, pp. 71-84.

5. Flöel, A., Ellger, T., Breitenstein, C., y Knecht, S., «Language perception activates the hand motor cortex: Implications for motor theories of speech perception», *European Journal of Neuroscience*, 18, 2003, pp. 704-708; Fadiga, L., Craighero, L., y Olivier, E., «Human motor cortex excitability during the perception of others' action», *Current Opinions in Neurobiology*, 15, 2005, pp. 213-218; Palmer, C. E., Bunday, K. L., Davare, M., y Kilner, J. M., «A causal role for primary motor cortex in perception of observed actions», *Journal of Cognitive Neuroscience*, 29, 2016, pp. 2021-2029.

6. Barrett, Justin L., *Why would anyone believe in God?*, Lanham, Altamira Press, 2004.

7. Para un buen análisis, véase Barrett, J. L., y Johnson, A. H., «The role of control in attributing intentional agency to inanimate objects», *Journal of Cognition and Culture*, 3, 2003, pp. 208-217.

8. A este respecto también recomiendo encarecidamente este libro a cargo del más destacado discípulo y colega de C. G. Jung: Neumann, Erich, *La Gran Madre: una fenomenología de las creaciones femeninas de lo inconsciente*, Madrid, Trotta, 2009.

9. <www.dol.gov/wb/stats/occ_gender_share_em_1020_txt.htm>.

10. Muller, M. N., Kahlenberg, S. M., Thompson, M. E., y Wrangham, R. W., «Male coercion and the cost of promiscuous mating for female chimpanzees», *Proceedings of the Royal Society (B)*, 274, 2007, pp. 1009-1014.

11. Toda una serie de interesantes estadísticas derivadas del análisis de su propio sitio, *OkCupid*, puede verse en Rudder, Christian, *Dataclysm: Love, Sex, Race, and Identity - What Our Online Lives Tell Us about Our Offline Selves*, Nueva York, Crown/Archetype, 2014. Suele ocurrir en este tipo de páginas que tan solo una minoría de los individuos recibe la amplia mayoría de las solicitudes de interés, otro ejemplo de la distribución de Pareto.

12. Wilder, J. A., Mobasher, Z., y Hammer, M. F., «Genetic evidence for unequal effective population sizes of human females and males», *Molecular Biology and Evolution*, 21, 2004, pp. 2047-2057.

13. Geoffrey Miller, *The mating mind: How sexual choice shaped the evolution of human nature*, Nueva York, Anchor, 2000.

14. Pettis, J. B., «Androgyny BT», en Leeming, D. A., Madden, K., y Marlan, S. (eds.), *Encyclopedia of psychology and religion*, Boston, Springer US, 2010, pp. 35-36.

15. Göldberg, Elkhonon, *El cerebro ejecutivo: lóbulos frontales y mente civilizada*, Barcelona, Crítica, 2015.

16. La obra clásica de referencia es Campbell, D. T., y Fiske, D. W., «Convergent and discriminant validation by the multitrait-multimethod matrix», *Psychological Bulletin*, 56, 1959, pp. 81-105. Una idea similar se desarrollaba en Wilson, Edward O., *Consilience: la unidad del conocimiento*, Barcelona, Galaxia Gutenberg, 1999. Es también por eso que tenemos cinco sentidos, para poder «pentagular» lo que nos rodea con modos de percepción cualitativamente separados que funcionan y se verifican de forma simultánea.

17. Headland, T. N., y Greene, H. W., «Hunter gatherers

and other primates as prey, predators, and competitors of snakes», *Proceedings of the National Academy of Sciences USA*, 108, 2011, pp. 1470-1474.

18. Keeley, Lawrence H., *War before civilization: The myth of the peaceful savage*, Nueva York, Oxford University Press, 1996.

19. «Gradualmente fui descubriendo que la línea que separa el bien del mal no pasa entre Estados, ni entre clases, ni entre partidos: pasa a través de todos y cada uno de los corazones humanos» (Solzhenitsyn, ob. cit., p. 662).

20. La mejor explicación de esta idea que nunca he visto se encuentra en el magnífico documental sobre el dibujante alternativo Robert Crumb, titulado *Crumb*, dirigido por Terry Zwigoff en 1995 y distribuido por Sony Pictures Classic. Este documental te revelará todo lo que has querido saber, e incluso más, acerca del resentimiento, el engaño, la arrogancia, el odio a la humanidad, la vergüenza sexual, madres destructivas y padres tiránicos.

21. Bill, Valentine Tschebotarioff, *Chekhov: The silent voice of freedom*, Allied Books, 1986.

22. Costa, P. T., Teracciano, A., y McCrae, R. R., «Gender differences in personality traits across cultures: robust and surprising findings», *Journal of Personality and Social Psychology*, 81, 2001, pp. 322-331.

23. Isbell, Lynne A., *The fruit, the tree and the serpent: Why we see so well*, Cambridge, Harvard University Press, 2011. Véase también Hayakawa, S., Kawai, N., Masataka, N., Luebker, A., Tomaiulo, F., y Caramazza, A., «The influence of color on snake detection in visual search in human children», *Scientific Reports*, 1, 2011, pp. 1-4.

24. *Virgen con Niño* (1480), de Geertgen tot Sint Jans (1465-1495), resulta un ejemplo excepcional en este sentido, con la Virgen María, el Niño Jesús y la serpiente proyectados en primer plano sobre un fondo de instrumentos musicales medievales (instrumentos que el Niño Jesús dirige).

25. Osorio, D., Smith, A. C., Vorobyev, M., y Buchanan-

Smieth, H. M., «Detection of fruit and the selection of primate visual pigments for color vision», *The American Naturalist*, 164, 2004, pp. 696-708.

26. Macrae, Norman, *John von Neumann: The scientific genius who pioneered the modern computer, game theory, nuclear deterrence, and much more*, Nueva York, Pantheon, 1992.

27. Wittman, A. B., y Wall, L. L., «The evolutionary origins of obstructed labor: bipedalism, encephalization, and the human obstetric dilemma», *Obstetrical & Gynecological Survey*, 62, 2007, pp. 739-748.

28. Existen otras explicaciones: Dunsworth, H. M., Warrener, A. G., Deacon, T., Ellison, P. T., y Pontzer, H., «Metabolic hypothesis for human altriciality», *Proceedings of the National Academy of Sciences of the United States of America*, 109, 2012, pp. 15212-15216.

29. Heidel, Alexander, *The Babylonian Genesis: The story of the creation*, Chicago, University of Chicago Press, 1963.

30. Salisbury, Joyce E., *Perpetua's passion: The death and memory of a young Roman woman*, Nueva York, Routledge, 1997.

31. Pinker, Steven, *Los ángeles que llevamos dentro: El declive de la violencia y sus implicaciones*, Barcelona, Paidós, 2011.

32. Nietzsche, Friedrich, *El ocaso de los ídolos*, Barcelona, Tusquets, 1998. Trad. de Roberto Echavarren.

Regla 3: Traba amistad con aquellas personas que quieran lo mejor para ti

1. Peterson, ob. cit., p. 264.

2. Miller, Greg, «Could pot help solve the U. S. opioid epidemic?», *Science*, 3 de noviembre de 2016. DOI: doi:10.1126/science.aal0342. Disponible en <www.sciencemag.org/news/2016/11/could-pot-help-solve-us-opioid-epidemic>.

3. Barrick, M. R., Stewart, G. L., Neubert, M. J., y Mount, M. K., «Relating member ability and personality to work-team

processes and team effectiveness», *Journal of Applied Psychology*, 83, 1998, pp. 377-391. Para un efecto similar entre niños, véase Dishion, T. J., McCord, J., y Poulin, F., «When interventions harm: Peer groups and problem behavior», *American Psychologist*, 54, 1999, pp. 755-764.

4. McCord, J., y McCord, W., «A follow-up report on the Cambridge-Somerville youth study», *Annals of the American Academy of Political and Social Science*, 32, 1959, pp. 89-96.

5. Episodio 467 (*EstadisticBart* o *Bart, el desobediente*) de *Los Simpson*, tercera entrega de la temporada 22. Disponible en inglés (*MoneyBART*) en <www.youtube.com/watch?v=jQvvm T3ab80>.

6. Rogers destacó seis condiciones para que pudiera producirse un cambio constructivo de personalidad. La segunda era el «estado de incongruencia» del cliente, que, en pocas palabras, es la consciencia de que algo va mal y tiene que cambiar. Véase Rogers, C. R., «The necessary and sufficient conditions of therapeutic personality change», *Journal of Consulting Psychology*, 21, 1957, pp. 95-103.

Regla 4: No te compares con otro, compárate con quien eras antes

1. Poffenberger, A. T., «The development of men of science», *Journal of Social Psychology*, 1, 1930, pp. 31-47.

2. Taylor, S. E., y Brown, J., «Illusion and well-being: A social psychological perspective on mental health», *Psychological Bulletin*, 103, 1988, pp. 193-210.

3. En griego clásico, la palabra «pecado» era ἁμαρτάνειν (*hamartánein*, «fallar»). «Error de juicio» o «error fatal» presentan connotaciones relacionadas. Véase: <biblehub.com/greek/264. htm>.

4. Véase Gibson, James J., *The ecological approach to visual perception*, Boston, Houghton Mifflin, 1979.

5. Simons, D. J., y Chabris, C. F., «Gorillas in our midst: Sustained inattentional blindness for dynamic events», *Perception*, 28, 1999, pp. 1059 -1074.

6. Disponible en <www.dansimons.com/videos.html>.

7. Azzopardi, P., y Cowey, A., «Preferential representation of the fovea in the primary visual cortex», *Nature*, 361, 1993, pp. 719-721.

8. Tomás, 113. *Los Evangelios apócrifos*, Madrid, Biblioteca de Autores Cristianos, 1991, p. 705. Ed. de Aurelio de Santos Otero.

9. Nietzsche, Friedrich, *Más allá del bien y del mal*, Madrid, Alianza, 2012, p. 99. Trad. de Andrés Sánchez Pascual.

Regla 5: No permitas que tus hijos hagan cosas que detestes

1. Berger, Joseph, «God Said Multiply, and Did She Ever», *The New York Times*, 19 de febrero de 2010. Disponible en <www.nytimes.com/2010/02/21/nyregion/21yitta.html>.

2. Balaresque, P., Poulet, N., Cussat-Blanc, S., Gerard, P., Quintana-Murci, L., Heyer, E., y Jobling, M. A., «Y-chromosome descent clusters and male differential reproductive success: young lineage expansions dominate Asian pastoral nomadic populations», *European Journal of Human Genetics*, 23, 2015, pp. 1413-1422.

3. Moore, L. T., McEvoy, B., Cape, E., Simms, K., y Bradley, D. G., «A Y-chromosome signature of hegemony in Gaelic Ireland», *American Journal of Human Genetics*, 78, 2006, pp. 334-338.

4. Zerjal, T., Xue, Y., Bertorelle, G., Wells, *et al.*, «The genetic legacy of the Mongols», *American Journal of Human Genetics*, 72, 2003, pp. 717-721.

5. Jones, Ernest, *Vida y obra de Sigmund Freud*, Barcelona, Anagrama, 2003.

6. Un buen resumen de estas ideas aparece en el artículo «Noble savage», dedicado al buen salvaje, en la *Encyclopaedia Britannica*. Disponible (en inglés) en <www.britannica.com/art/noble-savage>.

7. Un buen análisis aparece en Roberts, B. W., y Mroczek, D., «Personality trait change in adulthood», *Current Directions in Psychological Science*, 17, 2008, pp. 31-35.

8. Un análisis detallado y fundamentado en la observación empírica de esta cuestión se puede encontrar en Olweus, Dan, *Conductas de acoso y amenaza entre escolares*, Madrid, Morata, 1998.

9. Goodall, Jane, *A través de la ventana: treinta años estudiando a los chimpancés*, Barcelona, Salvat, 1994. Trad. de Jacint Nadal Puigdefábregas.

10. Finch, G., «The bodily strength of chimpanzees», *Journal of Mammalogy*, 24, 1943, pp. 224-228.

11. Goodall, Jane, *En la senda del hombre*, Barcelona, Salvat, 1986.

12. Wilson, M. L., *et al.*, «Lethal aggression in Pan is better explained by adaptive strategies than human impacts», *Nature*, 513, 2014, pp. 414-417.

13. Goodall, *A través de la ventana*, ob. cit.

14. Chang, Iris, *La violación de Nanking: el holocausto olvidado de la Segunda Guerra Mundial*, Madrid, Capitán Swing, 2016.

15. Oficina de Naciones Unidades contra la Droga y el Delito, *Estudio mundial sobre el homicidio*, 2013. Disponible en <www.unodc.org/documents/gsh/pdfs/GLOBAL_HOMICIDE_Report_ExSum_spanish. pdf>.

16. Marshall Thomas, Elizabeth, *The harmless people*, Nueva York, Knopf, 1959.

17. Roser, Max, «Ethnographic and archaelogical evidence on violent deaths», *Our World in Data*, 2016. Disponible en <ourworldindata.org/ethnographic-and-archaeological-evidence-on-violent-deaths>.

18. *Ibid.* Véase también Brown, Andrew, *The Darwin wars: The scientific battle for the soul of man*, Nueva York, Pocket Books, 2000.

19. Keeley, Lawrence H., *War before civilization: The myth of the peaceful savage*, Oxford University Press, Nueva York, 1997.

20. Carson, S. H., Peterson, J. B., y Higgins, D. M., «Reliability, validity, and factor structure of the Creative Achievement Questionnaire», *Creativity Research Journal*, 17, 2005, pp. 37-50.

21. Stokes, Patricia D., *Creativity from constraints: The psychology of breakthrough*, Nueva York, Springer, 2005.

22. Wrangham, Richard, y Peterson, Dale, *Demonic males: Apes and the origins of human violence*, Nueva York, Houghton Mifflin, 1996.

23. Peterson, J. B., y Flanders, J., «Play and the regulation of aggression», en Tremblay, R. E., Hartup, W. H., y Archer, J. (eds.), *Developmental origins of aggression,* Nueva York, Guildford Press, 2005, pp. 133-157; Nagin, D., y Tremblay, R. E., «Trajectories of boys' physical aggression, opposition, and hyperactivity on the path to physically violent and non-violent juvenile delinquency», *Child development*, 70, 1999, pp. 1181-1196.

24. Sullivan, M. W., «Emotional expression of young infants and children», *Infants and Young Children*, 16, 2003, pp. 120-142.

25. Un video del experimento, «Pigeon Ping Pong Clip», publicado por la Fundación B. F. Skinner, está disponible en <www.youtube.com/watch?v=vGazyH6fQQ4>.

26. Glines, C. B., «Top secret World War II bat and bird bomber program», *Aviation History*, 15, 2005, pp. 38-44.

27. Flasher, J., «Adultism», *Adolescence*, 13, 1978, pp. 517-523; Fletcher, Adam F. C., *Ending discrimination against young people*, Olympia, Common Action Publishing, 2013.

28. Waal, *La política de los chimpancés*, ob. cit.

29. Panksepp, Jaak, *Affective neuroscience: The foundations of human and animal emotions*, Nueva York, Oxford University Press, 1998.

30. Tremblay, R. E., Nagin, D. S., Séguin, J. R., Zoccolillo,

M., Zelazo, P. D., Bolvin, M., y Japel, C., «Physical aggression during early childhood: trajectories and predictors», *Pediatrics*, 114, 2004, pp. 43-50.

31. Krein, S. F., y Beller, A. H., «Educational attainment of children from single-parent families: Differences by exposure, gender, and race», *Demography*, 25, 1988, p. 221; McLloyd, V. C., «Socioeconomic disadvantage and child development», *The American Psychologist*, 53, 1998, pp. 185-204; Lin, Y.-C., y Se, D.-C., «Cumulative family risks across income levels predict deterioration of children´s general health during childhood and adolescence», *PLOS ONE*, 12(5), 2017, e0177531, DOI: 10.1371/journal.pone.0177531; Amato, P. R., y Keith, B., «Parental divorce and the well-being of children: A meta-analysis», *Psychological Bulletin*, 110, 1991, pp. 26-46.

Regla 6: Antes de criticar a alguien, asegúrate de tener tu vida en perfecto orden

1. Del diario de Eric Harris. Disponible en <melikamp.com/features/etic.shtml>.

2. Goethe, Johann Wolfgang von, *Fausto*, Madrid, Penguin, 2016, p. 101. Trad. de Pedro Gálvez.

3. *Ibid.*, p. 821.

4. Tolstói, Lev, *Confesión*, Barcelona, Acantilado, 2008, pp. 81-82. Trad. de José Ramón Monreal.

5. «1000 mass shootings in 1260 days: this is what America's gun crisis looks like», *The Guardian*, 14 de junio de 2016. Disponible en <www.theguardian.com/us-news/ng-interactive/2015/oct/02/mass-shootings-america-gun-violence>.

6. Declaraciones de Eric Harris. Disponible en <schoolshooters.info/sites/default/files/harris_journal_1. 3.pdf>.

7. Citado en Kaufmann, Walter, *Existentialism from Dostoievsky to Sartre*, Nueva York, Meridian, 1975, pp. 130-131.

8. Solzhenitsyn, ob. cit.

Regla 7: Dedica tus esfuerzos a hacer cosas con significado, no aquello que más te convenga

1. Piaget, Jean, *El criterio moral en el niño*, Barcelona, Fontanella, 1977. Véase también Piaget, Jean, *Formación del símbolo en el niño: imitación, juego y sueño. Imagen y representación*, Fondo de Cultura Económica, Ciudad de México, 2016.

2. Franklin, Benjamin, *Autobiografía*, Madrid, Cátedra, 2012.

3. Como se puede apreciar en la sección 23 de la *Apología de Sócrates* de Jenofonte (Madrid, Gredos, 1993, trad. y notas de Juan Zaragoza).

4. *Ibid.*, sec. 2.

5. *Id.*, sec. 3.

6. *Id.*, sec. 8.

7. *Id.*, sec. 4.

8. *Id.*, sec. 12.

9. *Id.*, sec. 13.

10. *Id.*, sec. 14.

11. *Id.*, sec. 7.

12. *Id.*

13. *Id.*, sec. 8.

14. *Id.*

15. *Id.*, sec. 33.

16. Goethe, ob. cit.

17. Se pueden encontrar comentarios de gran interés acerca de todos los versículos de la Biblia en *Bible Hub* (<sbiblehub.com/commentaries>). Sobre este versículo en particular, véase: <sbiblehub.com/commentaries/genesis/4-7.htm>.

18. Milton, John, *El paraíso perdido*, Madrid, Cátedra, 2006, p. 119. Trad. de Esteban Pujals.

19. Jung, Carl Gustav, *Aion: Contribución a los simbolismos del sí mismo*, Barcelona, Paidós, 1999.

20. Disponible en <www.acolumbinesite.com/dylan/writing.php>.

21. Schapiro, J. A., Glynn, S. M., Foy D. W., y Yavorsky, M. A., «Participation in war-zone atrocities and trait dissociation among Vietnam veterans with combat-related PTSD», *Journal of Trauma and Dissociation*, 3, 2002, pp. 107-114; Yehuda, R., Southwick, S. M., y Giller, E. L., «Exposure to atrocities and severity of chronic PTSD in Vietnam combat veterans», *American Journal of Psychiatry*, 149, 1992, pp. 333-336.

22. Véase Harpur, Tom, *The pagan Christ: recovering the lost light*, Markham, Thomas Allen Publishers, 2004. También se habla acerca de este tema en Peterson, *Maps of meaning*, ob. cit.

23. Lao-Tse, *Tao Te Ching*, Granada, Valparaíso, 2016, p. 141. Trad. de Claribel Alegría y Erik Flakoll Alegría.

24. Jung, *Aion*, ob. cit.

25. Dobbs, Betty Jo Teeter, *The foundations of Newton's alchemy*, Nueva York, Cambridge University Press, 2008.

26. En Efesios 2:8-9, por ejemplo, se lee: «En efecto, por gracia estáis salvados, mediante la fe. Y esto no viene de vosotros: es don de Dios. Tampoco viene de las obras, para que nadie pueda presumir». Un sentimiento similar aparece en Romanos 9:14-16: «¿Acaso hay injusticia en Dios? De ningún modo. Pues a Moisés le dice: *Me compadeceré de quien me compadezca y me apiadaré de quien me apiade.* En consecuencia, no está en el que quiere ni en el que corre, sino en Dios que se compadece».

27. Nietzsche, *El ocaso de los ídolos*, ob. cit.

28. Nietzsche, Friedrich, *La gaya ciencia*, Madrid, Tecnos, 2016, p. 169. Trad. de Juan Luis Vermal.

29. Nietzsche, Friedrich, *La voluntad de poderío*, Madrid, Edaf, 1998, pp. 129-130. Trad. de Aníbal Froufe.

30. Dostoievski, Fiódor, *El gran inquisidor*, Barcelona, Taurus, 2013. Trad. de Rafael Cansinos Assens.

31. Nietzsche, *Más allá del bien y del mal*, ob. cit.

32. «¡Dejemos que sean nuestras teorías y conjeturas las que mueran en nuestro lugar! Podemos todavía aprender a matar nuestras teorías en lugar de matarnos unos a otros. [...] quizá sea algo más que un sueño utópico el que un día pueda ver la victo-

ria la actitud (es la actitud racional o científica) de eliminar nuestras teorías, nuestras opiniones, por crítica racional en lugar de que nos eliminemos los unos a los otros», extraído de Popper, Karl, «Selección natural y la emergencia de la mente», discurso en el Darwin College de Darwin (1977), trad. de Carmen García Trevijano y Antonio Perís Sánchez, en *Teorema: Revista Internacional de Filosofía*, 10, 2/3, 1980, pp. 191-213.

Regla 8: Di la verdad, o por lo menos no mientas

1. Todo esto se desarrolla en la introducción de Peterson, *Maps of meaning*, ob. cit.

2. Adler, Alfred, «Mentira de vida y responsabilidad en las neurosis y psicosis. Una contribución al problema de la melancolía», en *Práctica y teoría de la psicología del individuo*, Buenos Aires, Paidós, 1953.

3. Milton, *El paraíso perdido*, ob. cit.

4. *Ibid.*, p. 79.

5. *Id.*, p. 80.

6. *Id.*

7. Esto se detalla en Peterson, *Maps of meaning*, ob. cit.

8. Hitler, Adolf, *Mi lucha*, Madrid, Real del Catorce, 2016, p. 149.

Regla 9: Da por hecho que la persona a la que escuchas puede saber algo que tú no sabes

1. Finkelhor, D., Hotaling, G., Lewis, I. A., y Smith, C., «Sexual abuse in a national survey of adult men and women: prevalence, characteristics, and risk factors», *Child Abuse & Neglect*, 14, 1990, pp. 19-28.

2. Rind, B., Tromovitch, P., y Bauserman, R., «A metaanalytic examination of assumed properties of child sexual abu-

se using college samples», *Psychological Bulletin*, 124, 1998, pp. 22-53.

3. Loftus, E. F., «Creating false memories», *Scientific American*, 277, 1997, pp. 70-75.

4. Extraído de Rogers, C. R., «Communication: its blocking and its facilitation», *ETC: A Review of General Semantics*, 9, 1952, pp. 83-88.

Regla 10: A la hora de hablar, exprésate con precisión

1. Véase el tratado clásico sobre este tema: Gibson, James J., *An ecological approach to visual perception*, Nueva York, Psychology Press, 1986. Para un debate sobre la relación entre palabra y acción, véase también Floel, A., Eliger, T., Breitenstein, C., y Knecht, S., «Language perception activates the hand motor cortex: implications for motor theories of speech perception», *European Journal of Neuroscience*, 18, 2003, pp. 704-708. Para un resumen más general de la relación entre acción y percepción, véase Pulvermüller, F., Moseley, R. L., Egorova, N., Shebani, Z., y Boulenger, V., «Motor cognition-motor semantics: Action percepcion theory of cognition and communication», *Neuropsychologia*, 55, 2014, pp. 71-84.

2. Cardinali, L., Frassinetti, F., Brozzoli, C., Urquizar, C., Roy, A. C., y Farnè, A., «Tool-use induces morphological updating of the body schema», *Current Biology*, 12, 2009, pp. 478-479.

3. Bernhardt, P. C., Dabbs, J. M. Jr., Fielden, J. A., y Lutter, C. D., «Testosterone changes during vicarious experiences of winning and losing among fans at sporting events», *Physiology & Behaviour*, 65, 1998, pp. 59-62.

4. Parte de esto, aunque no todo, se detalla en Gray, Jeffrey A., y McNaughton, Neil, *The neuropsychology of anxiety: An enquiry into the functions of the septo-hippocampal system*, Oxford, Oxford University Press, 2003. Véase también Peterson, J. B.,

«Three forms of meaning and the management of complexity», en Markman, K. D., Proulx, T., y Lindberg, M. J., *The psychology of meaning*, Washington, American Psychological Association, 2013, pp. 17-48, así como Peterson, J. B., y Flanders, J. L., «Complexity management theory: Motivation for ideological rigidity and social conflict», *Cortex*, 38, pp. 429-458.

5. Yeats, William Butler, *Poesía reunida*, Valencia, Pre-Textos, 2017, p. 449. Trad. de Antonio Rivero Taravillo.

Regla 11: Deja en paz a los niños que andan en patineta

1. Tal y como se analiza en Vrolix, K., «Behavioral adaptation, risk compensation, risk homeostasis and moral hazard in trafiic safety», *Steunpunt Verkeersveiligheid*, RA-2006-95, 2006. Disponible en <doclib. uhasselt. be/dspace/bitstream/1942/4002 /1/behavioraladaptation. pdf>.

2. Nietzsche, Friedrich, *Así habló Zaratustra*, Madrid, Edaf, 1982, pp. 92-93. Trad. de Carlos Vegara.

3. Orwell, George, *El camino a Wigan Pier*, Barcelona, Destino, 1976, pp. 100-101. Trad. de Ester Donato.

4. Carson, Rachel L., *Primavera silenciosa*, Barcelona, Crítica, 2016.

5. Tupy, Marian, «The Most Important Graph in the World», *Reason*, 13 de diciembre de 2016. Disponible en <reason.com/ archives/2016/12/13/the-most-important-graph-in-the-world>.

6. Gray, Louise, «David Attenborough-Humans are plague on Earth», *The Telegraph*, 22 de enero de 2013. Disponible en <www.telegraph.co.uk/news/earth/earthnews/9815862/Humans-are-plague-on-Earth-Attenborough. html>.

7. «La Tierra tiene un cáncer y ese cáncer es el hombre», en Mesarović, Mihajlo, y Pestel, Eduard, *Mankind at the turning point*, Nueva York, Dutton, 1974. La idea fue propuesta en primer lugar (de ahí viene la cita) en Gregg, A., «A medical aspect of the population problem», *Science*, 121, 1955, pp. 681-682.

Más tarde, fue desarrollada por Hern, W. M., «Has the human species become a cancer on the planet? A theoretical view of population growth as a sign of pathology», *Current World Leaders*, 36, 1993, pp. 1089-1124. En cuanto al informe del Consejo al Club de Roma, véase King, Alexander, y Schneider, Bertrand, *La primera revolución global*, Barcelona, Círculo de Lectores, 1992, trad. de Adolfo Martín: «El enemigo común de la humanidad es el hombre. En la búsqueda de un nuevo enemigo que nos una, encontramos la idea de que la contaminación, la amenaza del calentamiento de la Tierra, la escasez de agua, el hambre y otras cosas por el estilo cumplirían adecuadamente el papel. [...] Todos estos peligros vienen causados por la intervención humana, y sólo pueden ser vencidos mediante un cambio en las actitudes y en el comportamiento. El verdadero enemigo es, pues, la propia humanidad» (p. 143).

8. Costa, P. T., Terracciano, A., y McCrae, R. R., «Gender differences in personality traits across cultures: robust and surprising findings», *Journal of Personality and Social Psychology*, 81, 2001, pp. 322-331; Weisberg, Y. J., DeYoung, C. G., Hirsch, J. B., «Gender differences in personality across the ten aspects of the Big Five», *Frontiers in Psychology*, 2, 2011, p. 178; Schmitt, D. P., Realo, A., Voracek, M., y Allik, J., «Why can't a man be more like a woman? Sex differences in Big Five personality traits across 55 cultures», *Journal of Personality and Social Psychology*, 94, 2008, pp. 168-182.

9. De Bolle, M., De Fruyt, F., McCrae, R. R., *et al.*, «The emergence of sex differences in personality traits in early adolescence: A cross-sectional, cross-cultural study», *Journal of Personality and Social Psychology*, 108, 2015, pp. 171-185.

10. Su, R., Rounds, J., y Armstrong, P. I., «Men and things, women and people: A meta-analysis of sex differences in interests», *Psychological Bulletin*, 135, 2009, pp. 859-884. Para una perspectiva neurodesarrollista de estas diferencias, véase Beltz, A. M., Swanson, J. L., y Berenbaum, S. A., «Gendered occupational interests: prenatal androgen effects on psychological orienta-

tion to things versus people», *Hormones and Behavior*, 60, 2011, pp. 313-317.

11. Bihagen, E., y Katz-Gerro, T., «Culture consumption in Sweden: the stability of gender differences», *Poetics*, 27, 2000, pp. 327-349; Costa, P., Terracciano, A., y McCrae, R. R., ob. cit.; Schmitt, D. P., Realo, A., Voracek, M., y Allik, J., ob. cit.; Lippa, R. A., «Sex differences on personality traits and gender-related occupational preferences across 53 nations: Testing evolutionary and social-environmental theories», *Archives of Sexual Behavior*, 29, 2010, pp. 619-636.

12. Gatto, John Taylor, *The underground history of American education: A school teacher's intimate investigation of the problem of modern schooling*, Nueva York, Odysseus, 2000.

13. Véase «Why are the majority of university students women?», *Statistics Canada*, 81-004-X, 2008. Disponible en <statcan.gc.ca/pub/81-004-x/2008001/article/10561-eng.htm>.

14. Véase, por ejemplo, Hango, D., «Gender differences in science, technology, engineering, mathematics and computer science (STEM) programs at university», *Statistics Canada*, 75-006-X, 2015. Disponible en <www150.statcan.gc.ca/n1/en/pub/75-006-x/2013001/article/11874-eng.pdf?st=yhtjfYnN>.

15. No soy el único que piensa así. Véase, por ejemplo, Hymowitz, Kay S., *Manning up: How the rise of women has turned men into boys*, Nueva York, Basic Books, 2012.

16. Heimlich, Russell, «Young Men and Women Differ on the Importance of a Successful Marriage», *Fact Tank*, Pew Research Center, 26 de abril de 2012. Disponible en <www.pewresearch.org/fact-tank/2012/04/26/young-men-and-women-differ-on-the-importance-of-a-successful-marriage>.

17. Véase: <www.pewresearch.org/data-trend/society-and-demographics/marriage>.

18. Es algo de lo que se ha hablado profusamente en los grandes medios de comunicación. Véase, por ejemplo, Crawford, Trish, «Women lawyers leaving in droves», *The Star*, 25 de febrero de 2011, disponible en <https://www.thestar.com/life/2011/

02/25/women_lawyers_leaving_in_droves.html>; Brosnahan, Maureen, «Women leaving criminal law practice in alarming numbers», *CBC*, 7 de marzo de 2016, disponible en <www.cbc.ca/news/canada/women-criminal-law-1.3476637>; Lekushoff, Andrea, «Where Have All the Female Lawyers Gone?», *HuffPost*, 20 de marzo de 2014, disponible en <huffing tonpost.ca/andrea-lekushoff/female-lawyers-canada_b_ 5000415.html>.

19. Jaffe, A., Chediak, G., Douglas, E., Tudor, M., Gordon, R. W., Ricca, L., y Robinson, S., «Retaining and advancing women in national law firms», *Stanford Law and Policy Lab, White Paper*, 2016. Disponible en <www.law.stanford.edu/publications/retaining-and-advancing-women-in-national-law-firms>.

20. Conroy-Beam, D., Buss, D. M., Pham, M. N., y Shackelford, T. K., «How sexually dimorphic are human mate preferences?», *Personality and Social Psychology Bulletin*, 41, 2015, pp. 1082-1093. Para un análisis de cómo cambia la preferencia femenina de pareja a consecuencia de factores estrictamente biológicos como la ovulación, véase Gildersleeve, K., Haselton, M. G., y Fales, M. R., «Do women's mate preference change across the ovulatory cycle? A meta-analytic review», *Psychological Bulletin*, 140, 2014, pp. 1205-1259.

21. Véase Greenwood, J., Nezih, G., Kocharov, G., y Santos, C., «Marry your like: Assortative mating and income inequality», National Bureau of Economic Research, Working Papers Series, 19829, enero de 2014. Disponible en <www.nber.org/papers/w19829.pdf>.

22. Un buen análisis de estas cuestiones tan lúgubres aparece en Suh, G. W., Fabricious, W. V., Parke, R. D., Cookston, J. T., Braver, S. L., y Sáenz, D. S., «Effects of the interparental relationship on adolescents' emotional security and adjustment: The important role of fathers», *Developmental Psychology*, 52, 2016, pp. 1666-1678.

23. Hicks, Stephen, *Explaining postmodernism: Skepticism and socialism from Rousseau to Foucault*, Santa Barbara, Razor

Multimedia Publishing, 2011. Disponible en <stephenhicks. org/wp-content/uploads/2009/10/hicks-ep-full.pdf>.

24. Higgins, D. M., Peterson, J. B., y Pihil, R. O., «Prefrontal cognitive ability, intelligence, Big Five personality, and the prediction of advanced academic and workplace performance», *Journal of Personality and Social Psychology*, 93, 2007, pp. 298-319.

25. Carson, S. H., Peterson, J. B., y Higgins, D. M., «Reliability, validity and factor structure of the Creative Achievement Questionnaire», *Creativity Research Journal*, 17, 2005, pp. 41-65.

26. Bouchard, T. J., y McGue, M., «Familial studies of intelligence: a review», *Science*, 212, 1981, pp. 1055-1059; Brody, N., *Intelligence*, Nueva York, Gulf Professional Publishing, 1992; Plomin R., y Petrill, S. A., «Genetics and intelligence. What's new?», *Intelligence*, 24, pp. 41-65.

27. Schiff, M., Duyme, M., Dumaret, A., Stewart, J., Tomkiewicz, S., y Feingold, J., «Intellectual status of working-class children adopted early into upper-middle-clas-families», *Science*, 100, pp. 1503-1504; Capron, C., y Duyme, M., «Assessment of effects of socio-economic status on IQ in a full-cross fostering study», *Nature*, 340, pp. 552-554.

28. Kendler, K. S., Turkheimer, E., Ohsson, H., Sundquist, J., y Sundquist, K., «Family environment and the malleability of cognitive ability: a Swedish national home-reared and adopted-away cosibling control study», *Proceedings of the National Academy of Science USA*, 112, 2015, pp. 4612- 4617.

29. Para conocer la perspectiva de la OCDE al respecto, véase *Closing the gender gap: Sweden*, que empieza analizando estadísticas que indican que las chicas quedan por delante de los chicos en lo que se refiere a educación, así como que las mujeres se encuentran masivamente sobrerrepresentadas en el sector sanitario, antes de pasar a lamentar la ventaja que aún existe a favor de los hombres en el ámbito de la informática. Disponible en <www.oecd.org/gender/closingthegap.htm>.

30. Eron, L. D., «Prescription for reduction of aggression», *The American Psychologist*, 35, 1980, pp. 244-252 (p. 251).

31. Analizado en Peterson, J. B., y Shane, M., «The functional neuro-anatomy and psychopharmacology of predatory and defensive aggression», en McCord, J. (ed.), *Beyond empiricism: Institutions and intentions in the study of crime*, Advances in Criminological Theory, vol. 13, Piscataway, Transaction, 2004.

32. Tal y como se analiza en Tremblay, R. E., Nagin, D. S., Seguin, J. R., *et al.*, «Physical aggression during early childhood: trajectories and predictors», *Pediatrics*, 114, 2004, pp. 43-50.

33. Heimberg, R. G., Montgomery, D., Madsen C. H., y Heimberg, J. S., «Assertion training: A review of literature», *Behavior Therapy*, 8, 1977, pp. 953-971; Boisvert, J.-M., Beaudry, M., y Bittar, J., «Assertiveness training and human communication processes», *Journal of Contemporary Psychotherapy*, 15, 1985, pp. 58-73.

34. Trull, T. J., y Widiger, T. A., «Dimensional models of personality: The five-factor model and the DMS-5», *Dialogues in Clinical Neuroscience*, 15, 2013, pp. 135-146; Vickers, K. E., Peterson, J. B., Hornig, C. D., Pihl, R. O., Séguin, J., y Tremblay, R. E., «Fighting as a function of personality and neuro-psychological measures», *Annuals of the New York Academy of Sciences*, 794, 1996, pp. 411-412.

35. Bachofen, Johann Jakob, *El matriarcado*, Madrid, Akal, 1987.

36. Gimbutas, Marija, *The civilization of the goddess*, San Francisco, Harper, 1991.

37. Stone, Merlin *When God Was a Woman*, Nueva York, Harcourt Brace Jovanovich, 1978.

38. Eller, Cynthia, *The myth of matriarchal prehistory: Why an invented past won't give woman a future*, Boston, Beacon Press, 2000.

39. Neumann, Erich, *Los orígenes e historia de la conciencia*, Lima, Traducciones Junguianas, 2017.

40. Neumann, Erich, *La Gran Madre: una fenomenología de las creaciones femeninas de lo inconsciente*, Madrid, Trotta, 1995.

41. Véase, por ejemplo, Adler, A., «Theoretical part I-III: The accentuated fiction as guiding idea in the neurosis», en Hen-

ry T. Stein (ed.), *The collected works of Alfred Adler*, vol. I: *The neurotic character: Fundaments of individual psychology and psychotherapy*, Bellingham, Alfred Adler Institute of Northern Washington, 2002, pp. 41-85.

42. Moffitt, Terrie E., Caspi, A., Rutter, M., y Silva, Phil A., *Sex differences in antisocial behavior: Conduct disorder, delinquency, and violence in the Dunedin Longitudinal Study*, Londres, Cambridge University Press, 2001.

43. Buunk, B. P., Dijkstra, P., Fetchenhauer, D., y Kenrick, D. T., «Age and gender differences in mate selection criteria for various involvement levels», *Personal Relationships*, 9, 2002, pp. 271-278.

Regla 12: Si te encuentras a un gato en la calle, acarícialo

1. Lorenz, K., «Die angeborenen Formen moeglicher Erfahrung», *Ethology*, 5, 1943, pp. 235-409.

2. Tajfel, H., «Experiments in intergroup discrimination», *Nature*, 223, 1970, pp. 96-102.

3. Fiódor Dostoievski, *Los hermanos Karamázov*, Madrid, Cátedra, 2006, pp. 393, 402, 406-407. Trad. de Augusto Vidal.

4. Y no se trata de la habilidad de calentar un burrito en el microondas tanto que ni siquiera el mismo Dios pudiera comérselo, tal y como pregunta Homero en el episodio 16, titulado «Este Burns está muy vivo» (o «Un fin de semana con Burns»), de la temporada 13 de *Los Simpson*.

5. Lao-Tse, *Tao Te Ching*, Granada, Valparaíso, 2016, p. 35. Trad. de Claribel Alegría y Erik Flakoll Alegría.

6. Fiódor Dostoievski, *Memorias del subsuelo*, Madrid, Cátedra, 2006, p. 94. Trad. de Bela Martinova.

7. Goethe, ob. cit.

8. Dikötter, Frank, *La gran hambruna en la China de Mao*, Barcelona, Acantilado, 2017.

Conclusión

1. Véase Peterson, J. B., «Peacemaking among higher-order primates», en Fitzduff, Mari, y Stout, Chris E. (eds.), *The psychology of resolving global conflicts: From war to peace. Interventions*, vol. III, Nueva York, Praeger, 2006, pp. 33-40. Disponible en <www.researchgate.net/publication/235336060_Peacemaking_among_higher_order_primates>.

2. Véase Allen, L., «Trust versus mistrust (Erikson's infant stages)», en Goldstein, Sam, y Naglieri, Jack A., *Encyclopedia of child behavior and development*, Boston, Springer, 2011, pp. 1509-1510.

3. Lao-Tse, ob. cit.

4. Piensa, por ejemplo, en el gran y valiente Boyan Slat. Este joven holandés de poco más de veinte años ha desarrollado una tecnología capaz de conseguir exactamente eso de forma rentable y que podría utilizarse en todos los océanos del mundo. Eso sí es ser un ecologista. Véase la web de The Ocean Cleanup: <www.theoceancleanup.com>.

5. «Rumbo a Bizancio», en Yeats, ob. cit., p. 459.

ÍNDICE TERMINOLÓGICO

SOBRE EL AUTOR

Jordan B. Peterson. Este polémico y brillante profesor de Psicología de la Universidad de Toronto se ha convertido en la nueva sensación de las redes con sus discursos, clases, ensayos y entrevistas. Su mezcla de erudición, carisma y afán provocador ha hecho que su último libro, *12 reglas para vivir,* se haya vuelto un fenómeno internacional. Ha enseñado mitología, ha ejercido de consultor para las Naciones Unidas y ha ayudado a sus pacientes a superar procesos de depresión, trastornos obsesivo-compulsivos, ansiedad y esquizofrenia. Criado en los bosques de Alberta, Canadá, se enorgullece de haber volado en un avión de fibra de carbono, de haber navegado en un velero de caoba alrededor de la isla de Alcatraz, de haber explorado un cráter de meteorito en Arizona con un grupo de astronautas, de tener un tipi indio en el piso superior de su casa y de haber sido incluido en la tribu Kwakwaka'wakw, de la costa del Pacífico. Vive en Toronto.

@drjordanpeterson

@jordanbpeterson

JordanPeterson Videos

www.jordanbpeterson.com